讀史閱世六十年

何炳棣

商務印書館

讀史閱世六十年

作　　者：何炳棣
責任編輯：黎彩玉
封面設計：Foremedia Design & Production
出　　版：商務印書館（香港）有限公司
香港筲箕灣耀興道3號東滙廣場8樓
http://www.commercialpress.com.hk
印　　刷：美雅印刷製本有限公司
九龍觀塘榮業街6號海濱工業大廈4樓A室
版　　次：2022年1月第5次印刷
© 2004 商務印書館（香港）有限公司
ISBN 978 962 07 6294 9
Printed in Hong Kong
版權所有　不得翻印

序言

十幾年前接讀楊振寧先生的《讀書教學四十年》之後，我不由自主地就立下籌撰一部《讀史閱世六十年》的心願。時光流逝，轉瞬間自童稚初聽《左傳》故事至今已大大超過原估的六十年了。只有從考取清華第六屆留美公費（1943秋考，1944春夏之交發榜）起算，此書寫撰的完成與出版在年代上才符合整整一個花甲。有鑒於六十這個數目，無論在西方文化發源地兩河流域，或在遠古不斷擴大的華夏文化圈內，都涵有非常豐富的意蘊，我決計保留原擬的書名，不去計較年代上的出入了。

本書主旨是把本人一生，在國內、在海外，每一階段的學思歷程都原原本本、坦誠無忌、不亢不卑地憶述出來，而且還不時作些嚴肅的自我檢討。我相信，唯有如此作法，此書才可望成為學術史及教育史等方面具有參考價值的著作。

由於近十餘年主要研究對象是先秦思想中若干困惑學人兩千多年之久的難題，本書的寫作不得不時斷時續，所以書中各章的形式和組織未能一律。為了多向讀者提供第一性的"史料"，有些篇章在正文之後另加"專憶"或"附錄"，甚至"專憶"之後再加"附錄"。例如第一章"家世與父教"正文之後，就是既有"專憶"又有"附錄"。"專憶1：何家的兩根砥柱"用意在敍述並分析我們金華何氏一家（族）四房之中，即使是事業上最成功者，對族人真能提攜資助的能力還是有一定限度的。緊接着再以此"專憶"用在"附錄"裏作為一個第一性的實例，以加強檢討近十餘年來西方研究傳統中國社會、家族和科舉制度的主要學人對家族功能過分的誇大、對科舉制度促進社會血液循環功能過分負面看法的錯誤。作為一部學術回憶，本書決不躲避學術上的重要爭論。

本書"上篇"其餘的"專憶"雖然是應邀早已撰就的短篇，但其中“應酬”的成分微乎其微，都是補充本人早期學思歷程中不同階段的有用史料。清華及西南聯大時期不少位師友，神貌言笑仍歷歷如新，其中凡一言足以啟我終身深思、一行足為後世法、故事軼聞至今仍清新雋永者，不拘長短，都一一羅致在“上篇”之末的“師友叢憶”章。雷海宗先師對我治史胸襟影響深而且巨，所以在“上篇”享有最長的“專憶”。

這部學術回憶“上篇”國內之部與“下篇”海外之部，內容及寫法頗有不同。主要是因為“上篇”代表個人學思歷程中的“承受 (receptive)”階段，而“下篇”代表“學成”之後對史學知識的“奉獻 (contributive)”時期。由於中國大陸教育政策和制度革命性的改變，“上篇”回憶和評估的重點——前世紀三四十年代清華及聯大兼容並包、自由思辨的學風，留學考試專科及英文寫作要求的水準等等——目的都在探索提供“標準”，以備華語世界今後發展通識教育的參考。

年代上“下篇”涵蓋過去半個多世紀。開頭兩章詳述哥倫比亞大學博士工作的每個階段，特別注重博士最後科目 (英國史、西歐史) 口試中長達兩小時的問答。這是因為這種一向被公認是博士候選人最“難”的一關，不僅最足反映知識承受的深廣度，而且是胡適以降幾代人文社科留學生從未談及的要目。其餘諸篇章性質大致相同，都在陳述教學、選校、攻治中國史上一系列重要課題的經過與成果。但“下篇”決不是傳統式的學術編年；相反地，我之所以穿插不少有關不同校風、校際競爭、個人專業內外的學術交遊和論辯等等，正是為了避免學術編年的單調和枯燥。

如果本書對歷史社科內外的廣大讀者都能具有一定的可讀性的話，我將引為衰年尚未輟學的歲月裏最大的報償和欣悅。

對本書的寫撰與完成有所貢獻的是以下幾位學人友好：加州大學鄂宛 (Irvine) 分校圖書館東方部主任汪燮博士，十年如一日，幾乎無時不在為我窮搜廣借所需參考資料。台灣中央研究院歷史語言研究所何漢威博士，自1993年初識即不斷鼓勵我從事治史經驗的寫作，一再供給有用史料，並備極用心地校核全部書稿中個別史實、人事、年代等等細節。楊振寧先生不但核正了我對聯大回憶中涉及的人名、街名等等，還認為我對清華和聯大數理教研的綜合評估並不顯示人文學者的外行。本書籌撰初期，與勞貞一(榦)院士和汪榮祖教授多次電談治古史新思路時，曾獲得他們積極的反應和鼓勵。南開大學領導世界史教研的王敦書教授曾供給近年紀念雷海宗先師的文冊和雷師《西洋文化史綱要》等遺著。同校鄭克晟教授，除寄贈乃父毅生(天挺)先生紀念文集之外，還特別為我複印鄭先生六十年前評閱第六屆清華留美公費明清史考卷的日記——這是彌足珍貴的一手史料。在籌撰第十九章附錄，"中國文化的土生起源：三十年後的自我檢討"的過程中，陝西省考古研究所石興邦教授和中國科學院考古研究所邵望平教授，不但屢度和我通信討論，並且不時惠贈近年有些重要的考古論文集和海外很難及時獲得的專門報告，有如鄂爾多斯博物館的《朱開溝》——以動物為母題，富有濃郁"亞歐草原"氣息的青銅器群的發源地。對以上諸位舊雨新知，我在此表示由衷的感謝。

香港商務印書館總經理陳萬雄博士對本書寫撰和出版殷切的關懷，張倩儀女士對書稿內容及其他建議，黎彩玉女士經常耐心的編輯工作，都是我應該在此一併申謝的。

何炳棣

2003年十一月十日

南加州寓所

目錄

海外篇

國內篇

【第一章】

家世與父教

寫撰這部偏重學術性的回憶錄必須從先父開始。談到先父就不得不涉及金華何氏本族和天津的母系親屬了。據說我們何氏源自山西高平，幾經輾轉遷徙，至晚在南宋初年已植根於金華北鄉了。高平就是戰國時代的長平，秦國名將白起就是在長平消滅坑埋四十萬趙國全軍的。我們何氏這個渺遠的"祖籍"是多麼富有戲劇性！世代相傳我們是南宋理學家何基(1188-1268，謚文定)的後裔。文定公於清雍正二年(1724)從祀孔廟。後來在上海從長我二十一歲的堂姪德奎得悉，金華北山一帶的何姓人氏硬說他們才是文定公的後代，我們是旁支。德奎說不值得同他們爭認祖宗，重要的是看我們這支何氏是否爭氣。

記得我大約陰曆十歲的那年，有一天父親在沉思之後對我們說不知為何昨夜夢見他的父母，可能由於他在外多年，從未按生日、忌日祭祀過父母。父親決定今後一定要按生日忌日舉行祭祀。除了叫家裏準備葷素菜餚(內中必須包括以薄薄的豆腐皮裹入黃豆芽、冬筍絲、冬菇絲等極爽口的"豆腐包")之外，要以錫箔疊元寶，裝進印好格式的紙包，紙包要按以下的方式由我以恭楷寫：右行："浙江金華北鄉瓦窰頭巳山亥向"，當中寫："先考何公諱志遠府君、先妣陳夫人"，左行下半："孝男壽權、孝孫炳棣"等等。由於父親應酬忙，忙時由我代祭。祭前出門捧香向南揖拜迎接祖父母之靈，請到上房之後，要三度敬酒，三度磕頭。第三次磕頭之後以一杯酒按"心"字形潑在地上以示報恩之誠。然後持香出門，燒紙包，恭恭敬敬地向南揖拜"送別"。自始父親即強調一

父親何壽權(1870-1941)

點:一切要心"誠"。幼年這種訓練使我後來非常容易了解孔子、荀子論祭的要義,和文革期間億萬群眾經常跳"忠字舞"的歷史和文化淵源。回到正題:父親決定恢復祭祖,我才知道祖父的名字。

父親名壽權,字逸清,生於同治九年庚午(1870)。他的生母陳夫人是志遠公的繼室。猜想中志遠公第二次結婚時或年已逾四十,大約生於道光十一年(1831)以前。我的大伯父壽延公(即德奎的祖父)和二伯父壽銓公(即炳松之父)年紀要比父親大不少。我和父親的年齡差距實在太大,這造成我青少年時期心理和學業上長期的緊張和終身脾氣急躁的大缺陷。父親曾根據他壯年自習日文科學教本的知識為我講述遺傳及生理大要。他說:"你祖父壽至八十三,祖母壽至八十七,隔代遺傳很重要,好自為之,你也可能像祖父母那樣長命的。"沒想到他緊接就講西周昭穆制的要義,很自然地就在我腦海中那麼早就播下"多學科"治學取向的種籽！

當我於五十年代*及六十年代初長期攻治明清人口、經濟及社會史時，曾再三揣想志遠公的起家似與太平天國後浙江(包括金華)的土曠人稀、地價低廉很有關係。祖父如於亂平後最初十年買進相當田產，到1880和1890年代必已大大增值；這應該是全家經濟重心自農轉移到商的主要原因。果然，1996年刊印的《何炳松年譜》：何氏"世居金華北鄉後溪河(今羅店鄉)。自祖父志遠始創業於邑城。"雖然確切年份無考，但以批發火腿、南棗、錫箔名聞於金華一府八縣的"何茂盛"就是在這"繁榮"期間創建的。就全族言，四房分工的模型也日趨顯著了。大伯父經管何茂盛，二伯父和父親專心讀書應試，四叔青少年時期家境已比較寬裕，不喜歡讀書，就專管田產。

最重要的長房之內又有分工。大伯父老年因患沙眼，何茂盛的業務全由長子炳金管理。次子炳森專門讀書，而且二十歲後中了秀才，不幸三十六歲時得瘟病不治逝世。幸而他的長子德奎，字中流，在二十世紀的二三十年代真正成為何氏全族的中流砥柱之一。炳金好色，多外遇，以店中公款供其私人揮霍。由於何茂盛營業規模不小，除夕百忙之中還要按鄉俗大鐵鍋炒米，不慎起火，店鋪及附近住房全部焚毀。在沒有保險的情況下，並本諸祖上傳下的處世原則，所欠的債要儘量毫釐不爽地清償，於是何家"破產"，四房就不得不分家了。這大概是辛亥革命前後的事了。

二伯父是歲貢生，有子二人。長子炳文，子女多，壯年逝世。次子炳松(1890-1946)是何家第一個留學生，介紹"新史學"的歷史家，多年充任商務印書館編譯所所長，國立暨南大學校長(1935-46)。他當然是全族另一砥柱。

我父親是廩生，曾在杭州書院晉修，考舉人兩次"薦卷"而未

---

* 諸如書中所説的五十年代、六十年代，概指上世紀而言。

中。科舉廢即習日文及法政。初任寧波法院的檢察官，因守正不阿得罪巨紳，憤而辭職。回金華即按照日本制度創辦了一個高標準的城東小學，學生操練時有洋鼓洋號，縣人耳目為之一新。但因主張繼續毀廟興學，不久即為鄉里保守人士所不容。於是決心離家北上。後來據同鄉前輩傳説，啟程之前父親指着金華江發誓：“吾此行有如此水！”有去無還，不期竟成讖語。

父親初到天津任法官大概是在民國二三年。房東是同鄉前輩東陽“張輯老”(全名和號已無由得知)。老先生是舉人出身，袁世凱任直隸總督時，他曾任元氏知縣數年，因體弱便血在津休養等候新的任命。據説袁很欣賞他的書法。父親早年以儒醫聞於鄉里，他鑽研岐黃是與結縭多年王夫人之不能生育大有關係。父親為張輯老診治初期甚見功效。於是張輯老夫婦轉而對父親年逾四十而無子息大表關懷，提議以視如己出的養女詠蘭嫁給父親，但必須與王夫人“兩頭大”不分嫡庶。這項建議得到仍然健在的祖母陳太夫人的熱烈贊同，王夫人亦以子嗣為重，毫無異議。事實上，我週歲後王夫人即北上來津，我是在王夫人懷抱之中長大的。我十六歲去青島山東大學讀書時，王夫人才悄然離津回金華的。當時我心靈創痛之中唯一的慰藉是，王夫人過上海時，德奎安排使她看了一場德國海京伯馬戲班猛虎跳火圈等極其精彩的表演。

我在高小時期才略略知道生母身世梗概。她出自金華農家。外祖母張老太太是金華人，自己親生的女兒早已嫁到外縣的陳家，生兒育女，自有家業。外祖母中年以後感到有必要收養一個幼女由自己撫育，才不會感到寂寞。於是就向這個農家收養了我的生母。母親屬羊，生於光緒乙未(1895)，小父親二十五歲，生我時二十二歲。主持家政及對外交際。

非常有趣的是，外祖母當她嫁給陳家的親生女五十歲左右守孀的時候，她叫陳家四口全部搬到天津，並把陳家唯一的女兒(應該是她的外孫女)硬收為己女，改名張芝鸞，於是與我生母詠蘭便成了"親姐妹"了。姨母出閣以前對我愛撫有加，遠嫁到東陽以後仍不時北上重聚，因姨父俞星槎是保定軍官學校第三屆(1916)畢業，與白崇禧同班同屋，軍職流動性大。姨母連生四子，其中三子生於天津和北京。總之，我童少年時期和陳、俞兩家的兩代表親相處融洽，充分感到這種擴大多面的親屬關係的溫暖與親切。

除父親外，身教言教對我一生影響最深的莫過外祖母張老太太。她至老都一直保持端秀慈祥的面容，非常熱情，又富理智。親友同鄉間的大小磨擦，經過她合情合理的仲裁和教訓之後，無不人人傾服。我是她最疼愛的對象。父親明瞭她這"弱點"，所以對我執行體罰之前先將門內鎖，以平時用蠟擦得亮亮的紅木戒尺重重地連打我的左手心後，才開門半陪笑着恭候外祖母的責罵。最使我終身不忘的是我吃飯時，外祖母不止一次地教訓我：菜肉能吃儘管吃，但總要把一塊紅燒肉留到碗底最後一口吃，這樣老來才不會吃苦。請問：有哪位國學大師能更好地使一個五六歲的兒童腦海裏，滲進華夏文化最基本的深層敬始慎終的憂患意識呢！？

*　　　　*　　　　*

此章的回憶應回到重點：父親如何決定我的早期教育。

至今仍不時湧現我腦海和"眼簾"的，是商務印書館精印裱好的一副歷史"對聯"掛軸。嚴格說不是對聯，因為左聯用彩色橫貫表明歷代王朝國祚的長短，夏、商、周和兩漢就上下寬、面積大，秦、隋就上下極窄幾乎只有左右橫貫的一線了，五胡十六國、遼、金等朝代在左半部另劃專區處理，但在上下比例上仍與東晉、南朝、南宋聯繫。右聯全是縱向安排，和木版書一樣自右而左一行一行地接連下去，上始黃帝，下迄宣統，詳列了傳說及正史中"五"千年的帝王世系。這副歷史圖表掛在王夫人和我臥室的牆壁。回想起來，我高中和大一時主修化學的意願是絕對無力抗衡從六歲起，父親有意無意之間已經代我扎下了的歷史情結的。

國學方面，父親督教到我初中畢業為止，前後為時最多七八年。他從不系統地自四書五經入手。他大都是先以最能引起幼童興趣的歷史人物故事出發，相當自然地也就涉及相關的典章制度方面較專門的問題。這種似乎任意性粗淺的"經"、"史"之間頻繁的"穿梭"讀書辦法有其利亦有其弊。好處是：使我對學習的內容不會感到枯燥難懂，刺激我的好奇心，並且無形之中就初步引導我走向"分析"和"聯繫"事物之間複雜關係的思維道路。這大概是父親不止一次稱獎我"悟性好"的原因。短處是：所學東鱗西爪沒有系統，長篇背誦工夫太少，完全不涉及文字、訓詁、音韻等國學基本工具，以致我一生治學最大的憾事是不能像前輩學人那樣熟誦一部又一部經史古籍；以致我一生自幼到老的中文寫作幾乎都是質勝於文、理勝於文，自恨從來沒有下筆萬言流暢自如的才氣。

必須鄭重聲明的是，以上概括性的回憶很容易給讀者們一個錯誤的印象：好像先父自始即誘導我成為一個史學家。相反地，父親對我的希望是在事業（最初決不是指學術）上多少能有點成就，而不論任何事業都需要一定的文言表達能力。幾經考慮之後，他才認為選讀古史紀事論議配以《論》、《孟》和《禮記》"檀弓"、"王制"、"禮運"、"月令"等篇章句是訓練文言表達能力的捷徑。多年後一再反思中才體會出他當時更深的苦心：他與我之間年齡差距既如此之大，時代變遷又如此之速，我童少年的教育必須以能適應新時代的要求為主。他更憂慮我在新式教育方面能否培養出競爭的潛在優勢。因此在我小學五六年級時，他叫我下課後去一家孔廟後邊的"夜校"學習英文。他雖能讀日文，但從未叫我學日文，而總提到英文的重要。父親1941年去世，我遲遲於1942年初冬才回天津探望母妹，從櫥箱裏翻出一本毛邊紙的寒假作業，封面上父親題了一首七言詩：

不是新年不汝寬，
當今學問貴精專；
陶公且把分陰惜，
今比陶公百倍難！

我無法遏制我的淚水。1971年秋重訪祖國，1974年夏赴津門掃墓，問及這本冬假作業小冊和童稚之年的幾張照片，家妹回答，文革期間，人人膽寒，所有可以構成海外關係的片紙隻字都不得不付之一炬。這是我衰年憶往一大憾事。

部分地由於父親心裏明白一個十二三歲少年所能挑起學習負荷的限度，部分地由於南開中學國文課程確能保持相當的水平，他對我的古文督導反而放鬆了。初中的三年是我最不用功、最貪玩、最耗時於田徑和球賽的時期。不過1931年初中畢業的夏天，父親堅決命令我把特為我買來的一部又舊又破線裝的《史記》任意圈點。"項羽本紀"和"太史公自序"必須細讀，其餘自行選讀，以列傳為主。內容不懂之處可暫時不管，能懂之處則寫"書後"，秋季開課前一二十天"交卷"。他強調聲明，入高中以後，他不再管我的古文，一切都要看我自己了。後來回想，1931年夏所作"項羽本紀"、"伯夷列傳"等篇的"書後"多半是略加修改的古人濫調，但"貨殖列傳"和"太史公自序"中當時學力所能了解和欣賞的部分卻使我終身受益。

父親雖無意誘導我一生專攻歷史，他卻明明白白地叫我立志先考進清華，再準備考出洋。早在1926年冬一個日麗風靜的星期天下午，他帶我去八里台參觀南開大學的校園。那寬敞劃出跑道的田徑場、秀山堂、思源堂等西式的建築，真開了小學生的眼界。父親似笑非笑地問我，長大要不要來這裏讀大學。我說當然想來讀。他面容馬上變得很嚴肅，指出南開之有名是因為中學辦得好。辦大學很費錢，南開大學是新開辦的，底子還不夠厚。他緊接着說，他供得起我唸最好的小學，也供得起我唸南開中學和國內較好的大學，但是絕對沒有能力供我出洋留學；而"這種年頭，如不能出洋留學，就一輩子受氣。"我問父親怎樣才能出洋。他說本來像炳松哥和阿奎(德奎)都是考取浙江省和教育部的官費留美的，現在浙江已經沒有官費留學了；本來清華學堂畢業個個都派出洋，聽說清華已準備改成大學，改成大學以後畢業生恐怕不能個個出洋了。出洋是越來越難了。看來還是只有多用功先考進清華大學再說，反正清華的學生考取留學的機會要比別的大學學生多一些。於是我從九歲起就以考清華作為頭一項大志願，考留學作為第二項更大的志願。

此外，父親還有三件事對我一生都有深遠的影響。父親以儒醫結交了一些直(隸)系官員。記得陰曆六歲的冬天，父親叫我穿上袍子馬褂，說今晚帶你出去吃酒席，不是只為吃，而是為讓你見見世面。這種一年三兩度見世面的"訓練"大約八歲以後就結束了，但我一生對學術內外大小場合尚有應付能力是與這種早期訓練分不開的。

第二件事是高小在家練習作文時父親一再強調闡發："文章貴能割愛。"意思是文章的主題本身是一個單元，主題之下，章節段落一般是為發揮主題意蘊的，也可能是有關主體的較小單元。儘管作者有天大學問，所論如不貼切主題而強行攙入，必會破壞文章的單元，反成全文之病。父親這項教導對我日後重要的考試和寫作都大有裨益。

第三件事有關我一生的治學與立志。由於外祖母格外的寵愛和同鄉長輩過分的誇獎，童年的我有時真會翹起尾巴，大概就在這種情況下，父親用粗豪而犀利的語氣對我大加教訓："狗洞裏做天王算得了甚麼，有本事到外邊大的世界去做天王，先叫人家看看你是老幾。"在我成長的過程中，對早歲父親罵我的話曾作過多度的反思。在我完成英國史博士論文的前後，我已下了決心去實現兩個願望。首先是通過廣泛的閱讀和與師友們的討論，盡力了解國際上哪幾位近現代史學家代表史學研究的世界最高水平。緊接着博士後全部投入國史研究時必要跳出"漢學"的圈子，以西方史最高水平為尺度，並以自己國史研究的部分心得盡快地嘗試着打進西方歷史及社會科學方面第一流的期刊——這才是國史研撰較高較難的試金石。

* * *

1932年是我家多事之秋。春間父親患了傷寒，中藥藥力微弱，不得不請天津有名的西醫診治。雖然夏間休養尚好，體力自此衰退。我的生母主持家政，多年的積蓄一向交給能幹的金華同鄉程湘秋經營生利。程並非狡詐之人，但他1932年夏經營失敗宣告破產，他的舅父永康胡老先生是中孚銀行主要股東之一，只代程做了象徵性些微的償還。此時父親又已退休，家中經濟日益拘緊。1932年冬我南開高中二年級上學期還未讀完，已因學潮被中學部主任張彭春開除。這一年真可謂禍不單行了。

* * *

本書序言中已經說明，為了更好地保存史料，書中有幾章正文之後附加"專憶"。本章末所附"專憶1"主要是談有關堂兄何炳松和堂姪何德奎的事跡，因為他兩位是二十世紀前半何氏全族中的最成功的人物。"專憶1"中有關何炳松的部分包括業經刊印在暨南大學所編《何炳松紀念文集》中"堂弟記憶中的何炳松"一文；有關何德奎的部分全是我專撰的。"專憶1"與本章正文有不少處是交織互補的；內中還有我對何氏家族運作的分析。作為一個案，我希望"專憶1"對研究近現代中國家族制度演變的中外學人能有一定的參考價值。

專憶1

何家的兩根砥柱

何炳松 (1890-1946) 及何德奎 (1896-1983)

何氏一家 (族) 四房，炳松兄，字柏丞，屬第二房，我屬遠遷到天津的第三房，出生和讀書都在北方。柏丞兄長我二十七歲，一直是我少青年時期摹擬攀登的對象。這是由於自孩提時即時常從父親和王夫人口中得悉柏丞兄的早慧：早在光緒二十九年癸卯 (1903)，還不滿十三足歲時，已經中了秀才。王夫人記得發榜的那天正是立夏，金華鄉俗立夏之日吃耳朵那樣大的餛飩，一定由長工先吃。這位未滿十三足歲的孩子餓了，吵鬧着要先吃。正在吵着，打鑼報喜討紅紙包的人到了，柏丞兄不得不立即結束具有部分嬉遊半淘氣特權的兒童時代，硬是提前跨進了成人階段。試想：明清時代，社會上一般都稱舉人為老爺，如果具有一千三百年歷史的科舉制度不是兩年以內 (1905) 永久罷廢，柏丞兄很可能十五六歲就變成老爺了。他一生老成持重固然是由於修養，恐怕也未嘗不是早慧的副產物。

我在高小和初中時對柏丞兄的學歷就知道得相當清楚。他是以浙江省官費出洋，先取得威斯康星大學學士，後取得普林斯敦大學碩士。父親告我柏丞兄在此二大學讀書成績優異，若非父母一再催他回國，他完成博士學位應該沒有問題的。父親並且知道他的碩士論文是根據《左傳》、《戰國策》等史料而撰成的《中國古代國際法》。這些都在《何炳松年譜》中得到證實。對他履歷如此清楚是因為先父壯年無兒女，多年把何氏一家的前途大多寄望於柏丞兄。記得我天津私立第一小學畢業，準備投考南開中學的那個夏天 (1928)，父親曾廣泛地和我談"志"。他說當柏丞兄留美前夕叔姪話別的時候，他對柏丞兄說："雖然家裏替你老早早地就結了婚，你到美國之後，不要兒女情長，急急忙忙地就想回國。

堂兄何炳松（1890-1946）

你最好要設法讀到兩個最高學位，一個文學博士，一個法學博士。回國後要在上海大地方立足，結交金融實業界巨子，勸他們出錢辦個中、英文兩種文字的報紙，不妨把它取名為《太平洋時報》，由你做總主筆。中國不民主則已，如民主政治開端，你可能扮演類似美國威爾遜這樣的人物，由名教授而競選成為總統，再進而成為一位有抱負有遠見的政治家。”我猜想，柏丞兄在美國主修政治，而不主修歷史，或與這場叔姪談話不無關係。事實上，先父雖在他同輩人中是非常具有世界頭腦的，可是他不明白文學博士（L.H.D.或英國的Litt.D.）和法學博士（LL.D.）不是可以攻讀而獲的，是要等待學問事功已被社會公認，以後由個別大學贈授的名譽學位。先父的話雖未免有點天真，但充分反映叔叔對姪子期望之高而且殷。由於先父長我四十七足歲，而我又是獨子，所以我自幼就了解出洋留學早已代替科舉成為晉身最重要的一步階梯。柏丞兄既是何氏全家第一個留美學成歸國，先後在杭州、北京、上海成為知名人物，所以這位“阿松哥哥”(金華話哥哥讀成Ga Ga)，一直是我少青年時代家族中的“英雄”。

天南地北，我和柏丞兄要遲遲到1936年春才首次見面。那時我入清華大學歷史系已是第二年下學期了。我照例在圖書館西文閱覽室廣泛地自修，總選一個靠近《大英百科全書》的桌子靠中間寬大走廊的角落座位。一天下午，看見教務長潘仲昂(光旦)先生陪着一位修長、瀟灑、平頭，身着灰呢長袍，手持高級煙嘴而不吸的“紳士型”的中年學者，慢慢地走向我的面前。潘先生說：“你哥哥來了，你還不知道！”當時柏丞兄暨南大學校長上任尚未滿週年，為了提高教學素質，組織了一個“北平教育考察團”北上考察。雖然清華是他視察重點之一，他當天下午必須回北平城裏，我雖得緣初瞻風采，卻無緣作一深談。

七·七抗戰揭幕之後，我才有機會兩度和柏丞兄接觸。1937年夏秋之際，我自北平經天津、煙台、濰縣、濟南、南京、九江、南昌、金華、杭州到上海，本想一兩週內即由上海去長沙臨時大學的。不料何家第二位留美學成歸國的成名者何德奎(字中流，長房，論輩分算是我的“姪子”，而年紀長我二十一歲)，替我作了決定。他那時是上海公共租界工部局的會辦，國人稱之為華總辦，非常熱誠地對我說：“三叔祖只有你一個兒子，現在兵荒馬亂，你既一向有志投考中美或中英庚款，不如在光華大學借讀一年，既可拿清華文憑，又可多讀些西文書。我十幾年前曾做過光華商學院院長，我已經替你繳了學費，你在上海的生活所需全由我供給，只是我家人多，房子不夠住，你先在松叔那裏住些時。”於是我就在柏丞兄辣斐坊的寓所住了幾個月。柏丞兄很忙，不久就離滬籌備暨南遷校事。我和他長談的機會很少，因他幾乎從來不主動問我個人和學校的事。我觀察到他日常生活很有紀律，平易近人，既不過度節儉，也不奢侈靡費，而待人極為寬厚。記憶中，他每月領薪之後總是出去買足一個月的香煙，照例是罐裝美

國白吉士 (Chesterfield)，笑着對我說：“這是我最大的享受。”他有時喜歡從外邊叫些點心。有一次他為我多叫了一碗火腿湯麵，是由呂班路雲南飯店做的。他同我邊吃邊談地說：“我們金華人不應該說只有金華火腿才好；宣威腿也自有它的特長。”此事雖然瑣碎，但反映柏丞兄是一位沒有成見，事事力求客觀公正的人。

第二度和柏丞兄接觸是1942年四月。我遲至此年年初才決定去金華料理父親遺產以期接濟天津母妹。二月底離昆明，經貴陽、柳州、桂林、韶關、大庾嶺、贛州、鷹潭，沿浙贛鐵路於三月底抵金華，住在衞生設備齊全的柏丞兄文昌巷的寓所。園宅相當大，幾乎一半臨時已作為金蘭衞戍司令宣鐵吾的辦公處。柏丞兄除忙於酬酢外，還要負責暨南大學遷到福建建陽的計劃，並須主持籌辦東南聯合大學。我趁他少有的休息吸煙的時刻面呈我的三篇文章：“英國與門戶開放政策的起源”，刊於燕京《史學年報》2卷5期 (1938)；“張蔭桓事跡”刊於《清華學報》第13卷 (1940)；和一篇英文習作文稿“The Haldane Mission of 1912”。英文這篇是練習利用第一次大戰前英、德兩國的外交檔案及若干傳記，分析何以受德國大學教育，一向傾慕德國文化的英國陸軍部長R.B. Haldane，1912年獲英內閣同意，訪問柏林，雖具高度誠意，亦無法緩和改善兩國關係，以致不出兩年大戰終於爆發。柏丞兄當然沒有時間評閱，但稍事翻檢沉思之後，以極誠摯的目光對我凝視，只說出：“在這樣戰亂的情況下，你居然能寫出研究性的文章！”

四月最後一週，我離金華去杭州、上海前一日的下午，柏丞兄叫我同他吃茶。我知道他極忙，一杯飲後，我謝他的款待，起立正想與他握手告別，他面容變得嚴肅，對他的“三叔”，也就是我的父親，做了只有歷史學家才能做出的綜判：“我們上一輩兄弟四人之中，以三叔為最有才，性格也以他為最倔強。”其餘評估的大意是父親身歷“五朝”(同治、光緒、宣統、民國北洋政府、國民政府)，目睹曠世巨變，事業雖不能發展，但直到生命最後的幾年一貫頑強地與時代奮鬥，不甘落伍。他那種遠遠超過同輩人們的眼光識見最好的反映就是為兒子所擬定的教育政策。七．七抗戰開始以後，國難、家難、經濟、年事、健康等等結合的壓力，終於使他不得不向時代低頭。總之，他一生是一位懷才不遇的鬥士。他未講完，我內心已在極力掙扎，勉強控制住我的淚水。

這是柏丞兄和我最後一次話別。我下一年即回到昆明報考第六屆清華留美公費考試，1945年秋出國。柏丞兄於1946年七月病逝，享年僅五十七歲。

何家另一砥柱是取號中流的何德奎。他屬於長房第二支，是德字輩中最年長的，生於光緒丙申(1896)，長我二十一歲，較我生母僅小一歲。所以我自清華讀書期間開始和他通信，一直稱他為"中流大哥"。他是讀了北大預科兩年之後，1917年考取教育部的公費留美的。多年後他告我出國之前特別過天津向三叔祖告別時，向在襁褓中的我伸手笑着説："叔叔，請賞給我個紅紙包！"那時我出生才幾個月。

德奎也仿效柏丞兄，先去威斯康星完成學士，然後去哈佛讀商科，1921年完成工商管理學碩士(MBA)，這是當時商科方面最高的學位。與德奎同時在哈佛的有吳宓、陳寅恪兩師和湯用彤先生等。德奎熱心公務，又富辦事能力，被選為哈佛中國同學會會長。華盛頓九國會議期間(1921-22)，德奎與哥倫比亞即將完成博士論文的蔣廷黻師被選為中國留美學生駐美京代表，監視中國南、北兩"政府"不得簽署任何賣國條約。

德奎回國後，最初在上海大同、南洋等校任教，不久即任光華大學商學院院長。因他在美所習專業及各方辦事經驗，很快即受到上海公共租界工部局(即上海重心所在的公共租界的"市政府")英、美領導方面的重視。國人民族意識隨北伐而激增，上海公共租界華人既一向有納税的義務，1928年遂成立華人納税會以爭取應有的權益，德奎被聘為英文秘書。他同時也被南京國民政府聘

堂姪何德奎（1896-1983）

為金融及外交方面幾種委員會的顧問。一向在英、美兩國控制下的公共租界工部局，終於在1931年不得不增添一席永久性的"會辦"，國人稱之為"華總辦"；這位首任的華總辦就是何德奎。不久升為副總辦。抗戰勝利後任上海市副市長。這是他事業的頂峰。

難得的是1934年夏秋我考進清華之後，他主動地每年資助我200元。這額外的資助使我"寬裕"地在清華度了三年。1936年八月中旬我才有機會與德奎在清華幾度會談。由於中國科學社一年前已選定"水木清華"為年會會址，德奎主持該會財務，必須早到北平。在冠蓋尚未雲集的前一天下午，他已包了一部汽車，由我陪同，閃電式一遊西山八大處。另一傍晚我已代他預訂與一位哈佛老友餐聚話舊。《吳宓日記，1936-1938》："八月十七日，星期一。……4-5寢息。……待至7:00何德奎，上海工部局會辦，率其叔何炳棣如約來，在宓處晚飯（西餐）。……9:00何君等去。"德奎性格相當外向而非常誠懇，主動問我在清華的學習經驗和志趣。

1938年春我在上海光華大學借讀時，他曾主動要看我的英文寫作。他認為我的英文肯定在一般大學生之上，但不如他的連襟錢鍾書。(事實上，德奎太客氣了一點，應該説"遠不如"才符合當時的實況。) 同年春他帶我到上海銀行公會俱樂部午餐 (5元一客中菜西吃，而當時法、德、俄式第一等晚餐不過2.5元一客)，為的是給我見見場面的機會。不消説，席間的談話一半是英語。因倉促口頭介紹，我只記得內中一位客人是清華劉崇鋐老師的本家，當時是郵政儲金局局長，另一位忘其姓名，不是中央信託局的局長，就是該局在滬的主持人。

德奎中等身材，眉清目秀，皮膚白皙，雖內在高度西化，而平頭長衫，非常注意傳統禮貌。事母至孝，對族人姻親儘力提攜，從不擺身架。1996年刊行的《何炳松年譜》記1946年夏譜主病情嚴重，上海中美醫院療治不當，有以下紀事：七月"二十日：下午，何德奎偕攜夫人楊閏康 (其妹季康即錢鍾書夫人楊絳) 來探望，出資請德籍醫生來寓所診治。夜，楊氏陪侍。"柏丞兄生命最後四夜全由養尊處優的姪媳陪侍這一事實，最足反映德奎為人的可敬。

"專憶1"既志在供給一個個案，以下分析的重心是何氏一族在二十世紀前半的實際運作。很明顯，此期間對全族發揮力量最大的非德奎莫屬。他任上海公共租界工部局會辦和副總辦時的薪金是按海關兩算的，是遠遠高過國內高級官員的。就我所知他曾承擔或資助過以下的族人和親戚：胞弟德樫夫婦長期的全部生活費用 (德樫銀行職員的收入，德奎堅持全部作為弟弟的私蓄)；伯父炳金 (舊族產的破耗者，老年懺悔信佛) 長子德華，自小學至上海交通大學畢業赴美實習的費用，全部由德奎承擔；把妹夫宋文炳及何家第四房的炳鍨叔都安插在待遇優厚的工部局小學；自1934年至1938年秋總共對我的資助不下1,500元之巨 (由於種種原因，我1937-38年在上海借讀的一年用費很大)；德奎真不愧是何家的中流砥柱！此外，1931年八・一三滬戰爆發後，德奎邀請岳父全家(除了錢鍾書夫人楊絳)來滬和他同居共饌。超越長房，主動支援較困難的三房和四房的族人是很難能可貴的。

*　　　　*　　　　*

柏丞兄長期任商務印書館編譯所所長、協理和暨南大學校長期間，當然是何家另一砥柱。他主要扶持的對象是胞兄炳文的子女。炳文早逝，子女多人的生活及教育皆由柏丞兄負擔。炳文的長子德心1939年秋與我同住在上海柏丞兄家，他任職於暨南大學，對我並不隱諱他的貪酒與好色。炳文第二兒子德明規矩得多，長我幾歲。當我在南開中學讀書時，他曾北至天津在南開大學讀了一年，即返上海，畢業於大夏大學外語系。他一直在外教書自成家業，與族人幾乎沒有來往。據柏丞兄至孝的次女淑馨(《何炳松年譜》中作"三女"，因長女夭逝)回憶，1933年炳文長女"阿芝"出嫁時，不但嫁妝非常體面，而且柏丞兄親自回金華選擇字畫古玩等陳設，婚禮舖張的程度遠遠超過後來胞姐淑漣和她自己的婚禮。這種亡兄之女與親生之女婚禮上的偏差是完全符合傳統家族的理想規範的。除了何家第二房外，柏丞兄提攜的主要對象是兩位曹姓的內姪：曹增美、曹增煒。三十年代後半和四十年代前半，他們都在暨南大學任職。前者掌出納，為人精細負責，戰時一直留滬，對暨南內遷、教育部委託柏丞兄主持東南聯大，以及地下資助上海學人內遷諸項款額的支付與保管都做得井井有條。柏丞兄長暨大前後八年，得保令名，財務方面無後顧之憂，是要歸功於內姪增美的。我從此中體會到何以傳統官員不得不部分地任用"私"人的主要道理。1943年三月初離滬返昆明之前，曹增美特別請我過重慶時，當面向教育部長陳立夫、組織部長朱家驊代暨南報告處理留在上海的各項公款的概要，並代說明何以在日本偵察壓力日增的情況下，由暨南經手的資助上海學人內遷一事非零散地、特別謹慎地進行不可。受曹秘託時，我馬上就感到柏丞兄身處浙江兩個派系之間的不易。

家族之中柏丞兄所扶持的雖限於他本房長支及最近的姻戚，但他在超家族、文化教育網絡中影響之深廣，是南宋以降何氏一族中首屈一指的。

我所屬的第三房是全族中離群的“黑羊”。父親四十歲以後才在天津第二次成家，但還談不到“立業”。他扶持的大都限於已故四叔壽齡公的長子炳益。炳益大約長我二十多歲，青年喪偶，遺有一女淑瑚，小我三歲。父親為他在相當龐大的直系僚屬中謀得一中級文書的職位。他足跡南及兩湖、北至熱河，最後在熱河再度結婚生子。在他1931年底攜眷過津小住之後，父親對我強調指出我將來對何氏全族所應盡的最低“責任”。長大如有出息，一定要大力資助四叔的後代。禮節上，訪問金華祖鄉時一定要向大伯母（德奎祖父壽延公最後一位繼室）磕頭。

1937年夏秋之際，我自平津舟車輾轉數千里，搭浙贛路車赴金華，晨間車抵衢州西南二十多公里的後溪街站時，因前邊有車輛出軌不得前進。幸而如此，否則我們所乘列車抵達衢站，換車頭加煤加水的幾十分鐘正好作為日本飛機轟炸的對象。晨間日機不但炸了無列車停留的衢站，並且也首次炸了金華的車站。當列車午夜開進金華車站後，發現站上陳列了多口棺材，不得進城。進城後一日，由德華的弟弟德祥陪同，乘人力車找到了疏散到北山深處的大伯母，向她畢恭畢敬地磕了頭，了結了父親的一項心願。萬分激動之中不無慰藉的是四年未見的王夫人健康如昔。在金華城內短暫的逗留之中，我特別去探訪炳益兄的女兒淑瑚，她娉婷端秀，舉止大方，問及她遠在北方的父親，也談她已與中央軍校學員本地人陳如平訂婚，陳畢業後即準備結婚。

我在國外教書最初十五年（1948-63）是在加拿大英屬哥倫比亞大學。1962年十月我應台灣國民政府教育部長黃季陸先生邀請，參加在台北舉行的第二屆亞洲歷史學家大會，並充任英語分組會議的主席。會後教育部對我頒贈獎章，會議期間記者訪問，台北報紙有些報導。淑瑚在我匆返北美之前，居然能在台北同我作一次懇談。我才知道如平早已脱離軍職，在台北小規模經營房地產，苦於押金利率太高。淑瑚要求我借予他們相當數目的美金，先解除支付高利之苦，再謀求發展。當時這事在我們雙方看都是毫不唐突、理所當然的，十餘年後如平經營頗有成果，可惜淑瑚不祿，未能多享比較充裕的日子。

1986年夏秋，在中國社會科學院和美國國家科學院合作和安排之下，我至中國社會科學院、雲南大學和復旦大學作短期訪問和學術演講。秋間在上海與熱情的四房諸姪及姪女們再度歡敍。我隨即赴杭州小遊，正值浙江師範大學(校址在金華)校長蔣風先生在杭，他堅請我去他的學校作一學術演講。我提出唯一的條件：他必須事先代我約好金華市長，我抵金之夕要和他談四房原來的房產問題和拯濟四房某支生計之方。果然，籍貫東陽的金華市市長郭懋陽先生盛筵之後立即和相關僚屬專談何家事(開頭介紹我的履歷，只講了一句：“1979年四月十七日鄧小平同志接見。”)。四房原有府上街寬敞的房子，因多年已被好幾家分住了，一時很難歸還原主。但四房裏住處最差的，保證可以遷居到新造的宿舍。我提出四房中最不幸的是年已六十二歲的德清，由於他青年時代與國民黨略有瓜葛，多年來既無工作也無福利，只有依靠女兒為生。郭市長答應立即解決他的生計問題。我返美不久就得悉，市政府給了他工作，待遇和女兒相同；換言之，他們父女間的收入和福利因我此行加了一倍。台北的陳如平最能了解我金華之行的意義是在力求實現父親生前一項未竟的意願。

除了四房之外，我長期在北美和長房也還保持一定程度的聯繫。1956年春我在英屬哥倫比亞大學將將晉級到副教授，剛剛在海濱買了房子，忽然接到德奎發自巴西聖保羅市的電報，只説兩天之內即將飛抵溫古華，其餘面詳。我當然早就知道戰後他被命為上海市副市長，與首任市長錢大鈞相處甚好，與吳國楨不無齟齬；1949年隨一批上海民族資本家逃到香港。我曾不時疑慮，像他那樣廉正自守、不置產業、樂於助人，而兩袖空空的人，是否能在海外長期解決生計問題。見面後才知道他早已山窮水盡，從胡適之先生信中得知我的地址之後，只有馬上到加拿大再想辦法。第二天我就電匯巴西代還他所借的機票款額。我和內子景洛以兄長之禮待他，我每月另以百元供他零用消遣。半年之後，德奎同意先回香港就任蘇浙中學校長，再緩圖回國與家人重聚，落葉是終須歸根的。

1962年夏我已接受了芝加哥大學的聘書，1963年才全家遷美。幾年之後，長房一向由德奎資助，上海交大土木系畢業的德華和我發生了聯繫。我1937-38年在上海光華大學借讀期間曾兩三度見過他的未婚妻，李姓福建人，中西女學畢業，英文好，篤信基督教。在芝加哥重見時，德華已是密西根州公路局資深工程師，子女四人或已成人或已入大學。七八年中，德華夫婦曾幾度來芝餐敍，但他不願談何家舊事，專喜談上帝。1971年十月和十一月間我重訪祖國返美之後不久，德華當面表示驚訝與失望："像叔叔這樣國際知名的歷史學家，竟會公開讚揚毛澤東那魔鬼般的人物！"為了保持叔姪關係，我要求他此後永遠不要和我談上帝和政治。因此，不久通過上海族人傳出了訊息，九十高齡的大伯母(即德華的繼祖母)，在金華生活及醫藥等費用沒有着落。我略事考慮即決定不必通知德華，由我承當下來。不久金華方面又傳出大伯母極希望生前知道她的"棺材本"能有保障。我致函淑漣(炳松哥長女)請她老人家放心，我自幼秉承父教，深深明瞭甚麼是我分內之事。直到1974年春，得悉德奎準備自港返滬接受上海市政協委員的職位，我才"命令"德華按照我一他二的比例匯美金給德奎，以備他在上海貼補之用。

【附錄　家族與社會流動論要】

我之所以據實無隱，敍述何家一門四房的內情，特別列舉堂哥何炳松和堂姪何德奎資助提攜族人的事跡及其限度，是為了糾正近十餘年來美國有些中國史界中人對兩宋以降家族功能的誤解。誤解最甚者是哥大東亞語文文化系中國史教授海姆斯 (Robert P. Hymes) 的《*Statesmen and Gentlemen : The Elite of Fu-chou, Chiang-hsi, in Northern and Southern Sung* (政治家與士大夫：兩宋江西撫州的精英)》(劍橋大學出版社，1986) 。首先，海氏對"家"、"族"的定義即鬆散含混不清。舉凡撫州志書中所列百年及百年以上同姓同鄉里者都可認為是同"族"，根本不顧官方及世俗之以"族"為一五服之內的血緣組織。此外，海氏對撫州一區"精英"的界說也非常廣泛：舉凡官員、鄉貢、一切寺廟的主要施主、創建或擴充書院、修橋補路、倡修溝渠水道、組織地方自衞者，皆屬於"精英"。甚至與以上任何一類人士有婚姻或師生關係者，也一同視為"精英"。

在無法判斷同姓同鄉里的人是否都屬於同族，在無法推出同姓集團中所產生新的進士與前輩 (兩三世代，甚至百年以前) 進士親疏關係的情況下，海氏書中有一趨勢：先假定同姓同鄉里都是"族人"，再進而假設"族人"中前輩的進士 (兩三世代，甚至百年以前) 必會長期澤及後輩族人的，因此新進士向上流動的社會及制度意義就為之大減。同樣地，如果邑中倡導擴修書院或出資修橋補路者考中進士，也不能認為是鯉魚躍龍門式關鍵性的向上流動，因為在海氏含混的界說下，這類極重要的向上流動，仍然可以硬行解釋為同一大集團或階層內部的流動。因此，海氏最後對科舉制度是否真正促進統治階層與平民間的"血液循環"表示懷疑。

海書攻擊對象主要有二：一是芝大已故宋史專家柯睿格 (Edward Kracke, Jr.) 以僅存的《宋元科舉三錄》中南宋二錄為統計骨幹對社會流動的幾篇論文；一是我根據一萬四五千明清進士，兩萬多晚清舉人和特種貢生的三代履歷以及大量多樣史料而構成的《*The Ladder of Success in Imperial China: Aspects of Social Mobility, 1368-1911*》(中文簡化書名為《明清社會史論》，哥大出版社，1962年第一版，1967年第二版，意大利及日文譯本)。我生性對一些史料有限而見解偏頗的著述往往多年置之不理。幸而近年東亞學人，尤以台灣的宋史專家們，從事於集體研究宋代文集中墓誌銘、神道碑、行狀等傳記資料，做出一系列富有參考價值的例案。其中以柳立言的幾篇論文及書評觸及名詞界說和理論方法的肯要，以陶晉生《北宋士族：家族、婚姻、生活》(台北中央研究院歷史語言研究所專刊，2001) 的結論最有代表性：

> 由於士大夫社會地位的維持並不容易，就造成相當大的向上和向下的流動。同時，基於士大夫的遷調、貶逐，以及他們對於某一個地方的喜好等原因，就形成了他們在地理方面的流動。……
>
> 士大夫與庶人間的流動性值得特別注意。也就是當士大夫家族兩三代無人中第為官，而也沒有財產作為維持其地位的後盾時，就必須轉而從事其他的生計如務農或經商。士大夫家族的流動性，過去已經有很多的研究。本書著者並沒有在這方面做量化研究。不過應該指出，著者不認為過去關於社會流動的研究方法有嚴重的問題。研究社會流動以一個人的祖先三代有否為官作為標準，其實就是宋代政府判定一個人是否屬於士族的標準。宋皇族子女的婚姻對象是士族，政府三令五申要求皇族做這樣的選擇時，並不考慮一個士人的外家和妻家。(陶，頁315-316)

陶氏所論宋代家族與社會流動的關係，大體上仍能應用於二十世紀我們金華何氏一門四房的情況。宋代也好，二十世紀也好，一個家族能否維持或改進它的社會地位，最主要還是要看族中有沒有傑出的新血。以何炳松在自由職業裏地位聲譽之高，他只能負擔本房姪兒女的生計，最多只能安插一姪和兩位曹姓內姪於暨南大學會計及出納兩組。對自己兩個女兒並未能留下多少遺產。解放前德奎收入最高，能援引長房以外四房的族人為工部局小學教員，主動惠及遠在平津的第三房的小堂叔。但他主要支援的還是長房堂弟德華。沒有德奎長期全部的資助，德華不可能讀完交通大學，赴美實習，充任密西根州公路局的高級工程師。至今令我不解的是，何以德華唯一的弟弟德祥幾十年來一貫只是金華的小學教員？最使父親和我驚喜的是，我1934年夏末考取清華之後，德奎立即主動越房資助我每年二百元；光華借讀的一年，上海生活費用大增，亦全部由德奎負擔，毫無慍色。上世紀五十年代夏我在紐約有多度與何廉先生論學憶往的機會，他特別指出湖南寶慶族中亦有類似現象：越是自己本房或本支經濟或文化條件較好，越是本人讀書上進，越易受到族內的重視與資助。族的主要目的在製造"成功者"，在這點上傳統和現代家族政策上並無二致。

我生也晚，要等到海外立足之後才能顧及族務：試圖報答流亡海外的德奎，擔負德奎繼祖母老年生活及醫藥費和保證她的"棺材本"，協助四房的淑瑚姪女及其夫婿陳如平，1986年當面請求金華市長救濟第四房的最不幸者等等，或出自至情，或皆因不敢有違父親遺教。但是多年來捫心自問，經濟上支援族人的能力實在是有限的、"邊緣"的。兩宋以降，族對族人向上流動的功能是絕對不會大到海姆斯未明言，而幾乎相信"一人得道，雞犬升天"的程度的。抗戰期間我在上海先後兩年，也曾兩度到祖鄉金華親自觀察體會，深感炳松和德奎"全盛之局"很難延續。最後分析起來，全族能否有新的"成功者"幾乎完全要靠個人的天資、教育、意志和奮鬥。回到帝制晚期，族中最成功者都無法保證本房本支每一世代都能通過科舉而延續其成功(事實上大多數都是不能的)，又怎能有無邊法力澤及嫡堂、再堂、五服內外的同姓者們呢？

海姆斯看法最有力的支持者是艾爾曼 (Benjamin A. Elman) 教

授。有異於西方多數中國史專家，艾氏著作以史料堅實、大量多樣見稱。十二年前在一篇“翻案”性長文裏〔“Political, Social, and Cultural Reproduction via Civil Service Examinations in Late Imperial China (帝制中國晚期通過科舉〔制度〕的政治、社會和文化的重生產)”，*The Journal of Asian Studies,* Feb, 1991〕，指出拙著《明清社會史論》裏宋、明、清三代平民出身進士的比例——宋，53%，明，49.5%，清，37.6%——失之過高，因為大大低估了家族、婚戚對向上社會流動的功能。艾氏進而認為近千年來科舉制度在很大程度上不過是統治階層的政治、社會、文化的“reproduction (重生產)”而已。由於我研究興趣已轉入先秦思想，所以仍然未立即答辯。

直到2001年8月初，艾氏以其加州大學出版社精印的新版——大本頭八百頁的煌煌巨著《*A Cultural History of Civil Examinations in Late Imperial China* (帝制晚期中國科舉考試的文化史)》惠贈，而且題款非常客氣，我才儘快披讀之後一兩日內即電話中謝他盛意。電談中首先坦誠地肯定其書是研究明清科舉制度史料最多樣美備之作，必能有長期參考價值。接着我就告他四十多年前，他目前巨著中所徵引的如明清殿、會試錄和各省的鄉試錄，以及大量詞林掌故這類專書和筆記，我確曾匆匆抽樣翻檢過不少種，終因內中沒有試子祖上三代履歷而未徵用。換言之，我對他巨著的主要史料是不生疏的。結束電談我說：“唯一不幸是你過於相信海姆斯，認為拙著數以萬計的統計中平民出身的中第者的百分比失之過高，主要是由於忽略家族及婚姻對族中成員向上流動的積極功能。關於這點意見的分歧以及其他相關問題，只有在不久的將來再進行文字討論。”

因累年致力於先秦思想，在此回憶何氏一門四房的“附錄”中才有機會做較系統的答辯。

艾氏近著與拙著《明清社會史論》所根據的主要史料有重要的不同：前者所用的大量殿試、會試和各省鄉試錄等只有姓名、籍貫、本人簡歷和全榜中試者的總數，而沒有最能反映社會血液循環的祖上三代履歷。艾書所用詞林掌故、狀元考等類冊籍只供給有趣的軼事和掌故，亦無助於研究科舉制度是否真能促進統治階層和平民之間的上下流動。換言之，以上這些史料是有助於研究科舉制度本身的，但都是"無機"的。相反地，拙著成萬的中第者的統計完全是根據八十幾種中試者的祖上三代履歷的，最能反映社會階層間的上下流動，全部是"有機"的。二者基本上是無法謹嚴比較的。可喜的是，艾氏搜集史料之勤是西方罕見的，曾自日本獲得極為罕見的明代及清初順治期間，具有三代履歷的進士錄十一種，共2,643人；明代零散的順天、浙江、山東具有舉人三代履歷的鄉試錄六種，共667人。這兩批"有機"性統計所構成艾書中的表5.1和表5.2，值得向讀者介紹。

艾著 表5.1中的明清舉人家世

年份	省分	舉人總數	平民出身之舉人	
			數目	百分比
嘉靖1552	順天	135	67	50
萬曆1591	浙江	110	73	66
萬曆1600	順天	153	87	57
萬曆1618	浙江	98	44	45
崇禎1639	山東	82	46	56
順治1648	山東	89	45	51
總數及總平均		667	362	54.27

註：此表較艾表5.1稍事簡化。

艾著 表5.2中的明代及清初進士家世

年份	進士總數	平民出身之進士	
		數目	百分比
永樂1411	84	70	83
正統1436	100	76	76
弘治1499	300	165	55
正德1508	349	196	56
嘉靖1541	298	177	59
嘉靖1547	300	181	60
萬曆1598	292	186	64
萬曆1604	308	188	61
天啟1622	412	245	59
順治1649	143	114	80
順治1651	57	35	61
總數及總平均	2,643	1,633	61.78

註：此表較艾表5.2稍事簡化。

特別值得注意的是，艾氏以上根據全書僅有的"有機"性的明代及清初進士及舉人的祖上三代履歷所構成的兩個專表中，平民出身的中試者的百分比與拙著同期間的統計大都符合，甚或稍高。艾之所以在全書中對此二個僅有的"有機"性統計表的意義一字不提，或因自知其中平民出身中試者百分比如此之高是對他書主要結論有力的反證。艾氏既與海姆斯採取同樣觀點，當然不願接受，也無法以堅實統計抨擊拙著中陳列的約三萬八千"有機"性統計所反映的重要史實——明清社會階層間的上下流動是在相當程度之內以科舉考試為主要渠道的。

十餘年前海姆斯對兩宋江西撫州一隅的"族"和"精英"界說的鬆散含混，對"族"的功能的誇大，引起西方一些對兩宋以降社會一些不成熟的宏觀"理論"——科舉並未曾有效發揮其促進社會各階層間血液循環的功能。從純方法論的觀點，糾正此類無堅實統計根據，多憑主觀揣想的宏觀"理論"最佳的辦法，是大量多面地從事家族、生活方式、婚姻網絡方面的微觀研究。這類在方法論上很有意義的微觀研究近年已在台灣宋史界集體出現。我希望本章"附錄"中金華何氏一族四房情況第一性的追述能有助於正確了解近現代中國家族的功能及其限度。

結束這個論辯性的"附錄"，我不得不遲遲才指出一項舉世中國學界很少知道的史實：在"儒家化"甚深的李朝朝鮮，類似中國科舉的文官考試也確能促進統治與被統治各階層間的上、下流動。類似明、清進士三代履歷的"司馬榜目"等專錄，也是傳統西方史料中所無法比擬的。請參閱在我指導下，1971年通過的，芝加哥大學歷史系博士論文：Yōng-ho Chóe 崔永浩，《*The Civil Examinations and the Social Structure in Early Yi Dynasty Korea, 1392-1600*（早期李朝高麗的文官考試與社會結構）》，published by Korean Research Center, Seoul, Korea: 1987。

【第二章】

天津私立第一小學

由於先父四十八歲(陰曆算)才生我這個獨子，我童稚之年除在家識字讀書之外也曾入過鄰近的一家私塾。遲至八整歲(1925)父親才決定送我去天津私立第一小學。這所小學的創立是與南開中學最主要的校董嚴範孫(修)有關係的。嚴是翰林出身，曾任貴州學政和清季學部侍郎，是天津有名的巨紳。南開中學就是從張伯苓先生所教的嚴氏家館擴充建立的。

我插班三年級。級任老師劉逸民是河北省東光縣人，圓臉，面色紅潤，聲音洪亮。因童稚在家不時聽父親講古代故事，所以時常能答老師所問歷史上的問題。記得一天劉老師講《論語·季氏》，提到"益者三友……友直、友諒、友多聞……"時大聲問全班："誰是友多聞？"使我大吃一驚的是全班小孩子高聲喊出："何炳棣！"當時我既感到自豪又覺得很難為情，那時和事後感受最深的是同班同學那樣純真寬厚，內心裏沒有一粒塵垢。

私立第一小學三年級每星期都有作文，白話和文言隔週對調。學校和學生對白話作文都不注意，都認為文言才是正式的作文。校董中有一位晚清舉人趙元禮先生，他是天津二大書法家之一，字體結構工整，筆力秀勁。另位書家是精於顏體的華世奎先生，他的匾額幾遍全市。趙老先生關切學生們的文言作文，堅持每次親自選評級任老師的"薦卷"。每次最好的一篇老先生都親寫評語加蓋圖章以示獎勵。同學們都以獲得他的評語和圖章為榮。這一學年我大概得到他蓋章發還的作文共八九篇，這大概是我下一年跳班的主要原因。

三年級終了，劉逸民先生有對家長的總報告和評語。他對我的總評開首幾句已不記得，最後一句是：“如能愛眾親仁，則美玉無瑕矣。”七十多年來每一念及，不禁懍然歎息，這第一位級任老師竟能如此銳利地指出，並正確預測到我一生處世最大的缺陷——往往與中外學人不能和諧共處。古人“三歲看到老”這句名言是有部分道理的。

跳到五年級後，除了上學期算術(包括珠算)感到相當吃力之外，其餘功課都不落後。國文的進步較快，因級任老師董鳳銜是前清靜海縣的秀才，對文言作文的批改極為認真，書法也極工整。有一次他在黑板上解答了算術上一個較難的問題之後，問全班是否都會作了，大家齊聲回答：“會作啦。”不知何故他獨獨認為我熱烈大聲的回答是輕佻犯規，以講書用的籐桿狠狠地打了我左手心三下，我大哭失聲。直至七十多年後的今天內心還是覺得委曲。此後董老師似頗有悔意，但他和我之間的關係始終緊張。附帶說一句，我小學時代體罰還是相當普遍的。學校中午十二點全體學生按班次排隊走向校門即解散各自就餐，擁向校門時如有嘻笑搶先的，往往會挨劉鬍子(副校長，京腔，已忘其名)的巴掌。

五年級終結，我的總平均由三年級時的第一跌到全班第七。

六年級的級任老師姓郭，名字已不記得，說的是一口極純的北京話。國文課上學期多半用在讀《孟子》。多年回想都以為當時讀了不少《孟子》，讀了近乎半部。近年開卷核對反思才發現六年級上學期大概所讀的《孟子》最多只有十分之一。可喜的是《孟子》裏有名的章句(當然不包括告子和專講心性的部分)，全班幾乎都能背誦。那時已開始發現，背誦方面我遠不及有些小級友，我已有不時以自己熟悉的字代替原文難認難讀的字的極壞習慣。

由於盛傳學年終結後全市各小學將舉行會考，所以六年級下學期大部分時間都用在溫習各種課程。至今記憶猶新的是郭老師在歷史班上提出何以宋、明兩代亡國之際死難之士特別多。當時兩三秒內無人回答，我舉手回答：是由於朱熹和王陽明的影響。老師點頭，緊接又提其他問題了。我多年後反思，覺得史實因果要比我童年的回答複雜得多。但照實追憶出來應有助於衡量二十世紀二十年代高小國史教學的內容和水準。

小學期間社會風氣方面有不少處是值得追憶的，但此處僅提一件最富象徵意義的史實。天津舊城庚子(1900)亂後拆除，租界以外最熱鬧的地段是東北城角，俗稱"官銀號"。這是每天上學必經之地，也是上南開中學時每天搭乘比利時經營的有軌電車的地點。軍閥內戰期間城鄉不靖，不時有"土匪"被捕殺頭。最不能忘的是那斬下的人頭，照例是放置在高高掛在電線杆上的木籠裏；由於人頭是從脖子後面猛砍的，所以籠裏人頭下排的牙齒突出於上排牙齒之外。凡是早晨看了這種人頭，晚間總不免做噩夢。這種傳統的"野蠻"，北伐成功(1928)以後就不再見了。我十歲以前，與清末還能連接得上的一些民間禮俗、社交稱謂等等也隨着北伐"打倒列強，除軍閥；國民革命成功，齊歡唱"這類口號歌曲很快地消逝了。

專憶2*

少年時代的朱英誕

詩人朱仁健(英誕的原名)在我生平記憶之中永遠佔有極特殊的地位。他有如一只春蠶，一生嘔心吐盡的絲已織成三千首以上別具風格的詩，這是值得慶幸的。在他生命最後幾週應妻女敦促所趕撰的自傳之中，對童少年的追憶，既失之過簡，對年代記憶略有出入。作為他唯一的總角之交，我有義務，也有特權對他的童少年作點彌補和校正的工作。

仁健於1913年(癸丑)四月初十(農曆)生於天津，長我整整四歲。我們兩家住得很近，又是附近僅有的"南方人"。他祖母程太夫人是我外祖母的親密麻將牌友，她每週來我家二三次，很喜歡我家的晚飯。我究竟幾歲才開始和仁健玩已追憶不出了，只記得最初外祖母曾囑咐過我："小牛哥(仁健屬牛，小名小牛)一定會跟你玩得很好的，不過他有時會發"牛性"，你不去頂他就沒事了。"說也奇怪，自始他從不對我發"牛性"。我恐怕至早要到七八歲才勉強跟他玩得上，因為我倆之間體力、智力的差距實在太大，雖然我的身材遠較同齡男童高大。朱家所有的大人對我都極好，原因之一是有了我，仁健就不再跑出去和"野孩子"們玩了。回想起來，在我整個童少年時代我和他的關係一直是不均衡的：總是他給的多，得的少；我得的多，能給的少。妙在我倆從未有過得失的想法。

由於先父四十七歲才有了我這個獨子，所以我正式入學校較晚。1925年我已八歲，不能再不入小學了。仁健力勸我進他的學校——直指庵小學。他說校規嚴、教師好、學生水平高，又在河北公署區，離家不算遠，來回更可彼此作伴。幾天之後先父對我

* 朱英誕著、陳萃芬選編《冬葉冬花集》，北京：文津出版社，1994，頁317-322。

一人嚴肅地說："男孩子不可以有依賴性。"因此先父決定送我去天津私立第一小學，這學校最初也是嚴範孫（南開中學最初的校董）辦的，校址在天津已毀舊城東門之南的經司胡同，我插班三年級。先父為我包了一部人力車，每天一接一送，中午另外送飯。先父的決定最足反映最初我對仁健依賴的程度。

一年之後我跳到五年級。仁健由於頸部淋巴腺結核曾一再休學，因此我們同時進入六年級。1928年初盛傳天津市要舉行小學畢業會考，因此整個春季級主任老師天天領導準備會考。國文方面，將五年級已讀過十分之一的《孟子》和《古文觀止》幾篇裏較難的詞句都相當徹底地溫習了一遍。這年春天，仁健每次見我都說直指庵一定會第一，私立第一一定是第二名亞軍。我不服氣，一再地說到時候再看吧。記憶所及，這是我童少年時代和仁健唯一的"爭辯"，是為了熱愛學校而爭，不是個人之間之爭。妙在這時奉軍就要入關，似將引起內戰，天津市臨時取消了會考，仁健和我夏間一同投考南開中學。由於我們同時報名，考場裏我坐在仁健的前頭。考試一切都相當順利，最後考的是算術。我還有一題會算而尚未算，時間也還相當充足。仁健忽然捅了我後腰一下，輕輕地問我某題怎樣做。我半回頭叫他小心不要出聲，不料恰恰被監考人看見，他抓了我的卷。這一下我就哭出來了。我事後才知道這位監考人是齋務股主任，問我："看你個頭很大，臉卻顯得年紀很小，你究竟幾歲了？"我說："十二歲（照老習慣陰曆多一歲）"。他說："既然這樣小，卷子就不作廢了，可是你得馬上出去，題目不能再做了。"在場外等候仁健的時候，我已恢復了鎮靜。他出場正要提起抓卷，我說不必再提了，對任何人也不要提；卷子如果不作廢，應該會考取。一週之後，結果是皆大歡喜，投考一千多人中，仁健考中第九名，我第十三名，同被分配到一年級的第一組。

從入小學到初中這一段，我對仁健的回憶比較清楚。這期間我們兩家像有點默契似的，在假期和學年中的週末，仁健祖母在我家打牌的日子，我十九必去朱家大玩大耍，特別是跟仁健學習京劇舞台上的對打，包括“打出手”。最使我不解的是仁健唱、打、胡琴等等似乎件件無師自通。在初中時他自拉自唱，嗓音清亮之中略帶一兩分“沙啞”，那十分夠味的譚派腔調，至今音猶在耳。他從不強迫我學唱，只在不知不覺之中引我刀槍練到勉強能與他對打的程度為止。我家的廚子非常能幹，(河北省) 武清縣人，他無窮無盡的梨園掌故引起仁健極大的興趣。他曾提到富連成最初以金錢豹出名的是裘云亭，裘的絕技是“懷中抱月”：赤膊把又響又亮的鋼叉抱在雙臂之中，不斷地做垂直圓周旋轉而不落地。繼裘長期叫座的武戲之一是何連濤 (飾豹)、駱連翔 (飾猴) 的《金錢豹》。特點之一：猴先上場，豹緊隨之，猴跑向台中，豹把鋼叉在台上猛跺兩下，聲驚四座之際，立即將叉向台中心投擲，猴高高跳起，空中雙手接叉的同時，以背平摔在台板之上，全部動作十分緊湊。沒幾天仁健一定要練，主動扮難度大的孫悟空。當他從正房中間的廳跑向右室右上角祖母的床，接槍 (代替叉) 在手，同時摔在床上“啪嚓”作響之時，正值管家張媽來上房取東西。她不禁大叫一聲：“牛少爺，瞧你這個壞呀，誠……壞啦！”(純滄州音) 三人馬上檢查床的底屜居然沒斷。沒有少年時代自練的基本功，仁健怎能在四十年代末與開灤煤礦工會職工合演《蘆花蕩》，扮演張飛，唱、做、武打，博得觀眾的熱烈歡迎呢？

仁健童少年時代雖患淋巴腺結核，但身手非常靈敏，各種運動都很出色。南開中學體育水準極高。田徑方面按年齡、身高、體重分甲、乙、丙組，仁健和我都是丙組。甲組各項的成績很接近全國紀錄，事實上高班同學中有幾位是全國紀錄的創造者。即使丙組紀錄也相當可觀。仁健的短跑在丙組中平時是遙遙領先的，可惜決賽時因不習慣穿釘鞋，未及終場絆倒在地，並震破頸部淋巴創口，鮮血淋漓。體育老師湖南人文大鬍子竟以碘酒塗傷口，燒得仁健叫痛不止。文反而責他："誰讓你跌跤的呢？"仁健不但因此休學，而且自此"棄武就文"了。他和我同校同班還不滿一年，這是1929年春天的事。他休學在家自修大約兩年，1931年夏以高分考進天津匯文高中一年級，翌年(1932)朱家就搬到北平去了。

文學方面，仁健自幼即才華不凡。他為人內向，極其含蓄，從不誇耀；他在直指庵小學，文言和白話的作文經常被選，貼校牆上陳列示範。我家老少都知道朱家累世仕宦，祖籍婺源，寄籍如皋，確是朱熹的後代，可是無人知道仁健父親紹穀先生早歲詩才洋溢，有神童之譽。仁健經常到我家陪聽古史，但從未曾約我去聽他們父子解誦詩詞。這或許是由於先父曾當仁健面談到我的長期課業計劃：當親老家衰不久即將成為事實的情勢下，我只有竭盡全力準備兩個考試，先求考進清華，再進而爭取庚款留美。這正說明何以仁健對"先天注定"投身於新科舉的我，從不卑視為庸俗功利；相反地，他是唯一能洞悉，即使童少年的我一時會玩得昏天昏地，連數學習題都不肯做，我的心靈深處仍然永存着一種陰霾。

從南開一年級下學期尚未結束即"分手"後，仁健和我過從不如以前親密了。但這反而增強了我倆之間終身不渝的友情。他知道我非走他不屑一走的途徑不可，我知道他必然會逐步走向文學創造的道路。儘管我在三十年代一再坦白地向他招供我根本不懂新詩，他也從不以為怪。因為一方面他懂得詩的教育是我課業異常繁重的童少年時代所無法享受的"奢侈品"；一方面相信我從不懷疑他對純文學和詩的天賦與潛力。1939年八月下旬，我赴昆明就任母校清華歷史系助教前夕與他話別之時，他肯定明瞭我必會把他此後積累的新詩創作認為是我的驕傲；我也堅信我此後在學術上如真能有點成就，也將是他生平引以為快的事。不期這次竟是他和我最後一次的話別！

最後我要向讀者一提的是仁健自幼即非常含蓄。這或與他七歲即喪失母愛不無關係。詩的語言本來就是最濃縮的語言，再加上仁健含蓄的性格，這就可以部分地說明何以有些讀者對他的若干首詩不免有"晦澀"之感了。但我深信，總的來說，仁健的詩是符合詩的普遍和永恆的要求的："真"與"美"。只有"真"與"美"的東西才會傳世。

1993年四月五日撰就，
四月七日寄出於美國南加州
鄂宛市龜岩村寓所

【第三章】

南開中學

我1928年夏秋之際考進南開中學時年十一歲半，1932年底前因學潮被開除時年十五歲半。這一段是我一生中最糊裏糊塗無可奈何的歲月。究竟是否青少年大都要經過的類似階段，還是我個人獨有的發育期間無可避免的“痛苦（growing pain）”階段，我至今不能明確作答。就個人這期間所受教育而言，略有所得，也有不少失望之處。但總的來說，南開是一所很好的中學，而且可能是近現代世界史上最值得欽佩的愛國學校（請參閱“專憶3”）。因此，本章回憶的重心是我對南開中學的總印象和總評估，當然也不得不涉及個人求知歷程中的得失。

為一般讀者參考，有必要簡述南開創校的特殊動機。南開學校的創建人張伯苓（1876-1951）是我國近現代史上三大教育家之一；另兩位是倡導大學自由研究風氣的蔡元培（1868-1940）和清華大學最久任最成功的校長梅貽琦（1889-1962）。張伯苓於1889年以第一名考進設在天津的北洋水師學堂，入駕駛班。校長嚴復，教師中如伍光建等都是精通西學之人，所以科學及英語教學都極認真。1894年中日甲午戰爭爆發前夕，張伯苓以第一名畢業。因數月內北洋海軍即幾乎全軍覆滅，張不得不賦閑兩年多，至1898年七月始被派艦駛往威海衞，參加自日本收回該港，再將該港移交英國的典禮；兩日之內，目睹三易國旗的奇恥大辱，使張伯苓深深感覺到救國之道在圖強，而圖強之本在教育。時天津巨紳嚴修，字範孫，翰林出身，曾任貴州學政、學部侍郎，聘張在私宅設立家館，以新學授嚴氏子弟。1904年始擴充外遷公開招生。1908年更

作者，1931年夏，天津

在其他邑紳捐贈天津已拆舊城西南角外的開窪野地建成校舍，始更名為南開學堂。在中、美兩國開始磋商籌創清華留美預備學堂之際，南開中學1908年第一班畢業生中已有像梅貽琦這樣的人物。南開中學早期畢業生中成名之人甚多，要以1917年畢業的周恩來最為顯赫。

張伯苓自創校伊始即注重智、德、體、群的全面發展。早期尤能與學生同操練，同生活，所以學生都受到張的精神感召，都能培養愛國愛群的公德與服務社會的能力。民國初年，曾任哈佛大學校長四十年(1869-1909)之久的伊利奧(Charles W. Eliot，1834-1926)博士參觀南開中學時，對張氏的辦學精神及已有的成果作出高度的讚揚，以致南開的聲名不久即遠播大洋彼岸，引起美國教育界、教會以及羅氏基金團等的注意。在上世紀二三十年代胡適等人的言論中，南開經常被認為是全國首屈一指的中學。

我對七十年前的南開中學集中回憶以下幾點，並儘可能地試做“客觀”的評估。

首先應該評估南開的教學水準，先自語文談起。南中國文教學一向是相當認真的。我沒有上過最為同學所膺服的孟志蓀先生的國文課，但教我的都是北大及清華畢業的，都對古代文學有相當修養。他們在課堂上用相當多的時間在表現他們在大學中所獲的小學、訓詁方面的專識和追溯章句更古的淵源。我當時的感覺是這種教法不免好高鶩遠，太接近大學的教法，不如專心改進我們的文言寫作更實用些。今日反思，決不能怪他們教學不好。

我最大的不滿是南中的英語教學。說起來，學校自始即是極度注重英文的，每週六小時，天天有英文課。而且學校訂的標準很高：高中一年級起英文班上不准講中國話。這項標準對基本文法的學習無甚影響，因初三全年在劉百高先生國語講解及督促實習之下，我們對基本文法已相當清楚。回想起來，不但在南中，即使在清華大一，教師對學生動名詞 (gerund) 及語氣 (mood) 的班內外實習仍是遠遠不夠。南開高中英語教學最大不足在讀本的講解和口語的練習。例如我高中一的英文老師是上海某大學畢業的，講解原文較難詞句時所用的英語往往比原文生硬得多，遠遠不能給我們以“英語感”。這顯然遠遠不如早期南開的英語教學，有終身貢獻於南開大學的黃鈺生 (子堅，1898-1990) 為證：

> 早期南開中學英語教學的一個特點：從二年級起年年都有美國或英國教員教我們。……總的說來，南開中學畢業，一般地能聽懂美國人或英國人講話，不僅是簡單的句子，成段的話也能聽個七八成。

我在南開四年半，只有最後三個月的英文老師才夠理想，才能使我從口語和寫作方面開始有“跳躍”式的進步，不幸我甫得良師，即因學潮被開除。這位老師是業已兩度留美，南開大學外語系主任柳無忌的夫人，高藹鴻女士。從她的口中第一次聽到地地道道的美國口語，包括“down town (市中心、繁華區)”、“up town

(離中心較僻遠地區)”等極通俗的名詞和形容詞；從她的講書談話中，才部分地、極粗淺地領略出進窺奧妙無窮的英語宇宙，必須不斷學習應用最基本的幾個動詞——如come，do，get，go，have，let，make，take之類。

説也奇怪，我自第一課就發現了這位理想老師，她差不多同時也發現了我這個學生。她十次口頭考問全班，有六七次總是先問“吳彬第”(何炳棣，嘉善音讀)。事後得確息，我被開除的第二天上午，柳太太從八里台趕到南中，對中學部主任張彭春説，開除旁的學生她不心痛，但決不要開除像何炳棣這樣的學生。1959年春美國亞洲學會年會在美京華盛頓舉行，當我宣讀“明清統治階級的社會成分”論文，討論完畢散會時，從台上看見柳太太速步昂然走向我來時，師生內心的欣悦是難以言喻的。

數學方面，我一向不喜歡代數，喜歡幾何。初中太不用功，不願經常做習題，初二、初三連年數學不及格，暑假中由同學幫忙補習，補考及格，幸而從未曾留級。學校規定初三起，數學習題及考試全部都用英文，這對我們毫無問題。而對我而言，問題在班上僅注重算題，很少講到概念，以致高中二上學期開始上混合數學的課，竟對解析幾何的性質和功用茫然不解。由於自己不用功，我對南中數學教學的評估可能太主觀、有欠公道。科學課程方面，令我真正滿意的是化學。老師是齊魯大學畢業的鄭新亭先生。他在黑板上所寫的綱要條理清楚、內容充實，大有助於我對課本〔Black and Conant，《新實用化學》(*New Practical Chemistry*)〕的啃讀與消化。

學了物理還不足一學期，但已感到教學方面不如化學。生物僅在初三學過一學期，南中是比較不注重生物的。我如不被開除，高三一整年會再度學習稍深一級的化學和物理的。近十餘年來我與清華老同屋，第一流古藏文專家黄明信先生曾不止一次地，嚴肅回憶比較南開中學和北平師大附中的數學和科學教學(黄初中在師大附中，高中讀南開），我們覺得後者的水準高些，可能是全國中學中最高的。我個人覺得三十年代的揚州中學的數理化學教學水準比南開有高無低。事實上，三十年代江、浙若干省立中學的數理化教學都比南開嚴格。我清華1934級入學的狀元李整武就是浙江金華省立七中畢業的；榜眼汪籛，文革期間含冤而死、北大歷史系柱石之一，就是揚州中學畢業的（入學考試數學100分）。總的來説，南開的語文、史地、數理化課程水平是很不錯的，學校的傳統注重學生全面的活動與發展，不專死"K"數學和理化。

以清華1934年入學考試為例，南開和揚中畢業生各佔22名，同居首位。師大附中十四名，居第三；北平匯文十二名，居第四；通州潞河中學八名，居第五。但這統計未包括南開女中（與男中同校異舍）畢業生三人——出自巨富之家的名作家的韋君宜（原名魏蓁一），已故北大校長張龍翔夫人劉友鏘，和曾任東北數市市長和哈爾濱副市長的彭克（原名彭克謹）。更未包括像我這樣基本受的是南開教育，而混的是北平弘達中學的文憑。和我情況相似，還有兩位女中同班同時被開除的——為中共盡瘁的毛掬和現任全國政協副主席錢偉長夫人孔祥瑛（不幸於2000年病故）。此外，在南中受教育，最後一兩年才轉學他校考入清華的尚無法估計。這只能反映狹義的南開教學水平是合理地高，卻遠遠不能反映南開中學在其他方面的卓越。

南開創校的主要目的既在培養學生服務國家社會的能力，所以自始即提倡學生組織團體、發展各種課外活動。課外活動中最有名的是話劇和運動。張彭春對發展話劇貢獻甚大。眾所周知，南開早期話劇中周恩來扮演女性角色。萬家寶（即曹禺）戲劇創作的基礎在南開中學時期已經奠定。1931年校中演出英國高爾斯華綏（John Galsworthy，1867-1933）的《爭強》(*Strike*)，水平極高、令人讚歎；據説曹禺還未升學清華時，已協助張彭春把高氏的劇本譯成國語了。

南開注重體育是盡人皆曉的。在運動方面最膾炙人口的是遠征日本、菲律賓全勝而歸的南開籃球“五虎將”：唐寶堃、魏蓬雲(兩前鋒)、劉建常(中鋒)、王錫良、李國琛(兩後衛)。在不久前中國田徑隊在遠東運動會曾造成吃零蛋的奇恥大辱，而這五位南中尚未畢業的學生(都比我高兩班，1932年夏才畢業的)，竟能威震遠東，為中國揚眉吐氣，實在不能不認為是南開中學無上的光榮、中國近現代教育史上的一個奇跡。

對南中作總評之前，必須回到必要的敘事：我是怎樣在1932年底大考之前被南中開除的。1932年秋高中二年級上學期確是我青少年時期的一個轉折點。事實上這學期開課不久即舉行全校運動會，我終於滿足了我初中的心願，獲得乙組百米賽跑的第一名，所以堅決地掛起所有的釘鞋和足球鞋，專心致志準備清華大學的入學考試了。當時高中最後兩年不分科，但實際上是文、理有別的。由於上學年即須向學校表明將來擬習人文或理工，所以我被分到高二年級最後一組，比較偏向人文的第六組。但因我高一下學期化學考試幾乎一百分，所以秋季開學時我要求和理科班一樣選兩門數學——由大代數、解析幾何組成的混合數學和立體幾何。出我意料之外，兩次月考兩門數學和物理都得九十分以上，於是增強了我進大學主修化學的意願。

這學期不但得到柳太太那樣極理想的英文教師，西洋史的老師也能引起我對西史的格外用功。他是文學家端木蕻良(曹京平)的長兄曹京實先生。曹又是我組的輔導老師。不知何故，剛剛開課即指定我作為全級(六組大約二百人)軍訓三個“班長”之一，全級另有一學生“排長”。責任是：教官事先教我們具體的操練，我們四人在全級軍訓班上再分組教同學。我們在足球和田徑場圍牆外的棒球場操練，每次從海光寺兵營出發練習打靶的日本兵所搭的卡車經過時，車都有意開得極慢。此情此景，七十年後猶如昨日。

西洋史班採用美國的標準高中課本，Hayes和Moon合著的上古及中古史，和近世史簡易的一冊本。雖然只有三個月時間，這教科書與柳太太英文班所選讀物配合得非常理想。歷史教科書中的字彙、專詞、文句、史實都極有用，促進我英文加速的進步。參照抽讀《論》、《孟》、《左》、《史》的經驗，我當時已有初步信念：為習作説理文章，歷史方面的著作較純文學、哲學等著作要有用得多。就在1932年的秋天，我偶而披閱英文的《京津泰晤士報》大體已通順無阻了。本來英文及其他課程都這樣按部就班讀下去，相信1934年夏畢業後考進清華應該是沒有太大問題的。

不幸的是我在學年之初被選為全高二級的出版委員。我雖已下堅強決心集中全力準備清華的入學考試，一切雜事置之不顧，但名義上既是高二的總出版委員，照理也就是《南開雙週》的第二資深編輯了（總編輯當然是高三的總出版委員）。這年秋天有一位來自江蘇的朱啟鑾同學自動向我談世界及國家大勢，並不時供給我有關辯證法、唯物史觀、《費爾巴哈》這類讀物。我對這類讀物毫無興趣，既不懂內中所提的理論，讀來又不似中文也不似英文，不過不願拂朱的好意，只表示書深難懂。記得西洋史季中考試中有一問題，究竟是科學家抑或政治家對人類的貢獻大？我認為是前者，而朱説政治家既可以利用並控制科學家，當然對人類的貢獻大。我當時遠無能力立即反問：如果政治家不受道義和制度的約制，對人類的福利將有何影響。遲到九十年代，才有南中老同班孫乾方供我大陸上多年前的剪報，朱在五六十年代以中、高幹的身分相當活躍於寧、滬之間。

1932年秋我完全不過問的《南開雙週》文章內容越來越左，有些言論確實過於偏激，引起我內心的不滿。最糟糕的是張伯苓校長不在天津，中學部主任張彭春召集《雙週》的編輯談話，勒令停刊。這才激起同學的公憤，於是同學召開大會，對校方的命令表示強烈的抗議。那天大會的主席正是幾月前扮演《爭強》中工人領袖極成功的高三級的吳博，他演説到慷慨激昂之時，右手用力扯下中山裝上一排銅扣，立時露出胸膛，同時兩個錚亮的銅扣子猛猛滾向台下。事後有些同學分析，一切細節似乎都是事前熟思精慮過的，中山裝裏必須不着白色的“T恤”，新的銅扣一定要鬆鬆地縫在中山裝上，才能由聲、色、血、肉配合演説引致義憤填膺情緒的高峯。當時南中同學人才之濟濟多樣於斯可見！七十年間多度反思，深覺這次學潮自心理學的觀點確是無可避免的。校長張伯苓是宗教式的大家長型人物，是我們敬佩服從的對象。在當時禮教的影響下，青年人以親生父親為反抗對象者也不多見。但血氣方剛的青年人往往需要一個“憎恨”反抗的對象才能維持心理和行為的平衡。張彭春正好供給我們情感上不可少的“反權威”的對象。他與乃兄伯苓先生性格迥異。伯苓校長熱情洋溢，平易近人。張彭春卻給人一種冷漠孤傲、裝腔作勢之感。大概全學年內星期一紀念週至少有三分之一是由他主持演講的，久而生厭，厭極生憎。由於他以戲劇權威自居，講話務求“舞台式”，聲音完全是控制的、硬“憋”出來的，那種“假嗓門”使人聽起來極不舒服。不但如此，他還摹擬西方某派演説家的腰勢手勢，不時以右掌連連輕擊前額，目光凝視遠方，種種姿態引人反感。此外，他那長方形大過常人的臉龐與他的個性也很相稱，同學中不乏稱之為“驢臉”的。記得一位平素沉靜寡言的同學曾對這位中學部主任作了風趣的綜結：“張九沒別的，就是大便乾燥。”

這次學潮開除了幾十人之多，至今也未能得到可靠的統計，不過我是屬於“罪魁”之類，學潮中即行開除，而不少同學是學期考試後才被革離校的。最“缺德”的是張彭春連轉學證書都不發，逼得我在1933年初在北平不得不假造一張轉學證書，蓋的是“黑龍江省立第一師範”的大方木製的假圖章。反正跳了一班，不出幾月就在弘達中學畢業了，北平市社會局不可能(似乎也明知不問)調查真偽。1933年在北平西單附近住了七八個月的公寓，與南開接踵開除的同班同住。此期間結識了北洋大學預科開除的黃誠、吳承明等未來的清華級友、學運的領袖人物。朋友中數學根基好的，1933年夏即考進清華和唐山交大。我數學底子不好，更因為南開高二上學期混合數學之中每樣都學了一點，甚麼也沒有學全。文史科目可憑自修，數學是靠按部就班不斷做習題的，決不是數學根基本來就差的我所能自修補上的。因此，1933年夏我投考清華失敗，只好到青島的山東大學去主修一年化學、補做數學習題、用功於英文，以期一年以後能成功地考進清華一年級。回想起來，這十六歲時所做的決定是生平第一次真正明智的決定——唯有在清華重讀一年級，才能開始培養未來學術上的競爭能力。

* * *

綜結以上，如專就狹義數理教學而言，南開中學的水準只是合理的高，但要略遜於北平師大附中和揚州中學等校的，因為它政策上沒有像後者特別注重督促學生演算習題，專門準備應考一流大學那種特殊"節目"。我個人對南開既感恩，又含怨。正因為在南中的四年半大體上是半糊裏糊塗度過的，所以進了清華之後沒有"小時了了，大未必佳"那種過早開花的後果。事實上，南中半鬼混的四年半可能暗中種下了入清華後的"福因"。

如果就廣義的智、德、體、群四育的立場論，南開中學在全國，甚至在國際的知名度最高不是沒有道理的。希望讀者讀了"專憶3"以後，會同意我的看法：南開中學在近現代世界教育史上已贏得光輝不朽的一頁。

* * *

以下對南開中學非學術性的雜憶，希望不無可供今後研究中國近現代社會史學人參考之處。

(1) 南開學生的社會成分

據統計，我在南開最後的一年(1932)，南開五部——大學、研究院、男中、女中、小學——學生總數已達三千。內中男中佔兩千以上。男中極大多數的學生源於當時的中產之家。我在校的四年半中根本沒聽説任何同學出於真正貧寒之家。相反地，由於南開創校即受天津巨紳的鼎力支助，學校很早就獲得國際聲譽，南中同學中的“貴族”成分遠較他校為高。除了嚴、范、盧等校董巨紳的子弟姻戚外，舉凡王、周、葉、卞、查等天津望族，住在英租界的安徽壽縣孫家、福建海軍名門王、劉兩姓，以及駐津廣東、寧波、山、陝諸幫富商巨賈子女，幾無不以南開為上選。但這些名門富室大多數的子弟衣着言行一如常人，毫無驕氣，內中頗不乏學術、事業、科學方面的成名者。即使西化極深、唱男中音、上課回家駕駛摩托車的孫乾方(晚清大學士孫家鼐的姪孫，與我同級)，不但從未荒廢學業，並且對英語非常用功，為人誠懇，彬彬有禮。出於巨富企業之家女中同級的魏蓁一，衣着樸素、視金錢如土芥，入清華後不久即從事地下革命工作。南開中學絕少紈絝，固與家教有關，主要還應歸功於南開優良的學風和傳統。

(2) 三十年代的南中與“歧克”

“歧克(chic)”是法文字，可用為名詞或形容詞，越來越流行於全球時裝廣告和報導電影及體育明星類的文章。它具有時髦、漂亮、瀟灑、高雅等義。這個反映素質的抽象字，卻必寄之於具體的人身人面，才能發揮它的意涵。它不等同審美觀念，但與審美觀念牢不可分。當今西方女性及中年男性的“歧克”問題本文無須討論。事實上，二十世紀男性的“歧克”一般是由健美的體格和時髦的衣着(尤其是運動便裝)結合而表現出來的。在這個意涵之下，三十年代的南開中學是全國“歧克”的先驅和標準。

這與南中學生的社會成分、地理和文化因素都有關係。天津是華北最大的商埠，租界區廣人稠，英、美駐軍與南中(稍後南開大、中混合隊）有長期密切的體育競賽關係。運動服裝用具等等通常都首先由南中引進；此外，南中學生的"歧克"是長期耳濡目睹，自然而然消化吸收的結果。這些因素合攏起來才能說明何以上海租界區域、人口、財富遠勝天津，而富家子弟即使容貌清秀服裝入時，總還不免給人以"小開"、"海派"的印象，總不如南中體育健將"夠味"。在"歧克"的發展過程中，清華比南中似乎僅僅後半步，因為南中畢竟與英、美駐軍有經常體育關係，而且不少運動健將畢業後考進清華。北平的燕京、匯文、育英和通州潞河諸校也緊緊跟上，所以三十年代"歧克"的客觀觀察者一般都認為平、津較上海為"成熟"、"夠味"。

南中體育與"歧克"的密切關係最直捷地反映於一項現已罕為人知的商業史實：自三十年代初越來越被全國、華北等大規模運動會認可為合乎國際精確規格的運動用具，特別是籃、足、排球之類的製造者（當然是全國馳名的體育用品公司），其祖型就是南中校門對面僅有五間門面的"千祥鞋店"——我初中時買釘鞋、足球鞋、乒乓和網球拍、運動衣着的店舖。

附帶一提的是，三十年代南中對俚語也可能有所貢獻。例如形容風度瀟灑的"帥"，可能源自南中，也可能源自北平的某些學校。形容人某方面真行、真出色，或身體特別強健的"棒"，特別是當時南中通行雙音"ber bang"的表達方式，很帶天津味，極可能是發源於南中，才逐漸通行於全國學生和受教育的成人的。但這類二十世紀三十年代的學校俚語的淵源與傳播尚有待語言學家的考證。

* * *

綜括而言，南開中學的課程教學可能不是各方面都是最高、最嚴格；但是，如果中學教育另一重要目的是供給青年人"經風雨、見世面"的機會的話，我雖是南中開除的，決不後悔我的"南開經驗"。

專憶3

愛國紀錄的創造者

記得1980年夏天津方面的朋友們要我寫篇對南開中學的回憶時，我心中即刻的反應是準備集中只講一點：南開的愛國精神和實踐。這是因為第一手有關南開創校早期歷史和生活片面權威性的文章已極豐富多采，再寫也很難道出前人之所未及了。

短文的重點決定之後，內心既充滿信心，又不免具有一大"隱憂"。信心是根據一項定會引起炎黃子孫永遠敬佩的史實。案：張伯苓校長一向注意日本對"滿"蒙的野心，尤其是對東北資源的垂涎。所以在九 · 一八事件之前，早已囑咐校長秘書，精通日文的傅錫永(恩齡)先生，從南滿鐵路株式會社累年大量的調查統計資料中，選精撮要編出一本專書，以為南開大、中、女、小四部通用必讀的教科書，定名為《東北經濟地理》。1931年九 · 一八事件爆發一個多月，日本特務土肥原在天津製造了"津變"——武裝騷擾天津市的南郊。南開四部被逼停課。1932年初復課時，學生每人馬上就拿到一本十幾萬字的《東北經濟地理》，而且這學期所有南中的學生都必修此課(南開小學情形不詳，可能僅由老師講綱要)。南滿鐵路的統計資料是國際馳名的，這部南開獨有的講義，無論從質從量的水準看都是勝於當時國內外所有地理教材中有關東北資源的部分。試想：世界上有哪個中學能在嚴重國難爆發四個月之內，即能編印完成一部像《東北經濟地理》這樣最關宏旨、最切時需的愛國教材呢！？

但在1980年夏寫南開回憶時心中確有一大"隱憂"，因我從結束西史訓練轉攻國史一系列大課題半世紀以來，往往暗中要先做一番中西粗略對比的工作，否則會感到對國史某些有關質和量的問題很難概括評斷。

近代愛國學校故事傳播到世界各國之廣，打動億萬學童心弦之深的，莫過於源自法國的《最後的一課》。這故事的年份是普法戰爭結束的1871年，地點是條約中業已割讓給普魯士的阿爾薩斯州的一個市鎮，故事的陳述者是以第一人稱的學童。他由於昨天文法班上答錯，晨間因怕再受申斥，所以沿途東瞭西望慢吞吞地走到學校。他果然遲到了，奇怪的是老師不但不責罵，反而叫他好好入座。他不明白何以平日半空的教室今晨坐滿了人，內中有前任的市長、郵局局長等多人都盛裝危坐，面容嚴肅。老師在接着講何以法國語文是人間最完美可愛的語文，特別是今天中午十二點鐘聲響了之後，普魯士軍隊就開進市區，從此學校只能教德文了。學童聽了內心深深自疚，後悔平日對自己的語文不知用功。片刻沉靜之中，身穿禮服的老師，瞧着窗外咕咕低語的鴿子群慘笑地問："難道他們會有通天本領使你們都以德語咕咕歌唱嗎！？"正午的鐘聲終於打破了沉默，面色蒼白的老師哽咽地說："我，我……"已泣不成聲，只好在黑板上寫下："法蘭西萬歲！"然後面向學生說："現在下班了，你們可以走啦。"

從小學讀此故事的六十多年裏，我內心一直不敢絕對地以南開中學作為世界上第一愛國的學校，原因就是《最後的一課》故事的簡單而動人，敍述手法的高妙，實在令人感動傾服。遲遲到六七年前我才感到這個故事及其背景有稍事研究的必要。首先一查作者都德(Alphonse Daudet，1840－1897)的傳記就既驚又喜，因他生於1840年，普法戰爭結束時他已31歲，決不可能是故事中做第一人稱的學童！事實上他從十六歲起即長期定居巴黎，壯中年在教育部工作之外從事於文學創作。僅僅在英譯的都德短篇小說選裏，就有四篇背景不同的有關普法戰爭的故事，內中最成功的就是《最後的一課》*。

《最後的一課》既是藝術水準極高的虛構故事，南開中學篤篤實實的愛國業績之居舉世學校的前茅，應是不辯的事實了。

---

* 《最後的一課》見於*Selected Stories of Alphonse Daudet*，1951，Emmans，Pennsylvania重印本；關於都德的生平，曾翻閱他的英譯全集，特別是英譯都德自撰的*Thirty Years in Paris and of My Literary Life*，London: George Routledge，1888。

【第四章】

一年插曲：山東大學

我在1932年冬因學潮被南開中學開除，跳了一班提前混了個中學文憑，於1933年夏考入山東大學，1933年秋入學，1934年夏轉學清華大學。在山大僅僅讀了一年，可是這一年使我終身難忘。

在山大我主修化學，抵校後才知道化學系可能是當時全校最堅強的一系。系主任湯騰漢先生是德國柏林大學博士，並經德國國家考試取得優等藥物化學師執照。三十年代德國的化學無疑是全世界最領先的。湯先生非常誠懇，不時到一年級定性分析實驗室親切"視察"，回答實驗上較難的問題。記得最後幾週學習如何化驗礦石。從磨粉、溶解以至如何分析無法溶解的渣子，工序和難度都超過清華的大一定性分析。普通化學由傅鷹教授主授。傅是美國密西根大學博士，理論物理造詣很深，尤精膠體化學。他的課要比清華張子高先生所教的普通化學高明得多。幸而那時有高班學長指教私下加讀美國大二化學教本，才能在傅先生班上取得高分。傅先生一看就是聰明絕頂的人，對學生要求十分嚴格，使一般學生不易和他接近。事實上他很幽默，喜歡和同學們談科學水準和掌故。

除了化學之外，我在山大相當多的時間用在英文上，那時外語系主任是梁實秋先生。他決定將一年級新生(工學院的除外)先做一甄別筆試，然後分組上課。筆試第一名是主修化學的張孝侯，他得力於留美回國的哥哥的多年家中教導。張口語和寫作都好，免修大學英文。我考第二名，不免修，分到甲組，教授是泰勒女士(Miss Lillian Taylor)。最不可解的是她明明是美國人，但三番五次地警告我們決不可學一般美國人的發音，尤其不准讀出“滾轉的R”(所謂的rolling r)，一定要學牛津人的“ä”。她英文發音和語調是比“皇家英文”都更“英”。多年以後才知道她在二十年代是美國故意反抗禮教的“女叛徒”之一，這就說明何以她在二十年代卜居北平，和清華哲學系教授金岳霖同居生女而不婚。

真幸運，這一年我有充分機會學習地道的英文口語，改進英文寫作。記得全班剛剛讀完愛爾蘭當代第一作家 James Joyce 的 *Eveline* 這短篇小說之後，她出了作文題目，叫我們寫一篇中國的 *Eveline*。原著中這女孩大概十八九歲，住在首都都柏林，母已喪，父親是不時發酒瘋的工人。她結識了一個跑遠洋的水手，兩人已有默契，遲早結婚。這次水手回來，堅持兩人乘船私奔成婚卜居澳洲。事實上，他已把她說服了，因為無論如何海外兩夫妻小家庭的生活一定會比她目前的生活好得多。可是，直到就要開船了，她仍是半麻痹似地凝望窗外，始終不忍摒棄衰病潦倒的父親。最後船和汽笛之聲都在沉沉暮靄之中消逝了，她才被熟悉的手風琴奏出的凄涼的愛爾蘭民歌驚“醒”過來。作文時我只需把都柏林換成膠州灣，把 Eveline 換成一個高密海濱的村姑，其餘幾乎可以照抄，只是完全用自己的詞句。一星期後，泰女士在班上大聲地叫着說，怎麼全班都把題目作錯了，全作成社會倫理的評論了，只有 Mr. Ho 寫出一篇真正的短篇小說，背景是膠州灣，情調卻又有點像 Joyce。

總之，山大這一年，僅就英文訓練和進步而言，已是一生難忘的一年了。

大一國文是游國恩教授主講，他是江西人，國語很好，學問淵博，講解深刻動聽。可惜我那時精力都放在化學和英文裏。由於對游先生印象很深，我離開山大之後一直注意他的行蹤。知道他不久轉到武漢，最後轉到北大。在美國遲遲地才知道游先生與1946年被殺害的聞一多先生原來是兩位“楚辭”的世界權威，我小小年紀在山大時雖然有眼，但還不能體會出這位老師是座"泰山"。難怪牛津大學郝克斯 (David Hawkes) 教授英語的"楚辭"名滿天下，因為郝是牛津古典文學 (希臘、拉丁) 傑出的學生，1948-51年被選派到北大跟游先生長期研讀"楚辭"的。三十年代山大中文系還有出名的古文學家丁山教授，國學方面相當有名的張煦教授和清華大學研究院畢業的蕭滌非教授，蕭是魏晉南北朝文學的專家。此外，趙太侔校長和前校長楊振聲先生都是蜚聲文藝界頗負時望的。總之，三十年代山大的中文系是有聲有色的。可惜我在山大的一年，聞一多先生已去清華，抗戰期間我和他同在昆明昆華中學兼課，成為鄰居，偶而從談話中發現他對青島和山大具有美好的印象。

那時的物理系，也極有朝氣。系主任王恒守非常能幹，以個人的熱誠吸住了傑出的王淦昌教授，並搶到由美剛剛回國的任之恭教授。王是清華大學畢業後赴柏林大學深造獲博士的。五六十年代知道他曾任蘇聯都布納核子物理研究所副所長，並是祖國成功試驗原子彈及氫氣彈的少數領導人之一。在我的腦海裏，他的成功也是山大的光榮。任先生未回國前數年，已經是哈佛大學物理和無線電的專任講師，那時華人在世界第一流大學任教之後才回國的實在罕見。任先生常和傅先生打網球，我們在旁觀看閒談，無不欽羨，引為山大之榮。

由於年少識淺，那時對其他學系缺乏了解，只知道學校既設在青島，山大海洋生物方面在國內領先，此外相信其他學系都具有相當水平。短短一年之中的總印象是：山大是自然環境極為優美、已具基礎、規規矩矩、認真教研、正在發展、前途不可限量的一所綜合性大學。我之所以一年之後即轉清華重讀一年級，完全是為了長期準備投考中美或中英庚款考試的便利。親老家衰更增強了我力求儘速爭取出國深造機會的決心。

三十年代前半的青島和山大生活值得回憶之處甚多。青島真堪稱人間畫境，當一個十六足歲的我，在九月初暖而不威的陽光之下，首次遠望海天一色，近看海灣和樓房圈住的海面晶瑩得像是一塊塊的超級藍寶石，波浪掀起片片閃爍的金葉的時候，內心真是想為這景色長嘯謳歌。尚未走到棧橋，陣陣清新而又微腥的氣味早已沁人心脾。那些常綠和闊葉樹叢中呈現出的黃泥牆、紅瓦頂的西式樓房群，配合着蔚藍的天、寶藍的海，形狀和色彩的和諧，真應是法國印象派畫家們描繪的理想對象！1985年夏重訪青島，海天依舊，大部建築都已陳舊了不少，原來樓叢中出現了一些解放後所建灰暗的大磚樓，正如北京北海五龍亭外大而無當的灰樓群一樣，部分地、無可補救地破壞了原有色調的和諧。

三十年代山大膳食的物美價廉，至今令人豔羡。我包了教職員的伙食，好像是每月八元，每日三餐，午晚兩餐比一般飯桌多一個大菜。肉類充足，常有海鮮對蝦。早晨可以另自出去吃豆漿、燒餅、油條。膠州的大白菜和大蔥是馳名全國的。唯一美中不足的是飯後無法去閱覽室看報，因為那裏照例是蒜味熏天。

男生宿舍是八人一大間，同屋有廷榮懋（改名廷懋，內蒙政軍首長之一）、郭學鈞（改名郭林軍，八十年代初任北京圖書館副館長）。同班有王廣義（改名王路賓，八十年代初任北京大學第一副校長）、袁迺康（中國科學院成都分院副院長，已榮休）。女同學中鄭柏林最誠懇、最用功，難怪她自新加坡回國後成為著名的海洋生物學家，英文版《中國建設》中曾刊過專文介紹讚揚她的教研成果。其餘有成就的校友還不少，不能一一列舉。1981年十月我回國參加辛亥革命七十週年紀念國際學術討論會，武漢宴會坐在湖北省長韓寧夫的右手邊，才發現他是1935年秋入學的山大校友。郭學鈞在京面告:“七 · 七”事變以前，凡是山西到山大“留學”的，每人每年都得到閻錫山200元的支助。根據這一重要史實，再參照以上我所做的欠系統的、主觀的、但決非無據的雜憶和評述，不難想見解放前山大在全國高級學府中應佔的地位。

1933-34年我在山大的一年，是我一生英文進步很猛的一年，是我身高達到極限的第一年，是廣義教育行萬里路的第一年；由於青島大自然的號召，又是我一生“美育”開始的一年。

謹以此文*代替慶祝母校建校九十週年紀念的祝詞。如此關鍵性的一年，確是我終身難忘的一年。

* 本文寫於美國南加州鄂宛市龜岩村寓所。1990年十二月十八日一氣呵成；1991年一月二十四日刪就。原載《山東大學“青島”人物志》，山大“青島”校友會編，北京，海洋出版社，1991，頁201-208。原文名“難忘的山大一年”。

【第五章】

清華大學(上)

I. 考試與入學

經過山東大學一年的格外準備，我於1934年夏季終於考進清華，完成了童年的第一志願。我們這級稱為十級，是清華由留美預備學校改為大學後的第十班，應於1938年畢業。這年八月在北平、上海、武漢、廣州報考者共四千餘人，正取三百一十七人，我名列第二十一。此外尚有不少人總平均高於歷屆大一入學考試的最低錄取標準的，於是清華當局決定增收備取六十名。事後統計我級報到入學者共二百八十七人。自始我級即受空前國難沉重的精神壓迫，隆重的開學典禮就是在九·一八國難三週年前一日舉行的。梅貽琦校長致詞中強調指出嚴重國難中學生應盡的責任：

> ……吾輩知識階級者，居於領導地位，……故均須埋頭苦幹，忍痛努力攻讀，預備異日報仇雪恥之工作，切勿以環境優遇即滿足自樂。尚有一事須大家極力注意者，即嚴守團體紀律，養成團體紀律化之美德，非但有利於己身，即異日服務社會亦受益莫大云云。

上引《天津大公報》的報導既反映清華校風的篤實嚴肅，又預示政治風暴遲早勢必來臨。幾十年來國內既已積累了相當大量資料憶述三十年代清華領導學生抗日救國的事跡，本文自應一本初衷集中回憶個人的學習和自修的途徑，並較全面地討論一般不無誤解的"清華歷史學派"。

清華一向不公佈入學考試分數。入學後註冊課卻公佈了物理、

清華圖書館
(1930 年代)

清華大禮堂
(1930 年代)

高級數學(大代數、平面解析幾何)和初等數學的分數，這是因為與理工方面選課有關。我的物理得77分，初級數學僅得55分，這兩門都是我的弱門。既志願主修化學，一年級必須選高級數學。

為備今後教育史家參考，我在此應略追憶三十年代國內主要大學入學數學考題的水準和難易。記憶猶新，在我被南開開除後的兩年內，同學朋友間幾乎一致的意見是大代數只做美國Fine所著教本中的習題是不夠的，還需要做英國 Hall 和 Knight 合著的大代數課本中的習題才夠用，因為後者較前者要繁難不少。當時一般的觀察是交通(上海和唐山)、中央、浙大、武漢等大學的數學入學試題都比清華的繁難。我是數學方面終身的跛足者，不敢評估各大學間的高下。但生平至友之一，已故天資穎異、多才多藝、第一流工程數學家易家訓(1918-97)教授，生前和我談此問題不止一次。他說當時一般的觀察是對的，這些大學入學數學試題是比清華的要“繁”不少，但他們的題目有些是“繁”而“笨(stupid)”，只有清華的題目出得似“輕”而實“巧”。最有意思的是易先生不是

梅貽琦校長（1930年代）

清華的校友，他是中央大學1939年畢業的。易先生對三十年代的回憶，與楊振寧先生對八九十年代國內理工學科課程之過專、過繁、過難，是否可做歷史的聯繫，尚有待專家們的考證。這問題的意義恐怕不僅限於數學教學，可能涉及全部高等教育設計的襟懷和取向。

II.“發現”自己，磨練意志

清華入學最初兩三月內我作了不少自我分析檢討的工作。相當快即決定放棄化學改修歷史。決意放棄化學原因有三：一是化學系自始即宣佈大一化學成績非達到相當高的標準，第二年不准入系。新建成四層高的化學館是全校最大的建築，但儀器等設備的限制使該系不能容納太多的學生，這是人人皆知的事實。但當時化學系給一般同學的印象是太冷漠傲慢。二是張子高老教授的教學作風使我不滿。他所採用的普通化學課本太淺，而試題一般都深過課本的涵蓋，以致月考難倒了不少用功的學生。我在山大已自修過美國大二化學的標準課本——Chapin《*Second Year College Chemistry*》，沒有被他難倒。但我對他不主動指示同學參讀較高一級讀物，心中極不滿意。第一學年終了，很有幾位同學轉入生物或地學系，就是由於化學課本太淺。第三個原因是班上幾位上海中學和蘇州中學畢業的同學自始即表現化學根基的異常堅實。其中來自上中的劉維勤一兩月內即贏得“B. B. Noyes”的綽號(定性分析課本的作者是麻省理工教授 A. A. Noyes)。以我數學根基之差，如堅持主修化學怎能保證不落人後？

內心開始辯論的同時，西洋通史和大一英文給我帶來無限的歡欣。西洋通史是全年八學分的奠基重課。由於外語系必修，其他文、理、法學院諸系選者亦多，班上同學超過百人，只能在星期一、三、五晚上在科學館(已為物理系專用)三樓戲院式大教室上課。此課由劉崇鋐(壽民)教授主講。他出自福州世家，國學根基相當深厚，英文亦好，與夫人，兩江總督沈葆楨(1820-79)之孫女，書法俱甚俊秀。劉師教學的特色是篤實。課本不過是美國高中最通行的 Hayes 和 Moon 合著的上下兩冊的通史。他認這兩冊細讀消化之後應已能初步掌握基本史實。他另精選不少較高層次，但並非必讀的參考書由學生自由抽讀品嚐。這些書都放在西文閱覽室參考書專架上，由學生簽字借閱，限時歸架，違者罰款。

劉師為人謙虛和藹，講課極為認真。幾乎週日晚間總在圖書館底層辦公室裏準備講課的資料。他的演講一般遠較課本為深入，甚至有時太深入了而不能淺出，於是使我不避冒昧夜間就向他叩門請教，受到書目方面極好的指導。例如我最初抽讀芝加哥大學近東考古和埃及學宗師 James H. Breasted (1865-1935) 入門性的《上古世界》和耶魯大學Michael I. Rostovtzeff 的《古代近東》兩書後，即覺得眼界大開，趣味無窮，內心已在考慮是否應改修歷史了。

恰巧此時一個小小的"挫折"更增強了我改修歷史的決心。第一次月考我以為準備得很充分，不料因部分地誤解有關埃及宗教試題的措辭重點，只得了89分。坐在我右上方的姚克廣(後改名依林)得91分，對我說："能得89分也很不錯啦！"這次月考得分最高的是張韻芝(上海中西女學畢業，英文極好，不久即加入中共，長期作研究和翻譯工作)。姚的話是完全出於自然的，而且是純友善的，我如果和他對調，也會如此脫口而出的。分數並不太重要，最重要的是自我檢討——何以如此用功而不能獲得應有的報酬；讀書思維習慣如不認真改善，將來怎能應付全國競爭的留美或留英考試。所以我即刻下決心就以西洋通史這門課作為磨練意志的對象。此後務必先求徹底牢記消化基本教科書中的大問題和細節，然後抽讀較高層次參考書中的精華，以期在考卷中能相機表現對問題了解的"深度"。果然第二次月考得了99分，上學期平均得"E" (Excellent，超等) 已居全班之冠。下學期更加用功深索，全年平均竟獲"E+"，創了紀錄。追憶這項瑣事決不是幼稚的自我炫耀，而是直言無諱的招供——此後治學幾無不遵守清華大一讀西洋通史過程中所立的"紮硬寨、打死仗"式自我磨練的原則。

大一英文讀本是陳福田先生選編的。陳是夏威夷的華僑，獲哈佛教育學碩士後很早就來清華教英文，課餘指導運動，尤其是棒球。讀本內容極大部分皆選自美國作家及早期演説家。全書以美國散文及哲學家艾默生 (Ralph Waldo Emerson，1803-82) 的"自信心 (self-reliance)"和英國牛津散文及宗教辯論家牛曼 (John Henry Newman，1801-90) 論大學教育的性質與範疇二文為最精深。這兩篇的不少詞句是我清晨常在氣象台前空曠的草地上朗誦的。讀本還有幾位美國小品文家富有敏鋭人性觀察、幽默深刻，至今仍覺趣味雋永的文章。當時外語系的政策是促使學生速讀、速解、速習，所以讀本讀得極快。課堂上教授不停地抽點同學口答較難詞句意義。工學院同學往往對此課叫苦連天，因不敢不頭一晚拚命捧字典查生字。每兩星期作文一次，由助教或教員評改，教授抽閱。這門大一英文和西洋通史給我英文雙管齊下用功的機會。

大一國文我班是由俞平伯先生主講。除課本外，我們必須課外加讀梁啟超《飲冰室全集》中預選的不少篇，月考時由俞先生指定默寫或重述其中的某篇。這題大約佔總分的四分之一，目的在使我們能寫出清通流暢的文言文章。俞先生雖兼重章句訓詁，講課精彩之處卻在批評與鑒賞。講到《詩經 · 豳風 · 七月》：“春日遲遲”，《古詩十九首》裏：“白楊何蕭蕭”，俞先生引起我們哄堂，因為“遲遲”和“蕭蕭”的美是只可意會而不可言傳的，所以俞先生只好再三地大叫“簡直沒有辦法！”記憶所及，俞先生詮釋《論語 · 微子》荷蓧丈人譏孔子“四體不勤，五穀不分，孰為夫子”時，引證了不少古籍(已完全忘記)以期説明“不勤”就是“勤”，“不分”就是“分”；意思是人人四體都勤，人人都能分辨五穀，誰能被認為是夫子呢？至今思之，我對他這種詮釋還很懷疑。俞先生風雅自賞，對學生要求不苛。大一國文最負責、最嚴格的要數朱自清先生了，我沒有被排在他的班上。

回想大一這年，西史及英文投入時間雖多而仍自覺不足；化學和數學連最低必要的實驗和習題都想逃避。年終化學雖因時常不做實驗大大扣分，成績仍相當高於入系的最低標準。但數學大考之後自知萬難及格了。難道下學年一定要選邏輯以補足數學的六個學分嗎？越想越不甘心，三十六策，“誠”為上策，決定去西院求見主授我這班高等數學的教務長鄭桐蓀先生。我首先向鄭先生扼要説明全學年讀書及志趣改變的過程和磨練意志的決心。為了磨練意志，我情不自禁地走向全心全力自修文史的極端，不幸喪失了自我控制、同時走向完全忽略數學的另一極端。自知數學不能及格是責無旁貸的，但如果下學年非以邏輯來補上數學的六個學分不可，我自修文史的計劃將會受到相當大的挫折；如果我不是真用功有大志的學生，也決無顏面來請求教務長予以破格考慮。鄭先生問我幾個問題之後，説因高等數學考期晚，卷子還沒有看，等看完卷子再行定奪。在西洋通史全年總分公佈後一日，高等數學的分數才公佈。我的學號是2356，怎樣我也找不到，直數到2700以下，最低一行我的學號才出現，結果是"I-"(Inferior下等之下)，總算極勉強地過關了。1990年春接到鄭士寧學長(桐蓀先生長女公子，世紀數學大師陳省身先生的夫人)郵贈的，政協吳江縣文史資料委員會所編的《鄭桐蓀先生紀念冊》的次日，謝函中首次有機會表達蘊藏心中半個多世紀的一點摯情——追稱桐蓀先生為"恩師"。

永不能忘，與讀書方面"紮硬寨、打死仗"平行的磨練意志的辦法是"自我詛咒"：今後在清華讀書期間如果進城去聽一次京戲，留美或留英考試就必名落孫山。這個預設的自我詛咒乍看非常幼稚可笑，特別是自幼最愛看武戲，楊小樓這位空前絕後的武生泰斗是在天津夢寐以求多年也看不到的；名淨郝壽臣等也是慕名已久，而且在北平很容易買票。那時如週末進城看夜戲可以住在竹馬之交詩人朱仁健(英誕)報子街家裏，不必住客棧。此外，我當時非常明白，不是每個週末都能有效地吸收新知，有時會白白消耗於青春多維的煩惱，反不如偶或以"美"的享受紓解長期困讀的疲乏。可是，看一次楊小樓就想看第二次，就想看郝壽臣……；一件事"屈服"就會引起第二件事的"屈服"。預設自咒明明是"傻瓜"，傻瓜就傻瓜吧！

七十年後，我還可以把這種"傻瓜"的根苗追溯到十三至十四歲之間庚午的農曆除夕(1930年二月十六日)。照例，我家除夕之夜，全家老幼，包括傭人，都去東天仙劇院包廂裏看戲，只有廚子留在家中包素餃子以備次日元旦食用。我平素也極喜歡這個票廉戲美的劇院的戲。不知何以臨時忽然衝動，決定不去，開了庭院所有電燈，戴上皮帽，圍上圍巾，踱來踱去，幾十遍地朗誦那篇意義遠遠尚未全懂的、林肯一生最著名的Gettysburg戰役後的演說(1863)。這個除夕半莫名其妙的怪癖和1934年秋冬間傻瓜式的意志磨練，是我青少年掙扎成長期間兩個終身難忘的里程碑。

III. 培養自修習慣

所謂自修是指課程以外有用知識和寫作能力自我培訓的工作。第一學年終結之時，我已深深了解應付課程不難，而自我學識奠基工作卻是無止無休的。1935年暑期回天津小住半月，父親對我主修歷史的決定和西史及英文的成績感到相當滿意，隨興問我："你初中畢業那年暑假曾翻點過《史記》一二十篇列傳，今後是不是也應該讀點英國的'太史公'？英國有沒有類似太史公的大史學家？"我一知半解地回答："英國王室從來沒有像先秦那樣的史官，但英國最有名的歷史家恐怕是十八世紀的吉朋(Edward Gibbon，1737-94)，他的不朽巨著是《羅馬帝國衰亡史》。"我本曾想過遲早應該試嚐傳統英文史學名著的滋味，經過父親一問，索性就決定在大二這年自修吉朋了。好在北平東安市場很容易買到*Modern Library Giants*新印的三巨冊吉朋，而且價錢極公道。

秋季開課前兩三週，系主任蔣廷黻(1895-1965)先生已自蘇聯及西歐休假返校，我下了很大的決心秋間選他近代中國外交史這門重課。不料開學前向他請教選課時，他極坦誠地對我說，(劉)壽民先生已經把我讀西洋通史的經過和他談過，他覺得我在二年級應該繼續集中攻讀劉先生歐洲十九世紀史這門非常重要的課。不但要讀大量的參考書，還要寫專題報告，這樣用功一年之後，才能對歐洲近代史打下堅實的基礎。蔣先生告我，下學年，也就是我三年級(1936-37)這學年，他將開一門大戰前歐洲外交史的新課，屆時我除了選他年年都開的近代中國外交史之外，還應同時選這門新課。歐洲和東亞同時攻讀當較易收融會貫通之效。他的指示和決定使我感佩欣幸不已，因為外交史和國際關係對中美及中英庚款考試歷史及政治等學門都很重要，他為我下學年課程的設計將大有裨於培育將來考試競爭的潛力。

二年級既未選近代中國外交史這門重課，自然能挖出時間"自修"吉朋。若干年後反思，自修吉朋，談何容易；當時不但史實知識不夠，英文程度有時亦感不足。吉朋那種對人性具有深刻了解、富於哲理的觀察論斷，絢麗堂皇、鏗鏘典雅而又略含諷刺的詞章短語，偶或不易真懂；可是，凡能真懂的卓思妙句卻對我七年後的中美庚款考試發生出乎意料的積極作用。

1935年十二月爆發了如火如荼的"一二・九"、"一二・一六"學生運動，請願、罷課、罷考使得任何人都無法專心讀書。不幸我也被捲入校內的政治鬥爭。就求學而言，對我更大的打擊是在此同月之內，蔣廷黻師應蔣介石之召離清華赴南京就任行政院政務處長，十個月後改任駐蘇聯大使。他為我精心擬定的三年級選課計劃全成泡影。1936年初春復課之後，痛定思痛，下最大決心自秋季三年級開始，盡力抽出全學年的課餘時間，實現系統自修歐洲外交史的計劃，務求能達到為將來留學及學位考試真正奠基的目的。

上述自修計劃是在異常沉重的課程負擔和煞費苦心"偷取"時間的情況下實現的。因為蔣先生從政之後，我把三年級課程的重心轉移到國史方面兩門高水準的重課——陳寅恪先生的隋唐史和馮友蘭先生的中國哲學史。當時的想法是：不管將來專攻哪些歷史部門，決不能錯過品嚐體會這兩位大師治學方法和風範的機緣。

陳師這門功課的起碼自習的讀物是《資治通鑑》的"唐紀"。班上學生可以自選一題練習考證，學年終了交卷，也可以不選題撰文，期終筆試。我選了唐代皇位繼承問題，每星期至少要用兩個半天在中文閱覽室反覆翻檢《舊唐書》、《新唐書》及參考書架上唐代政典之類的資料，這是耗時最多的一門功課，所投入的時間大約相當於用在歐洲外交史的自修。馮先生上課有一特點：學生如不發問，他大都默坐不語，不主動開講。可是回答學生問題時，他往往能用日常事物比喻乍看之下艱深的哲理，或把原文的意蘊層次分析得停當入微；而且有時妙語如珠，耐人尋味；他的口吃更增加他的幽默。我的政策是：事先把下週所講的對象先速翻讀一通，有問題即在星期一下午班上提出，星期三、五下午的班往往不上，偷出的時間投入隋唐史專題資料的勾稽和分析。

這學年(1936-37)系中新開史學名著選讀一課。孔繁霱先生擔任吉朋《羅馬帝國衰亡史》；雷海宗先生擔任當時轟動世界的德國歷史哲學家施本格勒(Oswald Spengler，1880-1936)的《西方的沒落》(*The Decline of The West* 德文英譯)；劉崇鋐先生擔任Sidney B. Fay的《大戰的起源》(*Origins of the World War*)和剛剛出版的William L. Langer的《帝國主義的外交》(*The Diplomacy of Imperialism*)。我選了吉朋是因為二年級時我已課外讀了他這巨著中最精彩的部分，以此課餘出的時間"自修"而不正式選修劉先生的歐洲外交史名著選讀。此學年我還讀習陳銓先生的第二年德文。為加強閱讀德文的能力及外交史知識，我結交了避難來華猶太籍德文教員雷夏(Eric Reicher)先生，請他指導我攻讀我自己選自德國外交密檔*Die Grosse Politik*第九及十四冊中幾篇有關膠州灣交涉的電文，以作為利用外交檔案的初步練習。

三年級不是平靜渡過的，中間經過西安事變的狂飆和校內的政治鬥爭，我不但捲入，而且受到校方嚴懲。但從求知的觀點反思，這學年選課和自修的對象是古今兼顧，中西並包，收穫差強人意，意志方面也得到進一步的磨練。隋唐史論文"唐代皇位繼承問題"原係國史考證分析初次練習之作，事實上，挖掘出不少前人未曾論及的史實細節，似尚不無參考價值。但因時間緊迫，事先未暇細檢《全唐文》，以致將德宗貞元元年(公元785)以後的神策軍使都認為是宦官。陳師法眼，封頁僅批十二字："神策軍使，非必宦官，尚須詳考。"分數：80。我對此文投入不少時間，對結果並不失望；因陳師評語反映另一更重要事實：我在"處女作"中處理有唐三百年間一個關鍵政治及制度問題並無大錯。此課班上有高我一級的楊聯陞，同級的汪籛等，和旁聽生周一良先生的未婚妻、燕京的鄧懿。據所知，楊聯陞得最高分(87)，他的班上論文"中唐以後的稅制與南朝稅制之關係"不久就在《清華學報》第12卷第3期(1937年七月)刊出。據清華同屋黃明信老友回憶，當時隋唐史班上選作論文者得分一般在70至87之間，而不作論文僅參加大考者一般在65-75之間。那年大考只有一題：武則天在唐史上的地位。

北平清華三年之中，各課考試結果最令我"自豪"的不是西洋通史創紀錄的"超上"，而是中國哲學史的94分。那年全班大概不足四十人，全年大考得90分以上者三人：馮寶麟(1915-95；1935年入學考試第二名，即後來長期主東南哲壇的馮契)得96分；黃明信(古藏文一等專家，其力作《西藏的天文曆算》和《吐蕃佛教》等至今遲遲尚未刊印)，得90分。我之所以"自豪"有三個原因：一是對此課並未投入很多時間，事實上是不時"曠課"的。二是我前此的讀習大都在力求掌握基本史實，很怕理論性的書，即使當時略翻經濟、政治、社會等學原理和一兩種歐洲思想史方面的著作，即對西方抽象而又極有系統的思維方式感到陌生可畏；不期"勇"讀馮師名課竟能獲得意外的高分。三是馮師最注重古今思想家體系之大小和體系中步步推理是否完全圓通；他對學生思維能力的要求也是相當高的。能得到他的"嘉許"(僅反映於分數)大有助於增強我以後處理較抽象問題的信心。但我一生治學"保命"之源，在自始即有自知之明：我的資質和訓練不宜過早從事思想史的研究；必須長期在經濟、社會、政治、制度、文化諸史知識達到合理最低必需的深廣度以後，才有能力鑽研思想史，否則勢必陷於過空、過迂或過淺，只能看到表面，不能窺探思想流派的深層意識。

IV. 三十年代的清華歷史系

早在舊制的最後四五年內(1925-29)，清華學堂曾創辦過"清華國學研究院"。這所極不平常的國學研究院，教師的選擇極嚴、人數極少，而國史方面僅有的梁啟超(1873-1929)、王國維(1877-1927)和陳寅恪(1890-1969)三位大師就已"富可敵國"了。該院對所收研究生國學基礎要求之高而且專是古今罕有的。但是，原來作為留美預備的清華學堂行將改為四年制的國立清華大學，文、理、法、工四部諸系亦行將共籌創建一所規模完整的研究院之際，一所沒有本科基礎，只收專門國學人才的清華國學研究院，在體制上就與全校發展計劃發生無可調和的衝突。再加上人事方面王國維的自殺(1927)和梁啟超的長期告病，1929年春清華國學研究院就宣佈永久停辦了。①在改制以後的歷史系和中國文學系裏，陳寅恪是國學研究院碩果僅存的大師了。由於這種歷史關係，更由於近廿年來國際漢學界對陳寅恪文史貢獻的研究和討論十分熱烈，前後刊出不少篇論文和一本論文專集，目前不少學人認為陳寅恪是所謂的"清華歷史學派"(如果這個名詞是恰當的話)的核心。

事實上，三十年代的清華歷史系決不是以陳寅恪為核心的，可是，由於陳先生直接間接的影響，學生大都了解考證是研究必不可少的基本功。自1929年春蔣廷黻先生由南開被聘為清華歷史系主任以後，歷史系的教師、課程和教研取向都有很大的改革。與當時北大、燕京、輔仁等校的歷史系不同，蔣先生強調外國史(西洋和日、俄史)的重要。在《清華週刊》1934年六月一日的"嚮導專號"裏他明白指出："就近兩年論，史學系每年平均有二十二種課程，其中中外史各佔一半。"②

1980年被訪問時，我對三十年代的清華歷史系曾作了以下扼要的回憶：

> 當時陳寅恪先生最精於考據，雷海宗先生注重大的綜合，系主任蔣廷黻先生專攻中國近代外交史，考據與綜合並重，更偏重綜合。蔣先生認為治史必須兼通基本的社會科學，所以鼓勵歷史系的學生同時修讀經濟學概論、社會學原理、近代政治制度等課程。在歷史的大領域內，他主張先讀西洋史，採取西方史學方法和觀點的長處，然後再分析綜合中國歷史上的大課題。回想起來，在三十年代的中國，只有清華的歷史系，才是歷史與社會科學並重；歷史之中西方史與中國史並重；中國史內考據與綜合並重。清華歷史系的方針雖然比較高瞻遠矚，不急於求功，可是當時同學中並非人人都走這條大路。我自問是一直真正走這條道路的。③

蔣先生革新和發展清華歷史系的主要措施有四：一、首先由武漢聘請雷海宗先生回母校主持中國通史這門奠基課程。雷先生無疑義是當時國內對歐洲中古史和宗教史了解最深刻的學人。他1922年清華學堂畢業後，在芝加哥大學主修歷史、輔修哲學，五年之內完成博士學位。1927年回國之後，不久即在中央大學和金陵女大開始以文化形態史觀試圖建樹中國通史的宏觀理論架構。雷先生的中國通史引起多數學生極大的興趣和好奇心，但在系內不是完全沒有非議的。④

二、利用清華研究院為國家培植歷史教研人才，內中一部分可以配合清華歷史系的需要。清華研究院的最大吸引力是：學生的課程和論文如皆能達到相當水準，可由清華資送出國深造。根據已有教研資源，研究生只能自魏晉南北朝隋唐史和清史之間選擇其一作為主修對象，好在選擇中西史課程的範圍是非常之廣。茲將清華歷屆歷史系研究生畢業年份及論文題目排列見下表。

年份	姓名	課程成績	論文題目及成績
1933	邵循正	1.1(上)	"中法越南關係始末"(1.10，上)
1933	朱延豐	1.080(上-)	"突厥事跡考"(1.10，上)
1934	王信忠	1.140(上+)	"甲午戰爭之外交背景"(1.175，超-)
1934	張德昌	1.143(上+)	"清代鴉片戰爭前中西海舶貿易之研究"(1.10，上)
1934	馬奉琛	1.130(上+)	"八旗兵制考"(成績不詳)
1936	姚薇元	(成績不詳)	"北朝胡姓考"(成績不詳)
1940	王栻	(成績不詳)	"清朝三品以上大臣之身家背景"(成績不詳)
1942	吳乾就	(成績不詳)	"清代雲南回民叛亂"(成績不詳)⑤

案：以上邵循正、王信忠、張德昌皆分別資送至巴黎、東京及倫敦深造，學成後返校任教。朱延豐畢業時雖不免失望，兩年後考取中英庚款。姚薇元先生後執教於武漢大學，與唐長孺教授同為武大中國中古史之砥柱。

三、蔣先生另一培植清華歷史系所需人才的辦法，是給予有研究能力的助教以三年左右的時間去準備開新課。如同1934年秋我入學時，吳晗已先此升為教員，正式開講明史新課了。他同時還協助蔣先生指導高年級及研究生有關清代制度及內政問題的研究。我入學時谷霽光已是教員，唯尚無機會參與魏晉南北朝隋唐史方面的授課。楊鳳歧任助教及教員滿五年後，利用清華休假的待遇去羅馬大學專攻意大利史。

四、蔣廷黻和劉崇鋐先生還利用清華留美公費(亦即中美庚款)考試的機會，為國家、為清華造就史學人才。例如1934年舉行的第二屆留美公費考試，清華的助教楊紹震考取美國史門。此年剛剛畢業成績優異的夏鼐原本也想投考美國史門，但他因未曾教學研究兩年，只有由系保送才有投考資格。劉崇鋐當時代理系主任，只允許保送夏鼐報考考古學門。不期這個臨時的"權宜"卻決定了夏鼐(1910-85)一生光榮的使命——使新中國的考古成為人文及社科方面成果最豐盛輝煌的專業，贏得舉世的讚揚。此處必須提到的史實是：夏鼐本是從蔣廷黻專攻清史的，他1934年的學士論文"太平天國前後長江各省之田賦問題"幾月後即在《清華學報》刊出了。為培植俄國史專家，清華第四屆(1936年)留美公費考試中設有一門"東歐史"(因明稱俄國史太顯眼)，獎金獲得者是清華第五級(1933年夏畢業)的朱慶永。

經過蔣先生幾年的整頓，我入學以後歷史系專任的七位教授、兩位講師(相當後來的副教授)和一位教員所開的課程已具相當規模(見頁71)。

此外，一些有關中國的專史，例請外校學者充任兼任講師分別開課。1934年有錢穆的中國近三百年學術史、陶希聖的中國社會史等等，唯此等課程歷年都有更動，但後起之秀譚其驤的中國地理沿革史已開始博得好評，與張星烺的舊課中西交通史都成為經常開設的專史了。

蔣廷黻先生在他生命最後的數月中，在他的母校哥倫比亞，曾以口述方式對改革清華歷史學系作了以下的評估：

> 不是因為戰爭爆發，我們循此途徑繼續努力下去的話，我堅信：在十或二十年之內清華的歷史系，一定是一個名副其實的、全國唯一無二的歷史系。……
>
> 對我所提倡的這些政治及社會科學的觀念，同寅們常常交換意見。很幸運，校長和評議會都同意我們的作法。因此，清華擬訂一套適合中國學生的課程。如果有人有興趣比較一下清華1929年與1937年的異同，他一定會發現在

蔣廷黻	近代中國外交史 中國近百年史專題研究
劉崇鋐	西洋通史 西洋十九世紀史 (英國史,暫不開班)
陳寅恪(中國文學系合聘)	魏晉南北朝史 ┐ 隋唐史 ┘ 輪流開班 魏晉南北朝隋唐史研究
孔繁霱	歐洲中古史 歐洲近代史初期 ┐ 歐洲宗教改革時代史 ┘ 輪流開班
噶邦福(J.J.Gapanovich)	希臘史 ┐ 羅馬史 ┘ 輪流開班 俄國通史 ┐ 俄國近代史 ┘ 輪流開班 歐洲海外發展史(暫不開班)
雷海宗	中國通史 中國上古史 ┐ 秦漢史 ┘ 輪流開班 史學方法
張蔭麟(哲學系合聘)	宋史(暫不開班) 教育部委託研撰《中國史綱》
邵循正	蒙古史 中國近代外交史專題研究
王信忠	日本通史 近代中日外交史
吳晗	明史 明代社會史 清史(協助教研)

(孔、劉、雷三先生的西洋史名著選讀就不再列舉了。)⑥

課程方面有很大的改變。此舉，我認為是對中國教育的一大貢獻。我一直感到快樂，因為我在這方面曾略盡綿薄。⑦

三十年代清華歷史系的課程、人才、教研取向似已較國內他校均衡、合理、"完備"。課程模式略同美國哈佛、哥大等一流大學，不過具體而微而已。清華中國史課程的比例要高過美國大學中美國史的比例，這是因為美國與西歐究竟是文化同源，而中國與西方的歷史和文化具有根本性的差異。最重要的是清華毅然決然採取西方人文通才教育的取向。清華歷史系這種社會科學、中西歷史、考證綜合、兼容並包的政策，七・七抗戰前夕業已初見成效，若無戰爭干擾和意識形態斷裂，理應會於二十世紀後半結出纍纍果實的。

三十年代清華歷史系的優點，竟能部分地突顯於本年(2000)七月三日下午台北中央研究院人文組院士及相關各所負責人的會談中。茶休之前數分鐘，語言學家丁邦新院士堅決主張從中院現有人文諸所中分出新所，以求研究方面進一步的專業化。茶後林毓生院士發言，謂原創性貢獻必須先有閎博的知識和工具基礎，創新有賴優良的傳統。林院士的發言引起我提出與丁邦新先生針鋒相對的意見。我首先以本人在清華二三年級時選修和自習的課程為例——雷海宗先生修正形態史觀、啟人深思的宏觀中國通史；先自讀，後名義上選修的吉朋的《羅馬帝國衰亡史》；孔繁霱先生的歐洲中古史；陳寅恪先生的隋唐史(寫論文代考試)；馮友蘭先生的中國哲學史；陳之邁先生的近代政治制度；劉崇鋐先生的歐洲十九世紀史(考試加研究性的讀書報告)；自修但受劉師指導的歐戰前外交史名著數種；第一二年德文，自己課外選讀德國外交檔案若干件——以說明這樣性質不同的課目，即使集合目前中研院人文諸所為一校，還是不能滿足求知若渴的青年的需要，更不必提前無古人如陳、馮等大師的課了。若非及冠之年初嚐馳騁中外古今之樂，一生怎能有最低必要的膽識持續國史攻堅的工作！？茶後丁邦新已不在場，但在座同仁多以我的意見為然，甚至有對我明說："這種話你應該多說幾次。"

其實，我所說的不過是三十年代清華歷史系一個小小的例子。類此而又放之宇宙而皆準的話，是新故中央研究院院長吳大猷先生對中院內外學人曾不只一次說過的一條物理學原理："無限（倍數）的無限小的總值仍是無限小。"這才是對目前主張學術極端部門化者的當頭棒喝。很幸運，在我鍛鍊思維的關鍵歲月，清華歷史系已甩掉國學中過於繁瑣考證的桎梏，供給我一個清新的文化園地去往"大"處想，至少初步向"大"處夢想。

註 釋

① 蘇雲峰，《從清華學堂到清華大學，1911-1929》，台北：中央研究院近代史研究所，1996，第十章"清華國學研究所"；停辦經過，頁368-376。

② 清華大學校史編輯委員會，《清華大學史料選編》（清華大學出版社，1991），第二卷（上），1991，頁336。

③ 引自何炳棣，《中國歷代土地數字考實》，台北：聯經出版公司，1995，"序言"。

④ 詳"雷海宗專憶"。

⑤ 《清華大學史料選編》，第二卷，頁593-594；頁644-664。

⑥ 同上，頁338-348。

⑦ 《蔣廷黻回憶錄》，台北：傳記文學出版社，1984，頁125。

【第六章】

清華大學(中)

學運史料的幾點考證

我在北平清華的三整學年(1934-37)確是非常專心用功的三年；儘可能挖出自修的時間仍感不足，又怎願分神於政治運動呢？在不滿百年的人生中，但願能有三四年短暫的機會完全鑽進象牙之塔，卻因國難之日益加深而無法全部實現。

1934年秋剛剛開學不久，我級就有一批同學從事於競選，力求操縱學生自治會及其他大小社團。我的政策是全力讀書，不管"閒"事，可是自始即觀察到這些政治活躍的本級同學中確不乏真正幹才。我1932年底被南開開除幾月之後，即在北平由南開同班、初中時田徑密友長沙周永升介紹認識了黃誠。黃手筆快、口才好，其抗強權反禮俗的性格已部分地反映於他和一位湘籍有夫少婦真正柏拉圖式的精神戀愛，以補償他對家庭安排的婚姻的不滿。我曾不止一次見過這位少婦，現已忘其姓名，可能是周的本家或親戚(黃誠最後以中共新四軍政治部秘書長身分被國民黨顧祝同部隊俘虜，1942年春不屈而死。本文特別述及黃誠青壯年韻事以備編撰中共烈士史傳者參考)。和黃誠在一起的吳承明也是1933年春即在北平認識的。我自始即認為吳是清華十級頭腦最清楚、分析能力最強的級友之一。

當時政治活躍的同班同學中，姚克廣(依林)給我的印象最深。他不但在西洋通史第一次月考中成績優異，並在1934年秋全校舉辦的英語背誦比賽榮獲第一名。雖是背誦，文稿是必須事前自己親撰的。第一名的英文水平最具體的計量尺度是何人第二。第二名是政治系研究生、燕京大學畢業的網球隊長羅孝超。羅系出福州外交名門，他的祖父羅逢祿是李鴻章極賞識的外交幹才，駐英欽差大臣(即全權公使)。羅孝超的父親也是駐英外交官，羅的小學教育是在倫敦完成的。而姚克廣僅僅是上海光華大學附中畢業、將將滿十七足歲的大一新生。這一項從未見於大陸任何公私有關姚依林的資料，我在1994年底委託國務院辦公廳轉致姚依林家屬的弔唁信中首次追憶的。

我們十級最大的特色是自始即表現出特別強的政治活動能力。表現政治活動能力的頭一個對象是反抗"拖屍(toss)"運動。"拖屍"是引進已久的美國大學本科陋習，高年級學生對一年級新生半遊戲、半污辱性的人身"虐待"。已故級友居浩然(1917-83)，國民政府司法院院長居正之子，一位極銳敏的政治觀察家，有以下的追憶：

> ……就在反拖屍運動的號召下組成〔十級〕級會，由此領袖人才紛紛脱穎而出。入校不到三個月，已進而問鼎全校性的學生自治會。若在往年，這無異痴心妄想。因為學生自治會的控制權一直操在三四年級老大哥手中。就是一年媳婦熬成婆的九級，也只能在外圍搖旗吶喊。到了我們十級，天下大變。一年級時"新鮮人"(freshmen)已活躍大禮堂，二年級開始，大禮堂講台上主席團的成員十級佔半數以上。就中如黃誠、吳承明、姚克廣諸拔尖人物，頭腦之清楚，反應之敏捷，辭鋒之鋭利，往往使老大哥相形見絀。1935秋，……黃誠已經是名至實歸的清華學生會主席，也因此當了"一二·九""一二·一六"天安門大會的總主席。①

由於與黃、吳考清華前已認識，姚的才幹和英文令人欽佩，反拖屍又是正義運動，有助於建立十級的尊嚴，更由於我正在力求實踐"紮硬寨、打死仗"的讀書原則，所以整個第一學年竟能不過問校內政治，在磨練一己意志之中"平靜"地度過。這並不是説我當時對左派同學競選拉票的手段和製造"紊亂"的用心都無異議的。

我之捲入政治鬥爭是因為"一二·九"、"一二·一六"以後兩個月間左派領導的請願、罷課、罷考，尤其是1936年二月二十日下午教授會在科學館三樓大教室"討論補行上學期考試問題時，有學生多人聲稱代表全體學生，在外高呼口號，要求免考，繼復包圍會場，並有代表數人衝入。"② 以致引起在校總共74位教授中68位教授簽名發表辭職宣言。這天晚上我們不少埋頭讀書的同學就在同方部（早期所建的小禮堂）開會，商討如何組織起來，對抗救國會持續破壞校規秩序的策略。居浩然回憶中的觀察是正確的：

> "一二·一六"大示威後，清華學生內部發生分裂。主流是救國會派，控制學生代表會幹事會，對外代表全體。反主流是同方部派，人數號稱三百，實只百餘，對外限於個人活動。

就我回憶所及，我們被稱為"同方派"的原是毫無組織經驗的烏合之眾。內中雖有國民黨同學六七人，除一人是江蘇籍外，其餘都是東北逃亡入關，歷經千辛萬苦考進清華的，平時不得不用功，也不得不遵守清華良好的政治傳統的（內中包括標槍國手彭永馨）。所以復課之後，同方派等於不存在，大家都回到讀書崗位。西安事變狂飆襲來之前的九個半月竟是我吸收知識最大量最多樣的"黃金月"！

西安事變才把我重新捲入校內政治鬥爭，而且我的"事跡"已載於1991年出版的《清華大學史料選編》之中。我先將這項關涉到我而細節有待詳考的"當時敍事"全文照錄如下：

> **救國會委員黃紹湘述二十五日學生會被搗毀的經過**
>
> 二十五日晚劉安義、何炳棣等聚眾三十餘人搗毀學生會所，我當時在場，並且是何、劉等攻擊的目標之一。為使同學更明瞭事實真相，謹述當時情形如下：

九點多鐘的時候，我正在樓下，和許多人談這次西安事件的解決，虧得迅速，不致塗炭生靈等話，聽見樓上救國會發生叫“打，打”和其他吵鬧的聲音。正在不得其解，樓上跑下一個同學說：“王達仁被包圍了，最好請人出來排解排解。”宋士英君、唐寶鑫君聽見這話，連忙跑上樓，我也隨着上樓。

代表會主席王達仁君正在寫當天代表會佈告，手裏還拿着一杆筆，態度很鎮靜，很誠懇，屋子塞滿了人，一個個驕橫滿面，氣勢洶洶。

“王達仁，你叫的口號問過誰的同意？”

“時間太匆忙，是我自己想出來的。”王君說。據事後問王君，這些同學先跑到王君房間，準備將王君毒打一番，王君不在，因此來到學生會，王君第一句話就問：“聽說你們要打我，我想不會。”因此見面不容分說的毒打沒有舉行。

“你為甚麼不徵求我們同意？”

“你有甚麼權利亂定口號？”

“打打”之聲又起來了。

王君說：“請安靜！諸位同學有話盡可說。”

“你準知道西安事件和平解決嗎？蔣委員長雖被放出，但中央並不滿足，也許還繼續討伐哩！不根據事實你就叫口號。”許多人的聲音。

“這是我的錯，但是我覺得中央不會的，蔣委員長已經出來，張學良下野，不是可以和平解決了嗎？”王君委婉地解釋。

“不通！不通！”

“王達仁，你簡直沒有國家觀念，明明有中華民國，你不叫中華民國萬歲，而叫中華民族萬歲。沒有民國，怎麼有中華民族萬歲！”説這句的人是劉安義。

王君又解釋。屋裏是一片亂糟糟，有幾個人跑去把報夾子拆散，準備着打人的姿勢，有些跑去翻東西，有些威脅着王君。門內陳國慶、秦寶雄、莫德全把守起來了，把救國會把守起來了，把救國會包圍得水泄不通，與外面隔絕不通。

宋士英君直踱步，唐寶鑫君歎息着：“真痛心！清華園居然發生這種事！”

“請你們……”我原想説：“請你們好好地講，何必這樣？”但是我的話被切斷了。

“你不配説話！”“你甚麼東西！”“混蛋！”一片吼聲，最清楚的一個是“打死她！”

“搜查救國會！”山濤似的聲音，大家都動起手來了，椅子被踢翻了，櫃子被打開了，幾乎傾跌下來，裏面一捆捆的舊文件，被拖出來扔去地上，桌上的報、筆、本子亂扔亂飛，墨水流滿了一桌，還一滴滴地滴下來。

總務科辦公桌有幾個抽屜是鎖的，鎖這時都被扭開了，筆記本、私人的物件，隨意塞在口袋裏。

我走到總務科的辦公桌前。要搜反動證據自然決不會有，但是這些人既然像暴徒似的在這兒搶劫，難道不會帶些反動東西來誣賴嗎？

“這些人在這兒的搶掠情形，最好請潘教務長來看看。”我想打電話。

“哼！你想打電話嗎？”莫德全跑了過來攔住。一個矮個子，穿着制服，戴眼鏡，南方口音，上次大會他就是搗亂最兇的一個人（後來聽説他就是王暘）。我無論到甚麼地方，甚麼時候，都不會忘記這橫無理性的人，他的拳頭伸出來了，拳頭壓在我的胸上，一面嚷着“打死你！”

幸虧宋、唐兩君在場，竭力勸着。我和王達仁君都幸免於被毒打甚至是“打死”。

幾個人跑去拆毀電話機。

我跑回沙發前，這種不法行兇情形，我只看到過兩次：一次在高碑店，那是僱的一群打手毆打手無寸鐵的愛國學生，拆毀村莊小店。一次是“二·二九”軍警搜查清華時的無理暴行；這回卻看到第三次。我詫異，我痛惜；詫異大學生居然會有這種行動，痛惜自由和平的清華園竟這樣被玷污！我歎息説：“我真不曾見過這種情形，我痛心！”

“哼！你沒見過，今天就叫你見一見！你不見也得見！”劉安義瞪着眼向我喝。

“《曉報》！《曉報》！”搜查了半天，像得到奇跡似的，大聲地叫喚。

“看着有晚報沒有！漢奸報紙！”

“明天公佈，打倒救國會！”

“‘人民革命同盟會告民眾書’，好極了！好極了！”通通地踢桌子。

在非法搜查的過程中，林傳鼎、蔣憲端君在場，沒有説一句話。

這種橫暴的行為，繼續三十分鐘之久，把救國會搗毀不堪，才認為滿足，大聲呼叫，揚長地奔下樓去。

事後立刻請潘教務長來查看，慌亂不堪，隨着聽説何炳棣、劉安義等到宿舍去非法搜查同學房間，有毆打同學的情形，潘教務長於是又到體育館前去查看了。

這完全是事實的敘述，我不曾加以絲毫的增改。個人的遭受侮辱本不算甚麼，但是這卻牽連到全體同學，整個救亡運動，破壞了清華的自由空氣！破壞了救亡運動！使我們由去年"一・二九"到現在光榮的艱苦的工作加上污點，卻是要請全體同學注意的！

《清華副刊》第45卷第10期③

1936年12月28日

以上這項事件發生後兩三天內"重建"的記事需要嚴肅的考證。首先必須從"內證"出發：記述者的立場和動機以及所以必須歪曲部分事實之故。救國會委員黃紹湘述："九點多鐘的時候我正在樓下，和許多人談這次西安事變的解決，虧得迅速，不致生靈塗炭等話……"的開場白就漏出大破綻。眾所周知，當時中共地下黨所指示，兩年來的抗日、救國，大遊行、大示威、請願、罷考、罷課、成立北平學聯，進而聯結的全國其他省市學聯，無一不是唯恐天下不亂的。西安事變真正是天下大亂，他們的希望和企圖是釀造長期更大的混亂。蔣介石被釋放，西安事變的解決對救國會等組織是迅雷不及掩耳的轟擊，以致當晚中立的同學們無不覺得平素得意洋洋的救國會領導者個個都如"喪家之犬"，他們怎能像黃紹湘所述那般公正、客觀、安詳地"談這次西安事變的解決，虧得迅速，不致生靈塗炭等話……"呢！？這是稍揭立破的謊言，其理至明。

再應注意的是黃的記述既是兩三天內"重構"的，就不得不對當晚人物出現的先後和行動發生的時序或多或少地概括化、籠統化。黃記述半標題式的開頭便是一例："二十五日晚劉安義、何炳棣等聚眾三十餘人搗毀學生會所，我當時在場，並且是何、劉等攻擊的目標之一。"事實上，我個性不是和同學很容易變成相熟的，我只知道劉是九級，不知他所修何系，平素只注意到他和同級的章惠中喜穿最時髦的厚呢"夾背"(乍看好像雙層背面)的西服上衣；衣着過於"海派"者我一向是"敬而遠之"的(八十年代在北京才遲遲發現劉深厚的國學基礎和坦誠爽朗的性格)。我和劉決不是同時同伙去"搗毀"學生會的。順便也應提一下我當晚也不知道有企圖圍打九級王達仁之事。我平素觀察到王的行動為人與常人有所不同，但相信他是天性善良的理想主義者。當晚既未在救國會址看見他，更與企圖圍打他無涉(王抗戰期間在西南與苗族村姑結婚，即説明我在北平時對他個性的觀察基本上是正確的)。

我1936年十二月二十五日晚所做所為和所遭所遇詳憶如下。獲知蔣介石飛返南京，國家不至大亂之後，我照常去圖書館"開礦"，不理大禮堂開會之事。但因西安事變戲劇式的開始和結束使我無法平靜集中讀書。大概快到九點鐘時我即走出圖書館，南開中學同班老友陳國慶正走向前來，對我說："今晚他們在大禮堂開會，真是像喪家之犬一樣，可是還要喊中華民族萬歲，不喊中華民國萬歲。……"我一聽大怒，心想這些只知有"第三國際"的竟如此沒有國家觀念，於是對陳說："咱們去一院學生會。"就向南走去，想不到全樓相當清靜，簡直沒有看見甚麼人，於是就上樓了，學生會辦公室內只有黃紹湘一人看守，我們不顧她的盤問，奪步走到櫃台之後去翻檢架子上的各種各樣的印刷宣傳品；完全出我意料之外，一眼就看見了張學良和楊虎城津貼民族解放先鋒隊400元的收據！我立即決定先回七院宿舍，把這項文件放好，可是在屋子裏呆不住，莫名其妙地走向四院，強迫工友開高班同學何鳳元的房門，搜查秘密文件而一無所獲。空手出四院，大操場上已有不少同學喧喧嚷嚷，人數越來越多，一二十分鐘內已聚集了好幾百人。我站在體育館外，這時物理系同級的王天眷雙手叉腰，眼瞪着我，踱來踱去，重複地用寧波腔的國語說："你是好漢？好漢怎麼做強盜？！……"他終於用拳向我左肋猛擊，我閃開，用拳向他左肩還擊；這時原本消沉沮喪的左派同學已人多勢眾，而且不少人拿了棍棒，我就殺開一條血路，急急跑向北院劉崇鋐先生寓所"避難"。清華有史以來最大規模的群毆幸而發生在我逃掉之後，否則我一定是左派棍棒的首要對象。

午夜後校園鴉鵲無聲，我才一人溜回七院宿舍。同屋黃明信看我未受毒打才放下心，他已和知友生物系潞河畢業的林從敏(我終身不渝之交)、梁瑞麒和幾位南中運動員同學略事商討過如何在必要時保護我的人身安全。次日上午日上三竿之後，在這幾位同學陪伴之下，我走出七院大門時被至少十多人攔阻，為首者是九級土木工程系的高葆琦。我雖多年注重體育，一般情形之下，一對一的搏鬥是不怕的，但高葆琦專練雙槓、肩膀之寬可能是全校第一，確是我極大的人身威脅。幸而他左顧右盼，發現我後邊有人相助，而且這幾位相助的人都是經常在體育館見面點頭互相招呼的人；更由於高僅僅是左派的同情者，與我平日無冤無仇，剎那之間竟把我放過。當我向南疾行，匆匆走過小橋，去甲所梅校長寓所半程之時，忽然聽見後頭騎車趕來，口呼“打！打！”正值數學系楊武之教授散步至此，他驚訝之中只說了一句：“同學不可以打人。”當這位至今未能對出姓名的左派打手下車準備動手之時，我把他端詳了一下，表面力求鎮靜，只說了一句：“你要怎麼樣？”他看我比他又高又大，不作聲騎上車向北揚長而去。

我向梅校長報告二十五日晚我的行動和違犯校規之處，強調說明手頭保有張、楊津貼民先隊400元的收據，這收據如不謹慎流到外邊可能惹出大禍，極願將這收據面呈校長，可是有一條件⋯⋯梅校長不等我說完這句話，馬上便說：“學生不能向校長提條件⋯⋯”我馬上回答：“梅校長，對不起，我說錯了話，我可以不可以提出請求？”梅校長問是甚麼請求，我說把收據面呈校長之後，請校長下命令所有左右兩派組織全都解散，這件機密的收據由校長毀掉，清華的事由清華內部解決，不要再向外宣揚惹出是非。梅校長說他雖不敢說究竟是否這樣辦，但他個人的想法和我的請求相當接近。於是在我穩妥面繳這收據之前，梅校長果然下命令解散左右派組織，大家回到讀書崗位。

講明了我在二十五日晚真實行動之後，不難了解黃紹湘開頭把我和劉安義等"三十餘人"混為一談是不正確的。試看：在黃敘述要打而結果未打王達仁的"細節"中，提到不少人的姓名，記了不少人的對話，描寫了不少人的姿態，指責了不少人的行動，在喧喧嚷嚷"一片亂糟糟"之中，沒有一處涉及何炳棣——這不就有力反映我本不在這"三十餘人"之中，本來是單獨行動的，行動完成即離開學生會所了嗎？

黃紹湘追述劉安義等"三十餘人""搗毀"學生會所的細節中既然完全未涉及我，何以在追述的開頭一定要把我列為兩個"首惡"之一呢？這就需要細緻的分析了。可以肯定的是，當我拿走張、楊津貼民先收據的消息傳到原在大禮堂開會的救國會領導之際，他們馬上就感到後果堪虞。因為他們事先勾結張、楊的實據如果公佈，不但南京政府，即使全國大多數人民都會認為他們是犯了滔天大罪的。因此，他們真恨的是我，想真狠打的對象也是我，報導中必須列為首惡的又是我，而最苦在不能也不敢道出我的真姓實名。黃紹湘追述中有以下極耐人尋味的一句話：

> ……要搜反動證據自然決不會有，但是這些人既然像暴徒似的在這兒搶劫，難道不會帶些反動東西來誣賴嗎？

我們先分析"反動證據自然是決不會有"的意義。"反動"是從當時合法政府的觀點而言的，"反動"的性質不言而喻是非法的，有意製造大亂，目的在顛覆政府的。"自然決不會有"正反映他們是因為真有才心虛恐懼，因心虛恐懼才預先作出概括性的全部否定。事實上，他們對當夜秘密文件(尤其是張、楊津貼收據)流失而引起的可能後果一定再三考慮過的。最嚴重的是這文件轉達到南京，最"幸運"的是文件始終不流出清華校門之外。救國會領導當晚很快就知道此文件已在我手，而且消息已在校中傳播了，因此就不得不更進一步的"栽贓"："但是這些人既然像暴徒似的在那兒搶劫，難道不會帶些反動東西來誣賴嗎？"即使從未做過歷史考證的讀者，也必會洞悉清華救國會此項聲明不啻是："此處無銀三百兩"！

案：上引黃紹湘對二十五日晚的追述刊於《清華副刊》第45卷第10期，日子是1936年十二月二十八日。此期《副刊》是否於十二月二十八日就已無法考定，不過黃"述"是救國會事後一兩天內"集思廣益"後撰就的，應無可疑。

但《清華大學史料選編》同卷同冊在黃"述"之前的姊妹篇的撰就日期，值得細究。這文件是"原油印件存共青團中央資料室"而未具確切日子。文件標題"關於救國會被劫存件敬告教授及全體同學"之下（1936年十二月二十六日）括弧中的日子顯係幾十年後《選編》的編者所加的，這是從全書版式就可判斷的，而從全文內容更可肯定不是事件後一日（十二月二十六日）撰就的，卻是在救國會驚定思驚的狀態下，深思熟慮之後，較全面、較系統、"預防性"的辯白文章。為便於參考，把全文徵引如下：

關於救國會被劫存件敬告教授及全體同學書

（1936年12月26日）

> 關於救國會收到外來文件的公佈問題——救國會負責人經於本月二十一日親謁教務長商量具體辦法。潘教務長表示："外來文件，不一定要完全公佈。"那就是說，留救國會保存。"如救國委員認為有公佈的必要，則當先送教務處核閱，不准公佈時取回；可公佈者公佈。"那就是說，不准公佈者，當然仍舊存留在救國會。總之，救國會不是私人團體，外來各種各樣文件甚多，救國會即不能預知某處要來文件拒絕接受，則救國委員所負的責任，即在對此各種各樣文件予以適當的處置。這是每個有常識的人，都能了解的最普通原則。這是第一。
>
> 最近救國會所收到的文件，亦因前線綏東與西安事件而繁多起來。有來自湖北少年監獄為援綏抗敵告全國

同胞書，這自然不是救國會與湖北少年監獄在監人勾結起來，非常明白。有來自冀東，這自然不是和冀東偽組織有甚麼聯繫，非常明白。有來自東北、山西、廣西、南京、日內瓦的，自然也不是救國會與東北、山西、廣西、南京、日內瓦，有甚麼瓜葛，這也是非常明白的事。稍有理的人，都懂這樣的道理。二十五日晚，被劫文件中有：(一) 來自芝加哥"美國中華人民革命同志會"十幾種文件，皆曾呈給教務長查看，結果認為用不到公佈，送回。(二) 英文稿西安事變經過，二十三日自燕大寄來，可惜只有一份，救國會正想用打字機多打幾份，大家正對西安事件異常關切之時，將此文作為參考，是否合實，同學自有良知良能判斷。不想未及翻印即被劫。(三)《曉報》，在二十五日早，由汽車帶來三十餘份，尚未商得適當辦法。(四) 東北抗日救國會西安報告書，亦在午後方始收到，未待處置，乃竟以被劫聞。此外，一二·九以來學運之寶貴文件 (在年來兩次救亡展覽室，大家曾看到)，亦幾至全部損失。此外，物品損失，另有公告。至彼無恥的侮衊，謂搜得"張學良之捐款收據"案，這更屬笑話 (除劫掠救國會同學外，誰也沒有收到過)，全體救國委員，正要他們交出看看，我們也開開眼界。這是第二。

光天化日之下，有目共睹的事實，不到一二日工夫，劫虜救國會的禍首竟逍遙法外，復信口污衊，含血噴人，竟一至於此。此後夜長夢多，任意捏造的東西，還不知道有多少。尚希全體同學，給我們保障，我們才能繼續工作，謹此體〔佈〕露，尚希全體同學公鑒。

救國會

原油印件存共青團中央資料室④

這篇救國會領導集體縝密研商後撰出的"文告"，寫作和構思的技巧確實不錯。無論是開頭所述的曾向教務長請示，或是文中所舉的幾個實際文件的處理都像是振振有辭的。可是這一切都掩蓋不住他們真正的心虛與憂懼：

> 至彼無恥的侮蠛，謂搜得"張學良之捐款收據"案，這更屬笑話(除劫掠救國會同學外，誰也沒有見過)，全體救國委員，正要他們交出看看，我們也開開眼界。

從歷史考證的觀點，有兩點值得特別注意：一、黃紹湘追(述)中暴徒"難道不會帶些反動東西來誣賴嗎？"的"反動東西"在此"公告"中具體化成"張學良之捐款收據"了。這是"此處無銀三百兩"的再現與升級！二、這文告如此"理直氣壯"地向劫去張、楊收據者挑戰："正要他們交出看看，我們也開開眼界"，正反映此項文告不但是事隔多日後補撰的，而且是撰於觀察到張、楊收據未出校園也未惹出大禍之後。最奇怪的是如此堂皇系統的文告竟始終未出現於任何清華的學生刊物，而獨獨是"原油印件存共青團中央資料室"，更反映此文實撰之晚，目的正在歪曲史實以欺來者。我甚至懷疑這文告是為預防將來"黨"可能追究救國會疏失之罪而特撰的，因為我當晚在學生會架子上一下就看到張、楊收據時，心中最大的驚奇正是何以救國會竟會這樣疏忽大意。

六十五年後的反思：我對1936年底的政治鬥爭至今沒有遺憾，正是因為我從未喪失過"清華人"最低必要的道德與尊嚴。

為求歷史的公正，撰寫這篇學運回憶時，我曾函請十級趙石(原名儒洵，現任遼寧省人大常委)學長對1936年十二月二十五日晚清華左右派鬥爭及其他有關學運的問題做一回憶。他做了以下的答覆：

> 一、黃紹湘學長回憶我未見到。至於1936年十二月二十五日晚間，……由於當時我不在場，對來函所談具體情況無可奉告。……右派學生由於長期處於少數

地位而感到'委曲'，認為張學良送蔣回南京，不但是蔣本人的勝利，同時也是自己的勝利而忘乎所以，從而產生一種驕狂浮躁心態，這是這樁公案發生的主要原因。左派由於對張學良重演'捉放曹'的悲劇(歷史證明勇敢、正直、善良而又有點天真的張學良，由於未識透蔣介石奸雄的本質，先是扮演了"陳宮"，以後又扮演了"呂伯奢")感到惶惑不解，又因尚未得到黨和上級的信息而冷靜沉思，既非"沮喪"，更談不上甚麼如"喪家之犬"。當時針對右派的挑釁，及時作了堅決的反應即可說明。

二、十二級的小熊，原名熊匯荃，在長沙時曾和我同住一室。1938年參加胡宗南第一青年軍戰地服務團，是該團中共黨組織的負責人。(你)信中所講在胡宗南進攻延安時，因他先向中共提供情報，而導致胡軍失敗確有其事。現名熊向暉，曾任國家安全部副部長。……

三、在諸多革命先烈以及中國共產黨的領導下，中國青年學生在爭取中華民族的解放事業中，確確實實地一向站在鬥爭的最前列。特別是北大、清華這些歷史悠久的學府更是如此。但是要比較、評價哪一個學校所做的貢獻更大一些，質量更高一些，卻非易事，也很難用幾句話講清楚，更非我力所能及。而且不同的歷史時期的也存在不同的情況。如五四和一二・九運動中，北大、清華以及其他兄弟院校都是運動中的佼佼者。五四運動我等未趕上，但從歷史情況來看，當時北大所起的作用可能更大些。至於一二・九運動，由於清華的各種條件(當時清華共產黨的基礎較好，校內民主氣氛較強，梅校長領導

> 開明，有一批進步的老師，學校又在郊外，自由活動的空間更大一些……）因而運動中確實作了很多的工作，在推動運動健康的發展上起了很大的作用也是可以理解的。⑤

遠在姚克廣（依林）、黃誠、吳承明等級友加入中共黨組織之前，趙石學長已經是共產黨員了。他的綜結性和個別性的答覆都具有一定的史料價值。儘管立場和我不同，1936年十二月二十五日鬥爭之夜，左派同學對當日政情的發展"感到惶惑不解，又因尚未得到黨和上級的信"，所以一時不知所措；就在這短短兩三小時不知所措之際，右派同學才為了出氣而搜查救國會。這已是不爭的史實了。

今日反思，三四十年代學運最重要的歷史意義是：近現代世界史上從未有任何國家的青年運動能像中國學運那樣直接有效衝擊"舊制度"、催生"新政權"。誠如趙石信中所說，"中國青年在爭取中華民族解放事業中，確確實實地一向站在鬥爭的最前列。"即使三十年代中，西班牙內戰期間的進步青年也是在共和政府動員下才組織起來參加鬥爭的。這正說明何以1936年十二月中旬在紐約舉行"北美援助西班牙民主委員會"青年代表團會議時，竟有進步人士認為"中國學生運動是全世界青年運動的冠軍"。⑥在這"冠軍"運動中，清華學生所扮演角色之重要是不言而喻的。熊向暉就是"真實較傳奇更奇"的實例之一。⑦

補充史料

（一）本章手稿寄出打字後幾乎半年，翻檢各冊清華校友資料時，發現《清華校友通訊叢書》復17冊（北京，1988年4月號）有蔣南翔"紀念一二・九早期戰友何鳳元同志"一文，頁17有以下的追述：

> 1936年十月，中共北平學委成立後，曾派何鳳元同志與北平學聯主席黃誠等幾位同志代表北平學聯到西安張學良東北軍做聯絡工作。事畢以後，他沒有同黃誠同

志一起回北平，而是由組織決定留在西安《西安民報》當編輯。……

這項權威性的史料說明我本章中所做的追述是誠實無欺的，考證的結論是正確無疑的。

（二）有關回憶清華及聯大諸章文稿曾請楊振寧老友審讀評正。他2000年十二月八日回信中提出四點“小意見”，都大有裨於核正昆明及聯大有關人名、街名等細節。他另提出“重要意見”：

> 關於在清華學潮中[你]個人捲入的幾頁。如果此數頁不刪去，則應講明：(a) 你為甚麼那天要去學生會？你是否三青團員？你對學生會當時一般印象如何？(b) 為甚麼張、楊捐款收據那樣重要？

楊振寧小我五歲，1935-36年他尚在中學，雖家在清華西院，對大學學運並不太了解。雖然本章已對重要史實做了相當詳細的考證，為幫助六十餘年後讀者較徹底了解當時的真象，不妨扼要重述，略加補充。首先必須嚴肅說明的是我當時毫無政黨背景，絕對不是國民黨或三青團員，親老家衰，課外自修猶恐不及，何暇參加政治鬥爭。最後參加鬥爭是因為學生會越來越不擇手段，不斷地醞釀製造反政府遊行示威，鼓動風潮，罷課罷考。雖然事後反思我們當時看不清國家的命運，但三十年代的清華教授和多數學生卻都認南京國民政府是唯一有組織的抗日力量，而學生會和北平學聯等之一再暴露其居心和行動，正是為了削弱和顛覆這個力量。

至於我個人何以在1936年十二月二十五日晚九時以前和南開中學老同班陳國慶去學生會，有遠因也有近因。遠因是兩年來我們所謂的“同方派”人數既少，又無嚴密組織，處處受制受氣於被左派詭秘把持的學生會和救國會。近因是聖誕之夜蔣介石脫險確使左派領袖驚慌失措，左派同學的確予人以喪家之犬的感覺。他們“泄氣”的三幾小時，正是我和劉安義等（我和劉等決非同時去學生會的)“出氣”的理想機會。另須說明的是，雖然大多數用功和中立的同學都希望解散學生會，但如果沒有確鑿的文獻證據說明學生會的行動和目的在危害國民政府，學校當局很難下令解散學生會及其多種附屬左派大小團體。西安事變期間大批反政府宣傳品的出現，大大增強了我們尋找此類證據的意願。我當晚在學生會發現張、楊津貼民先隊的收據真是意外之獲。試想：有甚麼文件比這張收據更確鑿地證明學生會、北平學聯和張學良事先的勾結和“謀蔣”；誰能相信這樣秘密的文件會擺在學生會架子上，一眼就被我看見？！這張收據如流到南京，蔣政府是一定要興大獄的。我在上文已經表白對參加1936年底的政治鬥爭至今沒有遺憾，正是因為我自始即堅強地決定把這張收據繳呈梅校長，以充解散學生會理據之一。清華的事在清華校園內解決——這是清華優良的傳統，也是我必須遵守的“清華人”的最低必要的道德和尊嚴。

事後我因違犯校規被記兩大過。記得《北平晨報》和天津《大公報》第一版，清華在右派記過諸生名單中由我“領銜”。1944年春夏之交，內地報紙公佈第六屆清華留美公費生名單中，我又一次“領銜”。這是由於西洋史本來列為二十二不同科門之首，不過恰巧我的總平均也是二十二位公費生中最高的。未出國前我的名字已在國內高教新聞中兩度“領銜”，是青少年時代夢想不到的，一笑。

再應順便一提的是，我在南開中學是被開除的，在清華又領銜被記兩大過，差一點就又被開除，這對加速衰老的父親是一很大的打擊。至今使我十二分心感的是，吳宓(雨僧，1894-1978)師和經濟系的趙守愚(人儁)教授主動地給我父親寫了信，內中講明我是非常用功的好學生，這次被學校記兩大過，不應視為恥辱。吳師的信，小楷字字工整，修改的兩三字都是用濃墨方方正正塗蓋的，一絲不苟，恰如其人。可惜這兩封信，和十三歲前所有的照片和寒暑假古文習作小冊，文革期間，蓮生妹萬分焦慮之中，全部付之一炬了。

註釋

① 《清華大學十級(1938)畢業50年紀念特刊》,台北,1978，頁10-13。

② 《清華大學史料選編》,第二卷(下),頁914。

③ 趙於2000年六月三十日覆我長信的一部分。

④ 陸璀,"中國學生運動是全世界青年運動的冠軍",收在《清華大學史料選編》,第二卷(下),頁985-986。

⑤ 八十年代我在北京曾當面問統戰部副部長熊向暉,清華十二級級友,何以1947年胡宗南最精銳的整編第一軍,進攻延安完全撲空,遭到慘敗,事後發現熊是中共諜報的供給者,而不把他立即處決?熊笑着説,胡如果把他槍斃,事件擴大,必會引起蔣的徹底深究,胡的職位就將不保了。所以為自全計,胡只有啞巴吃黃連,把他資送到英國去留學。這是中共軍事諜報最成功之例之一,真不愧是比傳奇還奇的真實史事。

【第七章】

清華大學(下)

“天堂”與“精神”

如果我今生曾進過“天堂”，那“天堂”只可能是1934-37年間的清華園。天堂不但必須具有優美的自然環境和充裕的物質資源，而且還須能供給一個精神環境，使寄居者能持續地提升他的自律意志和對前程的信心。幾度政治風暴也不能抹殺這個事實：我最好的年華是在清華這人間“伊甸園”裏度過的。

當1934年秋九月以一年級新生的身分走進清華校園的大門(現校牆已拆除，這南門已不通行)，空曠草坪的北面屹立着古羅馬萬神殿(Pantheon)式的大禮堂。無論是它那古希臘愛奧尼亞(Ionic)式的四大石柱，古羅馬式青銅鑄成的圓頂，建築整體和各部分的幾何形狀、線條、相疊和突出的層面、三角、拱門等等的設計，以及雪白大理石和淡紅色磚瓦的配合，無一不給人以莊嚴、肅穆、簡單、對稱、色調和諧的多維美感。七十年代我曾應邀赴美國維吉尼亞州夏洛茲維爾(Charlottesville)城維州州立大學演講過夜，就下榻於傑佛遜(Thomas Jefferson，1743-1826)總統親自設計的羅馬萬神殿式大禮堂左側的宿舍，所以有充分的機會研賞這位多方面天才的傑作。我覺得這座名滿寰宇的建築的形、線、面似乎稍稍失之過“繁”；再則這座大禮堂的東西南三方都是宿舍長廊，所以禮堂本身反有受“囿限”之感。相形之下，清華的大禮堂，因有南面無限的陽光和開闊草坪的“扶持”，顯得格外“洵美且都”。也許是感情在作祟，我一直相信清華大禮堂是中國最美的古典西式建築。

大禮堂東北越過小溪便是具有非常高雅柔美外形的圖書館。

圖書館後面的北院是最西式的教授住宅群。向西從北邊繞過古色古香“水木清華”的工字廳和古月堂的長廊荷池假山，便是田徑場和“羅斯福”體育館(館之定名是因為老羅斯福總統任上決定以美國超收庚子賠款歸還中國)。再向西遠眺就看到頤和園的塔尖和玉泉山了(三十年代只有清華學生能從噴泉飲池中喝到“天下第一泉”的泉水)。清華園雖無四季不斷的繁花，但每逢春假時節，三院前萬朵怒放的榆葉梅所織成的粉紅錦幔不知曾增加過幾許“少年維特的煩惱”；工字廳畔的春藤夏荷和生物館前的夾溪垂柳不知曾引起了多少青春騷客的幽思。

當時所謂的四大建築——大禮堂、圖書館、體育館和禮堂草坪西側的科學館——曾被外界批評為過於奢侈浪費。殊不知學校當局高瞻遠矚以期一勞永逸，不但建築外形設計美觀，內部設備亦最先進，為當時(甚至到解放以後)國內所僅見。例如圖書館中西文閱覽室的軟木塞地板，書庫中鋼架和厚玻璃地板，暖氣及衛生設備等等處處予人長期的享受和永恒的美感，正是因為清華物質環境的優美舒適，來自遠方的莘莘學子才會情不自已地從內心發出暗誓：決不能辜負寄旅於此人間天堂的機緣與特權！

清華對學生生活的基本需要是照顧得很好的。校內學生食堂有四：二院、三院、四院大食堂和女生食堂。此外還有所謂的清寒食堂，全餐不超過一毛或一毛二分。我1934年秋入學時，住在二院，二院是唯一沒有抽水馬桶的舊宿舍，但其食堂不無特色。最受歡迎的是軟炸微焦的肉片，不知何以稱作“叉燒”。飯和饅頭管夠，全葷和半葷及素炒價格都很合理，大約兩毛以內可以吃得不錯，如三四好友同吃可以更好。第二年搬到新蓋好的七院，就經常在四院新的大食堂吃飯了。座位多、上菜快、極方便。我和生物系的林從敏、同屋的黃明信和其他南開老友們合吃時，常點西紅柿炒蛋、炒豬肝或腰花，軟炸裏脊、肉片炒大白菜、木須肉等菜，均攤每人大約兩毛左右。遵父命，一切應節省，唯吃飯和

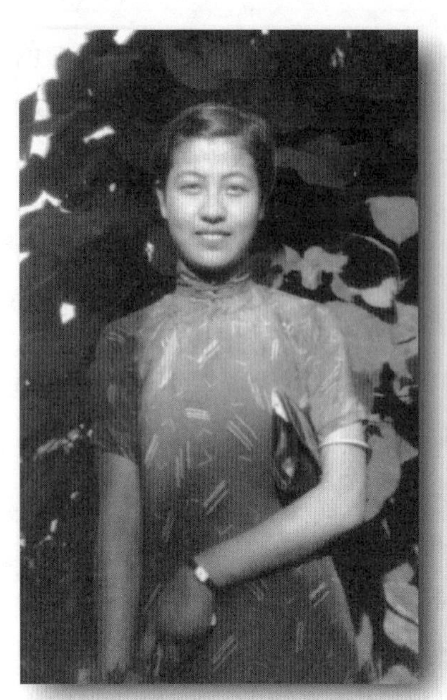

邵景洛（1935夏，杭州西湖）

作者（1937秋，上海）

買書不可省。所以冬季大考我有時一人獨吃，先幾口吃掉紅燒肘子(不大，二毛四分)，再點半葷素菜吃飯。有時出校門去換換胃口，到倪家小舖叫一碗特別先以葱花、肉片、生大白菜"熗"鍋的湯麵和一張肉餅。想不到我1938年上海光華大學借讀畢業後獲得哈佛燕京社五百元研究生獎金後，居然發現在自清華搬去的倪家小舖裏很有些燕京顧客點"何先生麵"！可見任何簡單的事稍為用心總不會錯，合口與否就妙在是否"熗"鍋。

清華園內教職員的廚房有三。西記廚房的菜略勝於大食堂，一般供應單身的助教和教員。我偶爾也去吃幾頓。東記講究，菜有大館子風味，只有外賣，並無桌椅。只要有耐心，饞者如等到小櫃台式“桌面”空出，也可以過癮一頓。很納悶，何以歷史系高我兩級的沈鑑，浙江孝豐籍，幾乎經常佔得到那尺半見方的櫃面；他四季都穿西裝，但穿在他身上西裝也“變”成中裝。他利用清華所藏陸軍部檔案撰成的論文(1936)，不久即刊於清華的《社會科學》。此外，工字廳西餐館最重要的經常顧客是吳宓教授。我三年級時曾承他兩度賜饌。第二次主菜共有一大盤十二薄片烤牛肉，主人吃了不足兩片，其餘我吃光。事後我在田徑場慢步至少半小時才返回房間。

清華合作社備有日用品、水果、茶、咖啡、汽水、西點等物。法國麵包房的點心相當地貴，可是很不錯。英商檸檬山海關牌汽水是標準老牌，法商馬記着色的櫻桃、柑橘味的酸甜汽水記得一毛四分一瓶，相當一頓飯的代價。北京附近水果，有鴨梨、小白梨、鴨廣梨、紫葡萄、吃不盡而一般人也不願多吃的各種柿子。北方長大的喜歡吃北京的紫蘿蔔，黃明信和我更愛吃天津小劉莊的青蘿蔔。有一次晚間我倆在屋裏大嚼青蘿蔔、大喝其濃茶，老寇開門來灌開水時，一聞就大喊一聲：“您二位，這……是怎麼回事啊！？”林從敏每年冬假後從煙台帶來洋梨和蘋果各一大筐與南開、潞河諸友以及其他級友分享。此樂是一生難忘的。

清華有注重體育的傳統。男生淋浴完全設在體育館而不設在宿舍，就是為了“強迫”學生去運動出汗才能洗澡。每學期三元的洗衣費是再公道不過的。馬約翰先生老而益壯，三九寒冬要我們和他一樣只穿背心褲叉，在田徑場先跑800或1,500米再進體育館做他項體操。除打籃、足、排球外，我們也練木馬和單雙槓，但練得很不夠。回憶南開初中時我最狂愛各種運動。1932年秋獲乙組百米第一、初冬跑了一次往返八里台的“越野賽跑”之後，我就掛釘鞋不再運動，專心準備投考清華了。在青島山東大學的一年(1933-34)首次發現氣力已可連續打四五十分鐘的籃球了。南開是極少數有棒球場的中學，我南中棒、壘球的訓練使我在清華第一年名列棒球校隊之中。校隊成員可免上體育課，但清華棒球隊全被夏威夷的華僑特別生所把持，沒人教我防守、擊球、偷壘等較高的技巧，因乏味第二學期我就退出校隊了。當時最普通的出汗方式是參加“鬥牛”——不論人數和規則，由你亂搶、亂打、亂投的籃球。總的來説，我在清華三年從不特別訓練，但因青春年華體力逐年自動增強，除游泳外，我各種運動的水平都肯定在一般之上，僅僅在校隊之下。例如1937年春我穿網球鞋跑一百米，成績12.2秒。夏翔先生相當驚異，他説這是就他所知校隊之外最佳的成績，並問我何以不加練習，打破12秒就可望參加全校400米接力隊了。這年春天，按肺活量、雙槓，和站立量器之上雙手把木柄向上猛提三種舉動計算所得的總分745，夏先生説是已達到標槍國手彭永馨的水準了。但七・七事變之後長期喪失經常運動的機會，以致在海外生活半個多世紀，也始終未能重新燃起鍛鍊身體的意志；一生體力再也無法超過二十歲時的頂峰，實在令我不勝感慨。可是，中年自稱“蒲柳先衰”的楊聯陞學長永不能忘我曾經是“鬥牛壯士”（見下頁原詩）。1938年秋北平燕京大學校長司徒雷登的日文秘書、燕京歷史學會會員蕭正誼先生和我初見之後，對清華七級學長陳鍫（陳岱孫先生堂弟）表示驚異：“我以為何炳棣是江南文弱書生，沒料到他是關西六尺大漢。”

清華自然環境、物質設備、生活、讀書、運動等條件固然均臻上乘，最令人懷念不已的是三十年代清華的精神。誠如本章開頭所説，當我們步入清華校門遠眺近望大禮堂及其周遭雅秀清簡和諧“經典”之美之際，就不由己地感到精神上的自我提升和立志踐履自強不息的古訓（也是校訓）。六十餘年後回憶，那圖書館柔美外觀的背後有令人難以相信的服務精神與效率：西方新書出版不到一年往往已經清華編目，或立即作為指定參考，或已插放在書庫鋼架上了。例如外交史名家蘭格1935年中才在美國出版的上下冊《帝國主義的外交，1890-1902》，我三年級開始（1936年初秋）

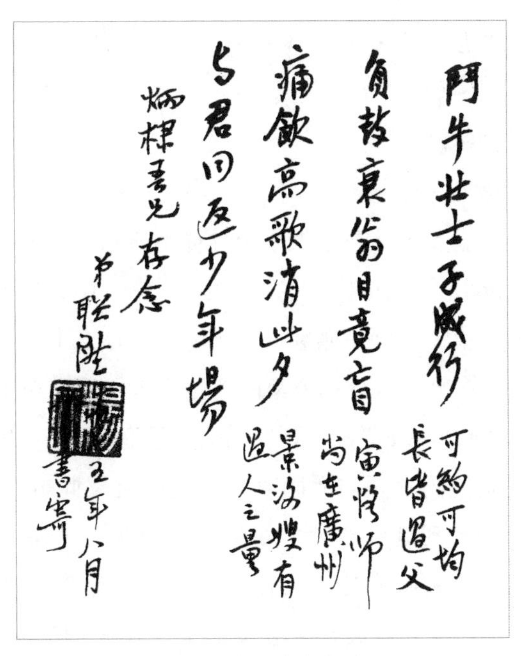

楊聯陞寫給作者的詩

已能讀到。這就必須歸功於劉崇鋐師經常對書目書評披閱之勤、選擇之精，和編目組主任畢樹棠先生等工作的極度認真了。一系一課如此，其餘概可想見。

三十年代清華精神的至高表率是校長梅貽琦（月涵）先生。業師劉崇鋐對梅校長性格為人論析最中肯要：

> 他處事態度謹嚴，守正不阿，堅定不移。治事善辨輕重，明識大體。……實事求是，誠懇待人。最令人欽佩者乃其人格感召。其個人志趣高尚，嚴峻自持而富幽默感。自奉儉樸，數十年如一日。對清華巨額基金絲毫不苟。①

我們1934年初秋入學後，最初只看到他洵洵儒雅、和藹謙虛、近乎木訥、“過分”謹慎的一面，正如校園裏流行的一首打油詩所描述校長講話的特色：

大概或者也許是，
不過我們不敢說，
可是學校總以為，
恐怕彷彿不見得。

誠如生平至友、著名生理學家林從敏所指出，當年清華美麗幽靜的生活背後卻隱藏有“極不穩定的因素”——中共地下黨製造的一系列遊行、示威、罷課、請願。1936年十二月二十九日正當年終大考的第一天，軍警來校逮捕無辜同學數十人，而名單上重要的同學數人被同學搶救。一部分左派同學認為教務長潘光旦先生供給當局的，因此翌晨他們企圖向潘圍攻。林從敏目擊此事並事後追思：

> ……我到達校門時，在警衛室的北面，潘先生的兩個拐杖已經被丟在地上，他用一條腿邊站邊跳來保持平衡。我與級友方鉅成（《周恩來傳》作者之一）趕緊去左右扶持了他，將拐杖拾起，陪着他走到大禮堂階上。這時前後還有人呼喊，但並未動手打，潘先生頭髮凌亂，卻面帶笑容。這時候從科學館方向慢步走來了梅校長。梅師身着一件深灰長袍，登上禮堂階後，站在潘教授之旁，面對着二三百同學，有半分鐘未發一言，顯然是盡量地在抑制他的慍怒。那些夾在人叢中呼喊推打的同學都安靜下來。最後梅校長發言了：你們要打人，來打我好啦。你們如果認為學校把名單交給外面的人，那是由我負責。……事實上潘教務長與學校當局沒有將鼓動學運同學的名單交給軍警特工人員。潘先生，特別是在抗戰時期，倡言民主自由言行，不可能做出這種出賣同學之事。而梅師愛護學生如子弟，只有言教、身教，不會幫助他人來殘害自己學生。在“戰後”復校之後，他拒絕官方壓力與要求，不解除吳晗教授聘約，以後甚至通知吳教授及早脫險離去，這才是梅師愛護學生的表現。……②

從這類已經罕為人知的史實，不難知道九・一八以後梅校長這位舵手之所以能把清華這條船"安全"地航行於一系列驚濤駭浪之中，不得不歸功於他性格中不輕易表露的堅韌與果毅。

與當時北大蔣夢麟大倡"校長治校"的口號(邏輯上暗涵校長與教授的對立)迥異，清華傳統"教授治校"的原則(本部分地源於早期教授與政客型校長的鬥爭)事實上變成校長教授互相尊敬、合作無間、共同治校，最和諧、美滿、高效的新局面。三十年代的清華不但是校史中的黃金時代，也構成全國高教史中最令人豔稱的一章。

回憶戰前清華三年裏個人只籠統地覺到確曾受到清華精神的感召，但究竟甚麼方面怎樣受到一些感召卻不清楚。近來細讀梅校長遺作"大學一解"(《清華學報》，第13卷第1期，1940年4月)而另加反思，才有進一步的體會。要而言之，梅師此文貫通中西古今，取義至高。他認為一般大學僅僅供給書本教育是遠遠不夠的。"尋常教學方法所不及顧"者是學生的意志與情緒，而這兩方面皆有賴"教師之樹立楷模"及"學子之自謀修養"。只有"為教師者果能於此二者均有相當之修養工夫，而於日常生活之中與以自然之流露，則從遊之學子無形中有所取法。"文章進一步指出"個人修養之功，有恃於一己努力者固半，有賴於友朋之督勵者亦半。"梅師此語字面雖淺顯易解，其內涵智慧與真理卻只能出自對一般高教的優點和缺陷長期的觀察與體會。

誠如梅師所説，我在北平清華的三年中身受師友督勵之惠甚多。例如1935年夏季開學前初謁蔣廷黻師談選課事，蔣師開始即説劉壽民先生和他已談過我一年級的課業，因此特別精心為我計劃二三兩年級應選的主要課程。系主任對低年級學生的特殊關懷使我感到受寵若驚，更加激發我力爭上游的決心。再如多年後我的連襟金屬學專家王遵明(七級，1935年畢業)，留美之前在物理系充助教，因江西同鄉關係與理學院長吳正之先生幾乎無話不談。

吳師曾以笑話方式告他，我級(十級，1934年入學)狀元李整武微積分班上時常不繳習題，引起教員華羅庚大大的不滿；吳對華說："他繳不繳習題，你不必管，他在自己腦子裏會作的！"這對天才學生是何等的關懷與了解！再如任之恭先生在昆明曾面告，他雖未曾教過九級(1937年畢業)入學狀元林家翘的普通物理，但系中同仁不時追憶1933-34年林以一年級新生選薩本棟先生普通物理季終考試時，薩和同仁研究某試題所有的可能答法，等着看林是否選最簡捷漂亮的答案。結果林的答案出乎所有教授意想之外，比任何預想的答案都高明！這類親歷親聞的"軼事"才真能深刻地反映清華的精神。

清華精神當然也反映於同學間的互相砥勵。我的性格有其外向和內向面，一般而言，我是不願主動先向高班老大哥們"破冰"的。一二年級時朋友圈子較小，已記不清三年級時如何和高班及研究生中幾位"聞人"開始交談專業和個人志趣的。首先應一提當時經濟系研究生徐毓楠學長。因該系主授統計的趙人儁教授和我是世交，我常到趙家吃飯，見書架上有不少數學專著，我問他經濟學家怎會用得上如此高深的數學。趙先生非常坦白地對我說，他有好學生徐毓楠，自己經濟學的知識不過比徐佔先一兩步，如不用功很容易就被徐趕平。徐不久即考取中英庚款，獲得英國劍橋大學博士。徐和我在西文閱覽室一向是隔桌斜對面而坐，到第三年終於作了兩三度懇談。再如七級政治系研究生陳明翥學長，積累了不少留學考試經驗。他有好潔癖，時常躲在門後，等人開門，他總是搶先跳出，以避免手觸門上"污穢"的旋鈕，綽號"老妖"。不知何以他最後主動告我考試經驗和訣竅，並對我大加鼓勵。八級學長政治系的靳文翰對我大談基本功的重要，告我他把奧本海姆(Oppenheim)的國際公法，包括小註，已經讀了八遍。他終於考取中英庚款，現為復旦大學榮休教授。再如聞一多先生高足、東北籍日文極好的孫作雲學長，畢業論文"九歌山鬼考"已在《清華學報》刊出，對我大談詩歌與神話。七·七以後他留在北平，1938年底讀了我在燕京《史學年報》裏"英國與門戶開放政策的起源"後對我的鼓勵至今難忘。1937年春，那位被張申府先生特別稱讚"下筆萬言"專修德國哲學和文學的李長植(長之)學長，也對我幾度滔滔不絕地大談哥德的《少年維特的煩惱》和"浮士德精神"，並鼓勵我多讀多背英文名著。不久他竟自招追求北大校花徐芳所遭受的挫折。我也竟敢勸他減溫，指出徐芳自己既是"才女"，便不需要另位浪漫文人哲士，很可能喜歡具有高文化的武人。不期竟而言中，徐芳逃到台灣之後，果然嫁給中年斷弦的儒將徐培根。

立言本身就是不朽；"言"的形式與內容如係日記，其史料價值尤高。吳宓先師充滿矛盾的性格(浪漫詩人對愛追求而又處處受制於律己極嚴的倫理標準)，中西古今人文修養的深厚，中西文化比較研究的長期倡導，對陳寅恪師終身不渝友誼及敬慕的親切記錄，以及坦誠率真、獎掖後進的嘉言懿行，都是我國二十世紀人文學人所稔知，無待多言。不料《吳宓日記，1936-38》(北京：三聯書店，1998)中詳盡地列舉了我與他"初識"與過從。吳師的兩年日記中涉及我的七條，既是我這長篇學術性回憶中彌足珍貴的第一手資料，又是反映三十年代清華精神最生動的實例之一。茲將相關諸條抄錄如下：

[1936年] 八月八日 星期六

夕7-9獨坐氣象台觀晚景，遇歷史系三年級學生何炳棣(浙江)。談甚洽。宓為何君述對於中國近世歷史政治之大體見解；……何君以為然。其見解頗超俗，有望之青年也。宓力述寅恪學識之崇博，何君擬即從寅恪請業云。

八月十七日 星期一

4-5寢息。5:00絢又來。潘光旦陪全增嘏來，未入室。待至7:00何德奎(上海工部局會辦)率其叔何炳棣如約來。在宓處晚飯(西餐)。……是晚，綯談話太多，至於倦極不休，且神情惶忽；致宓無機會與何德奎敍談，宓殊厭之。9:00何君等去。……

八月十八日　星期二

夕4-6何炳棣來，多所請益，談頗洽。

九月十五日　星期二

上午10-11何炳棣來。

[1937年]三月十五日　星期一

4:30-6:00何炳棣介何基來，宓為述《學衡》、《大公報・文學副刊》停辦之實情，及碧柳之軼事。何基為何廉之弟，現為清華歷史系助教。

七月四日　星期日

晨8:00何炳棣來，談其治學計劃。直至10:30始去。

七月十七日　星期六

正午12-1，訪葉企孫。路遇何炳棣談國難。

1936年秋季開學之前，八月八日週末立秋之夕，初次偶遇即與吳師談達二小時之久，並承他暗許為"有望之青年"，六十多年後讀之感受之深，難以言喻。大概吳師問起，我就擇要報告前兩年讀書概況：遵循蔣、劉、雷諸師教導，先從西洋史中體會方法、觀點、分析、綜合以及史學著述之最高意境，以為他日深入研究國史的參照。因所談治學步驟方向與吳師着重中西文化比較研究之宗旨不悖，所以初談即互有欣洽之感。恰巧中國科學社8月間在清華開年會，何德奎(參看"專憶1：何家的兩根砥柱")極欲重晤當年哈佛舊友，由我代約，遂有八月十七晚間餐敍；由於餐敍談話被另位女客所壟斷，所以我次日下午又晉謁代德奎表示憾意之後，即藉此機會再向吳師請教中西文史應讀諸作，不期這次歡暢的談話又長至兩小時之久。最使我驚異的是1937年七月四日，蘆溝橋事變前三日，上午八時我即趨謁吳師，談我的“治學計劃，直至10:30始去。”六十多年後我仍無法想像那時我這頭天不怕地不怕的“初生之犢”怎能有那麼多的“治學計劃”可談到150分鐘之久；更難解的是像雨僧師那般學貫中西、閱世知人的碩儒，竟能從頭到尾耐心地聽而毫無慍色。

無法解釋的解釋只有是：清華精神！

清華精神源自清華傳統。清華學堂本為預備留美而設，所以自始即必須是文、理兼顧，屬於通識教育性質的學校。清華改為國立大學之後，特別是梅貽琦長校(1931年十二月)以後，清華有很大的發展。當時國民政府的教育政策是“提倡理工限制文法”。梅校長與教授會只極力響應“提倡理工”；將原屬理學院的土木工程系予以擴充，並與新創的機械和電機兩系聯合成立一規模初具的工學院。但絕口不談“限制文法”。事實上三十年代的清華文法兩院表現出空前的活力。除各系師資普遍加強外，教授研究空氣較前大盛，研究成果已非《清華學報》所能容納，於是不得不另創一個新的學術季刊：《社會科學》。馮友蘭師的《中國哲學史》和蕭公權師的《中國政治思想史》兩部煌煌綜合巨著更足反映文法教學研究方面清華儼然已居全國學府前列。

三十年代清華文法教研之勃勃生機，必有賴於背後之治學理想，而此理想梅校長遲遲於1941年“大學一解”論文(刊於《清華學報》第13卷第1期，清華大學三十週年紀念號上冊)中始闡述其要：

> ……通識，一般生活之準備也；專識，特種事業之準備也。通識之用，不止潤身而止，亦所以自通於人也。信如此論，則通識為本，而專識為末。社會所需要者，通才為大，而專家次之。以無通才為基礎之專家臨民，其結果不為新民，而為累民，此通專並未為恰當之說也。大學四年而已，以四年之短期間，而既須有通識之準備，又須有專識之準備，而二者之間又不能有所軒輊，

> 即在上智亦力有未逮，況中資以下乎？並重之說所以不易行者此也。偏重專科之弊既在所必革，而並重之說又窒礙難行，則通重於專之原則尚矣。
>
> 通識之授受不足，為今日大學教育之一大通病。……今日而言學問，不能出自然科學、社會科學與人文科學三大部門。曰通識者，亦曰學子對此三大部門均有相當準備而已。分而言之，則對每門有充分之了解；合而言之，則於三者之間能識其會通之所在，而恍然於宇宙之大、品類之多、歷史之久、文教之繁，要必有其一以貫之之道，要必有其相為因緣與依倚之理，此則所謂通也。今學習僅及期年而分院分系，而許其進入專門之學，於是從事於一者，不知二與三為何物，或僅得二與三之一知半解，與道聽塗說者初無二致。……近年以來，西方之從事大學教育者，亦嘗計慮及此，而設為補救之法矣。其大要不出二途：一為展緩分院分系之年限，有自第三年始分者；二為於第一學年中增設"通論"之學程。竊以為此二途者俱有未足，然亦頗有可供攻錯之價值，可為前途改革學程支配之張本。大學所以宏造就，所造就者為粗製濫造之專家乎，抑為比較周見洽聞、本末兼賅、博而能約之通士乎？……

我國二十世紀論大學教育以通識為本、專識為末，從未有堅毅明通如梅師者。梅師長校之初即提出含有至理的名言："所謂大學者，非謂有大樓之謂也，有大師之謂也。"唯大師始克通專備具，唯大師始能啟沃未來之大師，此清華精神之所以為"大"也。

與梅師並肩維護通識教育原則，羅致並培育大師級科學家的是多年主持理科教研的葉企孫師(1898-1977)③。最足反映葉師之"大"的是他1928年致吳有訓(正之，1897-1977)聘約中所訂的年薪，高過自己理學院院長的年薪——此事後來傳為美談，對學術界影響深遠(吳是芝加哥大學諾貝爾獎物理學家Arthur H. Compton的得意又得力的高足；吳的1923年完成的博士論文立即刊載於美國國家科學院院刊) 。葉隨即增聘以研究無綫電聞名的薩本棟和理論物理學家周培原。此外，原東南大學畢業，受葉企孫賞識而帶到清華用心培育的趙忠堯，1929-30年間在美國加省理工大學已經做出"兩項發現實際上是正負電子對的產生現象與正負電子對的湮沒現象"——這兩種現象的發現，幾十年後在楊振寧嚴肅評估下，認為"絕對是諾貝爾獎級的工作"。④我在清華的三年 (1934-37) 全校公認物理系為最接近世界先進標準、最有實力啟沃未來大師級人才的一系，不是沒有道理的。

不管在國內或是海外，如果有人問我何人何事何地何言最能代表清華 (當然包括1937-45的西南聯大) 精神，我必須重述業已被公認為世界級應用數學大師，清華九級學長林家翹，1965年初秋自麻省理工大學來芝加哥大學作一週的學術演講與對話，在九級物理系畢業，不久獲美國氣象學會最高獎的郭曉嵐家中和我握手時所講的話："咱們又有幾年沒見啦，要緊的是不管搞哪一行，千萬不要作第二等的題目。"

註 釋

① 錄自台灣新竹《清華校友通訊》，新109期 (1989年十月三十一日)，頁28。

② 同上，頁29-33。

③ 我願在此註中介紹一部巨著：虞吳、黃延復合著的《中國科技的基石——葉企孫和科學大師們》，復旦大學出版社，2000。這本近五十萬言的書史料豐富，涵蓋面極廣：表述葉先生長期不懈地探求明悉世界科學研究的前沿，盡力提高清華數理教研的水準，大量培育清華內外的青壯科技家，並誘導他們出國學習國家所最亟需的專業。自清華內部言，葉先生是僅亞於梅校長，影響最大的領導。從全國着眼，葉先生是龐大科技網早期最主要的籌編人。

④ 楊振寧，2001年二月二十二日致我信中的判斷。全文見楊振寧，《楊振寧文集》，下冊，華東師範大學出版社，1998，頁582。楊對趙先生研究貢獻的英文評估前此已在美國發表。

專憶4

雷海宗先師

(1) 雷海宗生平和主要學術成就 ・王敦書

(筆者註：王敦書是南開大學歷史系教授，下文據原文略有刪節)

雷海宗字伯倫，是中外馳名的歷史學家。一生在高等學校從事歷史教學和研究工作，以博聞強記、自成體系、貫通古今中外歷史著稱。

1902年，雷海宗生於河北省永清縣，家庭出身中農，父親為當地基督教中華聖公會牧師，自幼在舊學和新學兩方面都打下相當扎實的基礎。1917年，入北京崇德中學，1919年轉入清華學校高等科學習。1922年畢業，公費留美，在芝加哥大學主科學習歷史，副科學習哲學。撰寫博士論文"杜爾閣的政治思想"，1927年獲哲學博士學位，時年二十五歲。深受導師詹姆斯・湯普遜的器重，為中國留美學生贏得了聲譽。

1927年，雷海宗返國任南京中央大學史學系副教授、教授和系主任，兼任金陵女子大學歷史系教授和中國文化研究所研究員。1931年，轉任武漢大學史學系和哲學教育系合聘教授。1932年，返任母校清華大學和抗日戰爭期間昆明西南聯合大學歷史系教授、系主任、代理文學院長。1952年，全國院系調整，離清華大學任天津南開大學歷史系教授，直至1962年逝世。

博古通今、學貫中西，這是雷海宗治學的特色。他一貫主張，歷史學家只有在廣博的知識基礎上，才能對人類和各個國家民族的歷史文化有總的了解，才能對某些專門領域進行精深研究，得出真正有意義的認識。他一生讀書孜孜不倦，不僅貫通古今中外的歷史，而且在哲學、宗教、文學、藝術、地理、氣象、數學、生物和科技等方面都有淵博的知識和精闢的見解。曾先後講授史

雷海宗先師（1940年代初）

學方法、中國通史、殷周史、秦漢史、西洋通史、世界上古史、世界中古史、世界近現代史、基督教史、外國文化史、外國史學史、外國史學名著選讀、施本格勒《西方的沒落》(Oswald Spengler，*The Decline of the West*)研讀、物質文明史等各種課程。他記憶力極強，從不帶講稿，但講課極有條理，深入淺出，內容豐富，生動活潑，計時精確，引人入勝，人名、地名、史實年代準確無誤，深受學生歡迎。

在三十年代，雷海宗的主要著述有"中國的兵"、"中國的家族制度"、"皇帝制度之成立"、"無兵的文化"、"斷代問題與中國史的分期"和"世襲以外的大位繼承法"等論文，後合編入《中國文化與中國的兵》一書，由商務印書館1940年出版。此後，他為《戰國策》半月刊和重慶《大公報 · 戰國副刊》撰稿，其中主要文章"歷史的形態與例證"、"中外的春秋時代"、"外交：春秋與戰國"和"歷史警覺性的時限"，後編入林同濟主編的《文化形態史觀》一書，由上海大東書局1948年出版。直到1949年全國解放，他寫過多篇學術性論文和數量極多的政治性雜文，不贅述。此外，還編印了《中國通史》、《中國通史選讀》、《西洋通史》、《西洋通史選讀》兩大套完整的講授綱要和史料選編。

雷海宗的治史特點是：以一定的哲學觀點來消化史料，解釋歷史，自成體系。他掌握豐富的史料，重視史實的準確性，對清代乾嘉學派的考據訓詁和十九世紀德國朗克學派的檔案研究均頗推崇。本人也曾撰寫"殷周年代考"、"漢武帝建年號始於何年"等文，考訂周滅商和漢武帝建年號的年代，並得到當時著名史家洪煨蓮和瑞典漢學家高本漢的重視與贊同。但是，他強調真正的史學不是煩瑣的考證或事實的堆砌，於事實之外須求道理，要對歷史作深刻透徹的了解。有價值的史學著作應為科學、哲學和藝術的統一，要做審查、鑒別與整理材料的分析工作；以一貫的概念與理論來貫穿説明史實的綜合工作；用藝術的手段以敍述歷史的表現工作。三者之間，分析是必要的歷史基礎，綜合為史學的主體，藝術則是裝飾。他着重從當今的時代出發，對中國和世界各地區國家的歷史與文化進行比較研究，探討中國歷史發展的特點，評價中國傳統文化的積極和消極方面，謀求在二十世紀建設中國的途徑。他主張吸取先進的理論和方法，來整理研究中國的歷史和文化。當時他接受的是二三十年代西方風靡一時的德國施本格勒的文化形態史觀。

在歷史認識方面，雷海宗認為，歷史學研究的對象是"過去"，但過去有絕對和相對兩個方面。歷史學應研究清楚一件事實的前因後果，在當時的地位，對今日的意義，使之成為活的歷史事實。歷史的了解雖憑藉傳統的事實記載，但了解程序本身是一種人心內在的活動和時代精神的表現，所以同一的過去沒有兩個時代對它的看法完全相同。

就歷史觀和整個體系而言，雷海宗認為，有特殊哲學意義的歷史時間以最近5,000年為限。歷史是多元的，是一個個處於不同時間和地域的高等文化獨自產生和自由發展的歷史。迄今可確知七個高等文化，即埃及、巴比倫、印度、中國、希臘-羅馬、回教和歐西。這些時間和空間都不同的歷史單位，雖各有特點，但發展的節奏、時限和週期大致相同，都經過封建時代、貴族國家時代、帝國主義時代、大一統時代和政治破裂與文化滅絕的末世這五個階段，最後趨於毀滅。

與施本格勒不同，雷海宗認為，中國文化的發展有其獨特之點。其他文化除歐西因歷史起步晚尚未結束外，皆按照上述五個階段的進展，經形成、發展、興盛、衰敗一週期而亡。唯獨中國文化四千年來卻經歷了兩個週期。以公元383年淝水之戰為分界線，由殷商西周到"五胡亂華"為第一週期，這是純粹的華夏民族創造中國傳統文化的古典中國時期。它經歷了殷商西周封建時代、春秋時代、戰國時代、秦漢帝國時代和帝國衰亡與古典文化沒落時代(公元88年至383年)。但中國文化與其他文化不同，至此並未滅亡，卻返老還童直至二十世紀又經歷了第二週期，淝水之戰是一個決定歷史命運的戰爭。第二週期的中國，無論民族血統還是思想文化，都有很大變化。胡人不斷滲入和侵入與漢族混合為一，印度佛教與中國原有文化發生化學作用，這是"胡漢混合，梵華同化"的一個綜合的中國時期。第二週的中國文化在政治和社會上並無新的進展，大致墨守秦漢已定的規模，但在思想藝術上，卻代代都有新的活動，可與第一週期相比，共經五個時期，即宗教時代、哲學時代、哲學派別化與開始退化時代、哲學消滅與學術化時代、以及文化破滅時代。

對於中國的傳統文化，雷海宗着重由軍隊、家庭和皇帝制度三個方面來考察評價。他認為文武兼備的人有比較坦白光明的人格，兼文武的社會也是坦白光明的社會，這是武德的象徵。東漢以下，兵的問題總未解決，這是中國長期積弱的一個重要原因。

就家族而言，春秋以上是大家族最盛的時期，戰國時代漸衰，漢代又恢復古制，大家族成為社會國家的基礎，維持了兩千年。大家族似乎與國家不能並立，古今還沒有大家族下面國家的基礎可以鞏固的。在政治制度方面，中國四千年間，國君最初稱王，下有諸侯；其後諸侯獨立，自立為王；最後其中一王盛強，吞併列國，統一天下，改稱皇帝，直至近代。皇帝視天下為私產，臣民亦承認天下為皇帝的私產。秦以下的中國，是靜的歷史，可稱為“無兵的文化”。

1935年前，雷海宗是一個基本上不參與政治的學者，史學體系也尚未完全建立。抗日的烽火，燃起了他滿腔的愛國熱情。他開始積極議政，將學術與抗戰緊密聯結起來，不僅確立中國文化二週說，並進一步提出第三週文化的前景。他強調中國之有二週文化，是我們大可自豪於天地間的。當前，歐西文化已發展到帝國主義時代，相當於中國古代戰國中期階段，其時代特徵是大規模的戰爭和強權政治，發展趨勢是走向大一統帝國的建立，而中國文化已發展到第二週的末期。抗日戰爭比淝水戰爭更重要，不僅在中國歷史上是空前的大事，甚至在整個人類歷史上也是絕無僅有的奇跡。中國前後方應各忠職責，打破非常記錄，贏得勝利，使第三週文化的偉業得以實現。他慷慨激昂地寫道：生逢2,000年來所未有的亂世，身經4,000年來所僅見的外患，擔起撥亂反正，抗敵復國，更舊創新的重任——那是何等難得的機會，何等偉大的權利！何等光榮的使命！

綜上所述，不難看出，雷海宗在解放前雖沒有接受科學的馬克思主義唯物史觀，但他熱愛祖國和堅決抗戰的立場與精神是值得肯定的。他的貫通古今中外的淵博學識和精闢見解，獨樹一幟的囊括世界的史學體系，在當時我國史學界是很為難得和具有重大學術影響的。一些學者以他的名字來形容其學術成就：聲音如雷，學問如海，史學之宗。……

1952年秋後，雷海宗調任南開大學歷史系教授和世界史教研室主任，主要從事世界史學科建設，講授世界上古史，兼及世界近代史和物質文明史。編寫出《世界上古史講義》一書，教育部定為全國高等學校交流講義，並決定正式鉛印出版。……

1957年，雷海宗被錯劃為右派，這對他是一個很大的打擊。此後，他健康急劇惡化，患慢性腎臟炎，嚴重貧血，全身浮腫，步履艱難，停止了教學活動，學術研究也難以進行。但他仍精心譯註施本格勒所著《西方的沒落》一書的有關章節，其譯文和註釋有許多獨創精到之處。在聽到蘇聯人造衛星上天的消息後，他心情激動，用英文寫下長詩加以歌頌。摘掉右派帽子後，為了把有限餘生和滿腹學識獻給人民，他馬上於1962年春毅然乘着三輪車來到教室門口，拖着沉重的步伐重上講台，精神抖擻地為一百多個學生講授"外國史學名著選讀"和"外國史學史"兩門課程，一直堅持到該年十一月底難以行動時為止。

雷海宗關心青年學生的成長，和藹可親，不僅在講堂上認真講課，循循善誘地引導研討班學習討論，而且課外悉心盡力地指導他們讀書寫作，並熱情地關懷照顧他們的生活。他一生靠大學教書薪俸收入，勤奮讀書，別無他好，律己甚嚴，儉以養廉。因父早逝，作為大哥負起了將弟弟、妹妹撫養成人，供應他們上學成家的重擔。雷師母張景茀，畢業於南京中央大學生物系，為了照顧雷先生，放棄工作，操持家務，伉儷情深。雷海宗的成就是與賢內助分不開的。凡到過雷師家的學生，無不從雷師母的親切接待中體驗到了溫暖與關懷。

1962年十二月二十五日，雷海宗因尿毒症和心力衰竭，過早地離開了人世，年六十歲。雷海宗為建設祖國的歷史學科和發展教育事業獻出了畢生的力量，作出了巨大的貢獻。當代不少知名學者出自他的門牆，至今仍深深地懷念他。

(2) 雷師母張景茀的回憶(1989年七月)

我於1930年與雷海宗結婚，1962年他去世。在這三十多年中，他給我的印象是他品德高尚、好學、虛懷若谷、遇事皆先人後己、熱情幫助他人。舉一件小事，證明他是先人後己的。抗戰勝利後，西南聯大復員北上，我們全家由昆明乘飛機飛往重慶。飛機抵重慶時，有兩位女同事所帶行李比較多，無人幫忙，海宗即先將兩位女同事的行李搬妥後，再搬自己的行李。

我們因等去北京的飛機，在重慶招待所住了約一個多月，但飛北京的飛機，許久才有一架，要按抵重慶先後的日期而排名次；等輪到我們時，直達北京的飛機停航了，我們只好改乘去南京的飛機，飛往南京。抵南京後，知京浦路尚未恢復通車，要由上海乘海輪到塘沽，再轉乘火車去北京。但去塘沽的船何日起航，杳無音信。我們在南京住了兩個多星期後，乘京滬路火車去上海，等海輪北上。在上海又住了兩週多，才買到去塘沽的輪船票。當時留在上海要去北方的同學有三四百人之多，都要乘這次去塘沽的海輪。這數百名同學本由一位教授帶隊，臨開船時，那位教授忽對海宗說：“雷先生，我不去了，由你帶隊。”那位教授怕困難，臨陣脱逃，把困難推給別人。海宗面對這種困難情況，想到數百名同學無人帶隊照管，他就接受了那位教授的囑託。很不幸，船至途中遇着大風浪，幾乎沉沒。在這險境下，海宗組織同學分隊、分組，井井有條。船抵塘沽後，換乘火車去北京。火車抵北京站時已是深夜十二時。海宗讓我乘三輪車先回到他二弟家中，他留在車站，把每一個同學的行李都安排妥當，他才回到他弟弟家中，已是凌晨三點多了。自那時起，我發現他的體力大降。

1952年院系調整，海宗被調到天津南開大學任歷史系教研室主任，組內有位同事教課不受同學的歡迎，無法教下去。當時海宗授課的時數已滿，但他仍勉力接受那位同事的課，該同事隨班聽課，海宗盡量不讓那位同事有絲毫難堪。那位同事隨班聽課後對海宗大為感佩。

反右時，系內開小組會討論如何批判雷海宗，輪到那位同事發言時，他說"雷海宗是我最好的老師"，使當時主持會議的人，大為惱火。

海宗寫英文稿件時用英文思索，這是少見的。他至美國芝加哥讀頭一年時，寫了一篇文章，大受教師的稱讚，問他如何學得這樣好的英文。此事他未對我說過，我是在他去世後，在他日記中發現的。他不僅英文好，也懂法文，可以看書。法文，是他考清華留美預備班時自學的。他考清華時，是考插班二年級，因考插班二年級，需考法文。他經常看法文書，故法文未忘掉。

海宗在美國學的是西洋史，回國後，他認為要做一個歷史學家，應兼通中外歷史，故他自1927年回國後在南京中央大學任教時，即着手研究中國歷史。每當他想到關於中國歷史的問題時，都即時寫下來，由此積累了不少資料。1932年，他回到清華母校任教時，夜以繼日編寫中國歷史教材，每天都要工作到深夜三四點鐘，最後終於完成了一部中國通史講義，共六冊。

海宗為培養接班人，抽出時間在家中為他的一位助教，專開一門中國上古史。

海宗假如開了一天會，回到家中，第一件事，一定要拿本書看，一邊說："今天整天未看過書。"他真是個十足的書呆子。

在南開時，除訂閱《人民日報》外，還訂了十多份外國雜誌。他說："不看外國雜誌，就不了解人家的科學一日千里。"

海宗在美國未完成學業時，他父親病故了，他是老大，下面有三個弟弟、兩個妹妹，當時除二弟在郵局工作外，其他弟妹都在讀中、小學，故家中的經濟很困難，他便由國家給他在美學習的生活費中，每月節省五元美金寄回國內家中。

他父親生前是牧師，按教會規章，牧師的子女皆免費讀中、小學，直到中學畢業為止。因海宗學習成績優異，教會表示對他的供給不受限制，要用多少，就給多少，直至讀完清華為止。但他不願多花教會的錢，非常節約，每週皆步行進城。他感覺用教會的錢，心中十分不暢，故他回國後，即不再領用教會津貼，他弟、妹的學習費用就由他自己負擔。他1927年回國後，在南京中央大學任教，月薪260元，每月寄回北京老家140元。我們結婚後，每月仍按原數寄回北京家中。1932年他回北京清華母校任教，北京老家及弟、妹的學習費用，各人每月的零花錢，均由他一人承擔。二弟的工資由二弟自己支配。每年暑假時，我們由清華進城後，帶着全家老小去前門最大的綢緞店買衣料；他親自捧着料子，走到兩個妹妹跟前問"大妹你看這塊料子做襯絨袍好嗎？二妹你看這個料子做裌袍好嗎？"料子買妥後，回到家中，叫成衣來，給每人量好尺寸，一切都完畢後，我們才乘車回到清華。照例，一年一度。

海宗自己雖已負擔很重，但如有青年考取大學，經濟有困難者，若向他求援，他都盡力幫助他們完成學業。

1957年夏，在天津市內開反右大會，會上海宗被劃為右派分子，會後他回家進門時彎着腰，十分沉痛的對我說"對不起你"。這突如其來的惡訊，對他打擊太大了。次日他忽然便血兩馬桶之多，他躺倒了，從此無人敢進我們家門，當時我能向誰求援，又有何人敢來幫助我們？我二人終日默默相對，食不甘味，寢不安眠，大約過了兩個月後，系裏叫他做檢討，不知寫了多少次，直至罵得自己一無是處，方能通過，他的身體日漸虛弱，但有的會他必須參加，有一次他暈倒在會場，三輪車把他送回家中。

海宗學習的興趣比較廣，他在美學習時，主系是歷史，副系是哲學，對佛學也略有探討。曾記得1961年冬有一天晚間，南開大學外語系的一位教授來家中問起西王母的來歷，海宗不顧自己虛弱的病体，滔滔不絕地將西王母的來龍去脈講到深夜。

1961年他摘掉右派帽子後，系裏紛紛來人，對他說，這門課無人教，那門課無人講授，恨不得他成為孫大聖。

1962年春，他患慢性腎炎，是不治之症，已三年了。嚴重貧血，血色素只有4克，全身浮腫，步履艱難。為了把有限餘生和滿腹學識獻給人民，他毅然乘着三輪來到教室門口，拖着沉重的步伐重上講台，他先後講授“外國史名著選讀”和“外國史學史”兩門課。“外國史學史”是一門新課，以前各大學歷史系都未開過，據說此門課在北大是由幾位教授合開的，而南開只由海宗一人講授。海宗一直堅持到該年十一月底難以行動時為止。

1962年十二月十五日夜，海宗病情加重，次日送往天津總醫院，醫治無效，於十二月二十五日與世長辭，一代文人，從此離世！

他是無私的，他對自己的吃穿從不講究，我若為他做件衣服時，他總要問：“你有沒有？”我婚後沒有工作，但他對我從未表現過家長作風，或大男子主義，更未對我說過一句不堪入耳的話。他病中，有人送來由香港寄來的餅乾，他知我愛吃餅乾，他一塊都不肯吃，留給我吃。如有人送來電影或戲票時，他總是催促我去看，對我說：“你能出去散散心，我就高興了。”我如在廚房做飯時，他搬個凳子坐在我身邊，對我說：“我不能幫你做，只好陪陪你。”我外出購物，若回來稍晚，他就在校門內踱來踱去，直到我回來。鄰居的一位老太太說：“我從未見過夫婦的感情這樣好。”我自慰選得這樣一個品學兼優的終身伴侶，可歎好景不長，他過早地離開我，死者已矣，生者難堪！

我們只有一個獨生女，雷崇立，她父親是非常疼愛她，但不溺愛，如遇女兒任性時，他決不依從，並不責罰她，而是言傳身教，循循善誘，使崇立後來成為賢妻良母，對公私事都是任勞任怨，不自私、不自尊，有乃父遺風。1952年，海宗調往天津南開大學任教，當時崇立在北大尚未畢業，她畢業後留校任教，因天津北京兩地相隔，海宗未能有機會把自己所掌握的英文傳授給女兒，這是他的一大遺憾！

我現已年近九旬，由童年到現在，我的生活條件，確實起伏不平，但我對生活的甘苦不太介意，只求能度過一個心情舒暢的晚年，於願足矣！

(3) 筆者的回憶

回想起來，連自己都不能相信一生受雷師影響至深且巨，而事實上只正式讀過他的唯一一門必修的中國通史。正式讀雷之課如此之少有二原因：一、在北平的三年我專心於為將來的留學考試奠基，時間和精力上都擠不進雷先生的中國上古史和秦漢史。二、1939秋自北平至昆明任清華歷史系助教以後，先忙於教西南聯大先修班的西洋通史，隨後忙於解決終身大事，投考第五屆(1940年八月)清華留美公費考試失敗(1941年夏始揭曉)，遲遲因父喪不得不回淪陷區料理家務等等，一直不知也未能旁聽雷師西洋中古史、西洋近古史和羅馬帝國制度史等課。這些西史的課都是雷先生的專長，戰亂中完全錯過是我終身憾事之一。北平清華二三年級時課外雖不無向雷師請教的機會，但使我受益最多的是在昆明西南聯大期間與他的經常接觸和專業內外的交談。

據我一生觀察，雷先生是真正兼具基督教和儒家品德的學人。他律己極嚴，終身踐履先人後己的原則。他對人的感情和關切從不輕易外露。我對雷師母回憶中所述雷師高尚品德有親切的體會。例如1941年初冬，我留學初試失敗後數月，遲遲始獲悉父親已在天津去世。有一天雷師在聯大圍牆外非常平靜地對我說："千萬不要誤會我的意思，從公從私的立場我覺得不能不向你一問，你是否願意去旁的學校做講師或副教授？不幸的是聯大教西洋史的教授相當多，你雖有教西洋通史的能力，因未曾留學，輪不上你教。如果旁處有機會教西洋史，你是否考慮？"我的回答很堅定，我不在乎名義和待遇，昆明究竟師友相處融洽，學術空氣和圖書設備還是比較好，我無意他就。雷師這才說出心裏的話："你這樣決定，我很高興，不過因為職責所在我不得不問你一問。”三個月後因家務回金華，我在浙贛路上遇見九級歷史系王文杰學長回福建奔妻喪，他告我路費的極大部分都是雷先生私人供給他的。

雷先生最使我敬仰的是他大過人的“容忍”，而這種容忍是深植於一己學術和道義方面的自信。早在1937年春間全系師生茶會後的晚間，同屋黃明信告我他簡直不能相信自己的耳朵，茶會中明明聽見陳寅恪先生相當高聲地和一位同學說，何以目前居然有人會開中國上古史這門課；那時雷先生不過幾步之外決不會聽不見這種諷刺的。同時清華歷史及哲學系合聘的張蔭麟備受陳寅恪師的讚揚，已着手為教育部寫撰《中國史綱》第一輯。清華校園之內，新秀吳晗對雷之通史已有諷議。今夏通檢《國立西南聯合大學史料》(三)“教學，科研卷”，發現1938-39年錢穆的中國通史列為甲組，雷的通史列為乙組；自1939-40年起吳晗授甲組中國通史，雷師的通史列為乙組；1942-43年，吳晗、孫毓棠、雷海宗分別講授甲、乙、丙三組中國通史。當時的理由是甲組較詳於史實與制度，最適合人文社科學生的需要，乙組史實及制度稍為簡略，宏觀視野及分析綜合比較適合理工及不以歷史為專業學人的需要。

當時雷先生為歷史系主任，始終踐履先人後己的原則。在此之前他早已解釋過何以他在中國通史裏故意略於制度：

> 著者前撰“中國的兵”，友人方面都説三國以下所講的未免太簡，似乎有補充的必要。這種批評著者個人也認為恰當。但二千年來的兵本質的確沒有變化。若論漢以後兵的史料正史中大半都有“兵志”，正續《通考》中也有系統的敍述，作一篇洋洋大文並非難事。但這樣勉強敍述一個空洞的格架去湊篇幅，殊覺無聊。反之，若從側面研究，推敲二千年來的歷史有甚麼特徵，卻是一個意味深長的探求。①

對歷代宰相制度、內廷外廷、宦官等等，雷師也採取類似的簡化處理。這些，再加上採用施本格勒的形態文化史觀把國史分成兩大“週”，當然不免引起少數同仁的明譏暗諷。新故老同班，前台北東吳大學歷史系教授翁同文即回憶“在西南聯大的一次談話會中，我就聽見吳晗先生表示譏彈之意”。②

但可喜者有三：一、當時聯大助教學生求知若渴，胸懷開朗，決無門戶之見。例如1939年秋我初抵昆明，丁則良學長即興奮地告我，年前錢穆(賓四)先生的中國通史，尤以唐宋間經濟重心之南移，甚為精彩，其《國史大綱》即將問世，不可不讀。錢氏之長無傷於我們對雷氏通史的服膺。我們那時吸取各家之長還來不及，怎會儘先去挑剔老師們的短處。

二、當時助教學生中不少人相信欲知中國文化的特徵，多少必須略知人類史上其他文化的同異與盛衰興亡的各各段落，否則難免井蛙之識。翁同文早在六十年代初在巴黎期間即接受我的請求，對雷師的通史作一扼要憶評。他強調指出雷師為介紹當時風靡世界的文化形態史觀“到中國之第一人。雖形態史觀之價值尚無定論，且施本格勒、湯因比(Arnold Toynbee)諸人原著因篇幅巨大亦尚迄無譯本，但開風氣之功，實捨雷先生莫屬”。再則，“雷先生本人中西史講義既依形態史觀架構編製，其影響及於清華聯大後學之任歷史教席者必不在少數。就所知丁則良學兄授西洋史即沿其體制，弟去國前濫竽授中國史亦復循其規模。……”③三十多年後應該補充的是武漢大學吳于廑教授。我個人在海外講授中國通史四十餘年，亦大多採取雷師的看法，因早在三十年代他已糾正了施本格勒對兩漢以後中國文化長期停滯，喪失生命力的錯誤看法。甚至當時聯大學生方面，歷史系最優秀的劉廣京和任以都(二人二年級讀後即去哈佛完成學士及博士學位)都是選雷師的乙組通史。廣京近年通信曾幾度提及，今日海外炎黃子孫先後同出雷門者已寥若晨星，所以這種共同師承關係彌足珍惜。他甚至還記得雷師閱世知人智慧之偶爾流露於課堂內外者。如1998年六月二十三日致我的信："……記得雷伯倫師曾云：西洋史家過了中年，著作雖精而罕能維持'火氣'，而今則吾兄以八旬之年而作此精闢生動之大文……。"信中所指是我駁斥美國亞洲學會、原日籍女會長1996年卸職演講詆毀國史，攻擊"華化"觀點的一篇頗有"火性"卻能使她無能回答的長文。事似瑣碎，但反映雷師通史及其嘉言懿行對弟子輩影響的深遠。

三、儘管六七十年前雷師以施本格勒《西方的沒落》理論架構應用於國史，引起一些不可避免的評議，但經雷師修正以後的文化形態史觀，確頗有裨於中國通史的宏觀析論。蓋兩河(巴比倫)、埃及、印度、中國、希臘-羅馬、回教、歐西七大文化各有其不同的特徵與風格，此即所謂的形態之異；但以上七大文化亦標示彼此之間確有類似的發展階段、歷程，以及最後大一統之出現、崩潰、沒落共同之處，此即所謂的形態之同。因此，僅置中、西兩文化於一個視景(perspective)之下，本已是加深洞悉中、西文化特徵及其同異的最有效方法。遍觀二十世紀治史或論史對象最"大"的史家，施本格勒外，如英國的湯因比，德國提出古代哲學"軸心"時期的雅斯波斯(Karl Jaspers)，中國之雷海宗，美國與我同僚及學術關係久而且深的麥克尼爾(William Hardy McNeill)等位實際上無一不預覺到世界之進入"大一統"局面，無一敢深信這行將一統世界的大帝國(及其盟屬)能有最低必要的智慧、正義、不自私、精神、理想和長期控御無情高科技的力量而不為高科技力量所控御。今後全球規模大一統帝國繼續發展演化下去，是否能避免以往各大文化的最後沒落與崩潰，正是關係全人類命運不能預卜的最大問題。治中國通史不能僅憑傳統經史的訓練，必須具有近現代世界眼光是無可否認的事實。

回憶清華和聯大的歲月，我最受益於雷師的是他想法之"大"，了解傳統中國文化消極面之"深"(如"無兵的文化"及其派生的種種不良徵象）。當時我對國史知識不足，但已能體會出雷師"深"的背後有血有淚，因為只有真正愛國的史家才不吝列陳傳統文化中的種種弱點，以試求解答何以會造成千年以上的"積弱"局面，何以堂堂華夏世界竟會屢度部分地或全部地被"蠻"族所征服，近代更受西方及日本欺淩。

*　　*　　*

五十年代中期，"百花"之後，"反右"期間雷師成為國內學術界被批判的最主要對象之一，因為其他學人幾乎不可能有雷師的膽識，公開聲言共產及社會主義世界裏的社會科學，自從1895年恩格斯死後，陷入長期停滯。雷師所受精神打擊之外，物資生活亦陷入困境，工資立即減到半數以下，每月僅領人民幣150元（多年後由雷師母信中得悉）。直到1959年冬我的《中國人口研究，1368-1953》由哈佛出版之後，我才於次年春把此書及早已在《美國人類學家》列為首篇的"美洲作物傳華考"（1955年4月號）、1954年七月刊於《哈佛亞洲學報》的"十八世紀兩淮鹽商與商業資本"及《經濟史學報》（英國劍橋，1956年12月號）裏的"中國歷史上的早熟稻"等單行本一併寄呈雷師，聊充舊日弟子海外初步作業報告。

兩年半後我終於接到雷師的回信。茲將原信全文抄錄如下：

炳棣：

首先我必須說：I owe you a thousand apologies，因為我早就應該與你回信。你寄給我的幾封信，你在1959年年底寄給我的你那一本精心之作*Studies on the Population of China*和幾篇論文，我都已收到；你叫我轉交的幾篇論文，我也都一併交南開大學圖書館。讀了你那本書和論文之後，感到極為興奮。最近又收到你本年八月十一日的信和所附的各種學術刊物對你的作品的異口同聲的稱讚評語摘要，我真是無法形容內心所感到的欣悅和讚歎。你仍在盛年，我深信你今後在學術上所要作出的成績，一定還要越過你已經有的極不平凡的成績。我希望，我最少還有機會能看到你今後一部分的成績：我眼前正在急切盼望早日讀到你那本關於social mobility的新書。

我過去四年，一直在病中，大部分的時間不能工作；因體弱神衰，朋友間的信息往來也都斷絕。我過去曾經屢次提筆，想要給你寫信，每次都是提起就又擱置，沒有能力寫下去，以致勞你在萬里之外長期惦念，每一憶及，內疚至深。最近一年，雖未完全康復，我已又開始任課；因仍在病中，領導方面對我特別關注，叫我只擔任一門課，以免勞累。課為新課，即"外國史學史"，主要是講西方過去兩三千年的史學發展情況。我極力希望，病能早日好轉，以後可以多擔任些工作。

我知道你將要擔任芝加哥大學歷史系的中國史教授，非常欣慰，你今後必能更順利地從事教學工作和學術研究工作。芝加哥市內似乎有一個專門收藏中國圖書資料的圖書館，對你從事經常性的研究，可能有幫助；當然，為特別專門的研究，恐怕仍需借助於東部的幾個大圖書館。

我的病不好不壞，請勿多念。當局對我照顧周到，每次到醫院就診，都有青年同事陪伴，扶我上車下車。內子雖已年逾花甲，大致尚屬健康。她叫我向你、向景洛多多致候，並告訴你們的兩個孩子，說萬里之外有一位老太太常常想到他們。小女現於北京大學西語系任講師；她已自有家庭，也已有一子一女；她工作較忙，不能多來天津，所以經常只是我與內子兩人相依度日。

你寫信給我，談你在國外的工作和情況，用英文比較方便，今後儘管仍用英文。我給你寫信，瑣瑣碎碎地談我的情況，用中文較為便利。

此祝

闔府安好。

海宗

1962.9.15

Department of History
Nankai University
Tientsin, China
September 15, 1961

炳棣：

首先我必須說：I owe you a thousand apologies，因為我早就應該与你回信。你寄給我的幾封信，你在1959年年底寄給我的你那一本精心之作 Studies on the Population of China 和幾篇論文，我都已收到；你以后再轉交的幾篇論文，我也都已送交南開大學圖書館。讀你那本書和論文之後，感到極為興奮。最近又收到你本年八月十一日的信和所附的各種學術刊物對你的作品的異口同聲的稱贊評論摘要，我真是無法形容我所感到的欣悅和讚嘆。你仍在盛年，我深信你今後在學術上所要作出的成績，一定還要超過你已經有的極不平凡的成績。我希望，我最少還有機會看到你今後一部分的成績；我眼前正在急切盼望早日讀到你那本關于 social mobility 的新書。

我過去四年，一直在病中，大部分的時間不能從事工作，因体弱神衰，朋友間的信息往來也都斷絕。我過去曾經屢次提筆，想要給你寫信，每次都是提起就擱置，沒有能力寫下去，以致勞你在萬里之外長期惦念，每一憶及，內疚至深。最近一年，雖未完全康復，我已又開始任課；因仍在病中，領導方面對我特別關注，叫我只担任一門課，以免勞累。課為新課，即外國史學史，主要是講西方過去兩三千年的史學發展情況。我極力希望病能早日好轉，以後可以多担任些工作。

我知道你將要担任芝加哥大學歷史学系的中國史教授，非常欣慰，你今後必能更順利地從事教学工作和学術研究工作。芝加哥市內似乎有一个專門收藏中國图書資料的图書館，對你從事經常性的研究，可能有帮助；當然，有時對專門的研究，恐怕仍需借助于東部的几个大图書館。

我的病不好不壞，請勿多念。當局對我照顧周到，每次到医院就診，都有青年同事陪伴，扶我上車下車。內子雖已年逾花甲，大致尚屬健康；她叫我向你、景洛多多致候，並告訴你們的兩个孩子，說萬里之外有一位老太太常常想到他們。小女現于北京大學西語系任講師；她已自有家庭，也已有一兒一女；她工作較忙，不能多來天津，所以經常只是我与內子兩人相依度日。

你寫信給我，談你在國外的工作和情况，用英文比較方便，今後儘管仍用英文。我給你寫信瑣瑣碎碎地談我的情况，用中文較為便利。

此祝

闔府安好。

海宗 1962.9.15

雷海宗致作者原信

世事往往有偶合。我遲遲於1962年聖誕前一日下午才收到十本我的新著《明清社會史論 (*The Ladder of Success in Imperial China: Aspects of Social Mobility, 1368-1911*)》(哥倫比亞大學出版社，1962)。半個多月後接到天津雷師母的信，才知道雷師已於1962年聖誕日歸道山。按時差推算，當我忐忑疾越山坡將此書付郵之際或正當大洋西岸雷師彌留之時。

為冥冥紀念雷師，當1965年芝加哥當局決定為我設一講座之時，我建議 James Westfall Thompson (芝大已故中古史名家) 這一稱謂，因為Thompson是雷師當年 (1922-27) 最重要的老師。

師恩難報。我有生之年尚有一件心願，能否親觀其成雖不可知，然當努力為之。將近三十年前應香港中文大學創校校長李卓敏先生之約，曾特撰"周初年代平議"一文以恭預《香港中文大學學報》(1973，No.1) 創刊之慶。此文二十五年後重刊於北京師範大學國學研究所編《武王克商之年研究》(《夏商周斷代工程叢書》，1997年)。拙文主要結論之一是：

> 近代學人之中，雷海宗先生早在1931年就以《史記·魯世家》、《左傳》、《孟子》等資料證明《竹書紀年》1027 B. C.之說之可信。遲至1945年，瑞典漢學名家高本漢 (Bernhard Karlgren) 教授，在一篇論商代某類武器和工具長文裏，才放棄了劉歆1122 B. C.之說，發表了與雷文幾乎方法全同的對西周年代的看法。雷文在中國、在海外都甚少人知，而高文在西方影響甚大，一般稱《紀年》武王伐紂之年為"高本漢的年代"。如果今後1027 B. C.在東亞、在西方被普遍接受為絕對年代，從學術公道的立場，我們有義務稱之為"雷海宗的年代"。

可憾的是，迄今不是像南開大學雷門弟子王敦書教授所說，雷師這一極端重要的年代考證已"得到當時著名史學家洪煨蓮和瑞典漢學家高本漢的重視與贊同"。洪先生僅在他轟動西方漢學界的《春秋經傳引得序》(1937)的一個底註裏(重刊於《洪業論學集》，北京：中華書局，1981，頁267，註5)，指出按照《古本竹書紀年》"則武王滅殷當在前公曆1027"。高本漢根本無一字解釋何以最後放棄一向接受的劉歆年代1122 B.C.，而突然採用古本《紀年》1027 B. C.之説(Bernhard Karlgren, "Some Weapons and Tools of the Yin Dynasty", *Bulletin of the Museum of Far Eastern Antiquities*， No.17 ，1945， pp. 101-144，特別是pp. 116-120)。即使台灣中研院史語所老友勞榦(貞一)先生兩年前神志尚清時，雖在電話中什九同意我的看法——古本《紀年》西周積年之重要，《尚書 · 武成》篇紀日根本無法利用——仍是以1027 B. C.歸功於西方漢學家，而不公開承認雷師是近代1027 B. C.説之首位肯定者。

真理所在，必須嚴肅論辯。雷師國史宏觀諸論固已不朽；我仍須就純粹史學方法，參照近年國內夏商周斷代工程所積累的多學科資料，進一步努力，冀能為雷師贏得更大的不朽。

註 釋

① 雷海宗，《中國文化與中國的兵》(長沙：商務印書館，1940；香港：龍門書店，1968影印本)，頁125-126。

② 翁同文先生生前面贈打字未刊的"西方學者的'文明異同比較研究'評述"，頁13。

③ 翁同文先生1962年四月七日自巴黎致我信中語。

【第八章】

兩年徬徨：光華與燕京

早在1935年清華已開始做南遷長沙的準備。七．七抗戰揭幕之後，個人的讀書應試計劃雖成泡影，當然還是只有跟着母校走。所以自北平到天津與父母及兩妹短聚數日即行告別，搭太古洋行的順天號客輪赴煙台，渤海中遇颱風。翌晨船入港時，級友林從敏即開了自家洋行的小船來接我、黃明信和梁瑞麒三人至他府上做客。承林府款待十天左右，大家決定去長沙等候聯合大學開課。過濟南時，韓復榘的省政府竟發給我們流亡大學生每週每人二元五角的生活費。在國難生活一切從儉的口號下，我只故犯了一次"清規"：偷偷獨跑到沂州小館吃了一碗片湯和紅燒一條斤半重真正的黃河活鯉魚，因深知這種品嚐全國馳名的地方美味的機緣是非常難得的。我和他們幾位在徐州分手，原因是我必須先去杭州探望邵景洛，試勸她和她姊妹們也做內遷準備。由於"八．一三"淞滬戰爭爆發，我不得不大繞其道，自南京乘江輪至九江，自南昌搭浙贛路火車至祖鄉金華小住幾日再北上杭州。獲知景洛一家老少六口計劃一時難定之後，只好怏怏一人去上海，再圖西轉長沙。

不期抵滬之後，德奎迅即代我向光華大學繳了學費，一切生活費用由他承當，兩學期後我可拿清華文憑。他熱情地希望我能在光華借讀期間繼續準備將來的留學考試，練習英文寫作。光華的師資和圖書其實相當不錯。文學院院長錢基博、歷史系呂思勉等位都是著名學者，教西洋史的耿淡如是翻譯名家，政治系也還有一兩位好教授。外語系張歆海先生英文演講之流暢，遣詞造句之典雅，令我十分敬佩，我時常旁聽他的課。但是，由於環境和學風的不同，更由於個人感到前途茫茫，實在無法安心讀書。十月間得悉邵景洛全家已搬回紹興陶堰老家，我更感忐忑不安，因為東南戰局如何擴展很難預料。十二月初我搭輪船去寧波，經慈溪、餘姚、上虞，渡曹娥，至陶堰，勸她父親邵文鎔(銘之，1877-1942，早歲在北海道札幌工專習鐵路工程，曾任滬杭甬鐵路工程師，後在蘇北東台經營棉業，與魯迅為生死不渝之交) 先生最好全家先搬到上海租界，然後再做長期打算。果然此行不虛，開年景洛全家都遷到上海，住霞飛坊，成為魯迅夫人許廣平和周建人先生的近鄰。1938年春季景洛在暨南大學借讀，1939年初完成了清華文學士的學位，比我學位的完成僅遲了一個學期。

就學習而言，1937年秋至1938年夏這一整年是恍恍惚惚度過的。只精讀了英國十九世紀中葉天才政論家白芝浩 (Walter Bagehot，1826-77) 的《英國憲法》和崔維林 (G. M. Trevelyan) 的《英國史》各主要分期的序論。英文寫作可能有些微的進步。這一年主要的收穫是鞏固了我與邵景洛之間的愛情。

就在1938年的八月，仍在北平的燕京大學以哈佛燕京社500元優厚的獎學金在北平及上海 (或尚有他處) 招考研究院學生。我被錄取，九月北上報到，為歷史系研究生。回想起來，足以自豪的是我們這班歷史系研究生只有三人，王鍾翰和王伊同是燕京本科畢業的，成績優異，不必經過考試直升入研究院的。前者目前是一般公認的清史名家，長於滿文的中國民族史權威。後者是江陰才子，駢文典雅，同輩學人罕有其匹。後在美國他曾面告四十年代後半在哈佛東亞語文系博士論文口試時，日本史資深教授而又與費正清合撰東亞史的雷曉爾 (Edwin Reischauer，1910-90) 不時作筆記，足見哈佛教授中國史知識有限。王伊同任教於皮茲堡大學二十餘年，不知何以久久未有鴻文問世，殊為可惜。我們三人都以鄧之誠 (文如) 先生為導師，鍾翰學長與我修清史，伊同學長

邵景洛（1938春，上海）

作者（1937秋，上海）

修魏晉南北朝史。主要的工作是各自去摸索史料再選研究專題。洪業(煨蓮，1893-1980)先生主持哈佛燕京社引得編纂的大工作，已出版的幾種引得引起舉世漢學界的重視。引得編纂所收容了不少專才，間接地增強了歷史系的教研資源。最重要實例之一是美國哈佛柯睿格(Edward Kracke，後執教於芝加哥大學)，他在1936-40年訪問燕京研究宋史的"真正"的導師，是引得處的聶崇歧學長。洪先生所開之課，據記憶所及是初、高級的史學方法和遠東近代史。研究生不必上方法的課，有專門問題時可與洪師討論研究。我只曾旁聽過遠東史的幾個演講，注重故事與趣味，如乾隆末年1793年英國特使馬戛爾尼(Lord Macartney)是否始終未向乾隆下跪等等，英文流利，笑話連篇，引起全班(尤其女生)興趣，但內容多無關宏旨，與蔣廷黻師嚴肅的《近代中國外交史資料輯要》適成對比。

由於燕京圖書遠較光華為富，我恢復了清華自修西史長期準備留學考試的習慣。不但儘量利用燕京的西文藏書，並不時進城去北池子一個小型精緻、外交史書籍及檔案收藏可觀的圖書館。案：三十年代在社會科學方面我國唯一具有國際學術水平的英文期刊是《中國社會及政治科學學報 (*The Chinese Social and Political Science Review*)》，北池子這所圖書館就是這個學會的會員教授們所主辦的。據主持該館的陳先生講，當時對此館最熱心的是蔣廷黻先生。就我記憶所及，三十年代該學報中不時有蔣先生精選、噶邦福先生英譯的帝俄《赤檔》文件，以備不懂俄文的外交史家參考。雷海宗先生在清華已經發表的"皇帝制度之成立"，也在該學報另以英文發表。我特別記得丁文江先生一篇批駁法國漢學、社會學家葛蘭言 (Marcel Granet) 的"中國古代舞蹈與傳說"中所描述的，鬱鬱葱葱、池沼密佈的黃土高原與平原。黃土高原是在長期半乾旱的狀況下累成的，一般而言樹林僅生長於較低近水處和山坡上。這篇極重要的書評影響我日後研究中國農業的起源甚為深巨。1938-39這一學年，我利用燕京和北池子圖書館的藏書，對歐洲戰前外交史及近代國際關係方面已具有比清華期間更堅實的基礎。

正因為恢復自修西史，對清代史料幾乎完全忽略。學年結束之前有中、西史初步綜考 (comprehensive) 的考試。西洋史方面由齊思和先生出題，我們三人都通過，王伊同和我成績相等，王鍾翰兄略低。國史皆由鄧文如先生出題，題目因人而異。二王皆高分通過。我的考題全部皆有關清代史料，尤其是要較系統地說出清三通編纂的經過；問題之較專狹者，甚至僅涉及某晚清學人的筆記。我幾乎完全無法作答，久久不能動筆。鄧先生對有些知名學者甚為嚴厲，而為人實際上非常慈藹。他好像比我還難為情，對我用極溫厚的西南官話說："隨便寫一點。"我仍是交了白卷。一週後他另出了些明清史實制度方面的題目，如明代內閣和宦官，清代康、雍、乾之治等等，我總算過了關，但自覺赧然，非另作他計不可了。

1938年秋冬之間我利用中、英、美的外交和傳記資料撰就"英國與門戶開放政策的起源"，刊於1938年度的燕京《史學年報》。當時外交史是國際上最熱門最擁擠的領域之一，拙文觀點和分析能略有新(決不敢云"創")見，至少堪充外交史上一個有用的底註，這是六十多年後回想起來還不臉紅的。1952年夏在哥倫比亞大學重晤羅孝超學長時，他堅持要請我吃飯，提醒我他1939年的燕京政治系碩士論文"張伯倫(Joseph Chamberlain，1830-1914)的外交政策"的序論章是我代撰的(因他那時忙於網球比賽)。

1939年春夏間，我曾與哈燕社趙豐田學長幾度談論晚清人物和史料。他首先問我對清季外交人才的看法。我告他翻檢中西史料的過程中，發現甲午、戊戌(1894-98)之間，總理衙門大臣之中真正了解國際情勢、真心倡議維新，最受光緒信任的是南海張蔭桓(1838-1900)。張之所以引起我的注意是，帝俄財相維特伯爵(Count Witte)流亡期間所述的回憶裏提到，旅大交涉時他曾令北京俄使向李鴻章和張蔭桓行賄；而《赤檔》中卻只講李受賄、張堅拒受賄。張反對李的親俄政策，主張聯英以制俄，理由是英國志在推廣商利，而俄則志在鯨吞我國的東北。百日維新失敗之後，賴英使援救，張未與六君子同時受戮，流戍新疆；但拳亂發生，卒為后黨所害。我覺得這位國內毀多於譽，而受到西方外交家一致讚揚的悲劇人物值得進一步研究。趙學長深以為然，並告我北平圖書館有抄本《驛舍探幽錄》言及張流戍經過。我第二篇"習作"論文"張蔭桓事跡"之刊於《清華學報》第十三卷第一號(1940)是受趙學長鼓勵的結果。另篇受益於趙學長啟示的"習作"論文是"翁同龢與戊戌百日維新"(英文)，刊於*Far Eastern Quarterly*(不久即改名為*The Journal of Asian Studies*)，1951年2月號。

"張蔭桓事跡"和"英國與門戶開放政策的起源"，對我報考第六屆清華留美公費考試(1943年八月下旬)的成功不無小補。因為留美考試除語文及五門專課外，還有一項"服務研究成績"，佔全部分數的百分之五。這一項我之得到滿分，無疑是靠燕京這一年已刊及待撰的兩篇論文。雖然報考時還另繳有“意大利統一的思想背景”，主要根據意大利建國三傑之一，馬志尼(Giuseppe Mazzini，1805-72)英譯文集(刊於《清華月刊》，1937年第1號)，但此文原係二年級時歐洲十九世紀史半研究性的讀書報告，事實上是最初步的論文習作。

1939年夏燕京歷史系雖不停止我的哈佛燕京社獎金，我已自覺難以久留。正巧劉崇鋐師暑假自昆來平探望師母，問我是否有意回母校任助教。這正是我求之不得的機會，所以八月下旬即赴上海，經香港、海防、滇越路去昆明了。更堪告慰的是景洛已決定和四妹景渭，連同杭高老同學數人秋間同赴昆明。

自課業觀點看，燕京研究院的一年成績遠遠不能令人滿意，但課外與洪煨蓮、鄧文如、齊思和系中三師，以及政治系主任吳其玉博士多度談話，都增廣見識，獲益匪淺。由於教授並不終日坐守辦公室，研究生可趨教授寓所就教，不時且承留飯。可憾的是，當時個人沒有足夠的知識和意願去了解洪師“禮記引得序”、“春秋經傳引得序”等篇考據之犀利周至，以及鄧師對歷代典制之博洽精深。從觀點、方法、論斷上我獲益最多的，是與齊思和師幾度對中、西封建制度的比較，因為這是齊先生哈佛博士論文的題目。據說國內自1949年迄今半世紀內對“封建”有五種不同的看法和主張，我相信最合理、最正確的是齊先生的看法，大體上也是國內西史大師雷海宗和吳于廑們的看法。

1938-39年在燕京與清華借讀同學輩中，如陳國慶、姚念慶、程明洲、南開中學的林鏡東、“小弟弟”黃宗江等人相處的歡洽，也是一生難忘的。

謹以生平難度最高的一篇論文——“司馬談、遷與老子年代”——獻給近年復刊的《燕京學報》，聊表對當年未名湖畔師友的懷念，並以匡早歲史識與考據能力之不逮。

【第九章】

西南聯大(上)

I. 留美初試失敗

我於1939年九月底抵昆明，任清華歷史系助教，主要工作是教西南聯大先修班的西洋通史(1939-40年以後先修班取消)。外界不知，世界大戰在歐洲爆發後僅兩月，清華校務會已接教育部命令籌辦第五屆清華庚款留美考試。雙方一再磋商後決定了二十二科門。文法方面只有工商管理和經濟史。除醫學(外科)、製藥學、農學、紡織外，其餘十六門盡屬工程。考試日期定為1940年八月下旬，考試地點定為重慶、昆明、香港。

除黨義(不計分)、國文、英文外，每門要考五個專門科目。經濟史門的五科目是：經濟思想史、經濟史、經濟學原理、西洋通史和經濟地理。五科目中我僅僅讀過西洋通史。經濟史和經濟地理不難準備，而苦在本科時未曾選習經濟學原理，遑論經濟思想史。當時西文圖書相當缺乏，幸而聯大經濟系名教授伍啟元學長自英國帶回不少經濟名著，供我自由借閱。伍學長是滬江大學畢業後入清華研究院，第二屆中英庚款公費生，倫敦大學政治經濟學院博士，其博士論文《國際價格史綱》回國前已在倫敦大學出版；此種成就當時留學生中甚為罕見。我本科時一向弱於理論，1940年春夏經濟學原理與經濟思想史多種專著雙管齊下，互相補益、反覆消化。數週之後特向陳岱孫先生請教。陳師說經濟學原理以純理論部分(供、求、價格)最能鑒別考生高下，建議我進一步精讀Alfred Marshall 較深的《經濟學原理》中的若干章。

八月下旬考試，使我最震驚的是經濟學原理三個試題無一涉及供、求、價值原理，其一是關於歐戰末期及戰後俄國盧布和德國馬克貶值的歷史。這類題目我幾乎一個字也答不出來。至今此科目之命題者仍不清楚，只聽說他是中央大學教授。其他科目答案差強人意，但自知經濟學原理是全軍覆滅了。考試結果1941年三月十五日公佈，經濟史的勝利者是東吳大學畢業、南開經濟研究所研究生吳保安(後改名吳于廑)。一兩日後清華註冊主任朱蔭章先生對我說："這次可惜極啦，事實上你考得很不錯，尤其是英文分數是全榜(考中與不中)最高的，87分，但經濟學原理只得了17分。就這樣，總平均還是72分，這是歷屆留美考試從未有的現象。歷屆錄取者最低的總平均是48分。這真太可惜了。朱先生順便告訴我，吳保安82分多的總平均是歷屆最高的。又告訴我經濟思想史我得了85分，是北大趙迺摶先生命題，西洋通史得94分，是錢端升先生出題，經濟地理得80分，是中央大學胡煥庸先生出的題。

這次考試失敗給我最大的安慰是：強度自修經濟學原理和經濟思想史之後，自覺以後不會太怕理論性的科目了，對西方抽象而又系統思維的了解能力比以前大大增強了；將來歷史研究攻堅有需理論之處，應有獲取最低必要知識的能力。同時我對自己也做一警告：這次英文成績全榜最高，決不能因此而翹尾巴，因我深信與考者中必有英文勝我之人。吳保安國文得90分(想係全榜最高者)，而西洋史以英文答卷竟得95分，比我多一分，足徵他的英文也是非常好的。我平心靜氣地反思，何以我英文得87分，較吳多12分的可能原因。按：英文與其他科目一樣時限是三小時，分三部，漢譯英、英譯漢、作文。作文英文題目的措詞已記不清，意思相當於"論學以致用"。猜想中我之所以能得高分，什九可能是因我膽敢大作反面文章，力駁(當然避免過激語氣)當時國民政府教育政策的短視與功利，只知注重理工，尤其是工程。我的作文相當長，主要是以19世紀德意志和意大利統一為例，說明其成功大都有賴德、意兩民族的精神復興運動，並舉了些可歌可泣的人物與史實。因此，為了民族復興，文、史、哲之為"用"較理工有過而無不及。閱卷人既必係人文學者，我的論調可能正合他的心理。事實上，從這次考試我自覺英文是無止境的，我更應該繼續自修以求增強英文思維和寫作能力。不過這次英文考試的結果，少數聯大同仁也有所聞。1986年秋重訪昆明時，雲南大學歷史系砥柱李埏(幼舟)教授對我談到一項回憶："當年丁則良曾對我說，留學考試並不怕何炳棣，就是怕他的英文。"我聽了大笑，馬上對李說："這是我當時不知道的，他應該知道我何嘗不怕他，特別是他中文下筆萬言！事實上他學語文的能力比我強得多。"此事雖小，卻反映當時聯大教員、助教、研究生之間彼此相敬相"畏"，友誼競爭並存不悖，大的趨向總是互相砥礪力爭上游。

* * *

我多年後不斷反思，深覺1940年初次留美考試失敗真是"塞翁失馬，焉知非福"。我如果那年考取，二次大戰結束後我應早已完成博士學位，一定盡快回國了。以我學生時期的政治立場，加上我個性及應付人事方面的缺陷，即使能度過"百花"、"反右"，亦難逃文革期間的折磨與清算。1980年冬，中國社會科學院近代史研究所所長劉大年教授請我開一海外華裔史家名單，以備該所邀請參加次年"辛亥革命七十週年紀念國際學術研討會"。我們於十月一日國慶前完成北京節目後即到武漢參加正式的研討會。事先該會為我在武漢大學安排了一個晚會，以便與吳于廑、唐長孺、姚薇元諸位名史家會話。這是我與吳僅有的一次晤談。當我與這位清秀儒雅的學者握手時，不由脫口即說："保安兄，我是你手下敗將，可是你救了我的命！"他茫然大窘，等我解說後他才明白。當晚與幾位武漢史家談話甚有收穫，特別是事先已知吳先生在聯大時曾聽過雷海宗師的中國通史，解放後與雷師也有聯繫，對世界史的看法與雷師及丁則良等也大致符合。這是國內世界史基本教學上的大幸，因為主持者全是精通西洋史的學者。

II.“盡人事”

第五屆清華留美公費生考試結果正式公佈不久，清華評議會就於1941年四月十日公佈了第六屆留美公費生考試的“初擬”科目。“初擬”二字是我半世紀後反思而加的。當時我們非常興奮，因為人文社科方面科門比往屆都多了不少，計有：英文(文字學)、西洋史(注重十六、十七、十八世紀史)、哲學(注重西洋哲學史)、人口問題、政治制度、刑法學、會計學和工業經濟等八個科門。

近年讀到《清華大學史料選編》冊3(上)，頁320，才發現早在1940年一月九日，在向教育部提出第五屆留美公費生考試科門時，清華評議會在梅校長領導下已做出以下的決議：“下屆(指第六屆)招考留美公費生時，應將植物形態學、語言學、人口問題暨文法方面科目特予注意。”這項決議反映梅校長及評議會一向在響應教育部“提倡理工”的同時，無時不在極力暗中設法發展文法。因為清華精神之可貴正在它一向對通識教育的重視。

清華放出招考第六屆留美公費生的可喜消息之後，很多聯大三校文、史、哲、社會、政治、經濟方面的教員助教、研究生和剛剛畢業的優秀學生馬上就開始用功全力準備了。不料不到一個月，消息已自教育部傳到聯大，丁則良首先聽到，隨即對我說教育部已把文法方面科門大加砍除，西洋史確實已被取消了。在極度懊喪之中，我沒有完全喪失冷靜：正如清華考試委員會所擬科門必須經教育部批准，教育部改擬的科目似乎也必須經行政院例會通過。在漫長失眠之夜反覆慎重考慮之後，次晨等景洛出去辦公的時刻，我給蔣廷黻師寫信，報告西洋史科門日前被教育部撤掉，下屆行政院例會之中蔣師如據理力爭，西史科門搶救成功

准考證

留美滇字第0114號考生何炳棣業經審查合格准予應考第五屆留美公費生 門此證

日期：中華民國廿九年八月拾

國立清華大學留美公費生考試委員

發給

注意背面

作者，1940年第五屆清華留美報考證。

可望，於公於私似皆無不當。蔣先生那時是行政院政務處長，當然不會回我信的。可是不到一個月，大約是六月間，清華正式公佈業經教育部審核批准的科目之中，首門即是西洋史(注重十六、十七、十八世紀史)。此外清華原擬的人文社科八科目中，“人口問題”改為“社會學”(注重社會保險)，“會計學”保留，另加“師範教育”一門，其餘如“英文(文字學)”、“哲學(注重西洋哲學史)”、“政治制度”、“刑法學”、“工業經濟”等五門都被砍除。西洋史報載證實之後，我才對景洛一人說，如果這次我考取，十九應歸功於“盡人事、聽天命”的華夏古訓。

III. 再“盡人事”

1941年初夏西洋史這一科門既經行政院月會予以保留，聯大歷史方面如本人、丁則良、北大宋澤生，研究生中如清華級友歐陽琛等當然立即重整旗鼓，全力準備考試了。由於自孩提起我心靈深處即由外祖母和父親灌輸了華夏文化的“憂患意識”，所以年屆青壯一向都是一個多愁而並不善病者。這時考試科門雖經公佈，而每個科門所考的五個專門科目尚未決定，命題者亦待延聘。我臆測西洋史方面可能有兩個科目：西洋通史和一個注重近古(十六、十七、十八世紀)的大斷代史，西史一切有客觀標準，事先不必作杞人之憂。可能有一門世界地理，亦無大問題。國史方面最可憂者在中國通史，而且我的憂慮決不是完全沒有事實根據的。事緣兩年前(1939年春)在燕京為研究生時，一天下午陳槃來訪。他是清華歷史系七級學長，清宮太子太傅陳寶琛之孫，清華法學院院長陳岱孫先生的堂弟，字壬孫，書法秀勁頗類乃祖，古文根基在同學輩中亦較深厚。他又是邵循正的妹夫。其近作“戊戌政變時反變法人物之政治思想”，已被接受，即將刊於《燕京學報》第25期，1939年6月號。陳槃面容戚戚，對我說：“炳棣，對不起今天要你破費請我吃晚飯，讓我喝幾杯悶酒，因中英庚款考試揭曉，我沒考取。”隨即告我中國通史命題之“奇”為其致敗主因。命題者事後知道是陳寅恪師。通史三題為(措辭不失原意義)：(1)評估近人對中國上古史研究之成績。(2)評估近人對中國近代史研究之成績。(3)解釋下列名詞：白直；白籍；白賊。

乍看之下，第一、二題至公至允，毫無可非。但事實上當時全國資望之可為中國通史命題者除陳師外，有傅斯年、柳貽徵、錢穆、鄧之誠、雷海宗、繆鳳林、呂思勉等七、八家之多。由於命題人學術修養和觀點之不同，同一答卷結果可能有數十分的差距。至於魏晉南北朝隋唐六七百年間政治、軍事、民族、社會、經濟、宗教、哲學等方面之犖犖大端，陳師試題幾全未涉及，僅以至奇至俏之“三白”①衡量試子的高下，甚至影響他們的前程和命運②，其偏頗失衡實極明顯。正在思慮中國通史可能命題人選的一兩天內，在文林街上遇見陳岱孫先生，即以陳槃的不幸經驗面告。岱孫先生叫我幾天之內上書清華評議會，請求慎選中國通史命題人。大約半月之內清華註冊課正式公佈所有22門的專門科目，西洋史（注重十六、十七、十八世紀史）門所考五項專門科目是：1.西洋通史；2.西洋近代史；3.明清史；4.史學方法；5.世界地理。以明清史代替了中國通史完全出我意料，但三思之後覺得非常合理，心中一大隱憂總算解除了。

但史學方法這一科目引起丁則良和我的新憂慮，事緣姚從吾先生多年在北大講授史學方法，以德國伯倫漢 (Ernst Bernheim) 的《歷史學方法教科書》為藍本，內容遠較法國朗格諾瓦、瑟諾博 (Ch. V. Langlois and Ch. Seignobos) 合著的《史學序論》為翔實。丁則良聰明絕頂，沒幾天就笑着對我説，他不過向姚先生請教如何準備此一科目，而姚竟立即講出不應講的實話：清華考試委員會確曾請他為史學方法科目的命題人，但他馬上辭掉了，理由有二：一、他本人英文有欠精通；二、他建議清華考試委員會應改聘我國史學造詣至高、方法至通的大學者。他並且對丁説，誰是史學宗師是盡人皆知的，不必道出他的大名。幾天後姚先生對我也説了同樣的話。因此，丁和我都相信史學方法的命題人定是陳寅恪師無疑了。當時我心中在想，陳寅恪師命題是無法猜中的；但這樣也好，因為這門就不需要多準備，要靠平日所讀所見所領悟的第一流考證文章。至於所謂的“純方法”方面，如版本、校讎、史料評價等一般原則，在陳師眼裏都極淺顯，不會受到他的重視。即使他題中涉及這方面，我從第十一版《大英百科全書》相關幾篇專文的卡片摘錄似較章學誠《文史通義》、《校讎通義》以及近人幾種目錄學、偽書考諸書所論要更周翔、系統、科學。再則答卷時多以陳師考證結果為例總不致有大偏差。無論是何科目，陳師命題總有一定比例的“不可知數”，但史學方法的“不可知數”總比中國通史要少得多。

五項專門科目之中竟無中國通史，而有明清史，是我意想不到的，似乎可認為是我"再盡人事"的報酬。

IV. 否不單臨

1940年夏準備第五屆留美公費生考試期間已接到天津二妹蓮生的信，知道大妹又星(1919-40)已因肺病逝世。又星小我兩歲，自小學至天津河北女子師範畢業一直是校中首席"歌星"。她的夭逝無疑加速父親的衰老。留美初試失敗之後，一再"盡人事"準備東山再起之際，再接蓮妹的信，父親果然在1941年春夏之間去世了。事實上我幾月前胃部即感不適，十餘年後在加拿大才證實自少年時期(尤以南開中學初中二年級時1929-30年)即患十二指腸潰瘍；1933年第一次考清華照X光時發現左肺左下角曾經傳染，幸而不知不覺之中已經鈣化。回想起來，"舊中國"的公共衛生、體格檢查等等實在太落伍了，只有"適者"才能生存。無可奈何之中，只好繼續準備考試。珍珠港事件打破了沉悶，清華校務會議終於1941年十二月二十六日正式議決第六屆留美公費生考試延期舉辦。在這種情勢之下，連系主任雷海宗師也看不出我的前途，所以才不得不試問我是否有意暫去他校獨當一面講授西洋史。

各方面考慮之後，只有暫離昆明，先回故鄉金華料理父親遺產以期接濟天津母妹了。在淪陷區從事"經營"的十五個月(1942年二月底至1943年五月底返抵昆明)是個人生命史上最不堪回首、最失敗的篇章。最可歎的是明明從景洛一系列信中得悉，清華第六屆留美公費生考試初定於1943年三月舉辦、又延到同年五月舉辦，我是乾着急，自問決趕不上，因為預計五月上旬只能趕到重慶，恐怕連報名期限都要錯過，遑論考試。如期趕到重慶之後，住在兩路口中央社宿舍世交趙漢野兄(清華經濟系教授趙人儁之弟)處。恰巧葉企孫先生代理中央研究院總幹事，經常到兩路口辦公。我問他第六屆留美考試是否日內即要舉行。他說："你來得將好，由於四處（重慶、昆明、成都、桂林）招考，籌備來不及，考期已延至八月下旬。”喜出望外，但我也確有隱憂，不覺脱口：“可惜只有三個月不到的時間，無法好好地準備。”葉先生説：“這也難説，考試主要要靠平時的用功。”我終於五月中旬趕回春城昆明。

V. 東山再起

回到昆明並不能立即集中全力準備考試。過去的十五個月所受的精神打擊實在很大，又自知荒廢已久，兩個多月之內主要只能從事溫習反思的工作。終於在1943年八月十六日正式報名參加考試。考試是十天後八月二十五日星期四開始的，共考八門，為時四日。當時由於防日本空襲，上午一場7-10時，下午一場3-6時，每場三個小時。非常出我意料的是，頭一天頭一場黨義等候試場開門的時候，22科門百餘位試子之中獨獨不見丁則良。黨義完卷之後仍不見他的蹤跡。到晚上才得悉他因患病便血不能參加考試。我這才暗中忖度是否那隻“看不見的手（Invisible Hand）”正在安排凡世間人的命運，兩年多籠罩着心靈深處的陰霾似乎顯出了一線曙光。

准攷證

留美滇字第2025號考生何炳棣業經審查合格准予應考第六屆留美公費生

日期：中華民國卅二年八月十六日

作者，1943年第六屆清華留美報考證

這次考試，國、英文及兩門西洋史的試題都已不大記得了，因為答案平平無奇，遠遠不能令自己滿意。明清史五題都記得，但答得好的不過兩題，自以為得分也不會很高。世界地理因自初中即特別有興趣，答得還可以。最令我驚喜的是史學方法。我通常總是把全部考題過目之後立即動手逐題作答，因為人文科目必須爭分奪秒才能盡量言所欲言。可是這次我卻足足用了兩分鐘在忖度：如此內容合理、中西均衡的四大題目的命題人，決不可能是丁則良和我臆測中的陳寅恪師，十之八九會是雷海宗師。茲將記憶所及的四題內容列述如下：

第一題問：何謂“外證(external criticism)”，何謂“內證(internal criticism)”？試申述外證與內證的方法和原則。

第二題列出西洋史學中的三大名著，至今只記得三中之二：Henry Thomas Buckle (1821-62)的《英國文化史》和吉朋的《羅馬帝國衰亡史》。三部中任選一部加以評估。我從未讀過Buckle，但我可能是西洋史門真正精讀過吉朋巨著最初十幾章的唯一考生。吉朋全書最精彩的部分就在開頭的十幾章；尤其是頭三章綜合描述羅馬帝國全盛時期的版圖、軍事、政制、首都和地方的關係、民族政策、社會、經濟、文化、宗教信仰以及其他造成百數十年和平康樂的種種因素和現象。再則長逾三萬字的第十五章，詳述早期基督教屢受壓制而終能勝利成為國教的種種原因，也是全書精華所在。令我最滿意的是在我周詳的答案中，居然能把吉朋全書中最令舉世史家拍案叫絕的一句，一字不錯地全部默出：

> The various modes of worship, which prevailed in the Roman world, were all considered by the people, as equally true; by the philosopher, as equally false; and by the magistrate, as equally useful.
>
> 流行於羅馬帝國寰宇之內的各式各樣的〔宗教〕信仰〔和膜拜〕，一般人民看來，都是同樣靈驗；明哲之士看來，同樣荒誕；統治〔階級〕看來，同樣有用。

這句名言全部默出對閱卷人打分數的可能影響，似可從本人另一親身經驗中體會出來：六十年代末(確切年份已記不清)，芝加哥大學有一個神學院主辦的演講及討論，我隨興背誦吉朋這句名言以譏諷基督教胸襟之窄狹，並馬上藉此機會指出，吉朋之所以能寫出如此永恒至高理性之句，正是因為十八世紀西歐頂尖哲士深受古代中國人本主義哲人的影響。事實上吉朋的名句雖是以英文表達的，而其精神卻可認為是“中國的”，非西方基督教的。我這短短的發言竟引起校長畢都 (George W.Beadle，1958年諾貝爾獎金得主，生物學家) 和歷史系同仁布爾斯廷 (Daniel Boorstin，不久即榮任美國國會圖書館館長) 異口同聲的喝采。

史學方法第三試題是《左傳》、《史記》、《資治通鑑》任選其一，加以評估。

最後一題是《史通》、《文史通義》任選其一，加以評估。

我想天下後世都會同意，這門史學方法的試題真可謂是極公允之能事。四題涵蓋中西古今，重本棄末，從人人皆有所知的基本課題中，甄別答卷中所表現的知識的深淺和洞悉能力的強弱——與第六屆中英庚款考試陳寅恪師中國通史“三白”命題之偏頗，適成一有趣的對照。

1944年夏考試結果揭曉，我考取了。據清華註冊主任朱蔭章先生面告，我的總平均78.5分是全體22科門公費生中最高的。當然，理工科門與人文社科科門性質迥異，不可類比，但師友間仍不時照傳統習慣逗趣。回憶中最富戲劇情趣的是，六十年代我在香港初訪全漢昇兄的新公寓時，一開門，全夫人這位巾幗豪傑就嚇我一跳，大聲叫我“狀元哥”！如果今後有人研究二十世紀前半的新詞林掌故的話，歷屆清華留美考試的“狀元”，按總平均分數多少排列如下：第五屆經濟史門吳保安，82.8；第三屆戲劇門張駿祥82.24；第四屆英國文學門孫晉三78.86；第二屆考古門夏鼐和第六屆西洋史門何炳棣同得78.5。如以專門科目論，孫晉三的莎士比亞98分，第三屆概然邏輯門王憲鈞的數理邏輯97.4分和我第六屆史學方法的97分為最高。③

如果歷屆中美和中英庚款考試合併統計，總平均最高的要推中英第三屆的錢鍾書了——87.95分！二十世紀新登科錄中創下最

國立清華大學第六屆考選留美公費生揭曉布告

（甲）錄取名單：

西洋史—何炳棣，社會學—李志偉，
會計學—黎祿生，師範教育—樊星南，
醫學—黃昇，製藥學—王積濤，
造林學—吳中倫，農具製造—吳仲華，
數學—鍾開萊，物理學—楊振寧，
動物學—凌寧，植物病理學—方中達，
礦物學—張炳熺，氣象學—郭曉嵐，
道路工程—錢鍾毅，造船工程—張燮，
機械製造—白家祉，原動力工程—黃茂光，
電機工程—曹建猷，無線電學—洪朝生，
航空工程—沈申甫，化學工程—張建侯。
附註：農學與紡織二門因成績未符標準名額暫缺

（乙）注意事項：

（一）凡錄取各生應暫仍在原機關服務留待後信各生住址如有更改望即通知本校教務處

（二）未錄各生所繳證件除已由本校轉送中英庚款董事會者應另由該會發還外可憑證件收據領還如須郵遞望附足掛號郵費。

△二十一　1944年清華留美同學的一張榜。考試委員會是1943年成立的。

1944年初夏第六屆清華留美公費生錄取名單

（採自楊振寧《讀書教學四十年》）

高榮耀的是學兼中西、文才橫溢的錢鍾書，決不是偶然的。(請參閱本章的兩個附錄)

註釋

① "白直"有二義：一，南朝自劉宋起，以白直充儀仗，有時亦充侍衛軍士。二，北朝自北齊始，以白直充品官的力役。至唐代，凡州縣官員流外九品以上，皆給白直，以供役使。天寶(741-56)初全國白直總數達十萬以上，不久廢。"白籍"是東晉及南朝時，北方僑居江南地區的臨時戶籍，因以白紙書寫，故名白籍，以別於江南土著民戶之"黃籍"。白籍民戶可免稅，可免服役。"白賊"是南朝對身無官爵的庶民或白民造反者的誣稱。南齊485年唐寓之於富陽起事後，被稱為白賊。(以上摘自《中國歷史大辭典》，上海辭書出版社，2000，上，頁807-810)

② 陳鍪，中英庚款考試失敗後赴東北教書，不數年即病死。

③ 根據南京國民政府教育部舊檔，特別參閱王煥琛編著《留學教育——中國留學教育史料》(台北：國立編譯館，1980)，頁1888-1890。

【附錄1 留學考試的英文水平】

英文在近現代中國教育中地位之重要是勿庸贅述的。評估二十世紀前半中國英語教學的成就與不足卻是極其困難的，主要是由於沒有大規模多層次的調查和衡量尺度。研究傳統科舉尚有大量登科錄，進士三代履歷和不少私藏的硃卷可資憑藉，而三四十年代清華留美和中英庚款考試有關英文科目的試卷似已蕩然無存。我只能從現存彌足珍貴的中英庚款考試的相關資料做以下的分析和推論(這方面清華留美考試刊印的資料不如中英庚款的詳細有趣)。

我在回憶兩次留美考試的正文中，曾涉及一重要的軼事：歷屆中美和中英庚款考試總平均最高的是第三屆留英考試(1935)中錢鍾書的87.95！《中英庚款史料彙編》，中冊(中央研究院歷史語言研究所及台北國史館藏)並未明言此事，僅在頁268第四屆"英語學"門公費生賴寶勤(女)總分63.90之下，列出"上屆最高分數：87.95"。《彙編》並無第三屆各科門公費生名單及各科門各科目和總平均分數。我們只能知道錢鍾書就是第三屆英國語文門的勝利者。幸而第四屆資料中，在各公費生名下添出"上屆最高分數"一欄，我們才能肯定這個頂峯分數的榮譽應屬曠世通才錢鍾書。

《彙編》保留了第四(1936)、五(1937)、六(1938)及九(1946)屆的公費生簡歷和成績單。這四屆的成績單和歷屆考試規章說明了以下重要的史實。

(1) 中英庚款委員會自始即特別注重英文，並對英文最低錄取標準一再慎思。自始擬定的"考試成績計算法"是："普通科目"之中，"黨義"和國文共佔15%(前者3.75%，後者11.25%)，而"英文英語"一項獨佔25%；"專門科目"共佔50%，"著作"及"服務"佔10%。可見"英文英語"比任何科目分量都重。不久即因理工科門應試者對英語口試感到困難，中英庚款委員會才取消英語口試，只留"英文"筆試，仍佔總分的四分之一比重。為顧全理工考生，英文錄取標準(無論專門科目分數多麼高)必須在35分以上。我們發現如此低的英文錄取標準後來還是不能嚴格執行。即此一端，已足見英文之被重視和考試難度之高。

⑵ 根據現存的四屆成績單，各科門錄取的公費生內英文一項能得80分者甚少。偶遇獲得80分的往往是華僑或出身於特重英文的教會學校。例如第四屆英文得分最高的是“英語學”門的賴寶勤(71分)。賴的出身是：福建上杭“意大利嬰堂女中”和香港大學，畢業後留校“研究英語學及英國文學”。同屆西洋史門錄取的王繩祖，年31歲，出身金陵中學及金陵大學，是貝茲(Searle Bates)教授(哥倫比亞神學院、耶魯大學博士)的得意弟子，1929年已任該校歷史系講師。王的國文全榜最高(85分)，而英文只得55分(王是清華第六屆留美考試西洋近代史的命題人)。此榜中有未來的世界第一流的數學統計家，第一屆中央研究院院士許寶騄。許系出仁和(杭州)世家，英文得60分。數理方面知名者如張宗燧、周長寧和著名自然地理學家任美諤英文分別得60、48及57分。

第五屆全榜25人中，英文分數最高的是“普通語言學”門的袁家驊(77.8分)。清華本科時我最仰慕的高班同學之一、經濟系的徐毓楠，英文得65.3分。未來的中國科學院院長盧嘉錫英文得67.4分。著名心理人類學家，新近故去的許烺光英文得67.75分。

直到第六屆全榜20人中才再發現英文成績80分以上的：“法律(注重國際法)”門的王顯湘(82分)和“經濟(注重經濟史)”門的陳仲秀(81分)。王出身“鄞縣效實中學”及東吳大學法律學院，年33，已任“上海公明法律事務所律師”多年，經常與西人有業務關係。陳仲秀出自華僑之鄉廣東台山，上海聖約翰中學畢業後考入清華經濟系及研究院。乍看使人驚異的是獲得英文第三高分(78分)的“農業化學”門的鐵明，32歲，事實上他已經留學美國，在華盛頓及奧瑞崗州研究，獲得科學碩士學位。最引人深思的是此屆“歷史”門的勝利者謝志耘，出身於福州鶴齡英華中學、燕京大學、清華政治系研究生，年28歲，已任“上海路透社翻譯部主任”。

他的英文僅得63分；他的三門專門科目之一僅得30分——由於陳寅恪命題的中國通史，三題之一是解釋三個專詞："白直、白籍、白賊"。(《彙編》並未註明"中國通史"，但30分列在三門專門科目第一項下，顯然是指中國通史。)

(3) 在完全沒有可能見到清華中美庚款試題的情況下，比較中美和中英庚款英文試題的深淺難易，只有靠個人回憶所及片段的印象。我本人曾兩度參加中美庚款考試(第五屆，1940；第六屆，1943)。英文考試分三部分，英譯漢、漢譯英和一篇作文，時限三小時，這是與中英庚款英文考試完全相同的。我只記得第五屆的作文題目(原來英文題目的措詞已不記得)相當於"論學以致用"。我之所以還能記得題目之原意是因為我在"用"字上大作文章獲得高分。我對中美庚款英文試題的總印象是它顧全極大多數理工科目的考生，作文題目不使他們過分為難，但也未嘗不給人文社科方面考生以表現文字、通識和思維的機會。兩段翻譯也是並不簡單的。

第四屆中英庚款英文考試中的兩個作文題目，我有幸在抗戰前清華園中已蒙一兩位參與這次考試的學長見告，當時即對命題者發生無限的欽敬。六十多年後得窺試題全豹，我心弦更顫動不已。我決定將這份極其珍貴的試題全部重印，作為此小專憶的附錄以饗讀者，以為今後國人發展人文教育的參考。

英譯漢一長段未暇考其出處，但其文簡潔不華，構句千錘百煉，思維論說學貫科哲，似出自羅素，至少亦其流亞。翻譯難度甚高。漢譯英一段定是取自嚴復自譯"小穆勒"(John Stuart Mill，1806-73)《群己權界論(*On Liberty*)》之後"通俗化"的短篇論文，翻譯難度略遜前者。任選其一的兩個作文題目都是匠心別具，前者尤令人拍案叫絕。加上徵引符號的"Travel as a Part of Education"，至少就我所知，不像是出自著名英儒的短語；加上徵引符號反而表示是命題者根據我國傳統"讀萬卷書，行萬里路"的人文教育理想而炮製(concocted)的英文名詞短語。無論如何，"讀萬卷書，行萬里路"的祖型是司馬遷的少青年教育：通讀"萬卷"今古文典籍之後，年"二十而南遊江淮，上會稽，探禹穴，闚九疑，浮於沅湘；北涉汶泗，講業齊魯之都，觀孔子之遺風……"萬里壯遊是他準備入仕的最後"必要"教育階段。西方文化歷史類似之例甚多。這是從任何角度看都是一個極有意思極有作頭的題目。第二個作文題目，"The True Nature and Limits of Patriotism (愛國主義的真正性質和限度)"，是近現代世界史上中心問題之一，涉及的知識面極廣，是試探歷史及社科考生最佳題目之一。

翻檢手頭資料，中英庚款考試英文科三命題人之一是吳之椿博士，二十年代曾為清華大學政治系主任，後遷南京。三十年代吳為中英庚款考試委員會之委員，其餘委員為李書華、傅斯年、周鯁生、顏任光、辛樹幟。吳同時又為"校試委員"，與樓光來、周其勛負責英文命題。周事績目前無考，而樓光來二十年代為清華外文系教授，後轉中央大學，哈佛碩士，被認為中國當時"英國文學三傑之一"，另二位為張歆海與吳宓。樓中大弟子之一曾撰專文言及"樓師的英文造詣極高，聞當時外交部英文的行文，每請他過目。"[1]此譽不虛，因他曾任"國民政府外交部秘書，中央大學文學院代理院長，外交部歐美司第三科科長"。[2]

在目前，英語事實上儼然已成為國際語的情況下，本附錄所搜集到的有關戰前中英、中美庚款最高國家考試的片段資料，應對今後國內、港、台發展人文社科 (甚至科技) 不無參考價值。

註 釋

① 盧月化，"英國文學三傑之一：樓光來老師"，《中外雜誌》(台灣)，第6卷第5期，1969。

② 徐友春主編，《民國人物大辭典》(石家莊：河北人民出版社，1991)，頁1358。

【附錄2　第四屆中英庚款英文試題】

ENGLISH

1. Write an essay on either of the following two subjects:

(1) "Travel as a Part of Education."

(2) The True Nature and Limits of Patriotism.

2. Translate the following passage into Chinese:

Whoever, working at any scientific problem, has occasion to study the inquiries into the same problem by some fellow-worker in the years long gone by, comes away from that study humbled by one or other of two different thoughts. On the one hand, he may find, when he has translated the language of the past into the phraseology of today, how near was his forerunner of old to the conception which he thought, with pride, was all his own, not only so true but so new. On the other hand, if the ideas of the investigator of old, viewed in the light of modern knowledge, are found to be so wide of the mark as to seem absurd, the smile which begins to play upon the lips of the modern is checked by the thought. Will the ideas which I am now putting forth, and which I think explain so clearly, so fully, the problem in hand, seem to some worker in the far future as wrong and as fantastic as do these of my forerunner to me? In either case his personal pride is checked. Further, there is written clearly on each page of the history of sciences, in characters which cannot be overlooked, the lesson that no scientific truth is born anew, coming by itself and of itself. Each new truth is always the offspring of something which has gone before, becoming in turn the parent of something, coming after, in this aspect the man of science is unlike, or seems to be unlike, the poet and the artist. The poet is born, not made; he rises up, no man knowing his beginnings; when he goes away, though men after him may sing his songs for centuries, he himself goes away wholly, having taken with him his mantle, for this he can give to none other. The man of science is not thus creative; he is created. His work, however great it be, is not wholly his own; it is in part the outcome of the work of men who have gone before. Again and again a conception which has made a name great has come not so much by the man's own effort as out of the fullness of time. Again and again we may read in the words of some man of old the outlines of an idea which in later days has shone forth as a great acknowledged truth.

3. Translate the following passage into English:

捨己為群

積人而成群；群者，所以謀各人公共之利益也。然使群而危險，非群中之人出萬死不顧一生之計以保群而群將亡，則不得已而有捨己為群之義務焉。

捨己為群之理由有二。一曰：己在群中，群亡則己隨之而亡。今捨己以救群，群果不亡，己亦未必亡也。即群不亡，而己先不免於亡，亦較之群己俱亡者為勝。此有己之見存者也。一曰：立於群之地位，以觀群中之一人，其價值必小於眾人所合之群。犧牲其一而可以濟眾，何憚不為！一人作如是觀，則得捨己為群之一人；人人作如是觀，則得捨己為群之眾人。此無己之見存者也。見不同，而捨己為群之決心則一。

請以事實證之。一曰從軍。戰爭，罪惡也；然或受野蠻人之攻擊而為防禦之戰，則不得已也。例如比之受攻於德，比人奮勇而禦敵，雖死無悔，誰曰不宜！二曰革命。革命未有不流血者也；不革命而奴隸於惡政府，則雖生猶死，故不憚流血而為之！例如法國一七八九年之革命，中國數年來之革命，其事前之鼓吹運動而被拘殺者若干人，是皆基於捨己為群者也。

【第十章】

西南聯大(下)

I. 建校史略

眾所周知，抗戰期間的國立西南聯合大學是由北大、清華、南開三校組成的。其中北大資格最老，但聯大的重心是清華。這是由於清華一向經費充足而有保障，學校辦事認真，高瞻遠矚，早在1934年已開始籌劃在南方內地省份預設據點。於是自1935年起即在長沙岳麓山下興建校舍，即將珍貴儀器圖書分運四川及長沙。蘆溝橋事變前一日梅貽琦校長奉召參加廬山會議期間，即與北大校長蔣夢麟、南開大學校長張伯苓商討平津淪陷後的計劃，並聯袂往長沙參觀清華預建的校舍。隨即同意成立國立長沙臨時大學以收容行將南下的三校教師學生。就經費、校舍、儀器、圖書言，清華無形中自始即成為三校的重心。① 因戰火瀰漫，1938年一月教育部和學校當局已決定將長沙臨時大學正式改名為國立西南聯合大學。② 一俟臨時大學學期結束，學校即準備遷至昆明。是年十一月初在昆明報到的學生，計清華631人、北大342人、南開147人；教師計清華73人、北大55人、南開20人。此外尚有北大及清華聯合招考所取新生及他校借讀者共學生1,452人。③

聯大三常委中，張伯苓原是梅貽琦的老師，蔣夢麟長北大之前曾任教育部長。張不久即被任為國民參政會議長，經常駐重慶；蔣夢麟應邀擔任國際紅十字會中國負責人，亦不願經常處理校務。於是唯有資歷較“淺”的梅貽琦不避勞怨承荷艱巨。八年抗戰，三校合作，弦歌不輟，培育英材，飲譽寰宇，永垂史冊。但聯大草創伊始之際，三校教職員以至學生間亦未嘗沒有實際的磨擦。南開、清華之間自始即密切合作，因為南開行政及教學方面領導人物多是兩校共同栽培出來的，自梅貽琦以降大體都是如此。最初較嚴重的是北大與清華之間的磨擦，主要是由於北大資格最老，而在聯大實力不敵清華，畛域之見最凸現於暫時設在蒙自的文法學院。錢穆(賓四)先生留下生動的回憶：

> 一日，北大校長蔣夢麟自昆明來，入夜，北大師生集會歡迎，有學生來余室邀余出席，兩邀皆婉拒。嗣念室中枯坐無聊，乃始去。諸教授方連續登台竟言聯大種種不公平。其時南開校長張伯苓及北大校長均留重慶，唯清華校長梅貽琦常川駐昆明。所派各學院院長、各學系主任，皆有偏。如文學院長常由清華馮芝生連任， 何不輪及北大，如湯錫予(用彤)，豈不堪當一上選。其他率如此，列舉不已。一時師生群議分校，爭主獨立。余聞之，不禁起坐發言。主席請余登台。余言："此乃何時，他日勝利還歸，豈不各校仍自獨立。今乃在蒙自爭獨立，不知夢麟校長返重慶將從何發言。"余言至此，夢麟校長即起立言："今夕錢先生一番話已成定論，可弗在此題上爭議，當另商他事。"群無言，不久會亦散。④

我1939年秋始抵昆明，因工作限於教先修班西洋通史，與三校同仁接觸面不廣，只能略略看出三校事務人員關係不甚和睦，尤以南開一向奉校長如家長的老職員們不免有受"排擠"之感；而遠遠不能從表面上發現像錢穆追憶中所述，北大文法科教師們門戶之見竟如此之深。遲遲於1991年(鄭天挺先生去世後十年)讀了"鄭天挺自傳"(刊於《鄭天挺學記》，北京三聯書店，1991)，再加反思，才相信我當時直覺性的揣測是正確的：1940年二月北大秘書長及歷史系教授鄭天挺，在多方再三敦促之下，允繼沈履(清華秘書長、聯大首任總務長)為聯大總務長，是保證三校合作到底的主要人事因素。除了鄭先生學術文章和行政才幹俱孚眾望之外，我將在師友叢憶專章之中，首先涉及他在處理人際關係上過人的智慧、正直、厚道和幽默。

此外，具有威望的北大法學院長周炳琳和實際領導南開的理學院長楊石先及不久即長聯大師範學院的黃鈺生（子堅）皆能處處顧全大局，自始至終促進三校合作，保證聯大長期的穩定和發展，都是功不可泯的。

II. 聯大社群

北大、清華、南開雖各有特色，要而言之，三校皆以學術自由、議事依照民主原則與程序聞名全國。戰時的西南聯大把三校的優良傳統更向前推進了一大步。聯大與戰前三校最大的不同是地理環境的巨大改變和生活空間的驟然緊縮。按：工業革命以前傳統中國和西方的城市面積，因缺乏動力的交通工具都不可能很大。即以公元1300年左右英國首都倫敦而言，城區的總面積不過是330英畝，即半方英里另10英畝，尚不足一方公里；其他一般城市市區之小可以想見。⑤日常活動的範圍取決於每人兩條腿的速度與耐力。戰時的廣義聯大區域當然更是如此。

聯大教職員、家屬和學生主要都集中在昆明舊城的西北一隅：東起北門街、青雲街，西迄大西門，而傾斜橫貫東西的文林街是日常生活的大動脈。街上商店、飯館、茶館、書店林立。街南坡巷尤多，人口密集，府甬道晨間菜市供應充足。清華辦事處所在的西倉坡地點最為適中而又寬敞。與西城垣北端平行的鳳翥街，茶館更為集中，黃弱電光之下夜夜客滿，彌補了圖書館座位的嚴重不足。根據目前所能得到的“最佳”的英文昆明舊城示意圖而“重溫舊夢”，我相信當時“聯大人”的日常活動半徑不會超過25或30分鐘的步行。生活空間如此急劇的緊縮是造成聯大高度“我群”意識的有力因素。

當然，我們不應該過分簡化事實。實際上，生活空間緊縮之中有擴散：自始聯大工學院（原清華工學院加南開的化工）就安置在昆明東南城角外拓東路迤西等會館；清華理工農方面的幾個研究所設在北郊的大普集，國情普查研究所設在呈貢；北大文科研究所設在北郊龍頭村。由於日本瘋狂的空襲，不少教授們都在郊外（尤其是東郊）安家，平時住鄉下，有課才進城。另外應該指出的是，在遷到西南的最初兩年裏，教授們的經濟狀況仍是相當優裕，住處也先選北門街（美國領事館所在）、翠湖東路（英國總領事館所在）這類考究的"邊緣"地帶。教授和學生在生活方式上還是有顯著的不同，在後者心目中教授仍是高不可攀的。⑥但是，從1941和1942年起，持續的惡性通貨膨脹，逐漸使一貫為民主自由奮鬥的聯大，變成一個幾乎沒有"身分架子"、相當"平等"、風雨同舟、互相關懷的高知社群。⑦達到這種精神意境的高知社群是我國近現代史上的佳話，也是永恒的悵惘，因為它確似一朵曇花，隨着戰後三校的復員和新中國的誕生而永逝不復現了。

III. 學風（上）：人文社科

一般而言，有幸的是學風上聯大能吸取三校之長而去其短。自五四時期起北大即以"兼容並包"樹立優良學術風氣，而失之於對學生生活及課業完全採取放任政策。清華及南開對學生的紀律比北大嚴格得多，所以聯大學生通常都不得不用功。至於早期北大"兼容並包"的傳統，聯大不但承繼，而且加以發揚光大。文革期間，馮友蘭對五四時期北大的"兼容並包"有極深刻第一性的追憶和解說：

……在十年大動亂的時候，這〔"兼容並包"〕也是一個批判的對象。所謂"兼容並包"，在一個過渡時期，可能是為

> 舊的東西保留地盤，也可能是為新的東西開闢道路。蔡元培的"兼容並包"在當時是為新的東西開闢道路的。因為他的"兼容並包"，固然是為辜鴻銘、劉師培之類反動人物保留了點地盤，但更多的是為陳獨秀、李大釗等革命人物開闢道路。毛澤東、鄧中夏、李立三等也是順着這條道路進入北大的，在他們的領導下，革命的道路越來越寬闊，革命的力量越來越壯大，終於導致了五四運動的高潮。⑧

我認為聯大的"兼容並包"具有新舊二義。舊義就是五四以降北大的"新舊兼容"。三校人才濟濟，以中國通史為例，前後即有四家：錢穆、雷海宗、吳晗、孫毓棠，四人見解俱有不同，而錢、雷觀點及治學方法最為懸殊。新義就是"中西並包"，這個新學風在聯大歷史系中表現得最顯著，可以溯源到三十年代的清華。蔣廷黻主持清華歷史系六年之中(1929-35)，堅信只有先體會西洋史學分析、綜合、觀點、理論的種種長處，國史研究和寫作才有望能提升到世界先進水平。聯大歷史系國史及西洋史課程之豐富均衡⑨，事實上可認為是戰前清華歷史系課程設計的延伸。聯大哲學方面，"中西並包"的學風也很顯著，內中北大的貢獻可觀。

人文社科方面，聯大與戰前大學另一不同之點是知識傳授方式和渠道的多樣化。雖然就大多數學生而言，知識的傳播主要仍是靠教授的演講和經常閱讀參考書，但戰時的物質環境與學術氣候有利於師生間較頻繁的接觸。更重要的是師徒"私"相授受式研究所的建立，北大的貢獻尤足稱道。1939年夏北大決定恢復文科研究所，傅斯年任所長，主持實際所務的副所長鄭天挺留下彌足珍貴的回憶：

> 北大文科研究所設在昆明北郊龍泉鎮(俗稱龍頭村)外寶台山響應寺，距城二十餘里。考選全國各大學畢業生入學，由所按月發給助學金，在所寄宿用膳，可以節省日

> 常生活自己照顧之勞。所中借用中央研究院歷史語言研究所和清華圖書館圖書，益以各導師自藏，公開陳列架上，可以任意取讀。研究科目分哲學、史學、文學、語言四部分，可以各就意之所近，深入探研，無所限制。
>
> 研究生各有專師，可以互相啟沃。王明、任繼愈、魏明經從湯用彤教授；閻文儒從向達教授；王永興、汪籛從陳寅恪教授(我亦在其中)；李埏、楊志玖、程溯洛從姚從吾教授；王玉哲、王達津、殷煥先從唐蘭教授；王利器、王叔珉、李孝定從傅斯年教授；陰法魯、逯欽立、董庶從羅庸教授；馬學良、劉念和、周法高、高華年從羅常培教授。其後，史語所遷四川李莊，也有幾位(任繼愈、馬學良、劉念和、李孝定)相隨，就學於李方桂、丁聲樹、董作賓諸教授。
>
> 寶台山外各村鎮，有不少聯大教授寄寓，研究生還可以隨時請益。清華文科研究所在司家營，北平研究院歷史研究所在落索坡，都相距不遠，切磋有人。附近還有金殿、黑龍潭諸名勝，可以遊賞。每當敵機盤旋，轟炸頻作，山中的讀書作業從未間斷。這裏確是個安靜治學的好地方。英國學者李約瑟(Joseph Needham)、休士(E.R. Hughes)到昆明都曾在所下榻。⑩

由於聯大課業活動有其極端自由擴散的一面，我當時對北大文科研究所只略有所知，對後來在文、史、哲、語言、校勘方面卓然有成的這批研究生，除李埏、汪籛、王永興外，連姓名都不知道；對清華同級本來主修中國文學的王永興，遲遲於1937年十一月在長沙臨時大學因旁聽陳寅恪師的課，才改主修為歷史，也是半世紀後才發現的。⑪ 這種隔閡固然是戰時生活狀況所造成，主要還是由於他們和我走的是兩條很不相同的治學道路。

總之，西南聯大人文方面所表現的研究自由和治學途徑的多樣是永遠值得我們憧憬的。

IV. 學風(下):理工

數理方面,聯大教授陣容之堅強遠非當時國內一般學人所能深悉。根據最近與林家翹學長三度電話長談,三十年代清華物理系最難能可貴之處,是已經明瞭當時世界最先進的物理研究主流和取向;而且系中如吳正之、趙忠堯等做出的成績,確與他們相關諾貝爾獲獎人的研究成果非常接近。[12] 楊振寧在聯大本科及清華研究院所受的訓練有極高的史料價值。他大一物理、大二電磁學、大二力學分別是由趙忠堯、吳正之、周培源講授的——這種教學水平,除美國少數第一流大學以外,實不多見。聯大數理教學風氣異常認真,學生做習題極為勤奮。教師中尤足稱道者是南開出身、北大專任的吳大猷。在戰時圖書設備不足的情況下,他理論物理的論文已能連續刊載於美國和英國幾種權威物理期刊,實際上已躋身於理論物理先進之列。他是影響楊振寧一生研究工作最深的兩位老師之一。在吳指導之下,楊振寧1940年完成的聯大學士論文,已能初步領悟到"群論的美妙和它在物理中應用的深入",因此開始走向一生主要研究領域之一:對稱原理(應該指出的是群論的入門是靠父親楊武之先生開導的)。影響他最深的另位老師是清華五級(1933年畢業)中英庚款學成歸國的王竹溪教授。在王指導之下,楊振寧1942年完成了有關統計力學的聯大(實是清華)研究院的碩士論文,並從此以統計力學作為長期研究的另一主要領域。[13]

從楊振寧回憶中不難窺測二十世紀中國物理學界"世代"之間的傳承關係[14],特別是此一實例中所暗示的課堂之外"面對面"的"師徒關係"。由於師資、學風、學生素質的配合運作,聯大造就了不少卓越的青年科學家,如清華十級(1938年畢業)的胡寧和與楊同時的黃昆、張守廉及姍姍來遲年十八歲的李政道。吳大猷回憶:"他(李政道)求知心切,真到了奇怪的程度。有時我有風濕痛，他替我捶背，他幫我做任何家裏的瑣事。我無論給他甚麼難的書和題目，他很快地做完了，又來索更多的。我由他做問題的步驟，很容易發現他的思想敏捷，大異尋常。”⑮

聯大數學方面師資之卓越足堪與物理媲美。三十年代南開和清華就特別注重天才學生的培育。最著名的例子是南開姜立夫全力教導陳省身及吳大任，和清華算學系主任熊慶來提拔僅僅初中畢業的華羅庚。華在數論方面的卓越成就久為國人所稔知，但很少學人了解回國前的陳省身業已受到法國大數學家嘉當 (Elie Cartan) 的特殊賞識，回國在聯大執教期間 (1938-43) 已初步奠定本人日後被目為嘉當承繼人、世紀級數學大師的研究基礎。⑯更少人知的是聯大新一代教授中，還有世界第一流的數理統計學家許寶騄 (清華第五級，1933年畢業，庚款赴英，獲倫敦大學哲學博士、劍橋大學科學博士)。陳省身 (1911年生)、許寶騄和華羅庚 (兩位都是1909年生)，也都是1948年中央研究院第一屆全體81位院士之中最年輕的三位。再加上姜立夫老教授，中研院第一屆五位數學院士之中，聯大已佔了四席，可見聯大數學師資之雄厚。

在如此雄厚師資及優良傳統之下，抗戰前已畢業於清華及聯大早期畢業的數學新秀陸續脱穎而出。林家翹 (清華九級，1937年畢業於物理系)，就任聯大助教期間考取中英庚款數學門，二十年後即成為舉世公認的應用數學大師，並為國人入選美國國家科學院之最早五人之一。清華七級 (1935年畢業) 已任聯大數學系講師的徐賢修出國後亦顯名於應用數學界。清華十一級 (聯大，1939年畢業) 之王憲鍾與十二級 (聯大，1940年畢業) 之鍾開萊不久俱在美國作出重要的貢獻。後者與本文作者及楊振寧同為第六屆中美庚款公費生，二三十年前已被公認為第一流“或然率 (probability)”統計專家。王浩本來主修數學，後又攻哲學，在海外稱雄於數理邏輯界。聯大數學系為國內造就高素質數學教學及研究人員不勝枚舉。

化學方面，三校師資及其專長分配均衡。北大曾昭掄、錢思亮、孫承諤、朱汝華等實力視清華有過之無不及。南開楊石先主授生物化學，其專業知識、高度責任感及行政才幹，受到聯大普遍的尊敬。聯大期間三校原有的教員助教或由半資助或由其他途徑出國深造者不少。聯大畢業的新秀由庚款考試出國，日後成就以朱汝瑾、唐敖慶、王瑞駪為最著。地質、氣象等方面聯大所造就之人才亦頗可觀，不能一一列舉。

聯大工學院，除南開對化工有所貢獻之外，基本上就是抗戰前的清華工學院。清華工學院是梅貽琦長校（1930年底）以後才建立並迅速擴充的。從目前所能獲得相當殘闕的早期中英、中美庚款考試資料，可以看出抗戰前清華工學院畢業學生錄取的人數遠遠不如交大之多。可是，抗戰期間舉行的第五（1940）及第六（1943）兩屆清華留美庚款考試，清華及聯大畢業生佔總共17工程科門公費生中11名之多。大戰結束後中英庚款和教育部公費考試中情況應大體相同。可見聯大（清華）工程方面已經是後來居上了。

總之，聯大理工方面，尤以數理，最能發揚光大戰前三校優良學風。我多年來和科學界老朋友憶往的積累印象是：當年聯大在數理知識的傳授上已是非常接近世界先進水平了。實證甚多，姑舉其二：一、1957年楊振寧、李政道榮獲諾貝爾物理學獎是與他們早年所受聯大的訓練分不開的。二、首批五位華裔入選美國國家科學院，其中四位都曾是聯大的教師和學生：陳省身、林家翹、楊振寧、李政道。另位吳健雄是中央大學畢業的。

此外，現代科學史中有一數學與物理“殊途同歸”的佳話，也應視為聯大的光榮。其中內容和經過最好用楊振寧自己的話來說明：

> 纖維叢（fibre bundle）理論中的陳氏級（Chern Class）……不但是劃時代的貢獻，也是十分美妙的構思；把一個完整的流形（manifold）切開，再巧妙地接起來，天衣無縫還原

形。我在一九七五年懂了此中奧妙以後，真有歎為觀止之感。

我是研究物理的，為甚麼去求了解陳氏級呢？經過是這樣的：近代物理研究自然界的"力"，發現共有四種：核力、電磁力、弱力和引力。四種力和它們的能(Energy)都是規範場(Gauge Field)，這是三十年來的一項基本了解。規範場的方程式是物理學者從十九世紀的電磁學方程推廣出來的。驚人的地方是這些方程式後來發現和數學家的纖維叢觀念有密切的關係。一九七四年又發現了這些方程式與陳氏級的關係。物理學者因而知道有了解陳氏級的必要。至於為甚麼自然界的各種力都要建築在幾何學中的纖維叢觀念上始終是不解之謎。陳教授今天在幾何學界的地位已直追歐幾里得(Euclid，公元前300年左右)、高斯(Gauss，1777-1855)、黎曼(Riemann，1826-1866)，和嘉當(E.Cartan，1869-1951)。⑰

聯大的歷史只有八年，而其數理方面學風之優異與成果的卓越是永垂史冊的。

V. 個人生活漫憶

誠如第三節所述，聯大人文社科方面學風自由，兼容並包。但部門及途徑繁多，反而難有共識。加以戰時物質缺乏，及圖書的搜集亦有困難，一般教師和學生生活都比較散漫。就我個人而言，戰前所擬長期自修計劃根本無法實現。聯大工作前後六年，一半都消磨在準備兩度留美考試和應付父喪家難之中。如果在廣義的"教育"上還能有點收穫的話，那就只有是真正地行了萬里路和讀了些心理學和英、俄小說。

那時清華西文的歷史圖書放在聯大歷史系辦公室，而這個辦公室是在昆明城西北隅外荒塚中的地壇。不知何以內中有一部 Havelock Ellis (1859-1939) 的上下兩冊《性心理研究 (*Studies in the Psychology of Sex*)》。讀後大開眼界，曾和潘光旦先生做過較深入的討論。英文小說開頭先讀 Jane Austen (1775-1817) 的經典諸作，雖極佩服她對人性觀察的鋭敏和描寫技術之高超，但她的小説的對象和背景太"小"，不能引起我持續的興趣。翻讀英國十九世紀著名小説諸家也還覺得不合口味。轉移到十九世紀俄國幾位大小説家，興味才越讀越濃，對陀斯妥耶夫斯基 (Fyodor Dostoevsky，1821-81)，更有觀止之歎。小説對我最大的作用是大大地豐富了我"間接"的人生"經驗"，使我這一介書生能體會到人間宇宙之大，人類品型之多，性格言行之無奇不有，於是有效地增強我對"人"的了解與"容忍"。

名義上我在聯大前後六年，事實上我在昆明只四年另九個月。此期間我未參加任何政治運動，也很少參加別的活動。年前楊振寧先生函告，謝泳《大學舊蹤》書中有涉及我當年的學術活動：

> ……四十年代初，在西南聯大，有一個學會叫"十一學會"("十一"二字合起來是一個"士"字)，意謂"士子"學會，這個學會是由教授和學生共同組成的，有學歷史的、有學哲學的、有學社會學的，也有少數學自然科學的，其宗旨是士大夫坐而論道，各抒己見。教授有聞一多、曾昭掄、潘光旦等，學生有王瑤、季鎮淮、何炳棣，丁則良、王佐良、翁同文等，由丁則良和何炳棣召集，每兩週聚會一次，輪流一人(教授或學生)作學術報告。教授報告時，學生聽，學生報告時，教授同樣去聽，聽後都要相互討論。正是在這樣的學術環境中，成長起一批批學者。一位參加者回憶説："我做畢業論文時，我的導師張蔭麟先生對我説：'在學問的總體上，你們青年現在不可能超過我們，但在某一點上，你們已經

> 完全可以超過我們了。'這種學術空氣，回憶起來，真是如坐春風，令人不勝神往”(李埏“談聯大的選課制及其影響”，《雲南文史資料選輯》，第81頁)。像這樣的學會組織，在過去的大學裏不是一個兩個，而是許多。這個“十一學會”中的學生參加者如王瑤、季鎮淮、丁則良、何炳棣、王佐良、吳徵鎰等，後來都成了著名的學者。⑱

這段“重建”的小小學術掌故讀後使我非常激動，因為作者用心良苦，不免把我們當時的學術活動過分“理想化”了。首先應該說明的是，我雖然後來和丁則良同為“十一學會”的召集人，但該會創建於我離開昆明的期間(1942年二月底至1943年五月中旬)，因為我如在，會對丁的會名提議提出意見的，這是由於我雖不得不以新的科舉為晉身階梯，我對傳統“士大夫”階級的行為意識有很大的不滿。十一學會的創建不會早於1942年的春天。上面徵引文所述每兩週教授學生輪流主講很可能是初成立後的情形，那時師生兩方都情緒高，手頭有“貨”，不必事先多作準備。但是，如此頻繁而又相當認真的學術講述是很難維持長久的，特別是“學生”們(事實上早已是助教和教員了)肚子裏怎能有那麼多的現成“貨”。再則現存清華校史檔案中，1942 年九月五日梅校長已擬稿函呈教育部“組織第六屆留美公費考試委員會”⑲，雖然檔案有闕，我猜想至晚1942年初冬，因珍珠港事件而延期的清華第六屆庚款考試即將舉辦的消息已傳遍昆明和西南其他都市，丁則良等多位必已全副精力準備考試，不暇大力推動十一學會的活動了。⑳我終於1943年五月中旬返抵昆明，八月底考完第六屆庚款考試之後，才能從容地準備在十一學會中給一個演講。吳雨僧師的《日記》又供給了最簡確的記錄：“十月二十四日，星期日：......(晚) 7-10至T.H赴十一學會，炳棣講Dostoevsky小說。偕 (李賦) 寧歸。”㉑記得有些不滿十人的學術談話，常是在王佐良家裏舉行的。這次講談是在清華辦事處，聽眾較多，或許是講題有吸引力，或許丁則良等事先聳恿朋友來聽，因為這是我第一次演講。這次演講和討論居然三個小時才結束，可能是由於我除了從文學批評的觀點講出陀氏的偉大與深刻，特別從《卡拉馬佐夫兄弟(*The Brothers Karamazov*)》窺測俄羅斯民族複雜、矛盾、多維的性格，甚至涉及俄國的十月革命。

1944年十一學會的活動還是繼續的，但已決不是兩週一次、教授"學生"輪流主講，而且教授已很少參加了。我曾講過一個外交史上的題目，十九世紀末葉以降，英、美是否合作與世界政局能否穩定有密切的關係。1944年十一學會裏最精彩的一講是北大何鵬毓的"明代內閣"。他運用史料之熟練，分析內廷宦官與內閣首輔關係之細緻生動，遠勝戰前吳晗明史課中的演講。聯大後期鄭天挺先生明清史課與何鵬毓合開、最後全部由何一人開，是有充分道理的。何體胖、善烹飪。我出國前他曾請景洛和我吃飯，事先半笑半歎地告我，為了做好一碗酸辣湯，他晨間特別買了"十滴麻油"，可見當時(1945年夏)通貨膨脹的嚴重了。他是國民黨，我一直未能探悉他在新中國的命運，更不知他是否有機會發揮明史的專長了。

儘管徵引文中所述的是多少加以"理想化"過的十一學會，但文章開頭所講1949年以前大學師生關係很中肯要，值得我們反思：

> 舊大學裏教授和學生的關係不同於今日，那是一種比較單純的以學術為紐帶的關係。舊大學裏的師生之間重趣味重性情，而輕利害，當然這只是個一般的說法。師生之間關係融洽，除了彼此道德水準外，還與大學裏的自由空氣有關。……

與1949年以後中國大陸和流亡台、港、海外人文社科方面先後世代的學人相比，"舊大學"確是"重趣味重性情而輕利害"、"道德水準"較高，沒有魚目混珠、自欺欺人、互相吹捧、樹立利益集團等不良風氣。

*　　　　*　　　　*

一般生活當然不限於讀書治學。抗戰期間最幸運的是住在昆明。昆明位於北緯25°，而海拔5,700尺，所以氣候得天獨厚，昆明真不愧"春城"的美譽。夏日與南京、南昌、武漢、重慶等"火爐"比，昆明真是天堂了。我個人特別受到春城氣候的"恩惠"。在日機瘋狂轟炸的情況下，我患了可怕的斑疹傷寒。我只能專僱一輛驢車逃到東北郊崗頭村，被鎖在小山坳一間茅屋裏靜躺七天，按時由景洛(她那時在南菁中學教書)開門送飲食，第八天便能搭驢車回昆明了。據醫生說，如果是在重慶等地得了此病，就會非常嚴重，只有在春城才能無藥自愈。

衣食住行，食最基本，而一般回憶聯大之作僅着重通貨膨脹、營養不足方面，很少提到昆明吃的文化的。我沒有忘記景洛在鄉下工作時，我吃聯大教職員包飯的"緊張"：像我、葛庭燧、牛滿江、卓勵等彪形大漢[22]，每人都盡先吞下壓得滿滿的一大碗乾飯，然後再狼吞虎嚥那幾道所謂的菜；我也沒有忘記逃警報回來，只能聊以兩小碗，總共不過四五兩純麵條的湯麵充飢。但是，任何事都需要決心，如有決心，五六年之中總還有傾囊去嚐一、兩次"新"的機會。因此，我反而要專向"美"的方面回憶了。

今夏(編者按：指2000年)在台北中央研究院和在昆明長大的著名經濟史家李伯重(雲大李埏教授哲嗣，現為北京清華大學人文社會科學院教授)談到昆明的常食和特食，很驚訝，他居然有很多東西都不知道。我本以為講吃太瑣碎，但從和他談話中感覺到我所想談的，可能具有些微社會文化史料價值；此刻不講，真會逐漸湮沒無聞了。先就雲南特產而言，菌類中的雞樅早已屢見於明清筆記，名貴非我輩戰時所能常享，而且說實話，並不是像傳統文人仕宦說得那樣特別美味。滇中菜蔬之美當以"豌豆尖"(即今日海外華人城俗稱的"大豆苗")與蠶豆。蠶豆在西方從其意大利名，叫做Fava bean，是高級意大利及法國式餐館中配菜珍品，成本很高。六七美元的蠶豆莢也還剝不出一滿盤蠶豆粒，而且內中部分已經淡綠和微黃不嫩了。豌豆和蠶豆一般鮮嫩季節甚短，而在昆明鮮嫩季節可以長到八九個月。更妙在晨間上市的全是已經去殼的蠶豆粒，價錢不貴。五十年代遍翻美東諸館所藏中國方志，發現明代江南志書之中已數見"雲南豆"，可見雲南的豆類自古即很有名。

我祖籍是金華，食品中最足自豪的當然是金華火腿了。但我必須承認如果光吃火腿片的話，宣威腿或許要勝過金華腿，尤其是昆明綏靖路東月樓的"鍋煬烏魚"（純憑拼音而不知原來"烏魚"是哪兩個字）。這道連李伯重先生已經不知的名菜，事實上是取宣腿最精嫩的部分切成薄片之後，裹以粉漿，像北方軟炸裏脊那樣炸成的，但至今屢求仍不得其解，何以叫做"烏魚"。另一美食是"過橋米線"，以正義路三牌坊一家飯館為最有名。它基本上是一大碗滾燙的雞、肉（有無火腿已無法追測）湯，食者以盤中已經切好的生雞、生豬、生魚等薄片放進熱湯一泡，即可取出調味入口，原理和涮羊肉相同，就是不用火鍋而是用滾湯。米線或麵條當然都是先煮到略熟的。火腿月餅、五香和玫瑰大頭菜也是以三牌樓一帶專店的最為有名。

昆明甜食業相當發達，據説是與吸鴉片有關。文林街上就有一家甜食店，"燉牛奶"很有名。難得的是雞蛋和牛奶打得非常均勻，決不像"甩果"那樣乳蛋分離，並且很講究地用冰糖煮。1939年底前我以助教的薪給還吃得起這個高級補品。

最平常的食物要算麵、米線和餌鈌了。我嫌後二者無黏性，經常吃麵。昆明的麵條近似廣東的伊府麵，比較寬條。一般先將大量的麵條煮到六七成熟即取出亮在大竹盤上，稍塗些油以防黏着。我總點"燜雞"麵，至今也不知道"燜雞"是哪兩個字。事實是以蒜和醬油煮好的瘦豬肉丁，湯鹹而鮮，味精很多，而麵條幾乎歷歷可數。大概由於常吃"燜雞"麵，而昆明本地人又沒有吃大餅、油條、包子、餃子的習慣，所以我時常覺得肚子空空。即使景洛回到聯大工作，我們晚飯後還是常走過小西門內武成路，去五華山東邊的一家專賣煮羊肉的回民店補充營養。這家店舖每夜燈光四射，大鐵鍋裏滿滿滾滾乳白色的湯和其中發出的羊肉香味，使你至少非點一碗“羊肉拐骨”過過癮不可。偶而有老人點“一碗燈籠”，夏間我考李伯重“燈籠”是甚麼，他說完全不懂。“燈籠”是羊眼睛，要好幾隻羊才能供應一碗“燈籠”，所以不是隨時都有的。如果中國烹飪詞典未曾收進的話，應該收進，這才是昆明第一“特”食呢。

隨着美國“飛虎”空軍大隊和其他陸戰及情報部隊來到昆明及其郊區，隨着跑仰光的暴發戶和游資的集中，昆明生活的兩極化日益顯著。“新富”窮極奢侈，教授及薪水階級生活越來越艱難。吃的方面開始多樣化，昆明東南城外南屏街一帶已有下江餐館出現了，以全家福為最有名。它的招牌菜是炒鱔糊、燒肥腸、蝦子冬筍等。沿街攤上賣美國香煙和美國罐頭食品，以五磅裝的牛油最受歡迎，價錢比奶酪 (cheese) 高。真行家如雷海宗師買後者，因既價格較廉又富營養。可是高知之中懂吃喜吃奶酪者甚少，而肉、蛋價格逐月飛升。總的來講，通貨膨脹不斷惡化之中，聯大師生一般營養成為嚴重問題。

美軍既集聚昆明四郊，美國新拍五彩電影供應源源不絕。南屏電影院裝修擴充之後，夜夜客滿。彩色長篇《白雪公主》因爭先購票擠出人命。造成連演售票空前紀錄的是約翰・史特饒斯 (Johann Strauss，1825-99，其所編製大量華爾茲舞曲風靡十九世紀歐洲) 的 *The Great Waltz* (翠堤春曉)。聯大“窮學生”竟有連看七八場之多者。一時聯大社區大街小巷隨處都可聽見低吟、高哼、哨吹“藍色的多惱河”、“維也納林中故事”者。據說不少昆明土著中學生亦不乏效顰者。

就是在昆明曠古未有的世變之中，我於1945年秋飛往印度，候船去美國留學了。

註釋

① 趙賡颺,《梅貽琦傳稿》(台北:邦信文化資訊公司,1989),頁55。

② 鄭嗣仁,"鄭天挺與北京大學",《鄭天挺先生百年誕辰紀念文集》,(北京:中華書局,2000),頁73。

③ 趙賡颺,《梅貽琦傳稿》,頁56。

④ 《西南聯大在蒙自》(雲南民族出版社,1994),頁53。

⑤ 六十年代我曾對我國中古都會設計發生興趣,發現北魏洛陽及唐代長安城垣面積之大為人類史上所僅見;拙文序論中曾涉及西歐及近東歷史名城面積。請參閱何炳棣,"北魏洛陽城郭規劃",《慶祝李濟先生七十歲論文集》(台北《清華學報》編輯部,1965);及Ping-ti Ho, "Lo-yang, A, D. 495-534: A Study of Physical and Socio-Economic Planning of a Metropolitan Area ", *Harvard Journal of Asiatic Studies*,Val.26:1965-1966, pp.52-101,特別是頁51-52。

為本章讀者參考,北平清華大學原來校園面積為960華畝,約合160英畝,略不足西元1300年倫敦的四分之一;抗戰前清華面積擴充到1,200市畝。我們當時日常活動範圍大概不超過清華園原來面積之半。關於抗戰前清華校區面積,可參考趙賡颺同書頁112。數字不包括後來劃歸清華的5,000餘畝圓明園故址土地。

⑥ 抗戰前大學教授與學生間的"鴻溝"是普遍存在的,例如南京中央大學:"那樣的學風,教授高高在上,除了上課,學生與老師沒有接談的機會。"見盧月化,"英國文學三傑之一:樓光來老師",《中外雜誌》(台北,第6卷,第5期,1969),頁6。所謂的"三傑"另有中大的張歆海和清華的吳宓。

⑦ 已刊清華及聯大史料中頗不乏教職員及家屬生活日艱的文件。1942年冬"昆明教授家庭最低生活費的估計"是按照當時昆明物價指數所估、最不誇張的估計。教授薪給已遠不及戰前每月50元的購買力。其結論:"過去教授家庭生活的維持,一面靠典賣衣物,一面則減低營養和停止子女教育;現在典賣已盡,有許多家庭實有無法維持生活的情勢。"(《清華大學史料選編》,第三卷(下),頁336)

⑧ 馮友蘭,《三松堂自序》(北京:三聯書店,1984),頁325-326。

⑨ 迄今最佳聯大校史是John Israel, *Lianda : A Chinese University in War and Revolution* (Stanford University Press,1998),pp.146-153,對聯大歷史系的詳介頗富史料價值,對雷海宗講課的精彩有生動的描述。

⑩ 馮爾康、鄭克晟編,《鄭天挺學記》(北京:三聯書店)"鄭天挺自傳",頁391。

⑪ 王永興,《陳門問學叢稿》(南昌:江西人民出版社,1991),"前言"。

⑫ 如吳有訓(正之)有關光學的芝加哥大學博士論文刊載於美國國家科學院1923年的*Proceedings*,不但是當時中國科學家的殊榮,而且反映此論文與業師 Arthur H.Compton 之獲1927年的諾貝爾獎金的密切關係。

⑬ 楊振寧,《讀書教學四十年》(香港:三聯書店,1985),頁114-115。

⑭ 早期亦師亦友式親切學術傳承最生動的陳述是吳大猷對南開大學饒毓泰老師的回憶。饒在為吳請求獎學補助金時曾得到清華葉企孫的聯合推薦。詳見賴樹明《吳大猷傳》(台北:希代公司,1992),頁58-62。

⑮ 吳大猷《回憶》(台北:聯經出版事業公司,1977),頁54。

⑯ 《陳省身文選》(北京:科學出版社,1989),頁21。

⑰ 楊振寧,《讀書教學四十年》,頁100。原文作於1983年。

⑱ 謝泳,《大學舊蹤》(南昌:江西教育出版社,1991),頁51。

⑲ 《清華大學史料選編》,第三卷(上),頁239-240。

⑳ 我的推測是根據景洛前後的信。她講明清華留學第六屆考試初訂於1943年三月下旬舉行,第二信言展期至五月下旬,而我五月初才趕到重慶,由葉企孫師始悉考試又延至八月。

㉑ 吳宓,《吳宓日記,1943-1945》,頁139。

㉒ 葛庭燧對物理及金屬學卓然有成,後為中國科學院院士。因病延期於1937年畢業於清華,戰時為聯大物理系教員。牛滿江,生物學家,時為北大教員,不久即離聯大,後被選為台灣中央研究院院士。卓勵當時是北大物理系教員。

【第十一章】

師友叢憶

在試圖結束對我在國內長達十一年之久的"讀史學徒 (intellectual apprenticeship) "期間 (1934年秋入清華至1945年秋出國) 的回憶時，覺得頗有幾顆黃金和鑽石塊粒未曾也無法收入以上較概括、分析、評估性的篇章。屢度提筆之前，不少位師友們當年的神貌言笑都歷歷如新、閃電般地湧進我的耳目心靈。凡是他們之中，一言足以啟我終身深思、一行足為後世法、風格和幽默至今仍清新雋永者，不拘長短，都一一收羅於本章內。

I. 鄭天挺 (1899-1981)

也許是由於特別"緣分"，我早在清華三年級時就知道北大秘書長鄭天挺 (毅生) 先生清史造詣甚深。那年清華行"導師"制，我特選陳寅恪先生為導師，因此課外有正當理由偶爾登師門請益。當我到西院陳府面呈隋唐史班習作論文 (唐代皇位繼承問題) 之後，陳師即精彩地發揮何以唐太宗和清康熙這兩位最英明的君主，都因皇儲問題不能解決，而感到長期的煩惱與苦痛。談話上溯到有清開國時，陳師曾提到鄭先生對多爾衮稱皇父問題考證的精到。那時我雖注重西洋史，卻隨時也注意到國史研究方面較精彩的文章。七·七事變前夕，讀了孟森《八旗制度考實》這篇文章之後，對北大的明清史產生很大的敬意。1939年秋到昆明以後與清華辦事處的幾位"故人"偶爾談及聯大人事時，發現清華的人對北大校長蔣夢麟、教務長樊際昌皆不無微詞，獨對秘書長鄭天挺的學問、

鄭天挺先生（1940 年代初）

作人、辦事才幹和負責精神都很傾服。所以我1940年二月得悉鄭先生已同意繼清華沈履為聯大總務長的消息後，深信此後三校合作有了保障不是沒有理由的。

關於這位名副其實的"北大舵手"崇高的品德、史學成就及其對北大及聯大行政方面的貢獻，目前已有不少資料可供參考。①本文只需要追述前此從未被人談及的有關鄭先生的軼事二則。

1944年初夏，某日我上午去地壇歷史系辦公室翻選西文書籍，照例要先穿過聯大新校舍大院。將進校門不遠，聽見後邊有人叫"何先生"。我回頭一看是鄭天挺先生。鄭先生馬上就說清華留美考試的結果一兩天內就要公佈了，現在講話已經沒有嫌疑了。"明清史那門題目是我出的。"他說有一件事藏在他心中已經很久：有一份答卷對較容易的題目如同、光之際滿人主張維新的是哪些人之類的，答得不好；而對兩個重要的題目，如明太祖開國規模和雍正一朝多方面的改革與建樹答得不但很好，而且對攤丁入地頗有創見。他問我這卷子是不是我的。我想了一下，回答說很像是我的。他半笑着問我："你自己打多少分？"我當然謙虛一點地回答，只能打四五十分，因為三個史實性的問題都答得不好，而且同、光之際滿人主張維新者只能答出恭親王奕訢一人。他說我得了74分，是最高的。聽了這話我內心才千肯萬定，我今番考取了！因為我前此確以明清史是我的“弱科目”。極力維持表面的鎮靜，故意和鄭先生開個小玩笑，我說：“那麼您一定不是按每題20分客觀原則打分的。”鄭先生提高聲音回答：“那當然嘍！留美考試是國家掄才大典，如果按照呆板式的打分，那不就變成了三點水的淪才大典了嗎？！”

1974年夏，我一人去天津，與蓮生妹掃父母墓。次日上午八點半鐘南開大學即有車來接，對南大歷史系教師做一學術報告(題目是中國文化土生起源的研討)。楊石先校長致詞後，我未開講正題之前，先追述了以上真實的故事，並聲明無論國內文化大革命如何破舊立新，我在海外是永改不了我的“封建”觀念，內心上一直稱毅生先生為“恩師”。

鄭先生另一軼事年月已記不清，但應發生於我1943年春返回昆明之後。1940年因日機頻頻來襲，北大在東北郊離城五公里多的崗頭村蓋了一所平房，為蔣夢麟校長疏散之用。此外在階下另一大院裏蓋了七間平房，另加一大廳及小間房以備緊急時北大同仁暫避之用。吳大猷先生對北大崗頭村這所大院在空襲頻仍歲月裏，擁擠、緊張和教授多家之間時或不能避免的“磨擦”有極生動的回憶。② 我返昆後，日本空襲頻率大減，美國“飛虎”空軍大隊揚威，人心大定。想像中崗頭村的北大大院應遠不如初期那樣擁擠。可是人事方面磨擦仍是不免。盛傳蔣夢麟夫人陶曾穀女士與北大同仁及家屬不睦，與周炳琳個性上衝突尤烈。因此雙方都向秘書長(鄭先生始終是北大秘書長，在聯大是總務長)抱怨，要求大院與蔣寓之間築一高牆，互相隔絕，永避衝突。鄭先生一再調解無效，最後只好同意搭牆；牆確是搭了，但只搭到一尺多高便停工了。無論雙方如何施壓，鄭先生也不把牆搭高。不到半月，雙方羞愧難當，不謀而合地又要求秘書長把這道礙眼的矮牆拆除了。

只有毅生先生才具有儒、道兩家智慧的結晶！

1948年十二月十七日，北平已被解放軍包圍之中，北大全體師生舉行五十週年校慶紀念會，數日後學生自治會以全體學生名義贈獻鄭先生一面"北大舵手"的錦旗以感謝他多年來對北大作出的積累貢獻。"北大舵手"這一崇高榮譽鄭先生是受之無愧的。最令我不解的是：1952年院校調整時，大大擴充改組了的北京大學竟容不下這位全部身心奉獻於北大如此之久（至少從1933年受命為北大秘書長起），生平最喜愛、最需要北京這清代文物史料中心的清史權威；竟把他與清華的雷海宗拔根調到天津南開大學。此中內幕，希望今後學人多做考證。

只有胸襟豁達似海、學養兼儒、道之長的鄭先生，才能抑制自己極度的失望③，另起爐灶，以全部身心投入領導和發展南開的歷史教研工作。自1952至1981年底的二十九年間，南開歷史教研的纍纍成果是與鄭先生的領導分不開的。我個人方面，1979年秋至次年初春，能自海外協助南開籌開明清史國際學術研討會，並能於1980年夏親自看到鄭先生身心兩健、會議十分成功，感到無限快慰。不料鄭先生竟於1981年十二月二十日在天津仙逝。接到南開準備為鄭先生出一本紀念文集的通知之後，我極用心地趕撰了一篇有"革命"原創性的長文"魚鱗圖冊編製考實"，聊表對這位當代"完人"的尊敬和愛戴。

註 釋

① 其中重要的是：馮爾康、鄭克晟編《鄭天挺學記》（北京：三聯書店，1991）；南開大學歷史系、北京大學歷史系合編《鄭天挺先生百年誕辰紀念文集》（北京：中華書局，2000）。介紹評價鄭先生一生學術貢獻最好的一篇是陳生璽，"史學大師鄭天挺先生的宏文卓識——紀念鄭天挺先生百年誕辰"。

② 吳大猷，《回憶》(台北：聯經，1977)，頁43-46。

③ "鄭天挺自傳"："1952年，全國高等院校進行院系調整，我奉調來南開大學，任歷史系教授、中國史教研組主任、系主任。這一決定在我思想上頗有波動。第一，我五十多年來基本在北京生活，熱愛北京；第二，我中年喪偶，一直和子女一起生活，而他們也都在北京，到天津後我必然又如在昆明一樣，過孤單的生活。第三，我多年從事清史的研究和教學，北大及北京其他各單位的清史資料浩如煙海，絕非其他地方所及。但是經過鄭重考慮後，我決定不考慮個人的生活及其他方面的變化，愉快的隻身來津任教。我知道如果當時我提出任何要求，會引起許多不同反映的。"(《鄭天挺學記》，頁400-401)

補錄

此憶撰就之後，南開大學歷史系鄭克晟教授以其尊人毅生先生有關詳閱第六屆清華留美考試明清史試卷的十三天日記(1944年一月十六日至廿八日)影印惠贈。第一日所述閱卷打分原則最有參考價值：

> 中華民國三十三年一月十六日，陰曆十二月二十一日星期日，晴。
>
> 八時起，閱清華大學留美公費生考試明清史試卷。先將彌封試卷十五分(份)各編一號數，粗閱一過然後分題按號詳閱，較其優劣定分。先錄於紙，閱畢一題審視無異乃登於試卷。俟五題均畢，積其總分登於卷面，以求公允。……
>
> 午後小睡。……
>
> 〔晚〕九時歸。閱卷至二時始畢。第一題每卷各閱三遍，幾於一字不敢遺。幼時讀　先君甲午(1894)北闈同考筆錄冊，用藍筆登錄極詳，有已薦而塗去者，有已棄而重薦者，知每卷蓋數閱焉。其後視學三省，小子聞之於董季友姑丈，亦若是焉。小子謹識之不敢忘。民國十七、十八年，兩次襄校浙江縣長考試試卷，十九年奉命為浙江縣長考試委員，皆矢公矢慎，恐墮祖德。今日所甄拔僅一人，更不敢稍懈也。

余至才盛巷晤令甫物華樞衡及蔣太太九時歸閱卷至二
時始畢第一題每卷閱三遍錙於一字不敢遺幼時讀　先君甲
午北闈同考筆錄冊用藍筆登錄極詳有已薦而塗去
者有已棄而重薦者知每卷蓋數閱焉其後視學三
省小子聞之於董季友姑丈亦若是焉小子謹識之不敢忘民國十七
八年兩次襄校浙江縣長考試試卷十九年以奉命為浙江縣長
考試委員皆之人以人慎恐隕　祖德今日所數校僅一人史
不敢稍懈也
中華民國三十三年一月十七日　陰曆十二月二十二日星期一　陰
八時起　九時入校治事　十二時歸　飯後小睡　三時至才盛巷
七

鄭天挺1944年一月十六日日記節錄

評閱清華留美考試試卷如此慎重，也是反映鄭先生處世為人的道德，確是足為後世法的。

II. 錢端升（1900-90）

錢端升先生是我國著名政治學家。我與他個人的接觸不多，但是我出國前他對我所講的話使我終身難忘。為充分了解他所講的話裏的坦誠與智慧，有必要略事介紹他學術上的成就與事業上的失望。

錢先生1900年出生於上海。1917年畢業於上海南洋中學，考入清華學堂。1919至1924年留學美國，五年之內完成哈佛大學博士學位。論文是《*Parliamentary Committees：A Study of Comparative Government*（議會委員會制：一項比較政府的研究）》。這個題目就反映他長期對代議制度及民主法治的信念及其在中國可行性的希望。1924年回國，先後在北大及中央大學執教，經常發表政論。七・七事變前夕完成巨著《民國政制史》上下冊。同時對王世杰的《比較憲法》完成重要的補充和修訂，以致1936及1942年兩版《比較憲法》皆以王世杰、錢端升合著的方式列入商務印書館的《大學叢書》。自抗戰軍興至中共開國的十二年中，錢端升四度出國開會和講學。1948年訪問哈佛時，該校出版社刊印了他一生最重要的著作《*The Government and Politics of China*（中國政府與政治）》。此書主要結論是：國民黨初期改組後，本有可能使國民政府演變成為民主法治的政府，因"三民主義"已具備權力制衡的理論架構和實現憲政的步驟，此項建立民主政制企圖之失敗，不得不歸罪於蔣介石的個人野心和軍事獨裁。由於他一貫的民主信念，無論當國民黨晚期或中共開國之後，錢端升的政治抱負都未能實現。①

錢先生英文造詣甚深，生平酷嗜西方史學名著，尤其欣賞崔維林（G. M. Trevelyan）文章的秀潔典雅。他不惜投入大量精力完成崔氏名著《英國史》的翻譯。中日戰爭時期錢端升執教西南聯大，被聘為清華第五屆(1940)留美考試西洋通史科目之命題人。吳保安得95分，我得94分，這是我和錢先生唯一的書面學術"接觸"。

1945年春，某日午前十一點左右，我自地壇歷史系辦公室準備去聯大新校舍裏行政研究室去找朋友稍事聊天，再進城吃午飯。不期看見錢端升先生迎面走來，向我招手叫我同到他那小間辦公室談話。他講的話大意如下：你們這一輩學問基礎在國內就已打得比我們(在國內時)結實，而且你們出國的時候就比我們那時要成熟得多。所以你們出國深造前途不可限量。要緊的是，不要三心二意，一邊教書，一邊又想做官。你看蔣廷黻多可惜，他如果不去行政院，留在清華教書，他在外交史方面會有大成就。我希望你能專心致志地搞學問，將來的成就肯定會超過我們這一輩的。

清華及聯大師友們對錢先生的印象是他的政法根基深厚，英文寫作能力甚強(我個人覺得政治學系老師輩裏英文以王化成和錢先生為最好，而王的英文口語之流利，聲調之鏗鏘，視英、美一般政治學人有過之無不及)，雖不能說與人落落寡合，但也不太容易和人親近。最難得的是這樣一位自視甚高、受人尊敬的前輩學者，不但對後輩黽勉有加，而且敢於追認自己一輩早期學習的不夠成熟，進而坦誠寬厚地預測後輩必有青出於藍者。事後我越回味錢先生的話，越感到他治學為人之可敬：因為只有真正具有安全感的人才敢於講出自己之不足，才有胸襟容納、欣賞成就業已或行將超過自己的人。半個世紀以來，每一憶及錢先生讚勉之語，心中感動難以言喻。但同時總不免仍有點懷疑：錢先生只批過我第五屆清華留美考試西洋通史的卷子，怎會即能對我作出那樣肯定性的預期呢？他所說"你們這一輩"究竟還有誰最具代表性？苦索窮憶後的回答是：聯大行政研究室錢先生指導下的陳體強。

註 釋

① Howard L. Boorman, ed. *Biographical Dictionary of Republic China* (New York and London：Columbia University Press, 1967-71, Vol. 1, "Chien Tuan-sheng", pp. 376-379)。此傳敍事及日期（特別有關錢氏出國訪問）較為詳細正確。關於錢端升的英文修養及1949年後的事跡，可參閱錢大都"父親錢端升的治學和為人"，刊於《校友文稿資料選編》(《清華校友通訊叢書》，第六輯，2000年9月)，頁85-89。

III. 陳體強（1917-83）

七．七事變以前我經常觀察清華同學之中，在人文社科方面，有哪些位具有考取中英、中美庚款的潛力，哪些位英文根基最好。那時我已覺得十一級(1935年入學)外文系同學中如王佐良、許國璋、李賦寧等的英文要勝過我們十級的外文系同學。此外，十一級還有自幼即進美國學校、英文寫作及口語流利有如母語的施銓元(主修工程、施肇基族人)和政治系的陳體強。陳系出閩侯世家，我和他在北平時就交談過；聯大共事期間不時討論外交史和國際關係。他與我情況不同，我除準備兩次留學考試之外，生活散漫，一直在渴待完成西史訓練以為終身轉治國史準備，而他能先在聯大的行政研究所工作，又進重慶外交部，極為清華老師、外交部條約司司長王化成所賞識，拔升為科長，所以多年持續地專攻國際法，未出國前根基即異常堅實。

我於1945年秋赴印度候船赴美，陳體強後我於1944年考取教育部留英公費，但早我出國幾個月。他抵英後數月即函告我中英文教基金會(British Council)①已為他選擇了牛津大學，而他個人極望能去劍橋大學、從勞特派赫特(H. Lauterpacht)教授攻讀博士學位，因勞氏是奧本海姆標準著作《國際法》新版的編輯和詮註者，是世界公認的權威學者。陳體強曾親赴劍橋，勞氏對他轉學表示熱烈歡迎，爭奈中英文教基金會堅持原議，陳只好在牛津攻讀學位。好在牛津國際法教授布萊爾雷(J. L. Brierly)資望亦極高，胸襟寬宏，能容納異己之見。我1948年秋赴加拿大哥倫比亞大學執教餬口，以求完成美國哥倫比亞大學英國史博士論文，接陳體強信，知道他論文寫作最後階段雖曾發生“周折”，而旋即大功告成，且已決定立即回國接受北京清華母校之聘，為政治系副教授，主授國際法。從他信中所述論文“周折”的性質及其克服的經過，我當時立即感覺到他這部牛津博士論文肯定是卓然成家之作。

陳體強的博士論文是：《*The International Law of Recognition*(有關承認的國際法)》，特別注重英、美兩國在承認問題方面的歷史實踐。這部論文寫作的最後階段，不料劍橋的勞特派赫特教授新著《*Recognition in International Law*(國際法中的承認問題)》已先問世！承認是極端複雜的國際法主題之一，兩作內容部分重疊既無可避免，而勞、陳之間名位又如此懸殊，乍看之下，這一切對陳的論文真是迎頭的衝擊。幸而陳的論文功力深至，陳雖匆匆回國，不久與牛津音訊斷隔，但其導師布萊爾雷教授認為這部論文優點甚多，值得大力推動出版成書。布氏親自為它撰“前言”，特約一位倫敦大學國際法及國際關係講師為它補充最新判例，並把它列為威望甚高的“倫敦世界事務研究所(The London Institute of World Affairs)”津貼推介的新書。②

全書7部分、32章，共461頁，範疇甚廣，條目周詳。首部“對國家的承諾”涉及基本觀點，最為重要。陳體強本人對此曾摘要論述：

> 關於對國家的承認的性質問題，歷來有兩派學說。一派是構成說(constitutive theory)，認為承認可以創造新國家的法律人格，即一個新國家只有經過現有國家的承認才取得國際上的人格。另一派是宣告說(declaratory theory)，認為一個地區的人民凡具備國際法所要求的構成國家的要件(即佔據一定領土，擁有一定居民，並有一

個對內能夠進行有效統治、對外獨立的政府)，就當然具有國際法上的人格。別國的承認只是宣告該新國家已具備國家要件的事實，並表示願意把它當作國家對待。構成說在十九世紀盛行。那時原有國家認為自己形成一個排他性俱樂部，即"國際大家庭"，非經俱樂部成員的批准，別人不能加入。這種學說給現有國家(實即西歐國家和美國)以同意或拒絕一個新國家享受國際法權利的特權。在民族獨立運動日益興盛的時代，這種理論實際上起了阻礙民族獨立的作用，已為國際實踐所擯棄。③

陳書1951年在倫敦出版，立即"在國際法學界受到高度重視，被譽為國際法名著，並列為當代國際法必讀書之一"。④

1952年北京大專院校改組以後，我和陳體強之間音信斷絕。遲至1979年四月上旬，承主人十級女學長、交通部副部長郭建(原名見恩)美意，陳體強作為晚宴時我的"客人"。席間因有教育部長蔣南翔學長及其他三四位客人，我和陳未便深談。他說我1971年冬就已重訪祖國，七十年代又多度訪問北京，都沒有去看清華第五級(1933年畢業)學長朱慶永，朱臨終前責我"不念舊"。我聽了非常難過，也很"委曲"。朱考取清華第四屆(1936)庚款東歐史(事實上是俄國史)門後，主動"屈尊"對本不熟悉的"小弟弟"黽勉有加，確是使我終身難忘；但在四人幫當權時期，我根本不知也不敢問朱的下落，否則必會引起旅遊局的敏感。我對陳說："要不是鄧小平的開放政策，我今晚也還看不到你。"比較可喜的是陳已接到英、美等數國短期訪問講學的邀請，遲早在美國和我總會有一傾積愫的機會。不期陳竟於1983年秋因腦溢血過早地離開人間。陳回國後很不得意，遲到1982年才被外交部聘為顧問。⑤

但是，就二十世紀華人在歐美著名大學所完成的博士論文而論，陳體強的論文應永居尖峯地位。據我所知，上世紀炎黃子孫博士論文一出立即被譽為國際名著者只有兩部。一部是二十年代蕭公權先師康奈爾博士論文《*Political Pluralism: A Study in Contemporary Political Theory*（政治多元主義：一項當代政治理論的研究）》，1927年在倫敦出版。倫敦大學政治經濟學院政治多元論柱石拉斯基（Harold Laski）即撰書評謂蕭書"學力與魔力均極雄渾，為政治學界五年來所僅見。"⑥ 另一部就是陳體強牛津論文《有關承認的國際法》。此書窮徵博引（除政府檔冊、條約選集、學人專刊及期刊論文外，所徵引之國際法判例即達450項之多）、體大思精、析理犀利、觀點均衡。尤可貴者在其能了解並預期戰後世界新形勢（如全球性反殖民民族解放建國的政治洪潮）所需之國際法方面的理論依據。因此，陳書甫經問世，立即被舉世公認為標準著作，被列為國際法必讀之書，其影響之大，似較劍橋大師勞氏三年前已刊之《國際法中的承認〔問題〕》有過之而無不及。

總之，以造詣論，蕭、陳之作難分軒輊。以規模範疇而論，蕭書限於近代政治思想之一學派，其性質為一確具覃思卓識的大"專刊（monograph）"。而陳書涉及國際法中承認大課題中之各個部門，其性質是理論及專業性水準極高的重要參考書，是一部當之無愧的煌煌巨著。在這種意義之下，陳體強的牛津博士論文幾可目為二十世紀中國社科方面的一個"奇跡"。⑦

必須再度強調的是，以上的討論只限於博士論文的階段，而學人的成就還是要看一生積累的研究成果。蕭師返國後十餘年間完成其一生巨著《中國政治思想史》上下兩冊，在美國長期執教仍研撰不斷，允稱一代大師。而陳體強回國之後遭遇至為不幸。試讀他生命最後的第14天的"自序"：

> ……1957年後，格於形勢，擱筆伏櫪，坐視光陰流逝，報國無門。1979年後國際法學重見光明，我亦振筆再起，寫了文章若干篇，但已是強弩之末，力難從心，水平遠低於客觀要求，論述亦無補於實際。……⑧

這項專憶的目的不僅是為了懷念和表彰一位老友，而是以陳體強極不平凡的早年成就為具體例案以求索今後發展人文社科教研究的途徑與步驟。

註釋

① 國人多不知 British Council 的官方譯名。"中英文教基金會"的官方稱謂只見於有關中英庚款考試的資料中，現多譯為"英國文化協會"。

② 此研究所的會長是 A. D. Lindsay 勛爵，牛津 Balliol 學院院長，政治及經濟思想權威，副會長之一是 Beveridge 勛爵，戰後英國福利國家理論的奠基人。

③ 《中國大百科全書》《法學》，1984，頁195-198，"國際法上的承認"。

④ 同上，頁45-46，王鐵崖撰"陳體強"傳略。

⑤ 同上。

⑥ 蕭公權，《中國政治思想史》(台北：聯經 ，1982增訂本)，汪榮祖"弁言"，頁6。

⑦ 王寵惠 (1881-1958) 1907年出版的英譯德國民法被英國尊為標準英譯，足堪謂為"奇跡"，但這不是王的博士論文，是論文畢功後兩年完成之作。

⑧ 陳體強，《國際法論文集》(北京：法律出版社，1985)，頁3。

IV. 張奚若 (1889-1973)

附：羅應榮 (1918-71)

我從未聽過張奚若先生課堂內外的演講，但抗戰後期卻和他有過幾度談話，特別是我考取清華第六屆庚款之後、選校之前，與他談哥倫比亞大學和紐約的文化和生活環境。他是一位非常健談、有肝膽、有正義感的人。他戰時批評孔、宋，甚至批評蔣介石的勇氣引起一般高知的共鳴和敬意，這是人所周知的。他在1956年最高國務會議上竟敢對毛澤東提出那傳遍全球的十六字評價：

"好大喜功、急功近利、否定過去、迷信將來"。[①]而毛澤東在大躍進期間竟會公開徵引張奚若批評他的這十六個字。[②] 這十六字評毛妙語之所以行將永垂史冊，主要是由於語後無比的政治道義勇氣。我在此篇短憶中所要添補的是遠在1956年之前，張奚若先生就已經向毛講過人所不敢講的逆耳忠言。

這個前此無聞的真實軼事的供給者生前是我的好友、張先生清華政治系研究生羅應榮。容我略述羅不幸的一生，聊表我對他的哀思。他是廣東興寧人，小我一歲，1942年秋考入清華研究院，1946年五月畢業，其碩士論文重點是研究外蒙古的對蘇對華關係。[③]1945年初春節前後，景洛和我外出小遊，請羅看守房間，不料他那件當時很值錢的厚呢大衣被竊，但他完全不提此事，直到1950年五月我到柏克萊加州大學補充哥大英史博士論文資料和他重遇於國際學舍，他才告我當年被盜的事，足見其為人之尚義大方。可喜的是他研究國際公法極邀導師(維也納學派奠基人 Hans Kelsen 老教授)青睞，兩篇研究班文章皆獲A++殊榮，博士學位半年至十個月可望完成。我隨即返加拿大溫古華趕寫論文的未了篇章。六月底接到他的信，說韓戰爆發，已立即買了船票回國以圖報效。我想快信勸他慎思已來不及了。冬間忽接廣州嶺南大學校長陳序經先生信，熱烈歡迎我去該校開西洋史課程，並附"聘書"而未明言名義和薪給。猜想中羅應榮必已在嶺南政治系執教，聘我之事必是他發動的。

過了幾個月，大約已是1951年的春天了，忽接一封自香港寄來羅應榮託人轉致我的密封的航空信箴，內中報告他回國後立即到北京自動請求"受訓"，希望能進外交部為國效勞。在京盤桓數月，終因缺乏"鬥爭經驗"，不能進外交部，只好到嶺南教書。在京期間曾和奚若師數度長談，張先生秘密告他，中國正式派兵保衞北朝鮮之前，張曾特別請求深夜與毛澤東做一長談，談話的主要內容是：中國不可以不尊重歷史的教訓；除非萬不得已決不可輕易同美國作戰。試看德國兩次看錯(意思是德國事前總抱着美國不致參加歐戰的想法)，就兩次大吃其虧；日本一次錯估，就遭受慘敗。原因是，美國技術、生產能力與潛力，實抵得其餘世界而有餘(就1950年的世界情勢而言)。中國應該好好地從事建國工作、儘可能避免和美國武裝衝突。韓戰的經過與後果勿庸重溫，但中共建國伊始、國際情勢空前緊張之際，張奚若先生竟已經如此敢言敢當，是應該補入史冊的。

至於羅應榮，此後即無音信。直到我1971年十月十二日重入國門，數日後訪問中山大學(時嶺南大學已併入中山)時，由該校革命委員會主任少將某君接見，始獲悉羅應榮尚在該校，因早經被批為右派，既不准教書，又不許出來和我見面。他大概七十年代初含冤而死，一生未曾結婚。

註釋

① 張氏名言發自1956年最高國務會議是根據錢大都“父親錢端升的治學與為人”，《校友文稿資料選編》(《清華校友通訊叢書》，第六輯，2000年9月號)，頁87。

② 李鋭，《毛澤東的早年與晚年》(貴州人民出版社，1992)，頁137。

③ 《清華大學史料選編》，第三卷(上)，頁98及108。

V. 潘光旦(1899-1967)

潘光旦(仲昂)先生1935年自上海來清華，繼鄭桐蓀先生為教務長。他與我第一次接觸很不平常。1936年春他陪着我從未見過的嫡堂哥哥、上海國立暨南大學校長何炳松，來清華圖書館西文閱覽室參觀，潘先生走到我身邊說：“你哥哥來啦，你都不知道！”事後我相當詫異：潘先生這位大忙人，怎麼會認識我這個二年級的學生？再同他有私人(其實是“公眾”)的接觸是同年十二月聖誕日後，那時我因同學左右派鬥爭中曾違犯校規。

事實上，潘先生初來清華，我就知道他是社會學和優生學家，學術、興趣和活動都是多方面的。他雖不從事文學創作，但與“新月派”主要人物以及當時主持著名英文刊物《*T'ien Hsia Monthly* (天下月刊)》和《*China Critic* (中國評論)》諸位關係密切，確是一位知識廣博、態度開明，中、英文都能表達自如的一位和藹可親的學者。因此，在我完全不聞問政治的聯大“優閒”歲月裏和他有過幾度交談。

記得我和他交談主要集中於兩個問題，一是性心理；幸而有他作顧問，我初讀Haveloek Ellis兩冊《性心理》，幾乎就能懂得全部的內容。我甚至和他談到兩種當時在上海暢銷的 Van De Velde 的《*Ideal Marriage* (理想的婚姻)》和 Frank Harris 的《*My Life and Loves* (我的生平和性愛)》(前者是荷蘭醫生，其書1937-38上海已大量翻印，專講性生理和性交技術；後者1942年上海所售翻版兩冊，價錢不貴，作者生前是記者(？)，序中自誇其書中詳細描寫多度性交，曾被蕭伯納評為淫書之中唯一一部讀後不令人作嘔之作)。最有意思的是潘先生同意我的意見，從性技術可以洞窺中西文化的“基本”不同——西方如 Harris 和法國短篇小說之王莫泊桑 (Guy de Maupassant，1850-93) 之流以性交連泄次數之多為能，而中國則以黃帝御女久而忍精不泄為能。談至此，不禁相對大笑。潘先生隨即指出，中國這種*coitus interruptus*如成習慣，大大有害性生理。最後我問他林語堂譏笑宋代理學和道學家性無能或性寡歡是否有道理，潘先生也只頷首微笑而不答，大概是不願對宋儒太刻薄吧。

讀性生理、性心理對自我教育的作用略同於讀西方小說：豐富了人生“間接”經驗，加深了解宇宙之大、品類之繁、無奇不有，因此感到“太陽之下，並無新事”。這種閱讀協助培養我對人生若干問題的“容忍”與“同情”；但另一方面也激化我對偽道學、“裝菻者”(尤其是學術上的)的無法容忍與憎厭。此刻反思：後一趨向影響我大半生做人和治學更為深巨，因我性格中的反抗欲是很強的。在聯大“閒散”歲月裏，很幸運能有像潘先生那樣“雍容寬厚、中正謙和、樂天知命”[①]的“儒者”做我偶或的“顧問”(無寧說是“同情靜聽讀書報告者”)，幫助我保持情感理性間的均衡。

我和潘先生不談英國文學，而專談英文的實用方面。我一再認為清華改成大學以後，特別是我們在北平的最後幾級，英文教學和習作在質與量的方面似乎都不如舊制留美預備學堂時期了。潘先生說也不見得，要看個人的用功和所修的學科。不過無論學哪一科，想知道自己的英文是否“夠用”，必須要問自己兩個問題：一、寫作的時候是否能直接用英文想？二、寫作時是否能有“三分隨便”？(筆者按：“隨便”是多少帶點“遊刃有餘”的意思。)

我覺得潘先生論英文才是真正的“行家”話。師友中指出英文寫作時必須用英文想的尚不乏人，可是只有潘先生向我提出“三分隨便”能力的重要。在海外半個多世紀的學院生活中，我無時無刻敢忘潘先生的話，至少經常以他所提的第一標準用來檢討自己和窺測海外華人的英文寫作。

註釋

① 王志誠，“在清華大學和潘光旦老師相處的日子裏”，《校友文稿資料選編》(《清華校友通訊叢書》，第六輯，2000年9月)，頁75。

VI. 聞一多（1899-1946）

早在北平即從讀八級學長孫作雲"九歌山鬼考"開始略略領會到聞一多先生治《詩經》、《楚辭》方法之新、功力之深、識見之卓和指導學生的熱忱。我在聯大前後六年，除準備兩次留美考試，回淪陷區料理家務之外，在聯大真正清閒的歲月無多，平時很少參加學術活動，而聞先生又久居鄉下，所以見到聞先生的機會不多。1944年春間在聯大新校舍遇到聞先生，他問我的近況，我告他為解決住的問題，我在大西門外昆華中學兼課已半年多，雖只一間，宿舍樓固窗明，條件還可以。他說住在鄉下本來是為躲避日機轟炸，往返二十餘里很不方便，如果昆華中學能供給兩間房子，他可以考慮去兼課。我立即把聞先生的意願告訴李埏（雲大文史系講師，兼任昆中教務主任），他和徐天祥校長喜出望外，立即決定以原作醫務室的小樓樓上全部劃為聞先生全家住處。我記得樓轉彎處的平台還不算小，可以煮飯燒菜屯放松枝。樓外空曠，住定了後，聞師母開闢了小菜園，頗不乏田園風趣。①

據李埏的回憶，聞先生名為兼課，但校長徐天祥卻慷慨地給予專任教師的待遇。報酬是每月一石（100斤）平價米，和二十塊雲南通行的"半開"（兩塊"半開"合一個銀元）"。② 這二十塊"半開"的待遇是我們一般兼課的人所沒有的，銀元在當時是非常"頂事"的，更何況聞先生已開始以篆刻收入補家用，所以那時聞先生全家的生活並不是像一般回憶文章裏所說的那麼困難。我所要講的正是聞先生生活"苦"中"樂"的方面。

由於這段時日裏聞先生全家生活比較愉快，也由於我已考取清華第六屆庚款不久即將出國，聞師及師母預先為我餞行，準備了一頓非常豐盛的晚餐。主菜是用全隻老母雞和一大塊宣威腿燉出的一大鍋原汁雞火湯，其醇美香濃，使我終身難忘。在我由衷地讚賞之下，聞先生告我："我們湖北人最講究吃湯。"我說少年時曾聽到有些前輩説，飯飽不如菜飽，菜飽不如湯飽，確實很對；湖北吃的文化是很高的。我請教聞師：去年(1943)由上海兜大圈子、越秦嶺過成都時，曾問當地哪種湯菜最實惠最有名，回答是“原鍋子湯”。問及用料，以肘子、豬心、整顆蓮花白燉。這種大的鍋菜是否源自湖北？聞先生説很可能是，因為明末張獻忠屠蜀後，江西人入湖北、湖南，兩湖人實四川，把大鍋湯菜傳統帶進四川，這是非常合理的推測。

我記不清是這晚飯後還是在另一場合，聞先生曾對我講過當年清華學堂同班潘光旦和羅隆基的趣事。聞先生原來比他們高一班，因堅持原則反抗校章而自動留級一年，所以與潘和羅同於1922年出國留學。未出國前有一次潘光旦批評羅隆基某篇文章不通。羅很生氣地説：“我的文章怎會不通，我父親是舉人。”潘馬上回答：“你父親是舉人算得了甚麼，我父親是翰林！”聞師忙加了一句按語：“你看他們夠多麼封建！”他講完、我聽完，同時大笑不止。

從純學術的觀點看，大多數的文史學人都公認聞一多是用西方方法和多學科工具，配合傳統訓詁音韻考據研究中國古代文學最富創意最有成果的典範。即使如此輝煌的學術成就還是不免被他多才多藝、多姿多采、轟轟烈烈、光芒四射、悲壯結束的一生所部分地遮掩了。唯其如此，聞先生自己留下的學術、藝術、社會、政治活動的記錄、清華學堂和大學以及聯大檔冊中相關的記載、老友同寅和無數青年學生對他的回憶，再加上子女們在父親身後數十年如一日始終不懈地搜集聞師的大小事跡，都説明現存有關聞一多資料之豐富，在近代學人之中，或僅遜於胡適。目前這部1,100頁、85萬字的《聞一多年譜長編》，規模之大、內容之富恐怕是自有年譜專類以來所未有。

我這篇對聞師的短憶，聊以添補聞師罕為人知的生活小小片面和一個妙趣足以傳世的小小真實軼事而已。

註 釋

① 聞黎明、侯菊坤編、聞立鵰審定,《聞一多年譜長編》(武漢:湖北人民出版社,1994),頁716。

② 同上,頁811。1945年一月聞先生全家才搬進西倉坡新造的聯大教職員宿舍。

VII. 孫毓棠(1911-85)

孫毓棠祖籍江蘇無錫,説得一口極純的北京話。他是清華第五級(1933年畢業)歷史系畢業,早我五班,我入學時,他已離校。他雖主修歷史,性喜文藝,家境優裕,曾自費赴東京帝大續攻國史。七·七事變前後他已在中央研究院社會科學研究所《中國社會經濟史集刊》發表了兩篇西漢和東漢兵制的文章。既留過學,又有論文,所以自始在聯大即有開課資格。聯大晚期與雷海宗、吳晗鼎足各自講授中國通史。1945年秋孫毓棠、沈有鼎等隨陳寅恪師赴牛津,充訪問導師(tutor)。陳師雙目失明之後,孫自英赴紐約在聯合國短期工作,1947年常來我們哥大附近西107街公寓(雖小,廚房浴室俱備,係1947年王信忠先生轉讓的)晚餐談新話舊。八十年代初孫以交換學人身分曾到德州(Texas)州立大學訪問,他曾要我為他致函前芝大同寅、國會圖書館館長Boorstin申請延長一年。他和景洛與我在芝加哥再度有短聚憶往的機會。

總括孫毓棠和我長期的交誼,我對他的私人生活和治史經驗試做簡要的回憶。孫毓棠身高五呎九吋左右,眉清目秀、皮膚細膩、白裏透紅,正西人所謂"peach and cream(桃與奶油)"理想皮膚。浪漫性格之中深藏忠厚,為人彬彬有禮,治學從容不迫而能持之以恒。我從不問他私事,而他卻不時以私隱見告。例如1947年在紐約時屢次"自我檢討"良心,是否應該更積極地推進和比他年輕幾乎二十歲的沈履女兒的精神羅曼絲,因他已與姚鳳子正式離了婚。他曾去緬因州看她，歸來後對我讚歎美國之大：看來紐約和緬因都在東北部，好像不遠，可是單程距離就是400多英里，簡直等於從倫敦到蘇格蘭縱貫不列顛島那麼“遼遠”。幾經捫心之後決定不再增長與沈的感情。八十年代初在芝加哥舍間晚餐後回憶他與鳳子的關係，一再激動地說：“我當初完全是因為可憐她才和她結婚的”。這句話有史料價值，因為當時社會上一般認為(包括近年英文有關聯大歷史的標準著作)孫毓棠之所以尚為人知，是由於他的太太鳳子是名滿大西南的話劇明星。孫毓棠忍不住還講曹禺對不起他，因他離昆明時曾以鳳子託曹“關照”，而曹竟與鳳子發生曖昧。但孫最後還是寬恕他們，因曹禺究竟是浪漫戲劇家，而鳳子生理上“特別”，好像犯“花癡”。我之所以決定寫進這篇短憶是因為三位局中人俱已作古；歷史主要任務在求真；這個真實故事有助於加深了解人性和人生，並有力地說明孫毓棠浪漫而永存忠厚的高尚品質。

治學方面，孫毓棠在聯大期間研究興趣已轉移到經濟史。受了蔣廷黻影響，他深信西史名著可為治國史的典範，所以在教書之暇廣事閱讀歐洲社會經濟史方面的著作。可惜的是，清華運到昆明的西文圖書之中經濟史類的書不多，而且大戰期間很難知道英、法兩國在經濟史的資料擴展、研究取向、理論、方法等方面都已取得初步“革命”性的成果。孫毓棠對 Rostovzeff 的羅馬帝國社會經濟史、法國P. Boissonnade 的《生活、工作在中世歐洲》及 Henri See 的經濟史及論資本主義的興起等書確是時常披閱的。我的印象是，新中國成立以後孫毓棠在社會經濟史方面一向受到尊敬，文革之後他實際上是重要學術期刊《中國社會科學》、《歷史研究》等社經史方面的編輯“顧問”。

回想起來，最可貴的是早期孫毓棠談他治學經驗時曾引起我的“焦慮”，而晚期卻給了我多年“亟需”的慰藉。引起我焦慮的是：聯大期間及1947年在紐約，他不止一次地對我說，從西洋史轉到中國史研究總需要一個五年的過渡期間。我尊重他的經驗，所以立即開始焦慮，因為眼看着青春就(或已經)消逝，而還必須考留學、完成西洋史的博士訓練，再加上一個五年的過渡才能系統地攻進國史領域豈不過晚，實際生活和教研崗位方面豈不將要吃虧過甚！？遲至1952年春夏之交，在紐約經過整整一星期的躊躇和論辯，我毅然決然全力投入十八世紀兩淮鹽商的研究，不期一舉即躍過龍門，走進遼闊無垠的國史領域，解除了前此被孫毓棠引起的焦慮。詳情於下篇章節會有憶述。

孫毓棠晚年給我的慰藉是他對我《南宋至今土地數字的考釋和評價》長文的反應：

> 文章仔細讀過兩遍，很好很好。使我增長知識，大開眼界；且給我以很大啟發。……感到吾兄十分可佩服：在忙於教課之餘，還有志於着手寫這樣大規模的文章，實在難得。我應該好好學你的精神和韌力。(見原信，1984年9月16日)

這個出自清華老學長的評價，使我感到很大的安慰是因為它涵有深層的肯定：一、舊日清華歷史系社會科學和中西歷史兼容並重的政策是高瞻遠矚、十分正確的；二、只有長期忠實地踐履此項政策，才會達到當年老師們對後輩所企盼的新水平。

1985年六月初我到北京探望孫毓棠時，他已氣喘不能起床，同月與另位清華歷史系老學長、新中國考古事業領導人夏鼐(作銘)先後隕逝。孫毓棠從西史轉國史需一過渡的經驗談應該具有一定的參考價值。

炳林兄，

来信和文章均已接到。信反而比文章晚到了三天。[illegible]，务须好好休息。

文章仔细读过两遍，写得很好。使我增长知识，大开眼界，并给我以很大启发。只是我近日[illegible]又及作了几日，加以手边有两三件稿件得处理，故而未能坐下来对大文再细加寻味，提点意见。容三五日后有时间再读一遍，再细写信，再考虑请他人看。

感到吾兄十分可佩服：在忙于教课之余，还有志于着手写这样大规模的文章，实在难得。我应该好好学你的精神和毅力。

尊文从刊物角度来说，是长了些。如我上函曾建议，在北京，当然以《中国社会科学》为最好，其次是《历史研究》，再次是历史所主编的《中国史研究》。但三者，文章都大致以两万字为限。我还没有看见有一篇分上下两期刊登的。不过，这种限制字数的编辑条例本来不太合理。日本的"东方学报"和"东洋学报"就从来不限字数。《东洋史研究》也不限字数。只是我们这几年的刊物限制太死板。这且不管它，我想等吾兄文章全部完成之后寄来，我再拿尊文全文去和前两刊物的主编丁伟志和庞朴两人去商量商量。

将来万一刊物不肯刊"连载"文章，我们也可问一下能否出专书？当然五万余字作为专书又似短了些。吾兄可考虑再加两三篇早已发表过的同类文章，合起来出一本论文集如何？丁伟志是中国社会科学出版社的总编辑。另外，我也可以问问人民出版社经济组的张[illegible]英，他负责经济方面的书籍。顺请

秋安

毓棠 9/16

中国社会科学院历史研究所稿纸　20×20＝400

孫毓棠致作者原信

VIII. 丁則良 (1916-57)

丁則良是清華第九級 (1933年入學) 歷史系同學中最傑出的,大概由於政治活動,遲了一年於1938年才在昆明西南聯大畢業。他的古文根基堅實,主要是因為他在北平四存中學受到很好的舊式古文訓練。經過雷海宗先生的推薦,數學系楊武之先生請他為長子振寧補習古文。據楊振寧面告,當時他在初中,丁則良為他講解《孟子》中不少篇章,並講述了不少歷史人物及其他古代掌故,使他獲得不少古文和古史的知識。由於屢次的政治風暴和罷課,在北平的三年裏我始終和丁則良沒有任何接觸。

但是,我1939年秋到了昆明聯大以後,立即發現所有歷史系同學之中,丁則良和我的治學步驟和取向最為相近;因此我們二人之間很快就產生了高度的相互了解。我衷心欽羨他記憶力之好、悟性之高、學習語文之快、中文表達能力之強。他的學術及其他消息也比我靈通。相形之下,我覺得自己幾乎處處都比他要慢一步半步;最奇怪的是我從第六直覺中,感到他對我恐怕也會有過高的估計。聯大期間值得回憶的是,丁則良無疑問是十一學會的倡議和創建人,而這個由教授、教員、助教、研究生自由演講討論的學會,已在歷史上留下片段的記錄。① 我要遲到1943年秋參加清華第六屆庚款考試以後才協助他推動會務。我始終沒聽過丁則良在學會裏的演講或報告。多年後我在揣想,主要的原因可能是在我返昆 (1943年五月上旬) 之前、十一學會創立的最早階段中他已做過演講;他既因患便血未能參加1943年八月下旬的留美考試,便需要集中精力準備未來的中英庚款或教育部的留學考試。總之,十一學會晚期的活動中我比丁則良出力多些。

我到哥倫比亞以後,丁則良考取留英,決定赴倫敦大學深造。他函告有意進該校的"斯拉夫研究所 (The Slavonic Institute)"習俄文,修俄史。我函勸他修英史,不宜以大量時間精力投入新的語文；如能從高深的英史研究中了解並達到史學較高的意境，將較俄史更有裨於長期國史的研究。他意志甚堅，還是決心專攻俄文俄史。我1948年秋不得不到加拿大溫古華教書養家以期終能完成博士論文，半年多以後得悉他的俄文考試業已通過，只是論文仍需時日。這期間英國肉食供應管制仍嚴，我曾兩三度供給他美國的大罐頭火腿和雞肉。1949年秋冬之際接到他致我的最後一信，內中非常激動地說，英國費邊 (Fabian) 式社會主義福利國家無光無熱，就要建國的中共有光有熱，他已急不能待，放棄論文，馬上就要回國報效了。

此後我只能間接聽到丁則良在國內的活動。五十年代初他曾出版了一本《李提摩太 (*Timothy Richard*)，1845-1919》的小傳，內中否定了這位英國傳教士引進西學和協助維新的一面，着重揭露他充當英帝國主義工具的另面。我雖無法看到此書，但當時深信此書之撰，反映丁則良業已由衷地接受了馬列和中共的觀點，但也不免為他大才小用而興歎。此後又聽到丁則良參加世界史講義的編纂工作，內心又多少為他"慶幸"，因為這正是表現他史識、史才、史筆的機會。"百花"、"反右"期間不免為他擔心，但再也料不到他竟於1957年自沉於北大的未名湖，如此過早地結束了自己的生命。1998年四月下旬，在北京清華園參加畢業六十週年大慶期間，從級友趙石 (儒洵) 學長的深夜長談中才知道丁則良在清華和聯大期間，就已經加入又退出過中國共產黨。我自始即知丁則良是富於感情的人，可是從未了解他是感情如此易趨極端的人。

我1945年秋出國之前數月，丁則良曾對我說，我們不要學林語堂，搞學問專以美國人為對象；我們應該學胡適之，搞學問要以自己中國人為對象。謹以這番使我終身難忘的話，略表我對這位具有大史家潛力的老友的永恒哀思。

關於丁則良的悲劇，最近又有兩種新資料。

(一) 我清華同級而從未交談過的史家趙儷生、蘭州大學教授，《篙槿堂自敍》，上海古籍出版社，1999，有一專章"記被《一二・九運動史要》說作是'右傾投降主義者'的一伙人"，頁152：

……1957年春夏之交，他(丁則良)正從巴基斯坦參加全世界史學年會飛回北京，東北方面已經派人守候着，叫他回校"交代問題"。那時，他住在周一良家，留下一封遺書，就投未名湖自絕了。我追憶起1954年夏一大批在思想改造中剛剛洗了第一次腦筋，從而不大舒暢的知識分子到青島來舒暢一下胸懷，有鄧廣銘、齊思和、閻簡弼，也有丁則良。在山大歷史系的歡迎晚會上，我與丁握手時，順便說了句"我們還是一二・九的老戰友呀"，丁臉色微沉，用不大的聲音說：

"慚愧，我走了彎路。"

這句話在我腦際盤旋了若干年。我想，他是說了一句誠實話，不失為真誠的君子；但甚麼"彎路"呢？直到六十年代西北師院的外語教授李學僖才告訴我，當年他在英倫留學，每天早晨打開morning broadcast(晨間廣播)時，總聽見丁的播音。這一下我才明白了，原來他"失"過"足"。[筆者按：趙儷生的回憶與趙石的回憶證實了丁則良確曾加入而又退出過中國共產黨。]

(二) 周一良，《鑽石婚雜憶》，北京：三聯書店，2002，頁123：

……而丁則良根本在國外開會，沒有參加國內任何鳴放平時的話可作把柄。據最近他在美國教書的兒子到北大數學系來暑期講學，告訴我說，丁所在的東北人大有一位老黨員領導，寫了一部歷史著作，讓丁則良提意見。其實這只是一種姿態，而丁則良本着學術良心和對黨負責的態度，盡其所知提了不少正確的意見。這就觸犯了這位老黨員領導，反右一開始，就缺席裁判丁則良劃為

> 右派，並且捏造出一個小集團。丁則良被逼自殺以後，當局連他的子女也不放過。他的兒子丁克詮報考大學被拒絕，退而報考中學也不獲准。丁克詮只能發奮自學，至文革結束後考取研究生，又赴美取得博士學位，獲聘在伊利諾州大學任教，並受邀於2000年到北大數學系講學。丁則良1957年至北大水塔下未名湖內含冤自沉，當客座教授丁克詮三十多年後來到湖光塔影的傷心地憑弔亡父時，丁則良夫人(筆者按：李潔)因飽受折磨，先於幾年前辭世，夫婦二人只能在九泉下慶幸兒子成才。

丁則良可謂有後矣！這是我對這位老友綿綿長恨中的唯一慰藉。

註 釋

① 謝泳，《大學舊蹤》(南昌：江西教育出版社，1999)，“西南聯大的‘十一學會’”，頁49-51。

IX. 馮友蘭 (1895-1990)

計劃撰寫本章之初，我已決定請馮友蘭(芝生)先師來唱“壓軸”。因為本章所有憶及的師友全是聯大社團的成員，而最能表彰聯大社團精神及其特殊歷史意義的莫過馮師所撰“國立西南聯合大學紀念碑”文。為方便讀者參考，我將徵引馮師這篇不朽文章以結束本章和全書的“上編”。徵引之前，我只講述個人所獨知涉及馮、胡(適)關係的一項軼事，並臆測馮師長期學術行政成功的主要因素，以求避免與大量研究紀念馮師的資料重複。

1947年盛夏，馮先生從賓州大學過訪紐約，住在哥大附近一家旅館。我晚上去看他，長談中提及朋友見告，楊紹震夫人許亞芬(清華第六級1934年畢業)在斯密絲女校(Smith College)的碩士論文的題目是"1927年以前胡適對中國文化界的影響"。馮先生聽了，急不能待，口吃地、以極純極濃的河南腔說："這…這…這個題目很…很…很好，因為過了1927，他也就沒…沒…沒得影響啦！"文人相譏，自古已然，相形之下，馮之譏胡要比胡之譏馮溫和多了。〔許碩士論文事，最近在曹伯言整理的《胡適日記全編》(合肥：安徽教育出版社，2001)，第七冊，頁376，1940年4月10日條下得到證實。〕

不少清華內外人士對馮友蘭之能居清華(戰時兼聯大)要津二十餘年(1928-52)之久甚為不解。馮係北大出身，與清華學堂毫無關係。北伐成功以後，新被任命為清華校長的羅家倫從燕京大學延攬馮友蘭以為"班底"，馮初任秘書長，迅即為文學院長、校務委員會成員，兼哲學系主任。①雖然梅貽琦長校(1931年十二月)以前清華屢有學潮，校長迭換，而馮能屹然不撼者，主要由於：一、頭腦冷靜、析理均衡、明辨是非、考慮周至。二、深通世故，處世和平中庸，而觀點進步，學術上有高度安全感，故能與清華資深教授(如葉企孫、吳正之、陳岱孫等)合作無間，以延致第一流學者提高教研水準為共同鵠的。三、國學根底雄厚，文言表達能力特強，初則勇於起草，繼則眾望所歸，經常被推執筆。但凡任何政治或學術會議，意見紛紜，發言者眾，願作綜合報告者寡，凡執筆者往往被公認為最幹練"得力"之人。馮友蘭在清華及聯大正一貫是"得力"之人。錢穆追憶聯大文學院初設蒙自之際，北大師生開會謂清華事事"有偏"，"如文學院長常由馮芝生連任，何不輪及北大如湯錫予(用彤)，豈不堪當上選"。②這真書生門戶之見，完全不懂三校事務之繁巨與檠檠幹才之難得。馮友蘭主持清華聯大人文行政廿有餘年決不是偶然的。

茲舉一例以說明馮友蘭對聯大的重要。緣1939年秋至1940年春夏之交，陳立夫以教育部長的身分曾三度訓令聯大務須遵守教育部核定應設的課程，統一全國院校教材，舉行統一考試等新規定。此項訓令的目的當然是加強蔣政權對高等教育及高知的思想統治。聯大教務會議以致函聯大常委會的方式，抵抗駁斥陳立夫的三度訓令。這封措詞説理俱臻至妙的公“函”的執筆者捨馮友蘭莫屬。由於此文在力爭學術自由、反抗思想統制的聯大光榮校史上意義的重要，全文徵引如下：

西南聯合大學教務會議
就教育部課程設置諸問題
呈常委會函
(1940年6月10日)

敬啟者，屢承示教育部廿八年十月十二日第25038號、廿八年八月十二日高壹3字第18892號、廿九年五月四日高壹1字第13471號訓令，敬悉部中對於大學應設課程以及考核學生成績方法均有詳細規定、其各課程亦須呈部核示。部中重視高等教育，故指示不厭其詳，但准此以往則大學將直等於教育部高等教育司中一科，同人不敏，竊有未喻。夫大學為最高學府，包羅萬象，要當同歸而殊途，一致而百慮，豈可刻板文章，勒令從同。世界各著名大學之課程表，未有千篇一律者；即同一課程，各大學所授之內容亦未有一成不變者。唯其如是，所以能推陳出新，而學術乃可日臻進步也。如牛津、劍橋即在同一大學之中，其各學院之內容亦大不相同，彼豈不能令其整齊劃一，知其不可亦不必也。今教部對於各大學束縛馳驟，有見於齊而無見於畸，此同人所未喻者一也。教部為最高教育行政機關，大學為最高教育學術機關，教部可視大學研究教學之成績，以為賞罰殿最。但如何研究教學，則宜予大學以回旋之自由。律以孫中山先生權、能分立之說，則教育部為有權者，大學為有能者，權、能分職，事乃以治。今教育部之設施，將使權能不分，責任不明，此同人所未喻者二也。教育部為政府機關，當局時有進退；大學百年樹人，政策設施宜常不宜變。若大學內部甚至一課程之興廢亦須聽命教部，則必將受部中當局進退之影響，朝令夕改，其何以策研究之進行，肅學生之視聽，而堅其心志，此同人所未喻者三也。師嚴而後道尊，亦可謂道尊而後師嚴。今教授所授之課程，必經教部之指定，其課程之內容亦須經教部之核准，使教授在學生心目中為教育部一科員之不若，在教授固已不能自展其才；在學生尤啟輕視教授之念，與部中提倡導師制之意適為相反，此同人所未喻者四也。教部今日之員司多為昨日之教授，在學校則一籌不准其自展，在部中則忽然智周於萬物，人非至聖，何能如此，此同人所未喻者五也。然全國公私立大學程度不齊，教部訓令或係專為比較落後之大學而發，欲為之樹一標準，以便策其上進，別有苦心，亦可共諒，若果如此，可否由校呈請將本校作為第……號等訓令之例外。蓋本校承北大、清華、南開三校之舊，一切設施均有成規，行之多年，縱不敢謂為極有成績，亦可謂為當無流弊，似不必輕易更張。若何之處，仍祈卓裁。此致常務委員會。

教務會議謹啟

廿九.六.十

清華大學檔案③

結束本章，讓我們細嚼回味馮友蘭這篇文情並茂、事理明通、遣詞敘事、融古爍今、銘文形韻、典雅鏗鏘的“至文”：

國立西南聯合大學紀念碑

中華民國三十四年九月九日，我國家受日本之降於南京，上距二十六年七月七日蘆溝橋之變，為時八年；再上距二十年九月十八日瀋陽之變，為時十四年；再上距清甲午之變，為時五十一年；舉凡五十年間日本所鯨吞蠶食於我國家者，至是悉備，圖籍獻還，全勝之局秦漢以來所未有也。國立北京大學、國立清華大學原設北平，私立南開大學原設天津，自瀋陽變起，我國家之威權逐漸南移，唯以文化力量與日本爭持於平津，此三校實其中堅。二十六年平津失守，三校奉命遷於湖南，合組為國立長沙臨時大學，以三校校長蔣夢麟、梅貽琦、張伯苓為常務委員，主持校務，設法、理、工學院於長沙，文學院於南岳，於十一月一日開始上課。迨京滬失守，武漢震動，臨時大學又奉命遷雲南。師生徒步經貴州，於二十七年四月二十六日抵昆明，旋奉命改名為國立西南聯合大學，設理工學院於昆明，文法學院於蒙自，於五月四日開始上課。一學期後文法學院亦遷昆明，二十七年增設師範學院，二十九年設分校於四川敍永，一學年後併於本校。昆明本為後方名城，自日軍入安南陷緬甸，乃成後方重鎮，聯合大學支持其間，先後畢業學生二千餘人，從軍旅者八百餘人。河山既復，日月重光，聯合大學之使命既成，奉命於三十五年五月四日結束，原有三校即將返故居，復舊業。緬維八年支持之苦辛，與夫三校合作之協和，可紀念者蓋有四焉：我國家以世界之古國，居東亞之天府，本應紹漢唐之遺烈，作並世之先進，將來建國完成，必於世界歷史居獨特之地位，蓋並世列強雖新而不古，希臘羅馬有古而無今，唯我國家亙古亙今，亦新亦舊，斯所謂“周雖舊邦，其命維新”者也。曠代之偉業，八年之抗戰，已開其規模，立其基礎，今日之勝利，於我國家有旋轉乾坤之功，而聯合大學之使命，與抗戰相終始，此可紀念者一也。文人相輕，自古而然，昔人所言，今有同慨；三校有不同之歷史，各異之學風，八年之久，合作無間，同無妨異，異不害同，五色交輝，相得益彰，八音合奏，終和且平，此其可紀念者二也。萬物並育不相害，道並行而不相悖，小德川流，大德敦化，此天地之所以為大，斯雖先民之恒言，實為民主之真諦。聯合大學以其兼容並包之精神，轉移社會一時之風氣，內樹學術自由之規模，外獲民主堡壘之稱號，違千夫之諾諾，作一士之諤諤，此其可紀念者三也。稽之往史，我民族若不能立足於中原，偏安江表，稱曰南渡；南渡之人未有能北返者，晉人南渡其例一也，宋人南渡其例二也，明人南渡其例三也；風景不殊，晉人之深悲；還我河山，宋人之虛願；吾人為第四次之南渡，乃能於不十年間，收恢復之全功，庾信不哀江南，杜甫喜收薊北，此其可紀念者四也。聯合大學初定校歌，其辭始歎南遷流離之苦辛，中頌師生不屈之壯志，終寄最後勝利之期望，校以今日之成功，歷歷不爽，若合符契，聯合大學之終始，豈非一代之盛事，曠百世而難遇者哉！爰就歌辭，勒為碑銘，銘曰：

痛南渡，辭宮闕。駐衡湘，又離別。
更長征，經嶢嵲。望中原，遍灑血。
抵絕徼，繼講說。詩書器，猶有舌。
儘笳吹，情彌切。千秋恥，終已雪。
見仇寇，如煙滅。起朔北，迄南越。
視金甌，已無缺。大一統，無傾折。

中興業，繼往烈。維三校，弟兄列。
為一體，如膠結。同艱難，共歡悅。
聯合竟，使命徹。神京復，還燕碣。
以此石，象堅節。紀嘉慶，告來哲。

此碑樹立之時，我已在大洋彼岸進修西史；此碑永存，而它所代表的學術自由精神未數載即開始消逝了。

註 釋

① 馮友蘭初進清華的經過，可參閱蘇雲峰，《抗戰前的清華大學，1928-1937》（台北：中央研究院近代史研究所，2000），頁31-49。

② 《西南聯大在蒙自》（雲南民族出版社，1994），頁53。

③ 《清華大學史料選編》，第三卷（下），頁191-192。

海外篇

【第十二章】

紐約和哥大(上)

I. 選校補憶

在未回憶哥倫比亞大學兩年半的學生生涯之前，有必要補述未出國前選校的經過。抗戰期間亦師亦友和我相處最得的是伍啟元學長。他原是上海滬江大學畢業後考入清華研究院經濟學系的，不久即考取第二屆中英庚款公費生，入倫敦大學政治經濟學院，三年內不但完成了博士學位，而且博士論文《國際價格史綱要》已在倫敦出版。這在當時是罕有的現象，因此頗為中英庚款理事長朱家驊及國內知名大學所器重。伍當然決定回母校清華任教，戰時是聯大少壯派經濟學家中最知名的一位。我1940年投考清華第五屆留美公費生經濟史門，經濟思想史居然能得到85分之高，主要是靠他借給我自英帶回的一批參考書籍。他和我之間的友誼是我終身不忘的。

1944年初夏，清華第六屆留美公費生考試結果揭曉。我不但考取西洋史(注重十六、十七、十八世紀史)，而且總平均78.5分居全榜廿二名不同科門公費生之冠。幾天之內我就和啟元兄從種種不同的角度考慮在美選校問題。同時我也與雷海宗師討論此事。雷先生認為當時美國有四個大學可以考慮：哈佛、哥倫比亞、芝加哥和柏克萊的加州大學，不過馬上就甩掉了加州大學，因為它近一二十年發展很快，究竟只是州立大學中的領先者。人文社科歷史方面，仍以前三者私立大學為勝。雷先生提到他連續在芝加哥讀了五年，頭兩年完成學士，後三年完成博士，受到非常滿意的訓練。因芝大雖遲遲創於十九世紀九十年代初，由於羅克斐勒捐資充裕和芝大創校校長哈波 (W. R. Harper， 1856-1906) 自始即有志把芝加哥建立成第一流世界級的大學，所以教學風氣與眾不同。但雷師極客觀，認為還是哈佛和哥大歷史久根基雄厚，要看個人的志趣如何，才能作最後的決定。

啟元兄除了就一般學術水準着眼之外，特別提出了"實際"的看法。他認為就歷史系和社會科學諸系而言，哈佛和哥大都是實力雄厚、規模最大的，哥大而且是"新史學"的誕生地。他說今後國內和世界的大局也應該考慮在內。大戰後中國以五強之一的地位，必然需要大批人材；而在中國"校友"的關係，似乎比在其他國家更重要些。在中國高知中，再沒有比哥大校友更顯赫的了。試看：外交界哥大校友以顧維鈞、蔣廷黻為最；哲學方面有胡適之、馮友蘭、金岳霖三巨頭；教育界有蔣夢麟、張伯苓 (訪問研究生)、張彭春等；政治學方面有張奚若、陳之邁等；經濟及財商方面人材甚多，要以馬寅初為最傑出，試看他1914年出版的博士論文——《紐約州的財政》，一直被認為標準著作。甚至地質方面，哥大的拉茫 (Lamont) 實驗室是世界馳名的，內中訓練出找到恐龍蛋，中、瑞 (典) 新疆考察團中方領隊袁復禮等人。即使在化工界，國內唯一一位享譽國際，以蘇爾維 (Solvay) 方法煉鹼成功，領導溏沽永利鹼廠打進世界市場的侯德榜，也是哥大的博士。哈佛當然造就出不少學者和專才，但哥大替二十世紀中國造就出不少"領袖"人物——這是哥大與其他美國著名大學不同的地方。

啟元學長這番話説得如此真切透徹，對我選讀哥大影響極深。此外，我個人早有如此的想法：清華公費的年限既短，兩年以後最多僅延長半年。人文歷史方面兩年半完成博士學位，幾乎完全沒有可能，更何況哥大對博士論文的要求較一般為嚴格，必須能發表成書才能獲得博士學位。論文有待繼續寫撰期間總需要半時工作始能維持。紐約這大都會找工作的機會應較一般大學城為易。

更重要的是一生來美讀書機會只有一次，預期三四年間論文及學位完成之後立即回國服務。既來到美國，就應該儘可能地開眼界、飽耳福。試想：如果不住在紐約，大都會歌劇院響遏行雲的最傑出的男高音，人生能得幾回聆！？回憶所及，1944年冬和張奚若先生談選校時，他特別提出紐約這個大都市"文化高"，這是他當年選入哥大的主因之一。

此處必須補一筆的是，我選校之後非向前清華經濟系專授高級統計學及高級貨幣學的趙人儁(守愚)先生寫封"道歉"的信不可。守愚先生和我是世交。他是浙江蘭溪人，是平漢鐵路局局長趙清華的堂姪，和張學良同居的趙四小姐的堂哥。守愚父親和我父親，因考舉人未中，曾同在杭州住一兩年書院。記得守愚在1930年左右辭掉南京鐵道部科長，路過天津去清華任教授時，父親特別訂了明湖春的酒席(第一等濟南館，湯菜之清鮮醇美舉國無二；極可惜解放後這個極優良有特色的烹飪傳統中斷了)，守愚坐上座，這是父親對哈佛博士的崇敬與補賀。我1932年冬未大考即因《南開雙週》學潮而被開除，所以1933年開年即到北平入弘達中學跳班混文憑。因弘達宿舍遠在阜城門外而且尚未修好，我臨時只好到清華新南園十號暫住趙寓以待弘達開學。那時正巧因喜峰口情勢緊張，守愚兩週前已把家眷送往南京，身邊只有一個男僕，為他也為我做簡單的飯食。守愚去北平城裏的時間多，我發現附近有很好的小飯館，一切都很方便。守愚在家和我談話時總是勉勵我第一步先求考進清華，然後再長期準備考留美。我如果考取留美，選校問題很簡單，選哈佛總不會錯。哈佛是美國最早建立的學校，三百年來人材輩出，而且校友對母校捐款之熱心與高度制度化是舉世無雙的。至今哈佛是全世界基金最多的學府。他並以手頭的哈佛年鑑和幾種紀念冊見示，進一步談近年美國大學教授們自己投票評估各方面的專長，只有物理學芝加哥高居第一位，醫科霍布金斯(Johns Hopkins)居第一位，其餘大都是哈佛領先。

我當時只有唯唯謹謹，洗耳恭聽，機械式地說出如果有朝一日考取留美，當然去哈佛攻博士。

正由於這個“故事”，所以我在1945年初寫信到成都華西壩燕京大學時(守愚因婚變，戰時離開清華赴成都)，開始感謝他1933年初的款待和對哈佛的讚揚和推介，然後不斷以抱歉的口吻告他已選入哥倫比亞(事實上說不出明白的道理)，希望他不要過分“失望”。再也料不到他回信中不但絲毫未表失望和驚異，反而大誇我有眼光，選校選得對，因中國的哥大校友，學問之外，往往有幹才。他舉的例子與伍啟元兄所舉的大都符合。全信不足三百字，詞義俱極懇切，可惜我只記得他對自己、對有些國內的“哈佛人”的自嘲。他說中國的哈佛人往往是：“自命不凡，目空當世，又臭又美，碌碌半生，一事無成，如小兄者！……”這封信使我深深感動，因為只有真正具有安全感的人，才敢自嘲，才會欣賞他人的成就。趙守愚和陳岱孫先生是抗戰前清華經濟系僅有的兩位博士，都是哈佛出身的。趙守愚的統計學在當時國內是首屈一指的。我很早就知道他不斷自修高級數學工具，並曾坦白地對我說過，他如果不用功，很容易就會被傑出學生如徐毓楠等追上。守愚對何廉在南開所領導的經濟研究工作每加讚揚，並承認清華經濟系人材雖比南開多，而幹勁卻遠不如南開。這種高度的坦誠是與戰前清華優良學風分不開的。

II. 旅途觀感

由於大戰關係，我們這批第六屆留美公費生，考後在國內整整等候了兩年才能出國。考試是早在1943年八月下旬即舉行了的，考試結果是1944年春夏之交揭曉的，可是我們要等到日本投降之後，1945年八月二十八日才能搭一貨機自昆明出發，在緬甸臘戍小停，飛抵印度加爾各答候船赴美。在加爾各答等了幾乎兩個月，因為船期無法預知，也因為行囊羞澀，我們只好在加爾各答“死等”，根本無法遊覽任何印度的古跡和名勝。我們俱知孟加拉不能代表全部印度次大陸，但我們對印度的印象只有根據一地所見所聞：處處都見到乞丐，貧民街頭露宿，骨瘦如柴的“聖牛”橫行街道，這一切與紀念維多利亞時代印度帝國建立的雄巍莊嚴的Chorinjee(拼音已不能確記)廣場適成一鮮明的對比和諷刺。清華同班同系的劉廣秋，時任職中央信託局駐印辦事處，請我到他公寓晚餐，説明不得不僱兩名傭人打掃清除，因為印度種性階級(caste)制度不允許“不可接觸的賤民(untouchables)”摸桌上的東西。我當時即有一個內心拒求甚解的歷史判斷：源於印度的婆羅門教，特別是大盛於東南亞的佛教是被人宰割的“魚肉”，而基督教卻是一手執《聖經》、一手持利刃的宰割者。

這時陳寅恪師也在加爾各答等候飛機赴英講學。他兩年前已應牛津之聘為漢學講座教授。與陳師同行的有邵循正、沈有鼎和孫毓棠三位，他們都將充任牛津的漢學導師(tutor)。陳師雙目網膜已半脱落，最忌強烈震動。由於我身材比較高大，所以陳師登飛機時由我扶持。令我終身難忘的是，在登機的前幾天，陳師突然有所感觸，特別當着我，對美國人盡情地發洩：“歐洲人看不起中國人還只是放在心裏，美國人最可惡，看不起中國人往往表露於顏色。”因此，我長期對美國歧視華人的問題有直接的觀察與體會，將於本章下節中有所討論。

我們等到十月二十六日總算搭上了美國大批新造的萬噸級的“自由船”之一，USS General Stewart號，繞錫蘭首都科倫坡，經過風平浪靜的紅海、蘇彝士運河和地中海，最後幾天才真正領略到一個重要的歷史和地理事實：冬季的北大西洋堪稱全地球上最狂暴無制的區域。我們華夏大陸文化修辭家所用的“驚濤駭浪”實在不足形容冬季北大西洋晝以繼夜、日又一日、風浪凶險可怕的程度。暈船期間，曾作歷史反思：近數百年來西北歐在全球拓殖事業方面處處領先，是與此區居民自古即有征服海洋的知識與能力牢不可分的。

自太史公司馬遷起，行萬里路一直被傳統士人認為是廣義人文教育的重要組成部分。我們這次海空跨洲越洋之旅也不例外。

Ⅲ. 令人留戀的紐約生活

我們一行二十人(農學及紡織二門無人錄取)終於在1945年十一月二十四日下午抵達紐約，在曼哈頓西42街碼頭登陸。東行不到一哩即是世界聞名的泰晤士廣場了(事實上是三角地帶)。二十人中只有我是以紐約為旅行終點的，因為哥倫比亞大學就在曼哈頓。紐約多姿多彩，嚮導之類的大小書冊，不勝枚舉。我只能就個人的經驗與感受，漫憶紐約生活的片段。

作為哥大的研究生，我在紐約共住了三十一個月另一週(1945年十一月二十四日至1948年七月一日)。紐約給我印象最深的是它的地下鐵道系統。紐約市區很大，陸地面積325方英里。全市共分五區，曼哈頓之北是勃朗克斯，東南的布魯克林和東北的皇后區都在長島的西端，只有斯塔汀是海灣內的大島，與曼哈頓的交往靠輪渡。在這樣遼闊的大市區內，地下鐵無遠不達，票價五分。我和景洛離開紐約的那一天(1948年七月一日)，車費的價錢才加倍到一毛。誠然，倫敦和巴黎的地下鐵較紐約的為早，莫斯科路線有限的地下鐵站台頗不乏藝術點綴，加拿大很晚才建造的多倫多的地下鐵整潔可喜，但全世界所有的地下鐵，沒有一個路線較紐約的更多更長，票價更低，更能做到真正為市民服務。七十年代我曾兩三度試乘北京單一路線的地下鐵，感到最奇怪的是乘客不擠，出入的站口離主要的街口(如王府井和西單)，至少距離是三四百步之遙，因為地下鐵設計的重點考慮之一是為運作管理的方便，而不是為市民經常用者的方便。

* * *

為了解決住的問題，抵紐約後的第一個星期一(1945年十一月二十六日)才首次搭乘地下鐵到西116街去參觀哥大校園和研究生宿舍。研究生宿舍是以著名校友政治家曾任國務卿的John Jay (1745-1829) 為名的。一見這座十四層樓的宿舍心裏就喜歡。一進門左牆邊玻璃櫥多層陳列品中，一眼就看到一個銀盾，上面刻字說明1910年哥大與耶魯演說比賽，哥大勝利，哥大辯論的領隊者是Wellington Koo顧維鈞。這個銀盾是多麼充滿魅力，給予中國新生多少自豪與自尊！我當時即決定初遊校園之後，即回到這宿舍午餐。點了最貴的菜，以兩厚片鮮豬肘為主，配菜、甜食都很豐富，只可惜主菜淡而無味，餐價一元二毛，較外邊略高。宿舍房間整潔，公用淋浴極為方便，出樓即是圖書館，地點理想之至。當時清華所發每月生活費僅一百元(次年下半年才加到每月一百三十五元)，住是住得起，不過買書的餘錢就很有限了。因此，決定住附近民房。

在哥大頭一年我單身一人，在校中心四五條街之內曾三易其居。記憶猶新的是113街的一個公寓，二房東是原籍愛爾蘭的老太太，為人正直“嚴厲”，每天早晨來鋪床，一定按時換床單，偶爾也清理書桌。租金每週五元半。不知何以故，她有一次拿起我的兩隻手端詳又端詳，最後說：“Your hands are so delicately small that you will become famous, famous, and ever-more famous.” (你的兩隻手那樣柔小，你將來會越來越出名) 。大概只一兩個月之內，我泛讀英史，翻過Beatrice Potter Webb (1858-1943) 的早年回憶錄《*My Apprenticeship*》(《企鵝》兩本) 。她系出名門，早歲以貌美才高，同情勞工，聞於當世，最後竟決意下嫁原籍猶太、體貌不揚、靜默深思、文如泉湧的Sidney J. Webb (1858-1947) 。他是“費邊社Fabian Society”的寫作柱石，號稱英國工黨之“父”，最後晉封男爵的。

她在回憶錄中曾提到婚前注意到他那小而笨拙的雙手。我讀了一笑置之，至今仍一笑置之。我事後反思，或許房東老太收拾書桌時曾看了教授在我文章封面頁的評語。不幸的是，一天夜晚朋友來訪，談話聲音較大，次晨她綳着臉對我警告，以後不許這位客人來訪。這使我無法容忍，雖已預繳了一週租金，我還是儘快搬到115街極雜極亂極其自由的一所公寓了。1946年十二月景洛自上海來到紐約時，我們就在這所公寓勉強對付了幾個月，好在可以燒飯。

1947年春，清華日本史教授王信忠先生訪美已近一年，決定回北京母校，慨然以他的公寓私下讓給景洛和我。他這公寓是在西107街312號，向西走就是有名的河濱大道，再向北走就是河濱公園了。這條街上多數的房子都比較矮小，門面窄，全部只有四層。照例二房東兼經理住底層的後小半邊，景洛和我住二層。較大的一間是主要的起居室，可以勉強會客，晚間充臥室。另有一小間基本設備齊全的廚房及一間浴室。這種公寓真可謂是麻雀雖小，五臟俱全，解決了景洛和我的生活問題。我們就是在這小小公寓裏接待老同學和過往客人，包括五級學長孫毓棠。1947年夏楊振寧在芝加哥大學物理博士的工作即將完成，我們同屆的公費生，清華十一級李志偉芝大經濟系博士的科目口試業已考過。他們和其他一兩位芝大同學同買了一輛用過的汽車，駕駛到東岸各處遊覽。景洛用心地為楊、李準備了一頓晚餐，最好玩的是，一進門李志偉第一句大聲笑着講的話是："楊振寧這小子，一到芝加哥就打聽諾貝爾獎金怎樣申請。"楊當時笑而不答。不過七十年代末或八十年代初(確切年月份已不記得)他在芝加哥一個大型華人談話會中，我追述1947年夏李志偉所講有關他的故事時，楊振寧極力否認。他的否認恐怕是有道理的，因為他不會不知道諾貝爾是提名的，不是能申請的。好在他近兩年來在台峽兩岸，已不只一次公開承認十二歲時即立志要獲取諾貝爾獎金，這個壯志已經並永將是現代炎黃子孫中的嘉話。

回到住的問題，當時我們並不覺得太苦。活動的空間確實稍感不足，但生活卻十分便利。一切基本需要在幾條南北向的短街之內都可以解決。紐約兼賣多種日常用品的"藥房"之多，是舉世大小都市所望塵莫及的。我當時曾夢想總有一天會回哥大執教，哥大為教授們營建的公寓地點幽靜，內部明朗寬敞。即使住不進哥大的公寓，學校附近的民營公寓，尤以沿着河濱大道的，也不失上選。至於噪音，問題不如外間人想像之甚，原因有二：一、久而習慣了，不會太覺得。二、紐約樓房建築材料上乘，能減少噪音。清華第二屆留美公費生，成本會計門的宋作楠先生(金華人，趙人儁的妹夫，六七十年代在台北成功地經營被譽為東亞第二大的會計公司)，曾對我解說何以紐約的噪音遠不如一般想像之甚。他對哥大附近生活是感到十分滿意的。

* * *

吃是紐約和哥大附近華人的驕傲。我們初抵紐約之夕，華美協進社社長孟治博士"公事式"招待我們二十名公費生的中餐平平無奇。第二天是星期日，泰晤士廣場附近劇院區非常冷靜，我卻發現了一家chop suey("雜碎")，這可能是紐約最廉價的中餐館了〔案：近查《牛津英文字典》，chop suey初見於美國《*Current Literature* (當代文學)》，1888年10月號，確是雜碎的粵語音譯，最初主要的原料是雞雜，以後隨時隨地配菜，成分有所改換。足徵某項傳聞，謂"雜碎"之起源與李鴻章1896年訪美有關之說之不確，附及〕。蛋花湯及蛋捲在內，主菜是肉絲炒芽菜，可能略攙芹菜絲、鮮蘑片，白飯管夠，取價僅四角五分。這樣公道的午餐給我極好極深的印象。

住到哥大附近以後，飲食極為方便。學校附近就有一兩家中餐館，菜、麵都很合口。午飯為節省時間照例吃西餐，湯、生菜、甜品、茶或咖啡，應有盡有，代價九毛九分。晚飯與清華八級周新民學長(清華經濟系教員，五年休假在哥大攻博士)往往不約而同地在百老匯和125街街口的永興飯店相聚。雞、肉、魚、蝦價皆在一元上下，包括湯和飯後的幾片橙子。我最喜歡的是腐竹豬肚湯，其次是牛腩蘿蔔湯。大概是1947年春，景洛到了紐約之後不久，125街路南開了一家上海樓。這是紐約第一家非廣東、真正下江口味的餐館，一時轟動，晚飯往往要排隊候座，猶太顧客比例相當高。不久在百老匯111街又開了一家綠楊邨，老闆是哥大師範學院地理專業博士候選人江應澄，他是江北人，居然請到了一位真正揚州的廚師(據說也是股東)，能做出地道的揚州乾絲和菜肉大包，一時膾炙人口，門庭若市。哥大一區也因此為大紐約市華人所豔羡。最可惜的是不知何故，生意如此興隆的上好飯館竟因不能續簽租約而停業。但是，風氣既開，有特色的"北方館"在五十及六十年代相繼出現於96街與125街之間，而哥大附近也成為大紐約市物美而取價最公道的中國美食區。

由於公費生的生活費有限，景洛來美後我們平時當然自己做飯。搬到107街後，清華老級友陸家駒、王原真夫婦也來紐約讀學位。我們四人晚飯合吃，營養充足，又很經濟。在加拿大西岸住定之後，景洛對哥大附近吃的問題曾做反思。四十年代學校附近尚無超級市場，蔬果供應雖然還可以，但遠不如西岸新鮮。再則當時不懂，哥大附近猶太人開的肉舖夥計非常狡猾，不時向雞和肉撒水增加重量，雞的質量尤甚差。這是學生時代生活美中不足之一，我們事後和較小都市比較之後才明瞭的。

* * *

由於老師輩中每有憶及留美期間曾遭種族歧視者，我覺得對個人不同的經驗似有作些具體追述的必要。事實上，紐約兩年半多的學生生活中最愉快的回憶之一是我從來未受到種族歧視，反而不時受到相關方面的"優待"。本人相信，時代、國際情勢、個人行為和機遇都有關係，種族歧視問題不可一概而論。

開始即出乎我意料的是，遠在開課(哥大採兩季制，要等到1946年二月初才開課)之前，就從新識的哥大中國同學處獲悉，半年多前哥大註冊課即傳出消息：一位清華留美公費生已決定來哥大攻讀西洋史。註冊課之所以"重視"此事，是因為那年正值東亞語文文化系的丁龍(Dean Lung)講座，富路特(Luther Carrington Goodrich, 1894-1986)教授兼任註冊課主任。富先生是在北京東郊通州出生並度童年的，華語是極純的京腔。因此，我1945年十一月底首次到註冊課報到，即受到外籍學生顧問、"祖籍"挪威的懷特(Deming Hoyt)先生特別親切的關照。他中等身材，滿頭金髮，一上來就給人一個極不尋常的印象——居心"純善"，從不會想到人性可能有它不太光明之處。若干年後反思，我始終認為他代表美國人性格中最"天真"淳良的一面。他對我的英文口語過分的誇獎使我不安，表示要盡力幫助我多多了解美國生活卻使我十分心感。

早在1945年聖誕前十天左右，他就在家裏開了一個飯後的晚會，讓我和十幾位外籍研究生和他父母和三姐妹交談跳舞。這是我唯一的機會參觀半個多世紀前很盛行的"城裏住宅(town house)"。這類房子都是成排共牆連棟、四層另加地下室，門面照例是以淡灰或淡褐色方石塊砌成的。懷特這所內部已經改裝並已另加屋頂日光浴的玻璃房，晚到七十年代我才聽說，這類紐約東城中部的舊式城裏住宅已至少價值百萬以上，甚至二三百萬元了。懷特父母都健在，三姐妹談吐大方。大姐聽說我不會跳舞，主動地叫我跟着她跳——這是我生平第一次"學"跳舞。1946年二月初開學後一個月左右，懷特又為我作了安排：胡適博士到校演講之夕，飯前和晚餐時要我和他多多交談；胡演講時我要與另三位同學坐在台上，講後要輪流發問。這次晚餐的主人是哥大代理校長，胡先生的另一主要陪客是一位政治系的遠東國際關係教授。胡先生的演講和我與他的交談另詳(專憶5)。

再也想不到1946年春懷特成功地為我做了一個極不尋常的安排：一個週末日我將到紐約市北郊著名Westchester County富人區一位華爾街投資銀行家包威斯 (Mr. Powers) 家，獨自一人竟日作客。對我而言，這是一個奇緣，也是一項考驗。上午十時半包少爺就開車來接，午前和午餐與包夫人及公子必須有話可談，而且無論談話方向如何轉移，我必須能應付、小心謹慎以防失誤。午餐後包公子開車充嚮導，給我機會匆匆觀察高級之中仍有等差的、各式各樣的寓宅、巨廈、園林、幽徑，真可謂大開眼界。晚餐提前，六時左右即開始吃。包先生已回家，正式作主人。他常識豐富，很了解中國和東亞的局勢。就在談到國民黨貪污和通貨膨脹時，包夫人插了話，說半徑一英里內的主婦們聚會時有人對宋子文表示不滿，因為他每次外出回家，離住宅鐵門一二百碼之外就按喇叭。等到蘋果派已經吃完，我對主人聲謝時，先微微稱讚廚子 (中年黑婦) 烹調得法，就特別提出午餐主菜鰨魚 (sole) 和晚餐主菜小羊排 (lamb chops) 正是中文“鮮”字的詞源 (我事先早已知道在英國不可以當主人面稱讚烹飪，在美國可以) 。這引起他們三位滿意的微笑和對古代中國文化的好奇。包氏一家三人 (可能有不在家的成年子女) 俱皆修長清秀，夫人五十多歲，望之如四十左右，待客誠懇，富而不驕不露。正在飯後夕陽尚未全落，最後在住宅附近稍稍散步即準備將我送回哥大時，包夫人突然指着住宅私家車道外矮牆門外停着的一輛還不算舊的大轎車 (當時因戰時物資統制尚未盡除，用過的高級轎車價格相當昂貴) ，不覺脱口而出：“這是我們廚子的丈夫半年前買的二手的Cadillac，這樣早就來接她了。”在包夫人整天待客之中，這是她唯一無意中間接地反映出自己的富。我對美國上層社會上了極為有用的第一課。

開學後與研究班上兩位特別友善的同學的課外交往，擴大了我對美國社會不同階層的初步認識。年僅二十三歲的麥爾頓Al Melden，出自中上階層律師之家，而且是獨子，一放暑假幾乎每個週末日都駕駛他一人獨用的別克(Buick)轎車，成為我理想的大紐約的導遊者。由於他住在遼闊的皇后區地下鐵東端更東南的St. Albans，所以我很早就有機會路經並參觀美國最著名的網球城"林嶺"(Forest Hills)。我曾兩度蒙他父母款待。父親事業有成，三十六歲才結婚，而母親尚未滿十七歲。父親很會説笑，談到英、美發音不同時，他笑着説，如果是一個平常的瓷瓶，應按美音讀為vāse；如果是明朝的瓷瓶，那就必須按英音讀為väse。我這單身學生償還人情的辦法是，預訂一個週末日，Al將他父母開到哥大，由我請他們一家三人在哥大附近一家中餐館吃叉燒湯麵，因這家煮麵先將叉燒與蒜瓣炒過，所以湯很有味道。果然他們三人都説好吃。後來麥律師告我，他自己一人因過路曾再度去吃叉燒麵，給了半元銀幣的小費(麵價只九毛)，夥計一時不知所措，因為通常小費不過一毛而已。麥律師曾極誠懇地對我説："彼得(Peter，不是我正式的英文名字，同學卻如此叫我)，你對西方的歷史和文化已有研究，此外你對自己中國的歷史和文化有更深的了解，這正是你之所以能夠得到人們的尊敬。我很高興，Al能和像你這樣的人做朋友。"我之所以不怕嘮叨地追憶，因為我相信麥律師所説正中要害，中國人是否受種族歧視是因人、因時、因地、因事而異的，不可一概而論。當然，其中最基本的事實是二次大戰後來美的中國人大都是高知，不再是苦力工人了；中美友好關係方興未艾也大有助於兩國人民的接觸。

研究班上另位與我特別友善的是馬基Bill McGhee。他是愛爾蘭種，出生於布魯克林碼頭工人之家。他一生最感銘的是戰前父母親極力撙節，資送他到位於紐約州中部，私立名譽很好而學費相當昂貴的Hamilton College讀書，希望他藉此永遠脱離工人階級，上升到自由職業階層。馬基不時和我討論英文修辭的種種小技巧，使我十分心感。他曾兩度請我到他家吃晚飯。他們住的是成排連牆的兩層連地下室的小房子——老馬基先生一生辛苦工作積蓄的果實。老先生紅潤健康的面色，誠摯無華的談吐給我留下極好的印象。景洛抵美後兩三月間，他們要請景洛吃飯。景洛經我敦勸同意帶一大塊較瘦豬肉和一棵中國大白菜，臨時在馬家燉紅燒肉，炒大白菜，獲得兩代主人和馬基中學"甜心"的好奇、欣賞與稱讚。

馬基對我性格之形成無意中具有相當影響。因為他的關係，我從1946年夏起即成為布魯克林達濟 (Dodger) 職業棒球隊的忠實擁護者 fan (Dodger 字義是躲避者，因為最初球場牆外有有軌電車，球員人等出入都要躲車) 。這個組織有勇氣有毅力打破百年種族禁約，球員中頗不乏可歌可泣的事跡，但命運多舛，1955年以前，好像永無可能在世界錦標賽中擊敗傲慢成性、一向走鴻運的洋基 (Yankee) 隊。我至今在很多方面對所謂的"弱勢者"或"失敗者" (即美俚中的 underdog) 都具有同情，是與1946-55年期間苦痛的"達濟經驗"分不開的。

兩年半學生生涯所能了解美國社會的程度當然很為有限，不過紐約和哥大給我難得的機會去初步了解美國女長春藤大學畢業生的生活片面。我1946年二月初開課試選了初級俄文，教員是哥大俄國研究所的博士生巴夏羅夫女士 Justinia Basharoff。她父親原是黑海區的亞貴族地主，革命爆發攜帶財寶流亡國外，喪妻不復娶，始終能維持優裕生活。她新近畢業於著名的瓦沙學院 (Vassar College) ，學校位於紐約之北約五十哩哈德遜河東岸，學生差不多都來自中上人家。我因課程負荷甚重，不到六週即放棄俄文，但她喜歡和我談文史，維持私誼。她另外一位中國朋友是她同所的博士生唐盛鎬。唐中央大學畢業，曾任南京國民政府駐蘇大使館三等秘書 (幾十年來唐是波士頓學院蘇聯及國際關係名教授) 。巴小姐堅持我們叫她的小名"烏特卡 (Utka) "，俄俚"小鴨子"。

記得這年十月的第一個星期日，天氣驟寒，秋風凜冽之中 Utka 開車接我和唐盛鎬去她的"鄉居"餐聚。地點大概離瓦沙女校不遠，樹木葱鬱，頗有田野風趣。瓦沙同學六七人，男士人數略同。大家動手，生火取暖，分工準備一頓相當豐盛的盤餐。Utka同學中只有一人結婚，且已懷孕，嫁的是哥大古巴籍的研究生。看他中等寬肥的身材，盡情搖擺着跳古巴黑人發明的倫巴(rumba)舞，很難想像若干年後他在學術或其他事業上會有真正的成就。當時腦海中一閃而過：雖然戰後美國大學畢業的女孩子們自認為與男子完全平等，充分解放，一般而言，究竟難逃"嫁雞隨雞，嫁狗隨狗"的社會"真理"。再如Irene，當晚大家都俄式叫她Irushenka，修長端秀，頭髮微紅，略有雀斑。Utka私下向我們作簡介，説她為人極好，性格溫柔，不知何以尚無適當男友。但最令人不解的還是Utka為她自己設下的陷阱，她不能也不願跳出。她自幼即篤信天主教，在哥大遇到已有妻室而又身患不治之症(忘記何症)的愛爾蘭種的研究生Kelly，由同情而陷入情網。我在圖書館中遇見過他，肥、相當醜、脾氣壞、右眼微斜，顯然是在利用剝削Utka淳良的天性和程度還不算太深的"受虐狂"。景洛1947年兩三度遇見Utka之後，同意我的觀察。

我缺乏小説家的天才、洞察和想像能力，匆匆兩年半中對美國社會的了解當然甚為有限。但久後反思，紐約和哥大給我接觸社會某些層面的機會究竟要比其他城市多些。最大的安慰是，我從來沒有在此最大城市受過種族歧視。

*　　　*　　　*

半個多世紀後反思，紐約對我最深最大的影響是幫助培養我形成一種特殊的求知慾——不是對任何事物都想知道，而是對自己有興趣的事物力求知道其中最高的標準。紐約世界第一和第一流的東西實在較其他都市為多。第一次作"紐約客(New Yorker)"雖不足三整年，但耳聞目濡，自然而然地已開始對不少事物的最高標準有所領悟。姑舉瑣事一則為例。

紐約的大都會歌劇院是舉世聞名的，似乎比意大利米蘭的歌劇院還要出色。在北美洲只有在紐約才能聽到世界最好的歌星演唱。哥大學生照例託學校的麥克米倫劇院代買紐約大都會歌劇院的票，往往能得同價諸排中較好的座位。由於傳統印象最傑出的男高音往往出自意大利，所以我最初決定試聽 Ferruccio Tagliavini (拼音可能有小誤)，結果並不滿意。我和景洛隨即在1947年底去聽瑞典男高音柏約齡 (Jussi Björling，1911-60)。他嗓音之剛勁、淳美抒情實令我有"聽止"之歎。我毫無西樂訓練，當時對自己的分辨能力極乏信心。我到加拿大教書已十年之後，《紐約時報》有記者訪問卡魯索 (Enrico Caruso，1873-1921) 遺孀，問舉世健在男高音中，何人歌喉最近似這位被公認為前無古人，而且可能後無來者的卡魯索？卡夫人的答覆是：柏約齡。柏知悉後，公開宣稱："這是我一生最大的榮耀。"可惜柏氏不久即逝世，時年四十有九，比卡魯索僅僅多活了一年。至此，我暗中摸索領悟最高標準的一課才能自己打分：及格。

紐約歷史上是世界最大的移民入口港。"紐約客"確實包括來自地球上每個偏僻角落的各色人種。聯合國本部之設在紐約決不是偶然的。這個開放性和世界性 (cosmopolitan) 的大都市，對我一生治學的胸襟和心態都有直接間接積極的影響。

【第十三章】

紐約和哥大(下)

I. 歲月蹉跎的焦慮

我與紐約幾乎可說是如魚得水，但在哥大重作學生，一開始卻心情相當沉重。試想：我1938年二十一歲就清華畢業，少年時曾夢想至遲二十五歲應可得到博士。事實上，我大學畢業後的第五年才有第二次機會考留美，錄取時已二十七歲，在哥大第一天上課時已快二十九歲了。這樣晚，青春業已消逝之後，才開始讀博士，真是無可奈何。用當時流行的棒球俚語來形容自己，我真是一個"飢餓的球員"，只有希望儘快地完成使命了。

第一個待決的問題是主修哪個西史領域。清華留美考試委員會事先特別註明西洋史門注重十六、十七、十八世紀史，可是我對十六世紀的宗教革命、十七世紀的宗教戰爭及其後果從來不感興趣。哥大十六、十七世紀的教授專長是西班牙史，似乎不合我的需要。如果專攻這段時期歷史的博士學位，勢必事倍功半。再則清華公費只有兩年，一般僅能延長半年，而我開學前已"浪費"了兩整月。我不得不置清華原議於不顧。事實上，理工(尤其是工)方面的公費生大都專攻清華原擬的科目，文法方面，一經出國，公費生有很大的選擇自由。最顯著的例子是我們同屆的李志偉，本是清華十一級外語系畢業考取社會學(注重社會保險)的，而他一到美國即決定去芝加哥大學攻讀經濟。我內心已傾向主修1500年以後英國及英帝國史，將來論文只好搞比較熟悉的十九世紀尚有發掘餘地的較重要的題目。

在1946年初考慮此問題時，有幸與資深的梅君可鏘幾度深談。可鏘比我年長一歲，1937年以優秀的成績畢業於嶺南大學歷史系，他的英文遠勝中文。他是廣東梅縣人，父親經商香港、南洋間，1939年把兒子私費送到哥倫比亞讀研究院後，就說明以後由可鏘在美國"自生自滅"，不再資助了。我和可鏘初見時，他早已考過歷史系博士主修和輔修兩大科門(他選的是1500年後英國及英帝國史和歐洲中古史)的口試，取得了正式登記為博士候選人的身分。正式登記的(matriculated)博士候選人的"特權"是令新入學的研究生十分羨慕的。他可以在全圖書館最清靜的最高兩層中無限期(事實上，博士論文通過為止)佔有一間七八呎見方的小屋(cubicle)，有桌椅和書架。他所用的書全可以從書庫簽字後拿到自己的專室，書無時限，亦無罰款之慮。如果有人需要他手頭的書，圖書館人留條拿出，絲毫不需要自己操心。此外，登記的博士候選人還有圖書館主門的鑰匙，由他工作到午夜或天明無人干擾。即使幹到清晨兩三點鐘，飢餓難當，一兩條街之內總還有飯食點心可吃。這種對研究學人便利無微不至的想法和辦法，不僅使我們曾經受益者無限地欣賞和流戀，而且可供台峽兩岸和港澳發展高教的研究和參考。我當時最迫切的願望是儘速取得登記博士候選人的特權。

II. 導師的選擇

我和梅可鏘長談之後，決定步他後塵，主修1500年後英國及英帝國史，也準備在柏萊柏諾(John Bartlet Brebner，1895-1957)教授指導之下撰寫博士論文。柏氏家學淵源，父James是加拿大多倫多(Toronto)大學創業註冊主任。柏雖早慧，五年青春耗於歐戰，戰後復員始得赴牛津讀書。入學"考試"(試題：法、俄革命之比較)名列第一，分到St. John's學院為"示範生(exhibitioner)"。

當時牛津等校尚不正式頒給博士學位，1925年柏氏獲碩士及"副博士 (B. Litt.)"後，立即為加拿大出生、哥倫比亞歷史系名教授蕭特韋爾 (James T. Shotwell，1874-1965) 召至哥大為教員，使他儘速完成博士學位後即長期留校執教。蕭氏是大"學術企業家"，以主編《世界大戰期間的經濟與社會》150種專書 (這部大叢書及其他有關戰爭與和平多種著作皆為加內基 Carnegie 基金會所資助) 聞名於世。此後蕭氏另主編《加 (拿大) 美關係》叢書共25部，柏氏不但參與此一叢書之計劃與編輯，且被委為最後第二十五總結論專冊之撰寫人。這部分是由於柏氏最初研究加拿大最東沿海地區極度錯綜複雜的早期歷史的兩部專刊 (其中完成於1927年的一部是哥大博士論文) 考證精微，綜合周至，一經問世，即被譽為代表加邦史學最高水平之作。近年翻檢數十年前的《美國名人錄》，我的印象是柏氏和芝加哥大學的喬登 (Wilbur K. Jordan，迅即受哈佛之聘，並不久即任哈佛女校 Radeliffe 學院的校長)，可能是三四十年代美國主要大學英史教授中僅有的兩位被"徵" (co-opt) 為 (英國) 皇家歷史學會會員的。

柏氏1945年出版的《*North Atlantic Triangle：The Interplay of Canada, The United States and Great Britain* (北大西洋三角：加拿大、美國與英國的交互影響)》，半世紀後重讀反思，確是一部體大思精、極不尋常的大綜合。事緣二次大戰前夕，美國和加拿大雙邊貿易、投資、物資交換規模之大，舉世無雙；四千英里國界幾乎完全無礙於兩國人民行動、遷徙、選業、定居之自由等獨特的事實，遠非一般史家所能充分了解。柏氏綜合之主題即在考證、分析、綜合、解釋形成此種美、加特殊關係之種種歷史根源，如民族、語言、政治 (包括思想與制度)、軍事、經濟、社會、移民等因素；以及三個多世紀反覆試驗，不斷摸索，冀能避免武力衝突，求出和平解決的多種方式。此外，柏氏不時特別指出在美、加長期共同開發北美洲北半部無盡資源的過程中，兩國的關係又與英國代議制度的理論與實踐，十九世紀及二十世紀初葉英國之"資本帝國主義"之雄厚力量牢不可分。柏氏此書雖大部取資於數量可觀的已有研究英美或美加雙邊關係的專著與論文，但能獨樹一幟全方位地檢討三個英語國家四百年間①複雜多維關係，結果不能不被公認為視野嶄新、富啟發性的綜合傑作。評者幾乎一致指出全書最精彩部分在論述早期皮毛的洲際貿易、長期漁業、林業、氣候、土壤、植被所決定的各區農墾開發方式，水陸交通運輸，新舊移民謀生就業等經濟性問題的深度。

梅可鏘說，他從未選過柏氏加、美、英關係的課，但大大受益於柏氏英國史課及研究班。我因歲月流逝，極想置碩士學位於不顧，自始即專攻英史及英史研究班，直接讀博士。但困難有二：一、系主任雖相當同情我的要求，但對我說"你至少先選一個學期的碩士研究班，表現一下你的能力，我們才能定奪"。二、1946年春季柏氏只開加、美、英關係的演講課和研究班。所以我只好硬着頭皮鑽進"陌生"的北美洲史（我在清華及聯大期間從未對美國史及美國外交史發生興趣）。好在第二學期即可專修他1776年後的英國史。

Ⅲ. 課程憶要

哥大校風似北大，學生選課極度自由。小班人數不多，不得不經常上課聽講，而大班人多，不上課無人注意，反正每課都有季終考試，一切可由學生自決自理。1946年春我第一學期開始時對選課頗存幻想，自認為以法、德為主的大陸西歐史十九世紀這一段的基礎在國內已打得相當扎實，照理應能應付博士的課程口試（當然，十六、十七、十八世紀的西歐史還須泛讀精讀）。因此，為適應二次大戰後的政治新局勢，頗有意較深入地讀習俄國史，並試選俄文。但一個多月後即感到俄史教授G. T. Robinson（兼任哥大俄國研究所所長) 驕傲冷漠，對學生要求特嚴，而其本人主要著作《*Rural Russia under the Old Regime*(舊制度下之俄國農村)》遠不能使我膺服。所以我馬上就停習俄文，目光開始轉向更實際迫切的問題：如何在兩年半之內儘量多做英史博士的工作，但不能忽略有用的工具。於是在第一和第二年裏我選了兩門經濟系的課。

財政學由資深教授 Robert M. Haig 主授，演講內容異常充實，可惜講堂太大，他的音調起伏不太容易聽 (多年後反思，十六歲時在青島因海水浴而終身患慢性中耳炎，右耳膜早就破裂，可能自哥大時起聽覺即有問題)，我只好自己讀書，包括已故交遊極廣、享譽寰宇、《社會科學百科全書》主編人賽里格曼 (Edwin R. A. Seligman，1861-1939) 的《租稅轉嫁》等名著。這門課裏技術性的知識使我敢於選定英國城、鄉土地問題及土地政策為博士論文的對象，更充沛我以必要的能力，從1952年冬起，對傳統中國人口及土地統計中關鍵性的一些專詞做出革命性的分析和考釋。我還選了波蘭訪問教授Karl Polanyi (二十世紀最重要自由主義思想家之一Michael Polanyi之兄) 的經濟史，此課偏重觀點和理論，很少討論重要西方經濟數據和史實，所以數週之後我即不再上課聽講，並決定不參加季終考試 (哥大好像允許九個學分的課程可以不考)。但這門課對我也有長期影響，終身對提出觀點和理論而缺乏堅實數據和考證的經濟史專刊和論文不肯輕易接受。

主修英國史方面，1946年春季我只能選柏萊柏諾教授以加拿大為主的加、美關係，不時兼及英國的三邊關係。這本來是演講課，但由於戰後退伍軍人比戰前第一年研究生要成熟些 (記得班上有退伍少校一人，上、中、少尉各一人)，更由於選課者亟欲完成碩士學位，所以這門課也可作為碩士的研究班。除季終考試外，每人必須寫一篇研究論文，但為適應志在專修美國或英國史學生的需要，論文題目不限於加、美關係。學期末大考時，使我不勝驚奇的是班中竟有兩人攜帶打字機。哥大規章是大考時學生自備藍皮橫格本手寫答卷。我心想手寫速度決不能與打字機競爭，何況答案內容條理，遣詞造句無一不費心思。而兩位同班幾乎輪流不息地打字；作為一個外國學生，我怎能在答卷的"量"上與他們競爭。兩小時答卷，一本還答不滿，心中甚為不安。

至於論文，題目是"英美合作與遠東秩序，1895-1922"。主要論點是從兩個不同視角觀察"安定"遠東國際情勢的基本因素是英美合作。此文前半部詳論甲午戰後中國弱點暴露無遺，老奸巨滑的英國，一方面與德、法、俄同時租借中國港口，劃分"勢力範圍"，攫取利權，一方面又百般向美表示親善，冀能與美合作，以"光明正大"門戶開放的原則政策保護自身在華最大的商利，並和緩與防止列強對華進一步"瓜分"的企圖。這個由英發起、由美單獨宣佈、"投機"性的政策畢竟發生了緩和部分預期的效果，成為一種應時的"安定"東亞國際情勢秩序的因素。②

論文後半部從不同視角論析1902年英日同盟簽署後二十年間，這個同盟成為英、美再度合作的最大障礙。美、日三次簽約也無法解決兩國勢力在太平洋的衝突，而英日同盟卻使日本毫無忌憚地在中國進行侵略，如二十一條的提出和日本佔領膠州灣及攫取山東利權等等。只有等到英日同盟實際上廢除以後，在英美再度合作之下，美國才能召開華盛頓會議，擬定三強、五強海軍均勢比例，擴大到九國公約的簽署，給予軍閥內戰、無力禦侮的中國以國際上喘息暫安的機會。柏師生平甚少專撰外交史論文，但在其"加拿大、英日同盟，與華盛頓會議"一文(刊於哥大主編的《*Political Science Quarterly*》，1935年3月號)中揭發一大外交秘密：1921年英帝國會議本已原則上決定延續英日同盟，加拿大保守黨首相梅因(Arhur Meighen)舌戰群英，取得最後勝利——同意秘密廢除英日同盟。我的論文既與柏師巨著《北大西洋三角》基本立論相符，又能凸現柏師1935年論文的特殊意義。

哥大政治科學學院每季公佈研究生成績，照例僅分"P"(及格)及“F”(不及格)兩種。第一季終柏師演講及研究班上所有學生(包括兩位打字答卷者),一律得“P”,獨我一人兩門都另得“+”號。

第一學期的工作總算還差強人意,但每一念及清華公費年限之短,即不免憂心忡忡。暑期除了選一門湊學分的經濟史外,貫注精神選讀斯凱勒(Robert Livingston Schuyler)教授的英帝國·聯邦(British Empire-Commonwealth)史的上半,大約涵蓋1500-1800年這三個世紀。斯氏專長是英國憲法史,我很想選習,可惜本年不開班。我計劃夏間溫習多年自修英史所積累的有關議會及憲法的知識,如有技術性難懂之處,向他課外請教。斯氏父系母系均為曼哈頓望族,他可能是哥大教授中唯一世居紐約中央公園之東,馳名世界的第五縱街的。早在1909年他已獲得哥大博士學位,我到哥大的前幾年他已經充任過《美國歷史學報》的主編。我雖計劃從柏教授寫英國經濟史方面的論文,但1946年夏我的意志也曾動搖過,有意試圖在清華公費短促的期限內完成博士論文及一切考試。於是開課不久即向斯教授請教:二十世紀二十年代中英關係是否可作博士論文的對象。這是因為我自清華三年級起即系統自修歐洲外交史,燕京研究生的一年和聯大期間都有機會增強此一領域的專識,特別是對遠東及太平洋的國際關係已奠下相當基礎。“九·一八”後西方研究對象集中在三十年代的英、日、美、國聯,而二十年代的中英關係還沒有專刊問世。當時年富力強,駕輕就熟,晝夜拚命,兩年半左右應可滿足博士學位所需的全部條件。斯教授回答時只提出一個問題:“你是否可以利用未經發表的檔案資料(unpublished archives)?”我說不能。他說:“你所提的博士論文題目政治系是可以接受的,但是歷史系不能。”

這盆冷水澆頭,使我立即變得非常清醒。大概看我這樣早就急着提出博士論文的問題,斯教授對我的課業表示了真正的關切,馬上問我外國語是否已考過了。我告他七月三日晚間的德文筆試,

哥倫比亞大學John Bartlet Brebner 先師

最近知道已經及格，但苦在法文至少還需要三個月的加強讀習，特別是練習譯讀歷史方面的文章，才敢應試。他立即大聲地說："不，不，你不需要再考法文了。"我說哥大政治科學學院公報明明規定英史博士生必須在選四十五學分之前考過法、德二外語。他說："不，中文可以算外國語。"我還疑信參半，他就以師長的身分叫我不必再多憂慮，應該全力投入英史、西歐史和論文。幾分鐘內，從冷水澆頭轉為如釋重擔，是我今生難忘日子之一。這天是1946年七月八日，星期二。(參見本章末之"附錄：美國人文社科博士生外語考試制度述要"。)

1946年秋季我才第一次有機會上柏師1776年以來的英史演講課，同時開始英史博士生研究班，因為系中已經同意我可以跳過碩士的階段。柏師英史演講課注重社會和經濟，但政治史演講也有深度。季終考試我仍是唯一得了一個"加"號的。1946年秋至1948年初夏這兩年內，極大部分的時間和精力都投入為論文而設的研究班。每兩週向柏師口頭報告論文選題(主題和很多子題)、搜集史料和研撰的進展，當然還幾度上呈部分論文的初稿。只有1947年底前後一個多月，我全力在準備博士生主修、輔修兩大領域的兩次口試。由於深知法國史的重要、可讀書籍之多、自己根基之不足，所以極大部分臨急抱佛腳的閱讀和試圖消化的工作都與法國史有關。

IV. 兩次口試③

1948年開年博士課程學分業已讀滿，柏師與系為我安排兩次口試。初試之目的在獲得博士候選人的資格。所考的不過是先由我報告在主修的1500年以降英史領域之內，讀過哪些斷代史、專書和名著；此外，我應申述選擇博士論文題目之理由，所根據的主要史料，論文的性質與內容，和預期所能作出的"原創性"的貢獻(如果確能有或多或少創見的話)。這次考試通過之後即可成為初步的"登記"博士候選人。兩個多月後再舉行主修及輔修(1500年以降大陸西歐史)兩大領域的"最後(final)"口試。這是博士學位工作中最嚴重的一關。由歷史系內外五位教授充任考試委員，輪流考問，共為時大約兩小時，此外另有一位外系教授充任"觀察者(observer)"，有權發言，亦可決定不發問，但必須向政治科學學院院長報告口試的結果。這個最後的課程口試考過之後，即成為正式的"登記"博士候選人，享有研究專室及種種圖書特權了。再等到博士論文完成，論文口試通過，和論文出版成書的保證才能獲得博士學位。哥大是全美唯一的大學歷史上一向堅持博士論文必須刊印成書的。

二月第一週一天午飯後我在系辦公樓底層無意中遇見柏師，他叫我同去他第七層辦公室，略事試探我對初試是否已有充分準備。我覺得很奇怪，因為他深知我平素用功，兩年來工作都能使他滿意，而且初試性質並不會很嚴重。坐下之後，他問了我一系列有關英國東印度公司自1600年成立以來的海外貿易政策，與當時歐洲一般的重商主義(mercantilism)國家在商業理論與實踐方面的同異；最後竟問到當時(指十七世紀)英國討論海外貿易較重要的一些論辯小冊的作者和內容。我雖能對政策的理論與實踐答出綱領，但對當時的論辯文獻卻瞠目不能作答。柏師說這類問題再去翻翻書就可以了，不必太驚慌。

大約十天之後初試就在他的辦公室舉行了，他和我之外只有斯凱勒師參加。斯師開頭問我，英史及英帝國史，1500至1900年這四百年間，讀過哪些書。我擇要作答，他完全不追問下去。不久柏師即把口試的方向轉移到論文。照理應該由我作一系統的申述的，想不到柏師搶過話頭，把我論文的對象、原始資料，尤其是學人罕知的十九世紀英國一些激進社團的各種小冊，甚至論文初稿撰就諸章節中業已保證能有原創性貢獻之處，一一向斯師講說。斯師問我的問題，柏師也巧妙地代我一一回答。這場取得博士候選人資格的口試，大部幾乎變成為兩位老師間的談話，真是出乎意料之外。

1948年五月三日，星期一，是我終身難忘的日子。這天上午九點半，我的博士課程最後口試在學校最莊嚴、羅馬泛神廟式青銅圓頂的、校長辦公室所在的Low Memorial Library大樓底層一間會議室裏舉行。一張長桌，我坐下端，柏師坐對面上端，另外四位教授分坐兩邊。計有斯凱勒、麥廷雷(Garrett Mattingly，十六世紀史通儒，尤精英國與西班牙關係以及文藝復興末期的外交)，華倫恩(John H. Wuorinen德國及北歐史)，及皮爾敦(Thomas P. Peardon，哥大女校Barnard學院政治教授，在歷史系授英國政府)四位。另外坐在牆角的"觀察者"是經濟系少壯助教授韋克銳(William Spencer Vickery，退休後於1996年榮獲諾貝爾獎，未及去瑞典，在紐約開車心臟病暴發不幸去世)。氣氛肅穆，我雖自以為準備有素，仍不免緊張。

柏氏以我論文導師的地位，首先發問。他所問的正是兩個半月前在他辦公室所問的問題。我一聽馬上就變得十分清醒與冷靜，信心充足，抓住要點，把英國與"正統"重商主義政策與實踐作出了一個令我自己相當滿意的綱領述要。然後像蜻蜓點水式一提十七世紀初葉次要商業小冊作者如Malynes和Misselden等，立即集中分析初刊於1621年，托馬斯·孟(Thomas Mun)所著《*A Discourse of Trade from England unto East India*(英國與東印度貿易的研討)》小冊中異常精闢的見解和主張。孟氏本人為東印度公司理事之一，能根據公司賬冊説明雖因氣候物產諸因素，自始出口之英國商品之價值遠不如入口商品價值之高，故自始即須向東印度輸出相當大量的金銀幣，初視之下，似與當時重商主義之基本信念相悖——增強國力，必須長期積累金銀。但進一步分析，並不如此。這公司運輸成本低廉，東印度香料等物轉售土耳其(實係Ottoman帝國)、意大利及其他國家之後，公司賺回更大量的金銀幣，是以二十年來公司已成為英國最大最有效的財富創造者。事實上向東印度輸出現金之大部分都已是外國的金銀幣；而貿易總量之急劇上升促使英國鑄幣事業之迅速發展。孟氏報告公司一向注意造船的原料和技術，每船皆有火炮等裝配，經常自平民及貧民中選補水手，嚴加訓練，故公司船舶雖不無被荷蘭船舶擊沉或俘獲者，一般而言，英國東印度公司艦隊能在海上鬥爭中佔上風。回答時我在此處插入一句名史家崔維林(G. M. Trevelyan)的話，當時以"東印度人(East Indiaman)"類稱的公司私有船舶質量之佳、作戰能力之強，已非當時"皇家海軍"所能及。尤足道者是孟氏一再堅持出入口商品必須儘量由本國船隻裝運，水手亦必須由英國臣民或公司所僱外國壯丁充當，遠洋貿易之成敗與海軍之強弱牢不可分。在此意義之下，孟氏之遠見，四十年後被政府採納，1660年議會終於通過了著名的第一個航業法令(*Navigation Acts*)。百十餘年後，亞當斯密雖力主自由貿易、放任主義，卻不得不讚揚航業法令是英史上最明智的法令之一。

柏師說問題差不多已回答了，問我能否用一兩分鐘綜述東印度公司對華貿易概況。我回答英、中貿易要到十八世紀才開始重要，主因是飲茶越來越成為英國上、中級社會人士的嗜好。隨即再引崔維林另一句漂亮話，大意是東印度對華貿易已改變(案：提高之義)了英國上層社會的藝術鑒賞，並已革新了一般人日常交往的習慣(案：前者由於受了大批進口中國瓷器的影響，後者指咖啡館雨後春筍般的出現，人們經常去飲茶、談商情、做交易)。我又指出托馬斯·孟1621年小冊中主張英國應儘量輸出價值高的加工成品如毛織品等物，而東印度公司對華貿易長期的苦悶是在亞熱帶的華南港口無法銷售毛織品，自始即必須對中國輸出金銀幣，積久數量很大。1800年後鴉片才開始導致兩國間金銀幣的倒流。雖然在鴉片戰爭後中國新興最大的貿易港口上海，東印度公司立即取得無比的優勢，那種長期歷史性未償之願——到冬季嚴寒的華北打開英國毛織品的市場以換取中國的金銀——似乎在英國商團的潛意識中仍然作祟。1850年上海英商創辦的英文報紙的命名就是部分的反映。處在北緯31°的上海無論如何不能認為是"華北"，而東印度公司支配下的英國僑民卻將報紙定名為《*North China Herald*(北華捷報)》，1868年改名為《*North China Daily News*(字林西報)》，原來《北華捷報》為週報(案：東印度公司兩個多世紀的在華專利最後在1833年被議會取消，此後上海英僑改受英領事保護與管制，1854年七月以後則受租界工部局的保護與管制)。最通曉世界地理的英商決不會不知道上海的緯度，而仍堅持把上海當作"華北"不是沒有歷史原因的。希望我此處小小的發揮，在浩瀚的英帝國史上，尚不無些微底註的價值。

至此，柏師叫我十分鐘內評估英國功利學派(Utilitarianism)宗師邊沁(Jeremy Bentham，1748-1832)的主要理論及其對立法及議會改革的影響。這是一般專修英史學生所能預期的重要課題，對我而言，卻是"奇遇"。論英國近代功利學派最權威之著是法國專門研究十九世紀英史大家阿勒維Elie Halévy的《*The Growth of Philosophic Radicalism*（哲學激進主義的長成）》。1940年春在昆明西南聯大應燕京（1938-39）網球老友林志琦之請求，代他對此書撰一報告，向張奚若先生近代西洋政治思想史班交卷（林為謀生，課餘打工，對此書內容，甚至書名，皆大感茫然。當時聯大西文圖書不多，名著由教授指派）。我初讀此書時，雖已略知功利派思想家的理論出發點是人性總是追求快樂，避免痛苦的，但邊沁那種多維導致幸福的種種計算方式（felicific calculus，事實上應意譯為權衡苦樂的計算方式），如按照強度（intensity）、持久度（duration）、必定性（certainty）、不必定性（uncertainty）、遠近、純雜等等標準，使我感到非常機械而又奇怪。一再反思後始能明其大要。1940年春完全被動的替人讀書，不料竟大有助於同年八月底清華第五屆留美公費生考試中經濟思想史一門的答卷。事後得悉，命題者是哥大出身、北大教授趙迺摶先生，試題共三，第一題即是邊沁苦樂權衡論與經典經濟學家心理分析原則的關係。在博士口試中竟會與邊沁第三次相逢，減少了我的緊張，增長了我的信心。

從讀書和考試經驗中，我早已知道對某問題如果真能把握，即使短短兩三分鐘之內也應該能夠簡明地述出要點。十分鐘是相當充裕的時間，正可好好利用，在適當之處表現一下知識的深度，最聰明的表現方式之一是穿插深刻而又幽默的掌故或軼事。我於是不慌不忙，首先略述邊沁這位罕見的神童的富裕家世及其對法國文化的景仰；十五歲即畢業於牛津，十六歲即取得律師資格；不久即遊訪法國，與多位哲人討論哲學、法律等問題。當時他已深受法國哲學及教育名家、功利理論先驅愛爾維修（Claude Helvetius，1715-71）、意大利經濟及法律名家巴喀芮亞（Cesare Beccaria，1738-94）等的影響，並已初步形成了自己以苦樂權衡為核心的功利主義思想體系。這個理論的出發點是避苦趨樂是人的本性，儘管人人都是自我中心、都在追求自己的利益，社會人群卻往往自然而然地能獲得利益的調協和一致（natural identity of interests）；遇到社會人群間利益發生衝突時，就非要通過國家政府的立法才能導致不同利益的人為一致化（artificial identification of interests）。綜合前人的理論，邊沁提出以促進"最大多數人的最大幸福"作為判斷國家制度和法律優劣的唯一標準。他童少年時曾為自己是否具有天才這個問題所困擾。二十一歲時從愛爾維修著作之中得到兩個答案："天才（genius）"字源上是與"發明（invention）"分不開的；各種天才類型之中，唯有能通過立法以促進人群幸福者才是"最有用"的天才。準乎此，一向深思冥索備極害羞的青年邊沁考問自己：是否稱得起天才？是否稱得起最有用的天才？他最後以顫抖的聲音作出自我回答："是！"

這時柏師面露微笑，其餘四位教授都笑出聲。

我的答問立即由輕鬆轉到嚴肅。首先指出邊沁第一部英文著作《*Fragments of Government*（政府片論）》（1776年初版，匿名），第二部《*Introduction to the Principles of Morals and Legislation*（道德與立法原則序論）》（1789）以及其他早年論民、刑法改革諸小冊及論文，或原以法文寫撰，或已譯成法、德及西班牙文，影響遠及歐陸及拉丁美洲，而在英國反而甚少人知。主要是由於邊沁一介書生，只知閉門著述，未通人情世故。1808年結識大穆勒（James Mill，1773-1836）是邊沁一生事業及命運的一大轉機，因穆勒本人即是希世天才，知識淵博，文筆流暢，立志將邊沁之理論原則以深入淺出的方式向國人作廣泛的介紹。穆勒交遊之廣，識人之明，組織能力之強，籌擬政治活動步驟之允當，與開闢輿論施壓渠道之明智，無一不令後世讀者欽佩不已。學術思想方面，穆勒盡力將卓越經濟學家李嘉圖（David Ricardo，1772-1823）及人口理論奠基人馬爾薩斯（Thomas Malthus，1766-1834）與邊沁信徒發生聯繫之後，以邊沁為首的"哲學激進主義 (Philosophic Radicalism)"之思想體系始告完成；以穆勒為中心拉線的各進步黨派組織聯合製造輿論的聲勢才開始壯大；強烈要求立法及議會改革——尤其是世襲貴族大地主直接間接控制下極不合理的議席地理分佈，必須有基本性的調整——的政治壓力才日趨雄厚。

柏師此處打斷我的話，問我"哲學激進主義"中的"激進"究竟是甚麼涵義？我想了幾秒鐘，坦白地聲明我只能嘗試着回答，不敢說回答一定正確。首先，"激進 (radical)"的意義與十九及二十世紀歐洲大陸不同，在邊沁時代的英國"激進"絲毫沒有用暴行推翻政府及從事社會革命的意思。我對阿勒維的了解如果不誤，"radical"的真意與字源接近，指根本的意思。換言之，邊沁及其信徒在理論上力求從最根本處(如所假定的人性避苦趨樂論)出發。但在政治實踐上當時高知與政客認為主張全民普選者是激進分子。就邊沁學派而言，"最大多數人的最大幸福"原則推到理論極端，勢必引到全民普選的主張不可；因此，邊沁晚年不得不把普選這一主張延展到全部成年婦女。在1832年第一次議會改革法案通過之前，普選確是代表當時最激烈的政治要求。

柏師並未表示是否滿意我的答覆，叫我準備結束我的答案。我說阿勒維書讀了兩遍之後，覺得它稍稍失於繁蕪，但不失為弘博淹貫之作，但我不能同意他全書最後的結論。他書中一再闡析邊沁思想裏的二重性——社會人群利益自然而然就能調協一致，和社會人群利益又往往必須通過人為手段(立法)，才能達成一致化；前者是經濟科學的基本原則，後者是法律科學的基本原則。前者經過亞當斯密社會分工論發揚光大之後，理論提升到新的水平。試想：在一個勢將逐步"民主化"的國家社會裏，主權既在人民中的多數，人民多數與人民全體越來越接近的話，前者與後者——社會人群間利益不一致時必須通過立法使其一致化——之間的矛盾就越來越趨向消融。事實上，1832年邊沁死後的二十年間，英國工業革命造成經濟上無比的優勢，1846年“穀物法 (*Corn Laws*)”的廢除更是放任主義和自由貿易勝利的標誌。所以阿勒維最後認為，英國功利主義哲學兩大派系中的勝利者是亞當斯密信徒所組成的、以放任主義和自由貿易為主要綱領的“曼徹斯特 (Manchester)”學派，不是邊沁弟子們以立法手段取得社會利益一致化的《西敏斯特評論》(*Westminster Review*) 學派。

不過我個人反思，覺得從近百餘年英國歷史發展的總趨勢看，邊沁學派的影響是超過經典經濟學派的。誠如名史家馬考雷 (Thomas B. Macaulay，1800-59；1838年後充任下院議員) 在議會辯論開頭往往強調指出放任和自由是指導政治的天經地義，“但是 (but)”諸如童工、飢貧、工礦設備有欠安全、工人及貧民的居住、疾病、衛生等等問題的嚴重，使得相信自由放任的政府不能袖手旁觀。數十年間馬氏及他人的各種“但是”的積累結果，正使政府不得不越來越採取干涉和立法的手段以拯時弊，積久就導致了“集體”、“福利”國家的出現。我們甚至可以說，近現代英國歷史上從未曾有過自由、放任主義全盤勝利的一段時期。證以目前 (1948年) 英國福利國家的長成，邊沁學派的影響是深而且巨的。

論文指導老師的問題答完之後，輪到斯凱勒師發問了。斯師資歷最深，考過的學生也最多，因此最了解博士口試適宜的難度，從不對學生故意刁難。他開頭對我說，口試時代的上限是1500年，但你如能追溯到中古就儘管去追溯。我的問題是：一般學人認為英國憲法史上曾有三個意外人事因素有利於議會主權的發展，這三個意外因素是甚麼。我立即指出第一個，也可能是最重要的意外是：約翰王 (King John，1199-1216) 1215年敗於地主貴族聯軍，被迫簽署大憲章之後，次年未滿五十歲即去世。王位由襁褓中的王子亨利三世 (Henry III，1216-72) 承繼。如果約翰不是如此早卒，他是會用種種手段、增強軍力，再藉教皇的聲明和精神支持，力圖修改甚至廢除大憲章中對貴族讓步的條件的。至少條文上若干名詞及文義確實不無爭辯餘地的。亨利三世沖齡即位之後，不得不再三再四把大憲章中對貴族做出的讓步予以肯定。第二和第三個意外在時代上是相連的：自"德國"迎來的漢諾威 (Hanover) 朝的喬治一世 (George I，1714-27) 及喬治二世 (George II，1727-60)。前者幾乎完全不諳英語，後者雖通英語，對英國風俗民情及政治制度仍感隔膜，以致憲法成例上國王仍應享有之若干特權，如解散議會、重組政府、任命指派某些教會及政府高級人員等等，不久即流入當政的輝格黨 (Whig，即自由黨之前身) 領袖沃爾浦爾爵士 (Sir Robert Walpole，1676-1745) 之手。沃氏善解兩代王意，長於利用金錢及職位的"腐敗"手段維持議會中之多數，通過與國王意願相符的法案。是以二十餘年間 (1715-17；1721-42) 國內平靜，海外殖民貿易能有長足發展。就制度言，沃氏當政期間，雛形的"首相"及"內閣"開始出現。

斯師在此插問：研究這一時期英國歷史最佳著作是甚麼，能否扼要加以評介？

我立即指出內米爾 (Lewis Namier，牛津出身，"倫敦大學歷史學派"中堅) 的名著《*The Structure of Politics at the Accession of George III* (喬治三世登極時的政治結構)》(1929年初版)。此書極大部分皆係根據郡邑原檔，有關貴族家世及政治活動最原始第一性的史料，尤以與沃爾浦爾長期表裏合作，掌管財務的紐卡索公爵 (Duke of Newcastle，1693-1768；1754-56為"首相") 當政期間的全部信札及賬冊，最能活靈活現地描繪當時或以權位，或以小惠，操縱選舉，維持議會中多數議席的種種積習和手段。秘訣是不聲不響，暗中拉線，"讓睡着的狗躺着"，不要去驚動。然而當下議院議席照例為世襲貴族大地主控制，甚至"私有"的期間，真有才具和法律專識者以及海商大賈等仍不無機會晉身議會。內米爾總計紐卡索公爵兩次掌管國庫，七年之中，動用最為後世詬病的"secret service money (秘密活動款項)"尚不足三十萬鎊，數額實在是"驚人的小"，而且總的看來還不能認為是"bribery (賄賂)"。我能答出內米爾所用最近的整數——291,000鎊——並情不自禁地感慨：在我的祖國，孔、宋盜國數以十億計，國民政府焉能不崩潰！？英國史上出名"腐敗"的一章，與傳統及當代中國的貪污豈可同日而語！？

斯師在此再度插問：十九世紀英國憲法史你讀過甚麼名著？

我回答照理我至少應該讀兩部：一部是白芝浩 (Walter Bagehot，1826-77) 的《英國憲法》，一部是戴賽 (A. V. Dicey，1835-1922) 的《英國憲法導論》。但是，我六七年前在中國，最近為了口試，曾兩度試攻戴賽名著，終感格格不入。主要由於他從法律的立場詮析英憲，全書很少涉及政治人物，甚至完全不談內閣的重要。我對初刊於1867年白芝浩經典之作，1938年春在上海初讀即為之傾倒。白氏觀察深刻銳敏，開頭就指出法國孟德斯鳩 (Montesquieu) 於十八世紀中葉大倡立法、行政、司法三權分立，相互制衡之說，影響美國革命立憲至深且巨，但與十九世紀中葉英國的政治運作完全不符。他認為英國政府效率之高、保密能力之強，正由於內閣充當行政及立法之間的聯繫；英國的內閣幾乎可說是行政及立法權力的完全融合。我繼續指出白芝浩本是天分極高的政論家，並曾充議會議員，與金融界巨擘私交甚篤，故對英國政制及社會具有非凡的洞察力，書中不時妙語如珠，耐人尋味。如論及英王及王室，白氏指出表面上"光榮革命" (1688) 後之國王仍享有不少特權，但在十九世紀六十年代，國王特權之施行必須經過大臣 (尤其是首相) 的中介，取得議會的同意，故真正的"sovereign (最高統治者)"不是國王，而是議會。然而在滿足臣民心理及感情上的需要與安全，加強本土及帝國各族人民的政治認同上，國王卻仍能發揮無可比擬的功用。國王及王室之所以能發揮如此重要的功用，原因不外三字："historical"，"august" and "theatrical"。意即國王及王室歷史悠久、莊嚴、富於舞台性 (特別指國家經常及非常的典禮和儀節)。

斯師此處再度插問：白芝浩書有無誇張及不足之處？

我說："當然有。"白氏討論上議院及國王等處即不免誇張其消極面；事實上二者的功能要比他書中所論重要些。不足之處在未能發揮首相職位和政黨的日益重要。然而這些都是受了時代的限制，不足為全書病。

至此，皮爾敦教授發問。說也奇怪，其實一點也不奇怪，凡是口試自覺滿意之處，六十年後幾乎記憶猶新；回答遠遠不能令自己滿意、勉強支吾之處，剛剛考過之後記憶已不大清楚，久後印象更加模糊。我對皮教授主要問題的回答就是如此。皮教授開始說明，同意我對白芝浩的綜評，並強調指出白氏對上議院權力及功能的認識有嚴重的不足；因為十九世紀末葉及二十世紀初年，凡自由黨當政期間，那個被保守黨"永久"多數控制的貴族上議院變成了阻撓、修正、否決下議院所提種種議案的強大力量。於是叫我舉出此期間兩黨及兩院領袖人物、重要法案及議案，以及雙方的政治策略和其他導致1909-11年之間，議會兩度解散、兩度大選的嚴重議會危機的因素。由於我從來未曾從上議院的立場溫習近現代英國史，更由於月以繼月地準備口試，實在沒有時間去多想二十世紀的英史問題。所以我的回答自始即與回答柏、斯二師問題大不相同，喪失了持續"獨白"的能力。在回答的過程中有不少處都要靠皮教授的"提醒"才能作答。

幸而皮教授最後一個問題我回答比較流暢，似乎紓解了一點前此緊張的空氣。他問題的大意是：自十九世紀末迄今，除了首相的權力不斷增長，政黨內部紀律逐步嚴格化以外，還有甚麼新的發展反映政府基本大權越來越集中於行政部門。我回答有兩個趨勢：一是文官制度越來越龐大，知識分工越來越細密，以致內閣各部首長不得不經常仰仗常務次長、司長、科長等專家的知識、經驗和意見。關於國家經常事務，誇張地說，幾乎是專家治國。但其中也有好處，高素質的文官制度在某種意義之下，未始不是制度及決策上一種穩定的因素。高質素是與十九世紀七十年代以來的文官考試制度分不開的，這考試制度是採自東印度公司，而東印度公司在十九世紀二十年代開始的考試制度卻是採自具有千年以上歷史的中國科舉制度(這時麥廷雷教授插一短問：是嗎？我回答：確是如此)。二、隨着選舉權的屢度擴大，民主政治不斷發展，代表中、下層人民利益的壓力團體對公眾輿論控制能力的增強，無論哪黨當政，都必須考慮如何通過立法為人民服務。當時保守人士所認為的"集體主義"性質的立法涉及大多數人民生活的各個方面。所以理論上不得不由立法權所在的議會授權於行政各部門，分門別類去"立法"。在很多情況之下，中央行政部門也不得不委託地方市鎮政府去草擬細節，因為中央實在無法了解各地特別的情況和需要。大體而言，這個已成慣例的"新"趨勢就是"delegated legislation (委任立法)"。甚至司法方面，本來屬於民法領域的很多偏重技術性的案件(如鐵路、礦務、公司企業間的糾紛等等)，也通常由法庭授權各行政部門去辦理，一般方法是由相關行政部門成立臨時法庭或裁判所 (tribunal) 去審理。悲觀保守人士不乏認為這種趨勢已是議會制度的喪鐘、英國政制已面臨行政吞沒立法的危機。證以漫長的英憲歷史，英國人民業已一再表現其政治應變的能力，整個政治制度理應不會因時勢之變而失其大規大矩。

至此，柏師宣佈主修口試已經結束，大家可以休息四五分鐘。我低着頭走出考場要去洗手間，猛抬頭看見梅可鏘兄迎面走來，他如此關切我的口試實在令我感激不已。他問我主修考得怎樣，並說："我看你走出來面露微笑，想來考得一定很好。"我說我並不覺得微笑過，出場仍在沉思回答皮爾敦最後問題相對流暢是否能有挽回大部答案"頹局"的作用。猛吸了半支飛力浦毛理絲紙煙，即回到考場。

輔修1500年後的大陸西歐史由麥廷雷教授先考。他第一個問題就是宗教改革教義方面的爭執。我當機立斷，馬上坦白承認宗教教義是我最大的弱點，因為我是人本主義孔子的"信徒"。希望他考問我旁的方面。他問："你願意我問你哪方面的問題？"我說："制度史。"（字將出口，即感到不太妥當，因為我實在沒有仔細考慮的機會，制度史事實上是深度與難度較高的歷史部門）麥教授所問一長系列的問題幾乎涉及十六和十七世紀前半法國的制度的全部，連路易十四都一字不問，更不消說一般所最注意的十八世紀和法國革命了。他考問的範圍涉及兵制、税制，當時法國特殊的司法、財政的行政地理，以及幾代國王為加強統治各省區及地方政府所創置的種種官職。回答他"真刀真槍"式的問題，只有遵循孔子之教，"知之為知之，不知為不知"，決無猶豫支吾之餘地。以下數例力求"保存"當時問答的氣氛。

麥：法國佛蘭西斯一世（Francis I，在位1515-47）1525年再度入侵意大利，戰敗，為神聖羅馬帝國皇帝查理五世（Charles V，在位1519-58）所擒。他的軍隊有多少人？

何：據我所讀過的記載，他1515年初度入侵意大利北部大獲全勝時兵力最強，大約不超過四萬人。1525年的軍隊人數不詳，大約兩萬五千人左右。

麥：差不多；正因為軍隊不大，所以幾年之內就能重整旗鼓再侵意大利。他的軍隊是怎樣組成的？

何：有瑞士（Swiss）及日耳曼（German）募兵，前者較精鋭；也有法國被徵（僱？）的平（農）民。

麥：佛蘭西斯一世及亨利四世（Henry IV，在位1589-1610）的軍隊中甚麼部隊最精鋭？

何：火砲（artillery）隊。亨利四世最親信能幹的大臣蘇利公爵（Duke of Sully）所建幾處火砲彈藥庫房是聞名於國內外的。

麥：Parlement的性質是甚麼？全法國共有幾個Parlements？

何：Parlement很難譯成英文，它決不是英國式的議會。它是一種所謂的"主權法院 (sovereign court or council)"。除了巴黎的parlement之外，全國其他七大司法行政區域，每區也有一個，所以全國共有八個"主權法院"。

麥：何謂"主權法院"？

何："主權"是無可再上訴之意；換言之，所有八個"主權法院"都是在各該司法區域內最高的法院。

麥：它 (它們) 的性質是純司法的嗎？

何：不是。它們 (尤其是巴黎的parlement) 最重要的職責是接受國王的詔令而予以正式登記。登記之後須向全國宣佈詔令的內容。既然有權同意和接受國王的詔令，就暗示有權拒絕或故意延緩登記。例如亨利四世登極不久，急需增稅擴軍，巴黎的"主權法院"就有意拒絕接受詔令，使得他不得不親自去百般解釋勸誘，表面上卻極力維持國王下令的尊嚴，最後詔令才得到登記。他並曾親赴南部土魯斯Toulouse的parlement作類似的勸說。巴黎的parlement曾與某些貴族聯合抗衡王室四年之久，最後在1652年屈服於當政大主教馬薩林 (Cardinal Mazarin) 武力之下，從此永被禁止干預政務和財政。

麥：你認為這期間最特殊的法國制度是甚麼？

何：恐怕是售賣官職。通常稱為"*la Paulette*"這個制度。案：鬻爵賣官始於十五世紀末葉，目的在增加王室收入擴充兵力，但數量有限。1604年亨利四世採納臣下Paulette建議，開始經常出售司法官職。賣官鬻爵歷史上並不十分罕見，公元前二世紀最後三十年間漢武帝已創此制度。但*la Paulette*之所以獨特，在買者必須每年上繳規定金額，同時卻可享受世襲或私下轉讓的特權。這個極其特殊的制度在法國革命期間才永久革除。

麥：Intendants的來源及性質試加說明。

何：這官名很難英譯，字源想係與intendance有關，應是"監督"

之義。換言之，是國王委派到各省去監視代表舊勢力的省長的；但是自始“監督”的界線有時不與原省邊界相符，後期大的intendancy不無跨省者。大概是起源於佛蘭西斯一世的晚年。

麥：確切的年份是1542。

何：最初人數不多，後來逐步設於全國所有省區，主要任務也轉向挖取舊省長的財政權，以圖增加王室的稅收。舊省長一向是由當地望族充任的，長期多方抵制中央的命令。經過大主教芮希留(Richelieu，當權1624-42)強烈鎮壓各地貴族叛亂之後，intendants數目及權力大大增加，成為促進王權“絕對化”的主要工具之一。在“舊制度”晚期保守人士心目中，遍及全國的三十多個intendants已演化成為“三十暴君(thirty tyrants)”了。這個制度在近代早期的西歐可能是獨特的，但很類似兩千年前中國的刺史制度。

（註：以上所舉四例大約僅當麥教授問題的半數。）

最後輪到華倫恩教授發問了。他說考問已涵蓋了不少領域，他不想多問，只叫我開出十部有關第一次大戰起源的專書，內中不一定都是精讀過的，但凡精讀或部分參考過的都應略加說明。我問他，諸書內容重複之處甚多，我所開書單之中能不能包括幾種讀過的政治或外交家的傳記和追憶錄？他說，當然可以。於是我立即口頭開出以下十書：

(1) Sidney B. Fay，《*The Origins of the World War*(世界大戰之起源)》，上、下兩冊。僅精讀上冊，實為1870至1914年歐洲外交史最好的綱要，見解判斷亦甚公允。第二冊專講1914年戰前幾個月的外交危機與多邊外交談判，細節對學生用處不大，所以未讀。

(2) Bernadotte Schmitt，《*The Coming of the War*(大戰之來臨)》，態度與Fay不同，比較偏袒護“協約國”(按即英、法、俄三國entente)。未讀。

(3) Raymond Sontag，《*European Diplomatic History，1871-1932*（歐洲外交史，1871-1932）》。未讀。

(4) Erick Brandenburg，《*From Bismarck to the World War*（從俾斯麥至世界大戰）》，德文英譯，名家之作，部分精讀過。

(5) William L. Langer，《*European Alliances and Alignments，1870-1890*（歐洲的合縱與連橫，1870至1890）》。此書為哈佛外交史大師初顯身手之巨著，為研究以俾斯麥為中心的複雜外交最佳最全面之作。清華三年級（1936-37）課外精讀之作（第一本此年精讀入門之作是Fay的書）。

(6) Langer，《*The Diplomacy of Imperialism，1890-1902*（帝國主義的外交，1890-1902）》，上、下兩冊。此書研究俾斯麥下野之後，世界外交轉向非洲及東亞，以英日同盟為終點。蘭格本奧籍，通俄文，故利用檔案資料最多，敍事最詳。書中論及非洲殖民競爭部分，我僅泛讀，有關歐陸及中國部分則精讀。（口試時當然不能提，但為我國讀者參考，此處我必須表彰恩師劉崇鋐當年指導之功。Langer兩冊，1937年初，初到即編目，劉師與我先後讀之。劉師為人儒雅謙虛，謂蘭格此書稍失於繁，主脈有時不明。治學對象無論如何龐大複雜，作者仍必須要有提綱絜領的本事。劉師此言，終身不忘。）

(7) Chung-fu Chang張忠紱，《*The Anglo-Japanese Alliance*（英日同盟）》，此書為張氏約翰・霍布金斯大學博士論文，是一小專刊。以華人在歐洲外交史方面著述甚少，故列之。所用資料及分析角度均未能超過蘭格書中相關章節。

我在此聲明，歷年翻讀有關歐洲外交史之傳記及回憶錄不少，其中如俾斯麥後德首相Prince von Bülow（1900-09）及 Bethmann-Hollweg（1909-17）等傳記並無用處，所以只列合我興趣的三種傳記：

(8) “Baron von Holstein”，刊印於G. P. Gooch《*Studies in Modern History*》。Holstein服務於普魯士及德意志帝國外交部數十年(包括出使)，為當時國際上公認的德國第一外交專家，對決策影響深遠，並與俾斯麥之被罷免甚有關係。我為了解“專家”的作用，特別要讀曾經留學德國的英國著名史家Gooch所評介的Holstein的事跡。(案：口試時當然未提，此處應順便指出三十年代我國治歐洲外交史者罕如鳳毛麟角，而張貴永先生柏林大學博士論文卻以Holstein為對象。蘭格書(即前述第5本)中曾對張書(德文)加以簡介，謂張氏不同意一般見解，考證目的在表白俾斯麥之下野並非由於Holstein的“陰謀”。)

(9) 《*Count Witte*》俄國財相維特伯爵的回憶錄，出版於1921年。按維特為侵略中國東北及滿蒙主張最力之人，其影響遠勝帝俄歷任外交部長。書中維特回憶1896年北京俄使奉命向李鴻章及張蔭桓施“巨賄”，前者收納，後者拒絕。我的清華老師蔣廷黻，以《*Labor and Empire*》論文獲哥大1923年博士，曾任駐蘇大使，1940年讀了我“張蔭桓事跡”《清華學報》第十三卷之後，信中指出當時北京俄國使館甚為腐敗，所謂李鴻章收下的巨賄，很可能是由俄使私吞的。總之，維特伯爵的可靠性大有問題，但仍是研究帝俄侵華必讀的參考資料。

(10) J. Garvin，《*Life of Joseph Chamberlain* (若瑟張伯倫的生平)》，三冊。張伯倫1896年後曾在聯合保守黨內閣中任殖民部大臣，由於首相兼外長沙士比雷侯爵(Lord Salisbury)年老多病，常去法國南部休養，由於張氏才幹魄力眼光卓越，英國重要外交政策多受張氏影響。我在中國研究十九世紀末英、美關係改善及門戶開放政策起源時，頗採用此書中豐富的資料。

至此，柏師宣佈口試本身已經終結，向坐在牆角的“觀察者”遙遙地問：“韋克銳教授，你有沒有問題想問？”這位春秋正盛，業已以經濟理論聞名校內的韋教授回答：“候選人已經答覆了不少有關經濟史和經濟理論的問題，我沒有甚麼可問的了。”柏師就此正式宣佈口試終結，令我獨自先到 Hamilton Hall 五樓系辦公室等候。不過兩三分鐘，柏師和華師就來到五樓，向我道賀，並叫我同他們一起回到考試房間向其他老師握手致謝，並接受他們的道賀。未下樓之前華師問我：“Where and when did you pick up that much information about European diplomatic history? (何地何時你對歐洲外交史取得那麼多知識？)”我回答：“1936到1937年在北平清華大學，是課外自修的。”在電梯裏我已發覺我答華師語近誇張，因我在燕京 (1938-39) 及聯大兩次報考留美都曾對歐洲外交史做過消化的工作。“七 · 七”事變前不過初讀而已。

V. 準備話別

口試如此順利地通過只給我帶來短暫的歡欣，因為內心裏已有一陰霾：不久就要向紐約和哥大話別了。事緣1947年底華美協進社傳來清華庚款管理委員會的決定，我的公費只能延長半年，至1948年六月底為止。我開年即把這個消息報告給柏師，柏師說目前獎學金簡直不存在，最好是先去教書、徐圖完成論文。據他觀察，美東大小諸校有意創設遠東課程的很少，就是有也不會不儘先考慮聘請本國人。於是他問我是否有意去加拿大西岸英屬哥倫比亞大學 (University of British Columbia，以下簡稱 UBC) 教書，因為他最近聽說該校有意試開遠東方面課程，立即叫我考慮哪些課程可以勝任。我想了一兩分鐘，“建議”中國通史和遠東國際關係。柏師說馬上寫信去問。不料二十天之內就接到該校主授加拿大國際關係的資深教授Fred Soward的回信，說歷史系主任 Walter Sage博士已同意，請我去教我所建議的兩門課，名義是講師，年薪三千元 (加幣) ，1948年七月一日開始支薪，九月下旬開課。我當然立即簽約接受。

兩個月後，已是1948年三月中旬，忽接哈佛商學院Baker圖書館館長寇爾（Arthur Harrison Cole）長函，自稱受美國經濟史學會委託，以全國經濟史博士論文資助金委員會主席身分，通知我已被選為六名資助金得主之一（正式稱謂是National Fellow in Economic History）；資助金為期一年，除供給本人及家屬生活費用外，視研究所需尚可至海外搜集補充資料，必要時訪問相關權威學人，待遇優厚，至為理想。但我內心十分為難，因為這個自天而降的大好消息的內幕我事前一點也不知道，揣想中一定是柏師未對我講已為我寫了非常有力的書面推薦。此刻的困難在早已接受了UBC的聘約；UBC回應如此之快而積極，無疑是由於柏師在加拿大特殊的聲望。兩年多師生關係中，記得柏師偶而曾言及加拿大西部人士對東部資源人力、大學聲望等等一向特別敏感，所以他和東部人士與西部高知有所接觸時，往往言行不得不特別謹慎，甚至故意自抑。我為此事見柏師時，他已另接Cole的通知，只對我說一切由我決定。我只提出一個問題請教：如果我向UBC悔約，他們會不會感到我辜負他們的好意？這樣做會不會觸及他們的敏感？不等柏師作答，我馬上又提出：如果我申請將資助金下延一年，先到UBC踐約一年，如何？柏師回答，這才是面面俱到的考慮。

於是我不顧口試在即，儘快就乘火車去波士頓，轉地下鐵到康橋哈佛站。走上街面，四周一望，問過路人："Harvard Yard（哈佛大院）"在哪裏？那人一笑手指身邊細鐵柱圈內一群古老紅磚樓房，就是這裏！我也為之大笑。其實除了舉世聞名的韋敦諾（Widener）圖書館以外，哈佛較大建築都在院外，不是一兩天的過客一眼所能看到的。我非常欣賞那宛如長蛇、圍繞哈佛半院的馬薩諸色長街上的飯館、書店、哈佛合作社、服裝、藥房以至各種日用品，甚至有些奢侈品的商店；這些林立的商店給哈佛社群人士生活上便利的程度，足與哥大附近的百老匯相比，只是中國飯館還不甚夠味。

第二天上午我走到查理 (Charles) 河對岸哈佛商學院去看寇爾，與他作了三四十分鐘的談話。主要是解釋論文的性質，根據的資料與預期的結果。最後提出請求，能否將資助金下推一年。他聽完我提出此項請求的道理，馬上表示贊同，並且微笑着說，這樣作當然最好，更何況下一年你又多了一年教書的資歷。就在這種愉快的氣氛之下，我與他握手告別，搭午後的班車趕回紐約。

我在哥大一共六個學期 (包括暑假，為時兩年半)，上課聽講不多，主要是靠自己廣泛而又系統地讀書。自1946年秋季起，即開始研究十九世紀英國農業史，首篇報告性的論文就敢於以自己的數據與分析否定英國農業史上"黃金時代"之說。隨即儘量利用已故《社會科學百科全書》主編賽里格曼教授的特別收藏 (已捐給哥大)，其中最具"原始"史料價值的是英國和歐陸十九世紀各種主張革命、改革"激進"黨社的宣傳檔冊。以土地改革運動為例，這些"草根"組織不但最善於分析暴露城鄉土地制度的基本弊病，更能從事積極行動、多面宣傳、聯合各種進步人士、組成有效的"壓力集團"，終於影響到議會中的種種土地改革法案。哥大賽氏特別收藏之外，紐約公共圖書館還闢有亨利喬治 (Henry George，1839-97) 專室，內中保藏這位享名歐、美的單一稅創論者、號稱為英國"社會主義之父"畢生的藏書。內中有些文件可補哥大賽氏專藏之不足。對我的論文需要而言，哥大和紐約公共圖書館的收藏是遠遠勝過美國國會圖書館和哈佛的韋敦諾圖書館的。平心而論，兩年半中我所做的博士工作比一般少壯學人是多而且速。唯一的遺憾是享用正式登記博士候選人的圖書特權尚不足兩個月，只有相當大量1870至1911年的議會檔冊還待梳理，論文才能完工。

百般流戀之中，景洛和我於1948年七月一日不得不向紐約和哥大告別。這天起，紐約地下鐵的票價才從五分加到一毛。

註 釋

① 哥倫布發現西印度群島後僅五年，另位意大利熱內亞 (Genoa) 人 John Cabot 受英王室充配，於1497年即發現漁源極富的紐芬蘭Newfoundland及加拿大最東端的Nova Scotia半島。柏氏對北美洲最早的歷史具有專識，其1933年出版的《*Explorers of North America, 1492-1806*（北美洲的探險家）》問世不久，即有德文節譯本，故柏氏大綜合涵蓋四個世紀。

② 請參閱"英國與門戶開放政策之起源"，燕京《史學年報》，1938年號。

③ 為讀者方便，口試中不少詳細的年代是寫此回憶補加的，口試時並無一一提及的必要。

【附錄　美國人文社科博士生外語考試制度述要】

我生平瀏覽近現代中國人物傳記及回憶錄，從未發現過有敍述美國一流大學人文社科博士生外語考試制度的。就我所知，哥大、哈佛、芝大等校人文及社科方面，外語考試皆由各系自行辦理，與語文諸系無關。哥大歷史系研究生外語考試一年四次，不及格三個月後可以重考。考試次數雖無明文規定，但碩士生選足十五學分之前，必須考過一種外語；博士生選足四十五學分之前必須考過兩種(或三四種)語文。如上古史博士生須考法、德、希臘、拉丁四種語文之多，為最難。中古須考法、德及拉丁。但多數部門須考兩種外語，大都是法、德二語。

我1946年春季大考之後，曾短期溫習德文，於七月三日晚應試。考試不准帶字典，時限是一小時，考試內容是翻譯一篇長約三百字左右，至少不能說是淺易的德文，幸而有英文標題："Marx on Classes (馬克斯論階級)"。外語考試的難易當然隨系隨校有所不同。例如和我同屆來美的李志偉，1947年夏在紐約親自告我，他在芝大經濟系，博士生僅需一種外語，他考的是法文，只有十五個有關經濟的問題，考生以(+)(−)號判斷正誤，即可。他說芝大經濟系教授們認為經濟學的重心已由歐洲移到美國，德、法文的重要性越來越減，不久或將完全取消博士生的外語考試。這話是有預言性的，因為半世紀以來的趨勢是，除歷史系博士生仍須考外語外，人類、社會、政治、經濟等社會科學部門都已廢除博士生的外語考試了。

關於歷史系博士生的外語要求，我在哥大時有些內容的改變。梅可鏘兄早我數年，他是考過法文與德文的。1946年夏承斯凱勒師面告，我已不需再考法文了，因為中文已被承認為合法外語之一。我那時心中唯一不安是：其他一流大學的歷史系是否也是如此。最近電話中從劉廣京先生處得到證明，他四十年代在哈佛歷史系攻讀博士時，只須考法文，中文完全可以代替任何第二外國語了。哥大及哈佛既已如此，其他大學應不例外。

大約從1960年左右起，有不少中、日、韓學人在哈佛攻讀所謂的“combined degree (結合學位)”。“結合”是歷史系與東亞語文文化系結合。博士學位的外語要求是(姑以華人為例)：中文免試；日文或考試或連修三年，班上及格即可；此外法、德二文須考一種。哥大東亞史博士候選人外語要求與哈佛同。這和我初到哥大時(1945年冬)比確是一大改良，因為四十年代中期哥大東亞史博士生的外語要求是必考法、德兩文，再自中、日文中任選其一。可見傳統歐洲漢學在西方東亞史研究方面的“支配”地位。

【第十四章】

英屬哥倫比亞大學(上)

I. 西遷溫古華*

景洛1946年十二月下旬到紐約與我重聚時，我們結婚已將近六年半了，而內中兩度別離就佔去了三分之一的歲月。我們在紐約共處一年又半，此期間經過多方考慮之後，覺得應該準備成家了。我們於1948年七月一日離紐約去華盛頓，在景洛清華同屋許如琛家小住三日(許的丈夫淩立博士也是生物學家，杭州人，其妹和景洛是杭女中同學)，參觀華府內外的名勝，即乘火車橫貫北美洲赴西雅圖"消夏"。事先選定西雅圖是基於三種考慮。景洛表弟劉子健已在匹茲堡大學讀博士學位，暑假在華盛頓州立大學遠東方面作短期研究工作，可以代我們找房子。景洛預期九月初分娩，聽說華大醫院產婦科很好。再就是西雅圖和溫古華不過一百四五十英里之遙，都是避暑勝地。果然，景洛一切正常，九月初長子可約出世，我們一家三口在九月十六日入加拿大境，預期在溫古華小住一年。

我們不得不暫住UBC的客房三天，租賃基本傢具，才能住進原來四壁蕭然的板房單元(hut)。最好的一件傢具不是租的，是校長Norman Mckenzie夫人所贈的紫檀木可摺疊展開的書桌，此惠終身不忘。所有二十幾所板屋單元都是戰時所建，每一單元

* 老輩華僑音譯Vancouver為溫哥華是錯誤的，譯UBC為"卑詩大學"最為可笑。近年學人已改稱大學為加拿大(或英屬)哥倫比亞大學，我個人一貫恥於接受溫哥華，堅決稱之為溫古華。

都有一間寬敞的客室、一間廚房、一間浴室和兩間臥房。另外前後俱有可遮雨雪的平台。戰時物資統制餘波所及，這種單元的廚房僅有煤氣做飯設備，並無電器冰箱，客室僅備有一個大型鐵爐，專燒木頭。所以用斧劈柴是我經常工作之一。好在後邊平台相當大，可以堆柴，還容得下一個中型木箱，天天有人包送大冰塊，生肉剩菜和約兒的牛奶就可以保鮮了。每晚冷水洗尿布並不算苦，真辛苦的是可約出生頭兩個月每夜兩點鐘的餵奶，餵完慢慢輕輕拍出他的氣泡後，有時難以成眠已經聽到雞鳴了。

所有鄰居多半是加拿大本國及歐洲來的資淺教員(最初似無副教授級的住戶)，或幾家有家眷的學生(無例外都是退伍享有政府津貼者)，大家克勤克儉，守望相助，十分和睦。只苦在購買菜肉及日用品必須搭學校的班車，因為學校建在溫市大半島的西端，B. C. 省政府原來劃歸大學的區域，不但風景絕佳，而且面積二方英里以上(一方英里是640英畝，1300年前後倫敦的城區佔地僅330英畝)。多年後景洛和孩子回憶，UBC最初的幾年，房屋雖簡陋，四周草地空曠，空氣清新，離最好的海灘又不算遠，實堪稱孩子們所需最健康的自然環境。可惜我是慣於大都市生活的，來溫古華沒有足夠的心理準備，最初幾月，黎明聽到後面雞場的雞鳴，不免淒涼之感。

就是在這種清簡、孤寂，並談不到艱苦的生活條件下，逆料不到地開始了我半個多世紀國史教學研撰的長征。

第一年在海外執教對我説是一種雙重的考驗。首先是英語的考驗。很多學人不明白，在UBC這種規規矩矩的學校，對外國教員英語水平的要求，反而會比美國第一流大學華裔漢學教授英語演講水平的要求要嚴格。理由很簡單，因為後者引用中國成語及專詞，往往為專修中國語文及歷史的美國學生所歡迎，學生並不介意老師口語及句法之部分“中國式”。英文寫作雖不易達到潘光旦師所認為真正“夠用”的標準——“能有三分隨便”——但我自始即發現英語討論和演講遣詞造句不必如寫作那樣嚴格，口語表達比書面表達可以自由得多。事實上，在教學的頭一兩個月裏，就高度自覺穿插運用《左傳》、《史記》裏人物和軼事不但相當自然，而且可以觀察到學生衷心的"欣賞"。此外，從三十年代起，我對英文字彙就相當用心。歷史這門學問的字彙要比其他專業的字彙廣而多樣，但中國哲學、思想方面字彙，英譯的工作困難較大，並非歷史學人所能勝任；所以"七・七"事變前夕，我以十五元的高價在東安市場買了剛剛出版的Derk Bodde英譯的馮友蘭《中國哲學史》上冊，奔波流徙中始終隨身攜帶。沒有它，中國哲學史的字彙英文很難"通關"。Bodde這部英譯"傑作"大有益於我在海外的中國通史教學。記得我在溫古華的第四年冬假，由一位系中同事邀請在他家晚餐後對本系同仁及家屬"介紹"孔子。講完之後，著名女校Bryn Mawn出身的Margaret Ormsby (專長是英屬哥倫比亞省及地方史) 對我凝視，事實上也是對所有參加晚會的人說："瞧你的字彙！" (中國佛教史上華梵詞彙的通關，要等到陳觀勝Kenneth Ch'en《*Buddhism in China: A Historical Survey*》1964年問世之後才能勉強辦到。)

第二個考驗是課程的內容和水準。不亢不卑地回憶，自始我所講的中國通史就與西方漢學家的研究重點很不相同。1948年我尚無機會系統地翻檢西方漢學著作，但已經知道他們的長處在物質文明、宗教、歐亞大陸諸民族及其語言、中西交通等方面個別性的專題研究，百餘年來積累的成果可觀，但不能對中國歷史上幾度動態大演變加以分析、解釋、論斷。我選K. S. Latourette《*The Chinese: Their History and Culture*》為課本，因此書論述平實、少偏見、西文書目最詳。我的演講很大部分是出自對雷海宗、陳寅恪、馮友蘭、蕭公權諸師，錢穆、孟森、鄭天挺等先生著作的初步綜合消化。雷師對中國歷史分期的看法，對自春秋，經戰國，至秦漢的"曠世"大變局的析論，供給我這門通史以"理想"的宏觀視景。

所以即使在生活壓力極大的第一年，這門通史還是能博全班三十多人(內中男生多退伍軍人，遠較戰前大學生成熟，女生多半很用功)的好評。最吃力的是準備遠東國際關係這門課。由於政治、外交人物、多邊史實、談判和條約等等細節繁多，事先必須寫出詳細的綱要，甚至有時還需抄錄整段的條文。因有多年外交史的基礎，此課雖尚能勝任，但不能像中國通史那樣自始即覺得大有"開拓"的可能。

II. 博士論文計劃受創

1948年秋冬在UBC安家教書生活初定。工作緊張之中始終覺得前途相當光明，因為春間赴哈佛應商學院教授兼商學院圖書館長寇爾"面試"時，他不但贊成我延緩一年接受美國經濟史學會的博士論文資助金，並且明講多了一年大學教書經驗將更有助於下年該資助金之重行批准。因此，景洛和我考慮我一人赴英搜集稀有史料、訪問權威學人的三四個月期間，她和可約最好不要搬動；等我論文完成獲得學位之後再看機會，決定去留。

1949年一月中我正式致函寇爾教授重新申請資助金，並特別"提醒"他曾當面贊同我延緩一年接受資助金的申請。兩週之內，接到他的回信，充滿了道歉，告我這項資助金的來源新近斷絕。對我而言，這真是晴天霹靂，半個多世紀教書生涯中最大的打擊。我深深自責處世無經驗，未當面請寇爾出一書面"保證"，更不能寬恕自己連下年究竟還有沒有此項資助金這個極基本的問題，都臉軟得不敢開口一問。在極度悲憤之中，我"堅信"他當時故意騙我，甚至他當時的微笑回想起來多少有點像是奸人的"獰笑"；我申請延緩一年接受資助金，他正好假此濟私，轉讓給他所喜歡的青壯學人，甚至很可能是與哈佛有特別關係的學人。和柏師通信之後，我又和柏師UBC的摯友郝桑(Harry B. Hawthorn，原籍新西蘭/New Zealand，加拿大最資深的人類學家，此後成為我終身不渝之交）冷靜研究之後，我接受了他們兩位的勸告，不要向"壞"的極端去推想，但他們不謀而合地指出寇爾對一個初出茅廬的學人，至少有道義的責任當面提醒他資助金下年來源有無保障不可預知，應該慎重考慮請求延緩一年是否明智。但凡我與人不合或有爭執時，景洛一向總是先儘量替對方着想，勸我緩和，而這次她卻完全同意柏師和郝桑的意見，認為寇爾確實沒有盡他最少必要的道義責任，不應該完全不警告我延緩接受資助金可能的風險。

半個多世紀，每一憶及此事，我總覺得受了寇爾的蒙騙，因為哈佛，尤其是哈佛商學院，一貫最注意基金及經費的來源、總額、生息、利用等問題的。寇爾以美國經濟史學會博士論文資助金委員會主席的身分，照理應不會不知道資助金的總額、按年分配或總共一次頒發等基本問題的。據他1949年春的回信，他的委員會實際上僅僅在1948-49年度頒發過一次總共六名資助金，次年經費或基金就無着落了。在這種情況下，1948年春三月不當面警告我，而且還贊成我申請延緩一年，豈不是故意引我走入陷阱嗎？為撰寫這部長篇學術回憶，我春間曾託哈佛燕京圖書館館長、前芝加哥大學同事鄭迴文先生代向哈佛商學院索求Arthur Harrison Cole的詳細履歷。哈佛只存有他的簡歷，內中毫未提及他與美國經濟史學會的關係；所以我對早期學術生活中這一極不愉快的插曲，也無從再做詳細的考證了。

正如古人所說"福無雙至，禍不單行"，哈佛的壞消息傳來之後，幾個月裏增加了我在歷史系裏地位的困難。事緣我的聘書是為期一年的，雙方的了解是一年之後我會拿着美國經濟史學會的資助金去英國小住三四個月，回到北美完成哥大的博士論文。在此期間可再商洽去留的問題。不幸的是Sage不久即將退休，曾不止一度想把兒子Donald安置在系裏，但都不成功，原因是後者一直拿不到多倫多大學的博士，對B. C. 省及地方史方面也不能作出研究貢獻。在我極可能被迫在UBC續教第二年的情勢下，Sage不得不為兒子做最後的努力，只有對我"開刀"。所以1949年是我來北美後最艱難的一年，更不要提祖國曠古稀有的大變局給我帶來的憂思和精神"號召"了。

在百感交集、極度憤悶之中，我曾對個人、家庭、異邦、祖國等問題做過理智和情感的考慮。我甚至向校長的右手安朱(Jeffrey Andrew，雖無副校長之名而有副校長之實)先生請求學校考慮津貼我們一家三口回上海旅費不足之數，大約七百元。他勸我暫時容忍，務求儘速完成博士論文；為了避免"干涉"歷史系系務，他不能為我明白表態，只有到必要時暗中協助；並勸我千萬不要回中國，一定要完成哥大學位。但此年夏季我心思非常煩亂，經濟上也不允許去柏克萊加州大學及斯丹福搜補十九世紀末和二十世紀初年英國議會檔冊。當時家中急需的冰箱(330元，六個月後付清)和縫衣機(150元)就已用掉全年的積蓄，此外，我堅持以49元的代價為景洛添置一件上好紅嗶嘰半長外衣。(當時加拿大仍受戰時物資統制影響，電器遠較美國昂貴。我們近鄰一位老白俄農業土壤專家看見我們的冰箱，馬上就說："你們已經變成布爾喬亞了！")

半世紀後反思，寇爾與哈佛是不能完全等同的；但在1949年春我內心深深覺得寇爾那種對外人有欠公道，甚至可能有意欺蒙的作風，是與哈佛資源雄厚、睥睨一切的派頭分不開的。至少，事實上我1949年春事業上所受的創傷是來自哈佛的。

無論從個人情緒、家庭責任、經濟狀況任何觀點着想，我在UBC的第二年只有充實兩門功課教材的工作可做。加州灣區搜補英國議會資料之行，只有等到1950年春季大考之後才能實現。

III. 哥大論文的完成

加拿大大學暑期一般都很長，至少有四個半月。其原意在鼓勵學生半工半讀，以暑期工作的收入支付全學年七個半月的費用。1950年四月底我兩課的考卷即已看完。一、兩天之內我就搭乘“灰狗 (Grey Hound)”公共汽車南下一千一百多英里，直達加州大學柏克萊分校，住在學校附近的“國際學舍 (International House)，簡稱I-House”。全美國只有三所I-Houses，柏克萊之外，只有紐約哥大附近和芝加哥南59街芝加哥大學附近兩所，都是羅氏基金團出資興建的，都是為促進文化交流執行男女學生必須異邦和美國各半這個基本規章的。最高興的當然是與羅應榮〔請參閱本書“上篇”第九章“師友叢憶”之張奚若 (附)〕久別重逢，更使我欣慰的是羅深受訪問教授、國際法維也納學派奠基人Hans Kelsen老先生的特別賞識，博士工作進展順利。閒談之間，他看我天天穿同一件棕色細格厚呢皮扣子上衣，忽然問我為甚麼穿這種“麻口袋”般粗的上衣。我笑着回答他，別看不起這種麻口袋，牛津和劍橋的教授、導師幾乎經常穿麻口袋上衣和灰法蘭絨長褲，甚至親王去蘇格蘭度假平常也是穿這種服裝。我所穿的這種粗花呢叫作Harris Tweed，產自蘇格蘭東北端外Shetland南北二島，傳統上在搓成毛線、手梭織成厚呢的過程中，小農家 (crofters) 一直燒着香木屑。我1937年深秋在上海買第一件海利斯粗呢上衣時，店主人叫我先用鼻子聞一聞，確有香味。二次大戰後這種呢料已無香味了。羅應榮説晚間與一位巴西小姐有約，要借穿我這件上衣。次晨早點時他笑着對我説，昨晚跳舞，巴西小姐對這件麻口袋讚不絕口。我之所以涉及此項瑣事，是因為多年後反思，1950年五月初羅應榮借穿我的麻口袋，事實上代表他悲苦一生之中最後快樂的日子！由於柏克萊的英國議會檔冊晚至1907年才開始收藏，不符我的需要，我三兩天內即移到海灣西岸斯丹福大學胡佛研究所的圖書館工作，它的英議會檔冊始自十九世紀七十年代，正好補上我在哥大來不及批閱的一段。三週後再回柏克萊小住兩天，和羅應榮話別，不期竟成永訣！韓戰爆發，他立即買了船票趕回前此丁則良信中所說"有光有熱"的新祖國，毫不可惜放棄他完成加大博士論文機會之不能再來。

我六月初回家，立即趕撰論文未了的章節，並同時請系中加拿大史砥柱Gilbert Tucker教授檢查各章的內容和英文。因為他早歲的博士學位得自英國劍橋，曾在耶魯大學歷史系任教數年，是系同寅中最知史學標準、最受尊敬的。我請他嚴肅回答我的問題："是否可達博士論文的平均 (average) 標準？"他坦誠地回答："這是一篇思維縝密 (closely reasoned) 之作，顯然是超過一般水準的論文。"這部論文的正文至少十萬字以上，不算每頁下端密密麻麻的底註，而底註中不少處的有關細節，與正文不可分割。證以柏師1950年十一月七日的手書，我的論文至晚十月底已寄達哥大了。幸而論文已經完成，我才能把注意力集中到準備初冬第二個孩子的誕生。

論文章目如下：

LAND AND STATE IN GREAT BRITAIN, 1873-1910 A STUDY OF LAND REFORM MOVEMENTS AND LAND POLICIES

Preface 序言

I. The Components of Radical Land Policy
激進土地政策的組成因素

II. A Changing Agriculture and Rural Land Problems during the "Great Depression"
"大蕭條"期間農業的改變與鄉村土地問題

III. The State and Rural Land, 1873-1905
國家與鄉村土地，1873-1905

IV. The Convergence of Land Reformers on the Taxation of Land Values

土地改革諸會社的共同綱領：徵收土地增值稅

V. The State and Urban Land, 1873-1905

國家與城市土地，1873-1905

VI. Toward National Land Policies, 1906-1910

全國性土地政策的初現，1906-1910

分類參考資料

* * *

半世紀後重讀哥大博士論文的第一感想是史料充實的程度使我自己都吃一驚。為一般讀者及台峽兩岸有志發展西史博士科目者參考，應對論文所用史料的質與量扼要綜述。先談英國議會101種文件(內包括31種法令全文)，最初步卷帙浩繁的《議會辯論》(1870至1910年四十年間)必須不時翻檢可以不論，有關城鄉土地及地方財政等問題的71種專門文件之中，由英王(事實上是政府行政部門)指令刊印公開出售的"command papers"即有53種之多；這些"指令文件"都是Royal Commission (皇家專門問題調查委員會)和較小型更專門、由議會指令所組的調查委員會(Select Committee)的報告書，有的數年始調查完成，都是最翔實、多視角的第一手資料。但是，至今最令我自豪的是罕為人知、倖存於哥大賽里格曼專藏和紐約公共圖書館亨利喬治專室的不少十九世紀後半和二十世紀初葉英國主要土地改革會社的章程、會員錄、年報、重要公開演講、聯合各種進步分子，擴大宣傳遊說，以至1906年後向當政自由黨政府施壓請願等等的紀事專冊。這些都是極其可貴的，真正"草根性"的最原始史料。

姑舉二例以說明此類史料的特殊價值。如1885年成立於紡織業都市曼徹斯特的"自由土地聯盟"的手冊：《*Free Land League, First Annual Meeting, Report, Balance-Sheet, Rules, List of Officers and Members for 1885-6* (1885-6年自由土地聯盟、第一次年會、報告、收支、章程、職員及會員錄)》自豪地申明會員之中有下議院議員106人，其中身兼內閣部長、次長者竟有19人之多。案："自由土地聯盟"會員盡係工商實業方面的資本家，其主要政治目的在維護自由貿易而不在全盤土地改革。此一專冊最可貴處有三：一、説明工商實業界有力分子對土地問題之主張，雖遠遠不能與激進土地改革諸會社之要求合拍，但明白顯示其利益與傳統貴族大地主之利益確有衝突，故主張土地買賣開放自由；假以時日，此一純資本家之組織與激進土地改革會社之間必能發現政治合作之交匯點。二、專冊所呈顯此一工商實業資本家團體在議會及內閣之實力，可使我們合理地推測，它直接對溫和土地改革主張、間接對較全面激進土地改革意見，都能有相當生效的滲透作用。三、"自由土地聯盟"第一任會長，由於被選為具有全國重要性、首都倫敦市(郡)政務委員會主席，不得不辭去會長一職；此事最足啟示十九世紀後半和二十世紀初葉多種改革運動與新型地方政府千絲萬縷的關係。近代英國民主政治之能逐步發展，社會福利觀念之能在立法上逐步克服自由放任主義的阻力，都是由於社會改革無數派系會社通過地方及中央(議會)兩個渠道長期的滲透。

再舉一項對全部論文具有無上價值的草根性文件：P. W. Raffan,《*The Policy of the Land Values Group in the House of Commons, An Address delivered at the 84th Dinner of the National Liberal Club Political and Economic Circle, 25th November,* 1912 (The United Committee for the Taxation of Land Values, 1912) (下議院地價專組的政策——1912年十一月二十五日在全國自由黨俱樂部政治及經濟內圍第84屆晚宴宣讀的一篇演講)》(土地增值徵稅(全英)聯合委員會1912年刊印)。當時Raffan以下議院"地價專組"書記身分詳細追憶下議院主張土地增值徵稅者實力之強大。1906年初自由黨選舉大勝後，下議院"地價專組"正式成立，成員即達280人之多。是年冬向首相Sir Henry

Campbell-Bannerman請願，政府應儘快開始對土地增值徵稅，簽名者竟達400人之多；換言之，全部下議院議員如以600整數計，三分之二議員皆要求政府創徵此稅。案：英國1832年議會改革法案通過後，百年間政治最大特色在輿論影響日益增強，社會上各種各派改革者或創辦報刊或組成會社，擴大宣傳，參加地方及議會選舉，不斷向當政施壓，其積累成果往往反映於雛型"福利"立法之中。"壓力集團"成為二十世紀政治學重要研究對象之一，但應用於百年前的歷史，很難對政治壓力作出精確的量的分析。本論文能發掘出像Raffan這樣確切可信的數據，不能不說是政治施壓成果量化研究工作上意想不到的幸事。

更有意義的是，自1909年自由黨預算的提出，至本論文1950年的撰就，無論預算辯論期間的報刊政論或近代英史權威之作和相關專刊論文，大都認為預算中的土地條款是出身寒微的財相勞埃 · 喬治 (David Lloyd George，1863-1945；財相，1908-15；首相，1915-22) 無比機靈狡智的政治傑作——以土地增值稅激怒貴族大地主，以促使上議院由決心駁斥預算案而導致自身的政治失敗。一般學人至今仍認為1909年預算中的土地增值稅是勞埃 · 喬治為上議院設下的陷阱，而後者竟一時喪失理性平衡自願"入甕"。最近翻檢英史著作，發現有少數與上述一般意見相反和我論文相近的文章，但其作者都未曾利用過本論文所依靠的真正草根性的檔冊。

以上兩類原始史料之外，哥大論文曾引用"當代 (contemporary)"資料142種。"當代"與"原始"有時不易區分，我當年論文書目分類自不免有不甚合理之處。"當代"指論文所涵蓋的十九世紀，尤其是論文重心所在的1870至1910年四十年間的各類直接間接有關主題的當時人的著作，以及當時專業性很高的期刊論文。"當代"資料頗不乏草根性的文獻，有如以利物浦為大本營的"Financial Reform Association (財政改革協會)"的年刊、章程和1848-98五十年會務回憶、專刊等，也與土地增值徵稅運動有關，是屬於草根性的史料。再則自傳、傳記、信札之類的資料52種，內中亦有不少第一手資料。真正近人所著"第二手"書刊論文80種，只佔全部407種資料的五分之一而已。

IV. 論文出版的受挫

柏師對我論文的評估一貫使我非常感奮。大概接到論文全稿最多十日之內，他就在1950年十一月七日親筆給我回信。我只摘譯有關論文數語，信中涉及我當時處境部分影印(保存恩師的手跡)而不譯(原信影印本見後頁)。

柏師信開門見山："你不必對你的博士論文有所擔心。它是一部有魄力和說服力的著作，既原創，又獨立。"十二天後，柏師覆UBC人類系主任郝桑教授信中再度提到我的論文和治學：

> His dissertation is really an achievement to be proud of and once it's in shape the chances of its being published in England ought to be very good. How he did it, I don't know, except that he has intellectual power and apparently an abnormal drive to use it. ...
>
> 他的論文實在是一件值得自豪的成就，一經整理之後，在英國出版的機會應該是很好的。他怎樣做出來的，我不知道，但只知道他有思維能(魄)力和顯然異常強烈的欲望去使用它。……

上引原文最後十二個字是對我治學和性格最簡要而又最全面的綜評，使我終身感奮，也使我不時自勵自惕，因為"abnormal"一字雖在原文中是正面加強意義的形容詞，但決不能完全脱離它本來的貶意。換言之，柏師知我之深，這麼早就看出我冥思獨行、自樹標準的傲骨，和與一般學人落落寡合的性格缺陷。

論文初步修正費時無多，而安排論文口試卻手續繁多。這正

8 DE WITT AVENUE
Bronxville 8, N. Y.

Nov. 7. 1950

Dear Mr. Ho:

You need have no apprehensions about your doctor's essay. It is a powerful and cogent piece of work that is original and independent as well. In order to save energy I am reading it slowly enough to amend it as I go. I am nearly finished and shall pass it on to Professor Schuyler and perhaps to Professor Clough. At the moment, I'll not trouble to comment more, for I can do that when I return the essay. I have pencilled it fairly freely as well.

I was glad to have your long and careful letter of Oct 31. I am keeping up my efforts to find a teaching job for you in the eastern United States, at the moment the possibility that Smith College might want to make an appointment next year different from a temporary one to be made for next semester.

By the way, it might be helpful if you would draw up and send me some copies of a brief academic record of yourself, together with a brief version of your ideas as to your future work. Try to reduce this to a moderately-filled page or a little more, if you can.

It is worth recalling in explanation of Sage's timidity that he went through the shocking experience of the 1930's when only the most desperate efforts succeeded in saving the university from being shut down. That story has never been properly told, but it left abiding marks.

I'm glad you are finding it possible to expand your activities even if it is your last year, for your colleagues at U.B.C. will be the persons who will be mostly likely to be asked about you.

The problem of Donald Sage is an old one and, I guess, pretty well known in interested circles across Canada. I don't know what its solution will be, but I doubt that U.B.C. will provide it.

Now I must turn back to your essay. I congratulate you on it. I have spoken to a friend returning to England next week about it and his interest may lead to the possibility of trying to place it with an English publisher after it has been put into final shape for examination.

Yours sincerely

Bartlet Brebner

柏師給作者的回信

給我理想機會集中準備迎接第二個孩子(次子可均)的誕生。柏師是口試委員會的當然主席，但他1951年整個春季必須去英國劍橋大學講學，最早五月下旬才能回到哥大。他行前已請斯凱勒，皮爾敦，經濟系主任、勞工問題權威Carter Goodrich及歷史系中國近代史韋慕廷(C. Martin Wilbur)等四教授為口試委員。1952年夏我初識韋慕廷，他告我柏師請他參加我的論文口試時，他說對英史毫無所知，恐難勝任。柏師對他說：“就算你對英史毫無所知，你仍有義務知道一個中國學生所寫的英史論文能夠達到甚麼水平。”

等候論文口試期間，我與Sage的關係進入最緊張的階段，因為我在UBC的第三學年已經過了一半，哥大論文正式通過之後，除了我另有他就，他的兒子就更無望打進UBC的歷史系了。對我而言，最大的苦痛是因韓戰關係，美國國會新的移民法令根本禁止我重入美境。由於柏師遠在英國，我只能把這層困難向斯師報告，以致柏師提前自英趕回紐約主持我論文口試之日（1951年五月二十一日），才遲遲發現我因入境困難，論文口試不得不取消。至此，柏師才向學校當局代我申請缺席（in absentia）博士論文口試答辯（柏師半年多前在給郝桑、給我的信中強調歷史上哥大對這種申請是極難批准的）。按校章春季已來不及行動，要等到初秋九月才能正式申請，缺席考期至早也只能訂在十二月上旬。因此，我的博士論文正式通過的日期是1951年的十二月，距論文初稿完成已十四個月了。

此外，由於書冊印刷費用激增，哥大當局迫於情勢不得不廢除傳統規章——博士論文非出版成書或已有出版保證，學校才正式頒發學位。此後只要繳60元將論文製成膠片存庫即可完成學位了。梅可鏘兄和我都是新規章的受益者。柏師對我的論文始終抱有信心，叫我略事刪正即向加拿大社會科學研究會（Canadian Social Science Research Council，設在國都鄂大瓦Ottawa）申請出版津貼。

大概已是1952年春夏之交了，鄂大瓦方面給我傳來壞消息：加拿大社會科學研究會最近決定不出版我的哥大博士論文。理由是三人審查委員會中有一人反對，兩人贊成，意見不能完全一致。贊成者是倫敦大學近代經濟史家H. L. Beales 教授和加拿大麥基爾（McGill）大學十六、七世紀英史專家、文學院長H. Noel Fieldhouse。反對者是哈佛1948年博士，現任約翰·霍布金斯大學歷史系助教授David Spring。

真是"無巧不成書"，我與David Spring確曾有過文字"奇緣"。1950年夏秋趕撰論文隨時請正於Tucker教授之時，他說哈佛有位新博士David Spring是他的朋友，其論文有關英國的貴族大地主，雖重點與我的論文大不相同，但我應該借閱參考。借到一看，題目極醒目：《紳士的革命：英國統治階級的研究，1880-1914》。用大體字打字機打出的，全文疏疏落落，連參考書目大約150頁左右。上編試從幾種社會小說和有限的官方文件描繪大田莊制度。下編分析所選五位"具有代表性"的保守"思想家"心目中的世變。我讀後的感想是，文字流利，不時還有很"俏皮"的語句；史料薄弱，與光芒四射的題目遠不相伴；方法上選材太"任意"，沒有真正的"代表性"；最大的弱點是完全沒有涵蓋較廣的"量"的研究。論文目錄頁列有三編，涉及大田莊賬冊的抽樣研究，但只是"博士後"的計劃，不是博士論文的組成部分。我論文中如完全不提Spring的哈佛論文，也許就根本沒事了。不幸"冤家路窄"，我論文底註中涉及他論文的文字本身毫無不禮貌的地方，只有他對自己資料及方法的敏感，才會促使他向我論文報復。至於報復到甚麼程度，因始終不能見到他的秘密評估，至今無法知道。為中外讀者參考，我把我論文第六章第八底註的原文抄錄如下，不再譯成中文。

This is the impression of Helévy and also that of David Spring, *The Gentlemen's Revolution, A Study in the English Ruling Class, 1880-1914* (an unpublished doctoral dissertation of Harvard University, June, 1948). The latter consists of two parts: a descriptive account of the estate system based on social literature and government publications; and a study of a few "representative" Conservative thinkers, such as historian Lecky, Sir Henry Maine, William Cunningham, W. H. Mallock, and Lord Robert Cecil. Neither Halévy nor Spring gives any statistical statement as to the extent to which the landed interest was transformed into "plutocracy" during the period 1880-1900. The latter's article, "The English Landed Estates in the Age of Coal and Iron: 1830-1880", *Journal of Economic History*, winter, 1951, gives an interesting description of the many-sided economic connections of some sample landed magnates before the age of the great agricultural transformation.

誰能相信，其實也不是完全不能想像，我海外學術事業掙扎開端的階段，第二個打擊又是源自哈佛！？

* * *

世事往往會有"詩意的公道 (poetic justice)"。英國農業史經典之作Lord Ernle的*English Farming, Past and Present*（十九世紀末初版，1962年第六擴充版），有兩位權威學者所撰二百頁的書目長序。序中有感於討論到有關十九世紀農業及貴族大地主階級功能的演變時，論者往往見樹不見林，隨即對我未刊印的哥大博士論文作了以下的評介：

> The best starting-point here for agricultural historians is the pioneering though regrettably unpublished thesis of Professor Ping-ti Ho, *Land and State in Great Britain, 1873-1910* (1951). This admirable and suggestive research unravels the many strands which were caught up in John Stuart Mill's Land Tenure Reform Association of 1870, and examines the determinants of the rural and urban land policies of liberal governments in the early twentieth century.
>
> 對農業史家而言，這方面最好的出發點是何炳棣教授拓建性、但可惜未曾出版的、1951年完成的論文：《英國的土地與國家，1873-1910》。這個值得讚揚並富啟示性的研究，解析了構成 J. S. Mill 1870年成立的地權改革協會的多項綱領的歷史淵源，並進而考查了二十世紀初葉自由黨前後內閣鄉村和城市土地政策的決定因素。

同頁下端還有對David Spring博士後 (post-doctoral) 著作的評議，此處就不徵引了。

【第十五章】

英屬哥倫比亞大學(中)

I. 國史研撰的序幕

《易經》對中國文化和人生哲學影響至深且巨。“物極必反”這句富有辯證意義的名言，兩千年來幾乎被奉為普遍真理。“否極泰來”一語一般多解釋成壞運氣走光之後，好運氣自然而然地就會接踵而至。近年讀《易》深覺事態演變不是這麼簡單。呂紹綱主編的《周易辭典》(吉林大學出版社，1992)旁徵博引，極為有用。茲摘錄其中所錄有關“否”卦“上九爻辭”“傾否”的註釋以為進一步闡釋的參考：

> ……《經典釋文》：“否，閉也，塞也。”“傾否”，意謂上九居否之極，物極必反，故能一舉傾覆否閉之局勢。程頤《易傳》：“上九否之終也。物理極而必反，否極則泰。上九否既極也，故否道傾覆而變也。”一說強調人為的力量。王宗傳《童溪易傳》：“言傾否而不言否傾，人力居多焉。”蘇軾《東坡易傳》：“否至於此不可復，因非傾蕩掃除則喜無自至矣。”

程頤代表“正統”的解釋，認為否極泰來是物之常理，而蘇東坡和南宋的王宗傳認為人力因素重要，當然是比較深刻。但由於文言文的簡約，兩人僅就否卦爻辭字面做了單面的詮釋：卜卦人應該盡力掃蕩清除前此“否”所帶來種種創傷的殘餘，如此“喜”才會“自至”。我以個人經驗和體會，覺得詮釋否卦的意蘊應該注重另外的積極面——在“傾蕩掃除”的同時，必須自我煥發、重立鵠的，按部就班去實現新的計劃和志願；沒有堅毅意志的誕生或復活，"泰"或"喜"是不會自動從天而降的。"否極"之所以"泰來"多半要靠人為的努力。這種詮釋完全是根據個人1952年極不尋常的感受與經歷。

1952年春夏之交三件事先後發生。一、由於哥大博士論文數月前已正式通過，安朱先生實踐了他的諾言，建議歷史系給我升格，名義由講師改為助教授，照常規調整薪金。這事順利通過，Sage好像也就必須退休了，系主任即將由Soward接任。二、前此數週我已決定學年終結，立即赴美東廣事翻檢清代史料和中國通史方面積累的專著。那時和我共用辦公室的是教十六、七世紀英史的Geoffrey Davis (劍橋一等歷史榮譽學士、碩士)，他最近半時在校長辦公室協助安朱處理校中雜務。我問他假中赴美東做初步中史研究，應該向校方申請多少研究津貼。他建議我申請300元，我傻瓜一樣就只申請300元。三、鄂大瓦來的壞消息：加拿大社會科學研究會決定不津貼我哥大英史博士論文的出版。這代表四年來積累的"否"的頂峰；幸而我已開始做了轉治國史的心理準備，一兩天憤鬱之後我就殷切寄望於那就將東升的旭日了。

300元是小數目，但在1952年春，"灰狗"長途汽車溫古華——紐約間雙程特價車票僅美金99元。那時年富力強能吃辛苦。路經B. C.省南部風景絕佳的大湖南端和森林覆蓋的崇山峻嶺，穿過北美洲北部的大草原，東南向直奔Minneapolis-St. Paul孿生城和全洲第一交通樞紐芝加哥。芝加哥再東向經過大湖南岸及賓州，景象大大不同，大塊自然已不多見，觸目的往往是林立的工廠和夜間頗為壯觀的焰火。全程近四千英里，為時五夜四天，終於到達了四年未見的紐約。由於研究津貼實在太少，不得不節省住房費用。幸而梅可鏘兄熱烈歡迎我住到他曼哈頓西22街的公寓，晚飯合伙共食，既經濟又實惠。

行囊羞澀，無法去華府國會圖書館工作，內心對哈佛猶有"餘怨”，決定就在哥大一處找材料。哥大的東亞圖書館就在我考口試的Low紀念圖書館中。書庫在四樓，四面都有長廊可通。書庫及下一層較大的房間都被魏特夫 (Karl A. Wittfogel) 所主持的“中國歷史研究室 (Chinese History Project) ”(事實上應是中國社會史研究室) 所佔用。這研究室的經費是來自西雅圖華盛頓大學George Taylor所請到的羅氏基金團的款額，實與哥大無關，哥大只供給圖書及辦公室。當時這研究室人才濟濟。馮家昇燕京老學長因與魏合寫的《中國社會史：遼代》業經出版，已經回北京；瞿同祖和王毓銓兩位傑出學長負責兩漢；房兆楹、杜聯喆夫婦在國會圖書館完成《清代名人傳記》的編纂之後即加入魏氏的研究室，負責清代。所有搜譯的各朝代的資料原則上僅供魏氏一人之用，這是使我非常驚異不平的。魏氏研究室所佔用的房間之外，尚有寬敞的空間，中央有一張很大的書桌 (及其附屬傢具) 專供狄百瑞 (William Theodore de Bary) 一人之用，他已完成哥大東亞語文文化系的博士學位，業已充任該系的助教授，主要的工作是幾年內完成東亞思想史資料彙編 (英文) 的編纂。不少位中、美學人，尤以前輩哲學史家陳榮捷，都對狄百瑞主編的資料彙編作出重要的貢獻。我初見即感覺到狄百瑞有幹勁、富行政才，必將是富路特的承繼人。

我第一週完全消耗在遍翻有關中國史的專書和論文，並曾做一奇想：以兩三年的功夫寫一本英文的中國史綱，苦在真堪利用的著作實在有限得很。第一星期眼看就要過去了，感到通史綱要之路是走不通的；無論內心怎樣着急，也還是必須從原始研究入手。就在這個當口兒，燕京老學長杜聯喆以她研究“商籍”的英文短文見示，我才了解清代的“商籍”並不指一般商人，而僅僅指兩淮等幾個鹽區為鹽商子弟考生員所設的專籍，更恰當地說，專籍之設是為了給他們保留生員專額。這使我眼界大開，馬上聯想到古老的中國，歷代制度上的若干專詞不可望文生義就去應用，必須窮索其真實內涵及其長期間的演變。從第二週起我就試以兩淮鹽商為此行研究的對象。令我興奮的是哥大有關清代鹽政的史籍異常豐富。原因是三十年代 E. M. Gale自中國鹽務司退休以後，曾建議哥大自北京大批系統收集善本書時，應注意有關各區《鹽法志》這類書籍。我初檢書目，即發現哥大善本書中有乾隆1748年版的《兩淮鹽法志》和乾隆中期充任兩淮鹽政、滿洲鑲黃旗高恆的檔案八冊，其書名《淮北鹾政》是錯的，略經考證即可斷定是書賈所加的，但此書述及兩淮鹽區生產及運銷組織與管制的若干細節是其他書中不見的。乾隆版《兩淮鹽法志》較一般學人所依賴的嘉慶1806年版優越之處，在它幾十頁雙行小字的"成本"卷——這是研究鹽價和鹽商利潤、資產的最佳史料。哥大其他清代史料，包括文集，都很豐富，真給了我這個"飢餓的球員"一整月裏精神上飽餐一頓的機會。

在紐約的第五週末，所需史料搜集得已差不多，遇見清華老學長楊聯陞，他問我夏天做甚麼研究，我如實以告。不料他大叫一聲："糟啦！至少四五個日本學者已經作了同樣的題目。"在我發呆的分秒之中，他又接着說："也許你的作法和他們的不同，可能不衝突。你不如馬上和我一同搭火車去康橋，你先在哈佛附近住一夜旅館，一到我就去找出那幾篇日文論文拿給你看。也許你的和他們的論文大體重複，也許你的方法和見解比他們高明。總之，你儘快一翻，也許幾十分鐘之內即可放心啦。"果然，半小時之內我確實放心了，因為不但方法立論上與他們不同，就史料言，日本幾位學者沒有一人用了乾隆版的《兩淮鹽法志》，更不必提極為罕見的高恆兩淮鹽政的檔冊了。我在哈佛小住三四天，略略初窺哈佛燕京圖書館的收藏。聯陞兄提醒我中國海關1906年有對食鹽生產及稅收的英文報告可資參考，並對我即將寫撰的論文貢獻了一個考釋"匣"、"匣費"和"拜匣"的底註。他在西方漢學界能任意馳騁，實在是清華和海外中國學人的驕傲。

我於七月十日回到理想消夏的溫古華，沒怎麼休息就再度消化所搜的全部史料(事實上，在美東時隨着劄記就作消化工作)，幾天內即開始寫撰。大概四週半即一氣呵成，正文約一萬四五千字，題目是"The Salt Merchants of Yang-chou: A Study of Commercial Capitalism in Eighteenth-Century China(揚州鹽商：十八世紀中國商業資本主義的研究)"。幾年後覺得標題有一詞不妥，"資本主義"應改為"資本"，因為此文的主要目的在分析解釋何以兩淮鹽商雖享有巨大的財富而無法產生資本主義。文稿寄出一個月後，UBC秋季開學之際(九月下旬)即接到《*Harvard Journal of Asiatic Studies*(哈佛亞洲學報)》編輯部的通知，文章已被接受，但至少要等一年半後才能刊出。當時在我和瞿、房、杜心中，《哈佛亞洲學報》似乎比歐洲著名的《通報》富有朝氣。這篇論文既助我清除三四年來胸中積累的憤鬱，又給予我對國史研究必要的希望和信心。自史料徵集到寫撰完成(包括旅途往返的十天)為時不逾三個整月這一事實，説明當年孫毓棠學長令我相當悲觀的經驗談——從較高深西史讀習轉入國史研究大致需要一個五年的過渡時期——對我並不適用。1952年我被情勢所迫，不得不試躍龍門，不期一躍而過！從此踏進國史研究遼闊無垠的原野。

同年秋冬代校方向溫古華華商籌款購書的工作也初見成效。當時五千加幣還能買不少書，第一批有偽滿原版的《清實錄》和商務印書館的洋裝縮影本五省通志(畿輔、山東、浙江、湖北、廣東)。不料經過僅僅一週左右的晝夜翻閱，竟對明清賦役制度中最基本的兩個專詞"丁"和"畝"已能作出初步的、革命性的定性和詮釋。縮印本雍正1735年《浙江通志》有關戶口田賦諸卷中，全省77縣縣名之下，四分之三以上的縣份都有小註"隨糧起丁"或"隨田起丁"。這類小註，加上平素獲得有關明清賦役第二性的知識，使我立即作出初步論斷：清初的"丁"無論是各省府州縣的細數或是全國的整數，都已與成丁無關；前此所有中、日、西方根據清初"丁"數以推測全國總人口的專家學人們，都是方法上根本錯誤的。我之所以如此迅速即敢下此革命性的論斷，正是因為積年因研究需要而自修的科目之一是英國中央和地方財政，而財政學中一個並不難懂的專題是租稅(廣義包括徭役)轉嫁。“以糧起丁”或“以田起丁”明顯地說明原來明初所規定的，由十六歲至六十歲的“成丁”所承擔的強迫勞役，早已部分折成稅銀或已逐步轉由田地承擔。雍正朝(1723-35)正是推行全國性“攤丁入地”財政改革最力的時期。

在那冬雨連綿的同週之內，速翻乾隆朝《清實錄》時，發現廣東省不少年份呈報開墾水田、旱地、沙灘時，照例在頃畝數字之前加一“稅”字。這一小小發現立即引起我極大的好奇心；這些頃畝數字並不代表真正的耕地面積，很像是經過折算後入冊的“納稅畝”數。這個揣想，次年(1953)夏在哥大及國會圖書館方志之中很快就得到充分的肯定。我之所以能自始即單刀直入把“畝”定性為納稅單位，不得不歸功於梅特蘭(Frederic Maitland，1850-1906)，《*Domesday Book and Beyond*(末日判決簿及其前史)》這部不朽之作。按照根據更古習慣的十一世紀英國法令，田地最大的納稅單位是海得(hide)，即120英畝。1086年調查記錄之中，某寺院在十七郡都有田產，各郡田產中海得的實際面積很不相同，最小的只48英畝，最大的258英畝，大小差距五倍之多。因此梅氏強調海得決不可認為是耕地面積的單位，必須認為是納稅單位。〔以上兩段，除幾個字的變動外，都採自拙著《中國歷代土地數字考實》(台北：聯經，1995)，序言〕

上引1995年書序之言過簡，事實上1952年冬晝夜翻檢《清實錄》我已發現土地折畝的實例。如雍(正)、乾(隆)間陝西若干縣份報墾之地，每四五畝折徵一畝。平素分為五等的地，“以三等地減作五等，以五等地減作七等，以七等地減作八等，以八等地減作九等，俱照遞減等則陞科。”最使我興奮的是在乾隆四年卷中已發現浙江象山、臨海、太平等縣開墾“額內田”後，“招回丁口”已有好幾位小數點。舉例：“招回丁口十丁口四分二厘一毫零；十八丁口五分七厘零”等呈報的數目。法國浪漫哲人F. A. Chateaubriand (1768-1848) 之傳世名言，法國革命在爆發之前業已完成。1952年底，我革命性的明清人口及其相關問題的系統研究尚未開始，業已能夠保證它的成功。1952年這一年確是我一生治學和事業的分水嶺。

II. 埋首國會、哥大、哈燕圖書館

UBC歷史系及校長辦公室雖無法知道揚州鹽商一文的價值與意義，但總了解《哈佛亞洲學報》的標準是相當嚴格的。所以1953年初春我直接向安朱先生申請暑期研究津貼時，他“責”我為甚麼上一年不先和他商量。他立即批准650元，比上年Geoffrey Davis建議的多了一倍多。這使我能往返都坐得起火車。更想不到的是我一到紐約就見到梅貽琦校長。問了我家庭狀況之後，梅校長就靜聽我報告英史論文完成及出版的種種周折，去年兩淮鹽商研撰的經過，和今後明清人口及其相關問題這個幾年才能完成的大課題的研究計劃。其中最“起碼”的工作是遍檢美東三大漢學圖書館所藏的三千多種地方志，和北平圖書館善本甲庫 (已寄存在國會圖書館) 三四百種善本的膠片。梅校長極坦誠地說：“清華正有一小批款項資助中國學人的生活和研究，說老實話，他們不可能真像你那樣作頭等大題目，再說你也不能總像去年夏天那樣過分節省吃苦。我覺得你應該向清華申請研究津貼1,500元，一次頒發，由你自行分配貼補幾個夏天費用的不足，也無須向我報銷。”事後才聽說，梅校長本人向清華支薪極少，不敷家用，有時梅師母還要工作，這使我對梅師的為人產生無可言喻的崇敬與感戴。1953-55這三個夏天，我在國會圖書館工作的時間多過哥大與哈佛。華府太熱，夜間也經常去專室閱讀抄寫史料，為了安全也不時需要短期住在參議院對門的Carol Arms旅館，每夜七八元，只有靠清

華的津貼才住得起。我人口史基本功之得以完成是與梅校長的特別用心與關懷分不開的。

據我所親見，很少有華府以外的學人在國會圖書館東方部長期做研究的。東方部在新館 (Annex)，冷氣設備優於舊館。中文書籍集中在書庫的第八層。東方部所聘的館員人數有限 (從這點看，我覺得聯邦政府不但不浪費，事實上是不合理地撙節)，閱覽室的讀者所需之書都是由館員去取出放回，根本沒有像一般大學圖書館所用取書放書的零工 (page)。我初到即由資深吳光清博士和輔仁出身的王恩保先生照拂，不但有經常進庫看書自取自放的便利與責任，並取得夜間進館工作的特許證。程序是：下午五點閉庫之前，可以把所需書籍搬出書庫，放在寬敞的 Thomas Jefferson 閱覽室以備晚飯後翻讀和抄錄。在沒有 Xerox 影印複製便利的歲月，利用晚間續抄史料對我工作迅速的進展是非常重要的。

從燕京老學長朱士嘉的《中國地方志綜錄》(商務，1935)，知當時方志收藏以國立北平圖書館為最多 (3,828種)，次為上海東方圖書館 (2,082種，附屬商務印書館，1932年一月二十九日為日軍焚毀)，次為金陵大學 (1,993種)、故宮 (1,956種)。海外以美國國會圖書館東方部所收最多 (1,370種)，哈佛僅收494種。美國兩館所收相差如此之巨是因為美國農業部 W.T. Swingle 博士從改良美國柑橘品種而逐漸了解中國《本草》及有關植物專譜以及地方志中植物及穀類記載素質甚高，力勸國會圖書館大事收購。三十年代美金一元折合國幣五元，正是國會、哈佛、哥大、芝大等館大批系統地收購政制、方志、文集、家譜以至鹽法志等圖書的理想時期。美國諸館幾乎都是委託北平方面最誠實精專的採購經理人顧子剛先生。顧先生對三四十年代美國中文藏書飛躍式的擴充是功不可泯的。我在國會圖書館開始工作時，該館中國方志的收藏已達三千種左右。自從哈佛燕京社的成立和裘開明博士的充任哈佛燕京圖書館館長，哈佛的中文藏書增長最速。因此，再加上哈佛附近生活的便利，我暑假短期搜集史料工作的重心，自五十年代後半起，已逐步向哈佛燕京圖書館轉移。我漸漸覺得該館方志的總數已逼近國會圖書館所藏，1955年夏補充有關會館制度資料時，發現該館四川一省的方志竟已多達110種之多，真已堪稱美備了。從掌故的觀點我應在此順便一提外界不甚了解的"哈佛心理"。我1960年夏代表加拿大參加八月初在莫斯科舉行的第25屆國際東方學者大會，赴歐前曾過哈佛，裘開明先生託我在俄國新舊兩京探詢能否影印複製全部《欽定平定準噶爾方略》，我大吃一驚，博聞窮搜如裘先生這樣頂尖的圖書專家，居然不屑一詢近在"咫尺"的國會圖書館東方部！？再如八十年代Joanna Handlin博士(哈佛以移民為主要觀點的美國史權威Oscar Handlin之女，《哈佛亞洲學報》編輯之一)專函問我，在我*The Ladder of Success in Imperial China, 1368-1911*(《明清社會史論》)中所引用的乾隆年間陳宏謀《全滇義學彙記》，究竟哪裏有？這給我同樣的詫異，哈佛竟"習慣地"不知"下問"國會圖書館東方部！

我1953年決定先往國會東方部書庫和庫外閱覽書室晝夜開礦是明智的。沒有那三百多種北平善本方志的膠片，我對"丁"和"畝"制度內涵演變的討論決不會那樣具有説服力；對近千年來由於早熟稻種的繁殖和新大陸作物的引進和傳播所導致的農業生產革命的研討，是決不會那樣充滿信心的。在遍翻方志中人口、地畝的同時，我特別注重物產中的穀類，有關超省際移民、會館、開山、伐林、水土流失等多方面的資料。隨時劄記，隨時消化，隨時聯繫。翻檢抄錄方志資料感到相當疲憊的"報酬遞減"階段，我就換個方向抽讀制度、奏議、家譜、登科錄、同年齒錄等等以解困乏，並在腦子裏初度播下另個大課題研究的種籽。但為研撰效率計，1953-55三個夏天必須集中精力於明清人口及其多種相關問題。當時我對作物起源及育種等科學部門已具最低必要的專識，所以寫撰先從農作物開始。常識性的邏輯也先要求明瞭長期糧食增產的基本因素，才能部分地解釋清代人口爆炸式的增長。1953年夏最令我興奮的是明嘉靖1563年版雲南《大理府志》僅存第一、二卷，而卷二"物產"之中竟跳出望眼欲穿的"玉麥"〔御麥，即玉蜀黍(maize)〕！這是我研究美洲作物傳華考的關鍵性實證之一。再則一連三夏已搜集了很多有關早熟稻品種、育種和傳播的資料，獨獨找不到偶而徵引於日文論文中林則徐江蘇巡撫任上(1834)作序、江蘇按察使李彥章(林的兒女姻家)所輯綜合性的《江南催耕課稻編》，心中怏怏不樂。1955年六月準備離國會赴哈燕的前兩日，要求進平時封鎖的善本書庫瀏覽一下業已收購而尚未暇編目的線裝和近代的書籍，不期內中竟有此書！正是這類"重要"和經常方志中不時啟我深思的史料發現，才能助我"容忍"華府炎夏、旬以繼旬、書蟲過客生活上難以言喻的單調和寂寥。

哈佛的好處是生活方便，來往學人多，不寂寞。1955年夏我在哈佛燕京圖書館也得到過類似上述求書得書的欣悅。事緣在我從多方面搜集史料的過程中，有關土地登記和"統計"的資料已盡到最大的努力，獨缺偶見於日本論文裏國民政府三十年代中期財政部刊印的江蘇蕭縣、江都和安徽當塗三縣土地陳報的報告。六月下旬某晚十時閉館後走回住處的時候，聽見後面有人叫"何先生"；不用回頭看，聽聲音就知道是館長裘開明先生。他耳聾聲大："剛剛接到山本(Yamamoto)的電報，你所要的那三種土地陳報馬上就要航空寄來了。"他進而告我一個小秘密：為爭取哈佛沒有的書，他與東京的山本書店有一密約，山本每月的書目提前一週直寄給他，他用電報選購，成交之後，哈佛付款按標價另加百分之十。就世界水準而言，哈燕之所以能成為東方圖書名館是與裘先生數十年"獻身"的精神與積累的貢獻牢不可分的。

回到方志，朱士嘉編輯《綜錄》時無法知道的一項事實應該在此說明。邊陲雲南的方志，一向比較難得，我在1954年夏在近鄰西雅圖華盛頓大學遠東圖書館發現 J. F. Rock (生前長期住滇研究南詔歷史)捐贈該館雲南方志之中，國會所無者竟有十六種之多。

1956年以後我發現哈燕館雲南方志，亦有六種為國會所無。傳統學人中以明末清初大儒顧炎武(1613-84)參閱方志最多，據他《肇域志》(書稿有殘缺，為南京國學圖書館珍藏)的序言和他的《天下郡國利病書》(商務《四部叢刊》本)，他一生確曾閱讀過千種以上的各省方志。由於美國各大圖書館高效系統的收藏和使用上的便利，我以三個夏天基本上遍翻了三千種方志和三四百種善本方志膠片，較之古人，真是幸運得多了。

III. 決心踏進漢學以外的世界

早在哥大英史論文尚未完成的階段，我已私自下了決心把博士後國史研究的成果予以嚴格的考驗：儘先試探能否打進西方第一流的歷史和社科期刊。可是1952年夏暮完成的"揚州鹽商：十八世紀中國商業資本主義的研究"，雖然從觀點、內容、分析、論斷看明明是更適合社會科學期刊的，我卻不得不決定試投"漢學"、"東方學"高水平的《哈佛亞洲學報》。主要因為當時"東"、"西"很少交流；文章中制度專詞、人、地、事、物等所需漢字過多，遠非西方社科期刊所願處理；因為"隔行"，文章的審查可能拖得很久。楊聯陞學長既是編輯之一，哈佛方面的審查不會拖延。我的決定證明是明智的，雖然文章還是要等到兩年之後才能刊出。

這篇研究十八世紀兩淮(由於當時西方學人每多不解兩淮等專詞，故論文標題用揚州)鹽商論文的主要目的在考釋兩淮食鹽生產及銷售組織，估計場商、總商及運商的數目，以及全體鹽商的利潤與財富，最後分析何以這個全國資財最雄厚的商團不能產生資本主義。這篇論文所用的最主要史料是估計"成本"最詳細而又最嚴格的乾隆1748年版的《兩淮鹽法志》，也正因為此一特色，乾隆《志》極少傳世。乾隆初年上承雍正朝行政執法認真的良好遺風。雍正深深了解鹽政或巡鹽御史例皆維護鹽商利益，而廉能的省方首長維護消費者的利益。所以雍、乾之交兩淮鹽價是由鹽政三保與湖北巡撫崔紀會同核定。乾隆五年(1741)諭令江蘇巡撫徐士林會同兩淮鹽政準泰，根據三保和崔紀合擬的成本，逐條逐項再度核定(當時為避免太多人名，文稿中這些官員的名字都未列出)。從如此認真編就的"成本"冊估計兩淮鹽商的年均利潤和長期(1750-1800)總的財富，應該是和事實相差不遠的。至於研究鹽商總數，最有用的史料是哥大獨有的鹽政高恆1757至1765年間的檔冊。有鑒於楊聯陞兄數年前《哈佛亞洲學報》中討論傳統中國典籍中的數字往往屬於"虛數(pseudo-number)"性質，所以本文對鹽商"數百家"這個廣傳的虛數做了特別用心的探討。得出的結論是：生產方面場商30人；運銷方面總商30人，運商200人；湖北、湖南、江西佔全部兩淮三分之二的鹽區，各縣都只有當地的"水販"，根本不列入兩淮運商綱冊之中。全部兩淮鹽商的年均總利潤約5,000,000兩，十八世紀後半五十年間的總利潤應該不少於250,000,000兩，遠遠超過廣東十三行的總利潤。這一事實可從以下的數字得到部分的反映：廣東行商於1773至1832年這五十九年間共向戶部捐輸3,950,000兩，年均捐輸66,949兩；而兩淮鹽商於1738至1804年這六十六年間，共向戶部捐輸36,370,968兩，年均捐輸551,075兩。就乾隆年間長期積累的財富而言，兩淮總商之家必不乏資產千萬以上者，資產數百萬者亦應有數十家之多。

當中國大陸研討"資本主義萌芽"即將蔚然成風之際，我早在1952年夏就已經以兩淮鹽商為個案，初步探索何以在傳統中國巨量商業資本的存在，並不能導致資本主義產生的主因。首先是兩淮富商與其他社會的"新富(*nouveau riche*)"往往因犯"炫耀式消費(conspicuous consumption)"的心理情結。兩淮鹽商"炫耀式消費"有兩種截然不同的表現方式。其中庸俗者"競尚奢靡，一婚嫁喪葬，堂屋飲食，衣服輿馬，動輒數十萬。"其尤甚者以數千金購蘇州不倒翁投諸長江，數萬金訂製金箔，散自金山塔頂，以博片刻歡笑。其中文化水平較高者，往往長期搜集鼎彝、珍玩、碑帖、書畫、圖書，躋身全國收藏名家。如著名詩人馬曰琯、馬曰璐兄弟之"叢書樓"，1772年以後曾向《四庫全書》編纂獻書多種，內中776種珍本收入《四庫》。乾隆年間"揚州詩文之會，以馬氏小玲瓏山館、程氏篠園及鄭氏休園為最盛。"其他馳名全國的詩文沙龍(salons)尚多，定期詩賽，招待豪華，獎金優沃。乾隆一朝六十年間，舉凡下江一帶經史大師、知名騷人墨客幾乎無不做過沙龍主人的座上客，有些甚至是長期的座上客。兩淮巨商之家不惜累世消耗大量財富從事風雅的社會活動，主要是由於富到一定程度之後，更多的財富並不能換取更高的社會地位和聲望，只有通過與大批文人的長期交往才能打進全國文化菁英的內圍。這現象當然是傳統中國社會價值觀念的深刻反映。與此息息相關的另外一面是兩淮富商子弟讀書中試成為進士、舉人、生、貢的為數越來越多；家族成員中商人的比率越來越小，非商人(包括仕宦、進士、舉、貢、生員以及無科名坐食祖產及沉溺於"聲色犬馬"者)的比率越來越大，以致巨富之家財產很少有能保持到四五代以上的。

這個概括決不是"想當然耳"的，而是從兩種高素質史料所勾勒出的鹽商家族內部蛻變的史實而得出來的。乾隆1748年和嘉慶1806年兩版《兩淮鹽法志》中傳記資料甚為豐富。揚州(事實上是鄰縣儀徵)出生的李斗，遍遊南北諸省之後，走遍揚州城區內外所有大街小巷、河流港汊、名園勝跡，"又嘗以目之所見，耳之所聞，上之賢士大夫流風餘韻，下之瑣細猥褻之事，詼諧俚俗之談，皆登而記之。自甲申(1764)至於乙卯(1795)，凡三十年，所集既多，刪而成帙，以地為經，以人物記事為緯"，這樣最後才寫成的《揚州畫舫錄》，大有裨於研究百餘年間兩淮鹽商家族成員身分和生活方式的改變，以及財富逐步淡化和分散的基本原因。

本節以下之所以不厭其詳地列舉鹽商家族成員身分的嬗變，正是為了說明中國近世並沒有所謂的"商人精神"的出現，而"亞洲四小龍"經濟的飛躍也決不能歸功於儒家倫理。試先以程、江二氏為例。

程氏原籍歙縣。程量入明末"遷揚州，治鹽筴。……年垂九十，子孫曾元科名蔚起。"長子程之韺充兩淮總商二十餘年，康熙1674-75年籌餉有功，"特膺五品服"。之韺有弟五人，其中舉人、貢生、生員各一。第三代程渭航，之韺長子，"承祖、父業鹺兩淮"，以孝友、救人緩急、全人名節聞於鄉。其弟文正，為程氏成進士之第一人，另一弟文蔚，副榜出身，官貴州修文知縣。第四代(之韺孫輩)三十餘人，入仕者二人，程夢蛟仕至直隸廣平通判；程夢星，"康熙壬辰(1712)進士，官編修……詩格在韋、柳之間，於藝事無所不能，尤工書畫彈琴，肆情吟詠。每園花報放，輒攜詩牌酒榼偕同社遊賞，以是推為一時風雅之宗。"他就是聞名全國的"篠園"主人，但最遲到他死前一年(1755)，篠園年久失修，兩淮鹽運使，著名藏書家盧見曾(1690-1768)加以葺治出租，不久即以租金贍養程夢星的後人。程氏一門身後入國史列傳者僅有第五代的程晉芳(1718-84)一人。他於1771年成進士，前此早已是舉國聞名的藏書家，對經學方面已有幾種著作。1773年充《四庫全書》副總纂。老年貧病交加，客死陝西，巡撫畢沅"經紀其喪，贍其遺孤。"大詩人袁枚焚毀程晉芳所欠五千兩的借卷。程氏第五六兩代仍有不少不知名的文人，內中有一副榜、一拔貢、三生員；雖然並未完全退出鹽業，但這以鹽筴致富、"風雅之宗"顯赫一時的家族之中的商人成分已經微不足道是可以肯定的。

江國茂，明季歙縣諸生，明亡遷揚州，以鹽筴起家。其長子江演始為兩淮總商。第三代江演諸子之中，一人承家業為總商，一人任知府。江氏世族繁衍，至第四代人物崢嶸，而衰兆已現。這一代家業聲望嬗變的中心人物是江春，"欽賞布政使秩銜"、最受乾隆寵遇的商總。社會上都稱江春為"方伯"，這是鹽商中從來沒有的榮耀。江春"精於詩，與齊次風(召南，1706-68)、馬秋玉(曰琯，1685-1755)齊名。先是論詩有南馬北齊之譽，迨秋玉下世，方伯遂為秋玉後一人。體貌豐澤，美鬚髯。……建隨月讀書樓，選時文付梓行世，名隨月樓時文。於對門為秋聲館，飼養蟋蟀，所造製沉泥盆，與宣和金戧等。徐寧門外鬻隙地以較射，人稱江家箭道。……家與康山比鄰，遂構康山草堂。"乾隆1780年南巡曾遊江園及康山草堂。草堂筵客廳堂可容百餘人，而客常滿。袁枚所撰江春的墓志銘中綜結他一生的殊榮："四十年來凡供張南巡者六，祝太后萬壽者二，迎駕山左天津者一，而最後(1784年)再赴千叟宴。"可是，早在1771年乾隆已知江春家道"消乏"，特諭內務"賞借"予他銀三十萬兩以充資本，每年生息，除部分息銀須上繳內務府外，其餘貼補江春家用。袁枚於銘文中特別說明數十年間江春行鹽一貫打着江廣達旗號，始終隱避真名——這是商人自卑情結強有力的反映。

嘉慶《兩淮鹽法志》，卷十七，記乾隆1793年諭："從前兩淮總商江廣達過繼之子江振鴻，人尚明白，現在家道消乏。……江廣達舊有康山園一處，本家無力修葺，着傳諭眾商出銀五萬兩承買，作為公產，其銀兩即賞給江振鴻營運，無庸起息。……並着於內務府閒款內撥借五萬兩，照例起息。"研究明清社會經濟史很少能有如此權威、切實、數量性的第一手史料。

《揚州畫舫錄》雖然不能供給切實數字，但所涉及的江春同輩及其子孫仍是值得一一列舉以備參考：

江昉，江春之弟，"家有紫玲瓏館，工詞。……子振鷺……工詞。"

江立，江春之弟，"工詞，與昉齊名，稱二江。……子安……工詩。"

江蘭，江春堂弟，由貢生遵例報捐，官至河南巡撫。因任內職誤，"自請罰銀十萬兩，奉旨寬免一半。"嘉慶六年(1801)直隸水災，捐銀三萬兩；十二年(1807)又捐三萬兩修河南水利。(李桓《國朝

耆獻類徵》，卷99，頁24上至29上)
江蕃，江蘭之弟。“居揚州，購黃氏容園以為觴詠之地。”
江苾，江蕃之弟，“工詩歌，熟於鹽筴。其子姪士相，……工詩、鑒別書畫古器；士栻、士梅，業儒。”
江晟，……少喜乘馬，足跡遍天下。……“晚年以仿製古車輪軥聞名淮揚。其子江振鷗……工詩畫。”
江昱，“……工詩文，精於金石。……”
江恂，“……官蕪湖道。工詩畫，收藏金石書畫，甲於江南。”

江氏一族，只有第五代江恂的兒子江德量一人身後名入《清史列傳》，他是“乾隆庚子(1780)榜眼，官御史，好金石，盡閱兩漢以前石刻，故其隸書卓然成家。……”但不幸於乾隆五十八年即卒，“年四十二”。

江氏族大，各支盛衰節奏雖不一律，但全族價值觀念和社會流動的方向是一致的，越來離“商”越遠，資產也越耗散。

程、江兩氏雖有高度代表性，兩淮鹽商二百餘家之中當然也有處世恭謹，富不忘本，儒賈分工，富貴並臻的極少數例外。歙縣雄村曹氏即是一例。第一世曹世昌行鹽於兩淮鹽區北方邊緣的河南東南隅。生有二子，長景廷，次景宸(1707-76)。景廷考取秀才之後，景宸深覺兄弟二人應該實行“一儒一賈”的分工政策。景廷專心舉業，未能有大成功，最後只取得貢生資格。而曹景宸本人把父親河南的資本全部挪移到揚州，經營得法，成為總商之一，奠定了堅實的家庭經濟基礎。他堅決執行三個兒子間的家庭分工，幼子曹文埴(1735-98)竟於乾隆庚辰(1760)科取得傳臚(二甲第一名，全榜第四)之榮，任至戶部尚書。難得的是曹文埴一帆風順的仕途中，很早就決定把長子曹錤送回揚州從表叔程氏習鹽筴，不忘“稼穡之艱難”。他僅僅把幼子振鏞隨身讀書準備應試。曹振鏞(1755-1835)三十六歲中乾隆辛丑(1781)科進士，歷仕三朝，廉直恭謹，守正不阿，位至大學士，卒謚文正。由於他政治保守，少有積極建樹，時人不乏譏諷他成功的秘訣是“少說話，多磕頭”。但是他之所以身後能贏得士大夫最豔羨的“文正”之謚，是與他堅固的家庭經濟基礎與累世儒賈分功政策分不開的。請參看下表：

曹氏男性成員身分表（1776年）

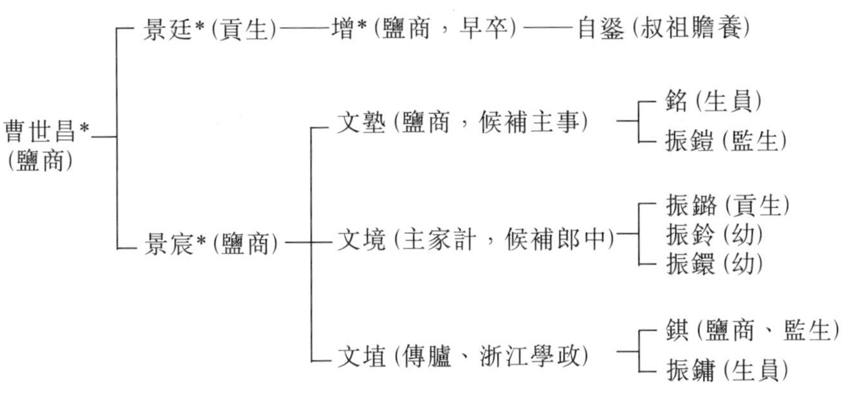

*已故

全文最後從曹氏例中指出傳統中國社會裏最不利於資本積累的基本因素——兩千年來無論貴族或平民，財產繼承諸子均分的法律、制度和習慣。

半世紀後反思，這篇十八世紀兩淮鹽商論文，不但是我初躍龍門之作，而且確是先從事制度及家世考證，再按照西方史學和社會科學觀點方法完成研撰的。它似乎收到了預期的效果。早在1954年秋，此文剛剛在《哈佛亞洲學報》刊出，楊聯陞兄就飛函報告哈佛校園之內對拙文反應極好，甚至有人感謝他推薦拙文之功（事後與楊兄面談，才知道是 Albert Feuerwerker，現已自密西根大學榮休，1990-91年曾榮任美國亞洲學會會長，著名經濟史家）。同時哥大東亞研究所何淬廉（廉）前輩有一封熱情洋溢的英文信致我，內中指出拙文選題重要、史料上乘，分析精當，有聲有色，為中國經濟史建立了新標準，並預祝我學術上持續更大的成功。哥大英史導師柏萊伯諾信裏説他雖對中國所知極為有限，但能"嗅"出文章的夠味；並指出一個極重要的方法論點——無論西方或東方，只有微觀的個案配合宏觀透視，才能相得益彰。信中他重申要繼續盡力設法使我回到母校哥大執教。最使我不忘的是1962年三月三十一日晚我與巴黎大學 Ecole pratique des hautes études (社會科學高級研究所)，唯一膽敢公開譏諷漢學有如"philately" (集郵) 的、原匈牙利籍的白樂日 (Etienne Balazs) 教授僅有的一次會面時，他劈頭就説："我來美國想見的中國學者只有你和瞿同祖；我從1954年就一直注意你的著作；我1960年在牛津和劍橋講宋代和宋以後的資本主義，清代部分特別借重你那篇揚州鹽商。"

* * *

將近半個世紀了，我已記不清1953-54年間究竟用了多少時間即撰就了大約六萬字的專刊，書名是：《*The Population of China, 1368-1850: An Essay in Institutional and Economic History* (中國人口研究，1368-1850：一篇制度及經濟史的論文)》，而且1954年九月已經被《哈佛亞洲學報》編輯委員會接受，將列入《*Harvard - Yenching Monograph Series* (哈佛燕京專刊)》刊印成專冊 (不是紙皮的"二"等叢刊)。我之所以拚命速撰這個專刊是由於以下的種種考慮：一、我不願對中共1953年的普查下功夫，因我既不是人口學家，又不懂俄文，中共已發表的報導過於簡略，這對我這樣的歷史家而言，捲進1953年普查是一件吃力不討好的工作。二、如果全文寫到道光末年為止，個人對明清人口編審制度較深刻的了解，以及對"丁"和"畝"革命性的重新界定等等，都可以寫進去，並不需要犧牲研究結果的精華。三、傳統地畝數據和國民政府及金陵大學貝克 (Buck) 土地調查統計的比較，近四百年來糧食生產等問題都可以留待幾年後陸續寫撰。四、最主要的考慮是我只有儘早使研究成果公諸於世，才有希望重回美國、打進第一流學府。最有趣的是楊聯陞兄報告專刊被接受的信的原文："大作堅實明快，文精悍如其人。……"進而勸我對西方某位誤釋明代人口數字準確可靠的學人，評語不可太厲害；最後用北方土話結束："老虎亦有打盹時，若自己小辮被人抓住，亦甚難受也。"如此出自肺腑的話是我終身難忘的。楊兄此信中已告我費公(正清)就要請到福特巨款，我1954年的人口史小專刊，費先生希望我不要太快就發表，最好用一兩個夏天把它充實延展到1953年普查，最後在他籌劃中的《哈佛東亞研究》叢書中刊印成為專冊。

*　　　*　　　*

自1953年夏開始全方位向極廣義的"人口史"進軍，不久即覺得有必要先籌撰有關新舊作物與農業生產方面的文章。有鑒於植物學家、農業史家和人類學家對歐、美農作物歷史的著述極為豐富，而獨獨對中國多種農作物的歷史一向只有依靠西方漢學家、語言學家和能通讀中文的人類學家的片段研究成果；另外因個人私下有一願望(似乎可認為是"小虛榮")：一生至少能有一篇文章刊登於真正科學的期刊中；於是我在1954年秋季開課之前趕撰出一篇真正稱得起"短小精悍"的論文，投到哈佛皮保底(Peabody)博物館的哈佛《植物學小冊》，希望能以專冊的方式問世。回信說，哈佛《植物學小冊》讀者很少，拙文史證堅實，析理平衡，將大有助於解決植物及人類學上一項基本性、時斷時續的長期論戰，所以建議代我向讀者多、聲譽高的《*The American Anthropologist*(美國人類學家)》推薦。我當然欣然同意，不料此文竟以首篇的地位在該學報1955年四月號出現。

案：西方一直有兩派不同意見，一派相信美洲作物是土生土長的，在哥倫布發現新大陸之前是無從傳播到舊大陸的，這學派一般稱為"The Americanists（美洲主義者）"。另派相信文化都是自然而然互相傳播的，哥倫布發現新大陸以前就應有東西兩半球文物交流傳播的可能。這學派一般稱之為“the extreme diffusionists (極端文化傳播論者)”。直到二十世紀中葉兩派辯論這問題所根據的重要文獻之一是勞佛(Berthold Laufer，1874-1934) 1906年分別考證玉蜀黍和落花生傳華的兩篇論文。勞佛精通梵文、古波斯等文，又能通讀中國古文，並且是具有很強分析和綜合能力的人類學家。他1919年任芝加哥Field博物館東方部主任時刊出研究中國對古代伊朗文化，尤其是植物方面的貢獻的*Sino-Iranica*，直至今日仍被認為是經典之作。

關於落花生傳華，勞佛所見中國史料之中以萬曆三十六年(1608)浙江台州府內陸的《仙居縣志》為最早，他因此推論落花生大約在1600年左右從海上貿易由葡萄牙人傳入的。三十年代後半哥大東亞語文文化系主任富路特對勞佛的結論予以新的肯定。勞佛論玉蜀黍傳華一文所根據的史料主要是陳元龍所輯、1735年問世的《格致鏡原》所引明代杭州學人田藝蘅的《留青日札》〔序作於隆慶六年(1572)〕卷二十六“御麥”條：“御麥出於西番，舊名番麥，以其曾經進御，故曰御麥。幹葉類稷，花類稻穗，其苞如拳而長，其鬚如紅絨，其粒如芡實大而瑩白，花開於頂，實結於節，真異穀也。吾鄉傳得此種，多有種之者。”勞佛所用西文資料最重要的是天主教士厄拉達(Martin de Herrada)的回憶錄。厄拉達曾於1575年隨大明帝國訪呂宋(菲律賓)官員匆匆訪問漳州、泉州和福州，在回憶錄中留下了驚人的“耳聞”：當時中國政府每年所徵玉蜀黍實物租稅已超過兩千萬hanegs (每一haneg略等$1\frac{3}{5}$英國bushels蒲式耳)。勞佛未能洞悉厄拉達所述“事實”與數字之荒謬，但對《留青日札》中“出於西番”一語非常重視。因此，再徵引了幾種晚清西方人的中國遊記，就得出玉蜀黍是在十六世紀經緬甸輸入雲南及康藏的結論；並進而綜論在作物傳播史上，一般而言，陸路優於海路。

勞佛玉蜀黍傳華的結論數十年內給予極端文化傳播論者辯論

上相當的"理據";因為除非玉蜀黍在哥倫布以前就已傳進中國,十六世紀後半的大明政府決不可能徵收那麼大量的玉蜀黍實物租稅。1947年Thor Heyerdahl等乘原始式木筏飄到大洋洲島嶼試驗的成功,更增強了極端文化傳播論者的呼聲。"美洲主義者"的領袖們,如久任紐約植物園園長、後移教哈佛的E. D. Merrill,及其同寅、終身研究玉蜀黍的Paul C. Mangelsdorf等只能做純揣想式的答辯:馬鈴薯之所以能在極短期間即"征服"了全愛爾蘭島是因為舊土著農業的落後;玉蜀黍之所以能很快地在中國傳播廣種,也是由於中國舊有農作物系統及農業生產落後。拙文之撰,主要雖是為廣義人口史一書的準備,恰巧也是為了"解決"西方兩個學派激化了的爭辯。

我的文章首先討論落花生,因為史料優越,無須論辯。蘇州學人黃省曾(1490-1540)在他所著《種芋法》中首度描寫落花生的植物特徵及其產地:"又有皮黃肉白,甘美可食,莖葉如扁豆而細,謂之香芋。又有引蔓開花,花落即生,名之曰落花生。皆嘉定有之。"這並不是孤證,嘉靖1538年《常熟縣志》物產之中已經列有落花生,而且年代與黃省曾同時。此外,福州文人王世懋在他的《學圃雜疏》,原序撰於萬曆十五年(1587),再度證明以上兩種記載的正確:"香芋、落花生產嘉定。落花生尤甘,皆易生物,可種也。"(案:花生源出南美洲巴西,顯然是葡萄牙人自海上輸入中國的)。由於幾種明代浙江方志都說花生是自福建北傳的,我當時不能斷定引進的地點,只指出花生的輸入中國可能不只一次,不限一地。直到1977-78年《大公報在港復刊三十週年紀念論文集》"美洲作物的引進、傳播及其對中國糧食生產的影響"長文中,我才重新推斷花生是葡萄牙第一次使團帶到南京作為進貢的方物的。這是因為1519年夏秋之際王陽明雖已平寧王宸濠之亂,明武宗仍親自南幸征討,在南京逗留九個月之久(1520年一月十六日至九月十九日),葡使團中的火者亞三(Tomé Pires)成為他豹房中男寵之一。只有這樣解釋，才能符合嘉定、常熟等最早種植的地區和《常熟縣志》及黃省曾的年代。

與花生有關的另一史實及理論也應該順便一提。當1520年夏秋之際王陽明雖已擒獲寧王宸濠，福建沿海某總兵派人趕到江西探問王陽明是否需要新引進的"佛朗機銃"(明代稱葡萄牙為佛朗機，銃是火砲)。王因叛亂已平無此需要。但由此一事可見大植物學家 E. D. Merrill 的信念是正確而又啟人深思的：當東、西兩半球或兩種不同古文化初度相遇時，最先交換的東西是糧食作物和武器，都是與生命直接有關的，而不是與理念和精神生活有關的。這種"大師"的經驗談，對我十幾年後研究中國文化起源裏外來因素自訂的"嚴肅"考查標準很有影響。

我文章中討論第二個自美洲引進的作物是甘藷或名番薯(*Impomocea batatas*)，又有紅薯、白薯、山芋等俗稱。甘藷傳華自始即有兩說。清初仕閩，久任福建按察使和布政使(1647-54)的周亮工在其《閩小記》中有綜述："萬曆(1573-1620)中閩人得之外國，瘠土沙礫之地皆可以種。初種於漳郡，漸及泉州、漸及莆〔田〕，近則長樂、福清皆種之。蓋度閩而南有呂宋國，……閩人多賈呂宋焉。其國有朱藷。……其初入閩時值歲饑，得是而人足一歲。其種也不與五穀爭地，凡瘠鹵沙岡皆可以長。……"另一說法根據康熙1663年及乾隆1763年兩版《長樂縣志》而略加考訂的施鴻保《閩雜記》(1875原刊)："《長樂縣志》則稱邑人陳振龍賈呂宋，丐其種歸。其子經綸陳六益八利及種法獻之巡撫金學曾，檄所屬如法栽植，歲大穫，民賴之，名曰金薯。……"其實兩說並不衝突，1594年福建歲饑，巡撫金學曾把陳經綸所獻番薯種法刊成手冊，教民廣種救荒，後人名其手冊曰《金薯傳習錄》。甘藷宜於瘠土，畝產甚高，不久即成閩中重要雜糧。明末泉州著名學人何喬遠在其所撰的崇禎1629年版《閩書》中，特別寫了一篇"番薯頌"以介紹其種法，並頌揚其經濟價值。徐光啟同時在編纂《農政全書》，不但把何喬遠的"番薯頌"全文收入，並派人到閩南去取薯種廣泛試種於上海一帶。

前此研究甘藷傳華的中外學人都只注意福建沿海；其實對甘藷最早的記載是李元陽(雲南大理人，1526年進士，官至御史)嘉靖1563年的《大理府志》，卷二，除首度記下"玉(御)麥"(即玉蜀黍)外，並列舉"薯蕷"之屬五："山藥、山薯、紫蕷、白蕷、紅蕷。"十一年後李元陽在他主撰的萬曆1574年版的《雲南通志》裏更記錄全省九個府和州已經有別於"山藥、山薯"的各種顏色的"蕷"的種植。甘藷由印、緬入滇應較由海路入閩要早至少二三十年，但在西南諸省早期的傳播，在文獻上卻不易追溯，這大都要歸罪於明清六版《四川總志》和《四川通志》(嘉靖1541年、萬曆1581及1619年、康熙1671年、雍正1733及嘉慶1816年)物產部分往往根本不談糧食，專重非農作物的特產。明清兩代的《貴州通志》和《湖廣通志》也犯同病，以致這個劣例影響了西南數省不少的府、州、縣志。

本分節開始已介紹勞佛玉蜀黍傳華文章的主要論點，及其所以被極端文化傳播論者依重之故。此處僅需對勞佛所不知的重要史料加以剖析，就可得出比較平衡合理的結論。對本問題最重要的史料是李元陽1563年版的《大理府志》和1574年版的《雲南通志》。在前者，卷二列舉"來麰之屬五：大麥、小麥、玉(御)麥、燕麥、禿麥。"在後者，卷二指出萬曆初年全省已經種植"玉麥"的地區有雲南府、大理府、騰越州、蒙化府、鶴慶府、姚安府、景東府、順寧州和北勝州。其中六個地區同時已種植甘藷(紅、白、紫蕷)。不用說，"御"字很早就被同音的"玉"代替，而且明代正式植物名稱是玉蜀黍，也離開了原來的"御"。鑒於葡人遠洋航行對食物作物的極端注意、在亞洲拓殖的積極和當時滇緬商務交通的頻繁，玉蜀黍先傳進雲南是非常合理的。

初看令人不解的是，據我遍檢北美所藏中國方志(包括善本膠片)之後，玉蜀黍最早卻記錄在嘉靖1555年的河南《鞏縣志》，卷三"穀類"列有"黍、稷、稻、粱、粟、麻、菽麥、蕎麥、秫、麰、稗、豆"，最後才是"玉麥"。本文中扼要說明鞏縣位於洛陽、鄭州之間，離滇緬及閩廣雖遠，卻是"西番"沿一系列茶馬市而北入四川、再沿嘉陵江入陝、東經八百里秦川出潼關、洛陽、鄭州北上入京貢方物必經之地。二十四年後在我為《大公報在港復刊三十週年紀念論文集》所撰長文中才作出更具體的推論："按理玉蜀黍傳到鞏縣以後，至少還要經過一段栽種時期才會見於著錄。玉蜀黍初傳到鞏縣的年份，應當大體相當1528年孟養（雲南最西的土司）的平定和滇緬大道的暢通。"勞佛因西班牙教士厄拉達1575年目睹玉米已在漳、泉、福州種植，但輕信他玉米已經大量充田賦之說，所以不得不強行假設玉米在十六世紀從雲南很快就傳遍大部中國省份。事實上，十六世紀的方志記有玉米者極少，即使十七世紀前半的志書之列有玉米者亦屈指可數。玉米在中國的傳佈是逐漸的。早期方志中罕見僅是一種"默證"，而"默證"在考據上當然應有一定的限度，可見明末有關植物和農事的三大綜合之作決不能不受重視。一、李時珍《本草綱目》（1587年修訂，1603年版）卷三十三，頁11下：

玉蜀黍

釋名：玉高粱

集解：時珍曰：玉蜀黍，種出西土，種者亦罕。

勞佛為自圓其說，文中徵引《本草綱目》時，故意不引"種者亦罕"這極重要的四個字。二、徐光啟在崇禎元年（1628）撰就《農政全書》，進呈御覽。他對農事極為注意，對番薯的推廣極為熱心，但在這農業"百科全書"正文中根本未提玉蜀黍，只在底註中附帶涉及（見《農政全書》道光1843年版，卷二十五，頁14下）。三、傳統中國技術史權威宋應星，在完成於明亡之前七年（1637）的《天工開物》首章綜述全國糧食生產與消費時，根本無一字涉及玉蜀黍，最能說明厄拉達數字之無稽。

全文總結論：花生證據堅強可貴，它是最早從海路引進到長江三角洲的；甘藷及玉蜀黍都是從印、緬、滇大道和東南海路雙向傳入中國的；十六世紀中國的糧食生產無疑義是領先世界的，"美洲主義"學派毋庸對厄拉達錯誤的數量"報導"試求解釋，玉蜀黍在晚明中國的傳播並不迅速；全部證據都支持"美洲主義"學派的信念，駁斥毫無實據的極端傳播論者的謬誤。

*　　　　　*　　　　　*

"美洲作物傳華考"在《美國人類學家》以首篇顯著的地位出現是部分出乎我意料之外的。我當即有動於衷，美國植物及人類學界排列期刊論文次序並不太重視投稿人的資歷深淺，而取決於文章的素質和"impact（衝擊力）"——這是與中國學術刊物和西方漢學期刊相當不同的。更使我感動的是，植物和人類等相關學科的傳媒立即廣事報導這篇有助於解決兩個學派長期論辯文章的重要性。因此，我馬上就接到美國植物學會的邀請，儘快撰一摘要在該會的機關報《*Plant Science Bulletin*（植物科學匯報）》中發表。我因已刊之文本已極精簡之能事，無法再行刪節，所以只好稍改題目，轉移討論的重心。題目是"American Food Plants in China（美洲農作物在中國）"，內容除了極簡單敘述美洲作物是怎樣初傳入華後，即集中闡發何以美洲四大作物——花生、玉蜀黍、甘藷、馬鈴薯——四百多年來對中國旱地利用及雜糧生產貢獻之大，直可目為近千年來第二個"農業革命。"至於由早熟稻自北宋初葉起所造成的第一個長期"農業革命"自當另撰長文討論。

*　　　　　*　　　　　*

我在西南聯大尚未出國時，雖然國際史學消息很不靈通，當時我即有一印象：英國在經濟史研究方面似乎已開始有了重要的革新。最重要的反映是《*Economic History Review*（經濟史學報）》編輯委員會的徹底改組。我到哥大後不時翻讀這學報，覺得無論從史料發掘或方法分析而論，這個改組後的《經濟史學報》可能是“最佳”的歷史期刊(這當然和個人研究興趣轉移到經濟史不無關係)；所以我一直有以未來的國史研究成果試圖“打進”這個高水平學報的志願。1955年春我的“美洲作物傳華考”在《美國人類學家》甫經問世，我立即有信致《經濟史學報》主編、劍橋大學經濟史包斯坦(M. M. Postan)教授，問他是否可考慮刊載中國經濟史方面的論文，並告他我有兩題待撰，一是傳統中國土地數字的性質(結論頗類似梅特蘭《末日判決簿及其前史》的結論)；一是中國近千年來早熟稻與糧食生產革命的研究。他回信說西方學人對後者興趣較大。於是我在1955年季夏精心地撰就了一篇“Early Ripening Rice in Chinese History (中國歷史上的早熟稻)”。遲遲於1956年九月開課之後才收到他的覆信，說明編輯委員會雖較快即認為適合學報的要求，但因文中涉及中國古史及詞源學的討論，文稿不得不經過漢學家的審查。信中對無法避免的拖延表示歉意，但指明很快就會於1956年12月號刊出。

這篇文章是我一生學歷中彌足珍貴的項目之一，因為它不但是《經濟史學報》第一篇華裔學人的著作，而且是自創刊以來第一篇“非西方”的經濟史論文。它在我精神生活裏永久具有里程碑的意義，因為它是我是否有能力超出漢學畛域，踏入西方第一流史學及社會科學著述之林的主要“試金石”。

這篇文章主要討論三點：首先論證自上古迄北宋初葉，我國稻作以高產的中、晚熟的粳稻為主；於是不得不檢討日本大正、昭和(二次世界大戰結束止)時期，名史家加藤繁(Kato Suichii)古代中國稻作以早熟品種為主之誤。這項檢討就必涉及詞源和訓詁的問題。案：“秈”字在遠古及近代雖為早熟稻種的總稱，但自西漢末揚雄的《方言》直至南宋中期，千餘年間所有的辭典裏“秈”與粳無別，都是不黏的“飯稻”，絲毫沒有早熟的意義。次則為追溯“秈”早熟之義的源起，就不能不談北宋這個“重農”朝代的一項重要措施：有鑒於江淮旱災，宋真宗於1012年諭令福建供應三萬斛新近自越南中部占城國引進，業已在閩試種成功、早熟耐旱的“占城稻”在江淮廣植備荒。本文第二部分的重點在詳考此後數百年間，占城稻種本身的優選及占城與土生稻種雜交育種所促成早熟稻種不斷的改良創新；因此推動稻作前沿，不斷地自平原低谷向丘嶺和本不宜粳稻的地帶拓展。此外，江淮以南廣大稻作區域，因水稻品種所需成熟期間一再的縮短，單位田地的複種指數得以逐步提高。凡此諸端都是造成筆者所謂的，我國近千年來第一個長期的農業生產革命的主要因素。宋真宗1012年占城早熟稻開始傳至江淮162年之後，南宋中期徽州博物學家羅願在他的《爾雅翼》(原序1174年) 裏才初度給予“秈”字以早熟之義。

本文第三部分引用明末宋應星經典之作《天工開物》，以聯繫早熟稻與美洲作物所引起的兩個長期糧食生產的革命；並釋析我國近千年來農業系統中主要作物比重的變化。宋氏名著撰成於1607年，開始論民食即強調指出稻米在農作物中壓倒的優勢，大約佔全國糧食生產的七成。二十世紀“七 · 七”抗戰前國民政府的統計說明稻米佔全國糧食生產的百分之四十七。這兩項數字雖不能認為是精確的，但大致應尚有參考價值。準此，則自明末至今日四百年中美洲作物向旱地、沙壤、山地推展農作前沿、促進雜糧生產的積累貢獻是無可否認的。我在本文開始及結尾都大膽地提出在最近千年的極大部分，傳統中國的糧食生產要比傳統歐洲的糧食生產進步優越。

這篇引起西方相關多科學人注意，而又自己認為“滿意”的文章竟不免大小兩處錯誤。小錯誤是由於我當時沒有足夠的科學知識去判斷明清稻種記載不免擴張之處。習慣上不少農家以插秧到稻熟之間所需日數以稱早熟稻種，如“六十日”、“五十日”、“四十日”之類。道光1843年版《高郵州志》卷二，“食貨”，首頁上記載曾自湖北引進“三十日”。明末湖州朱國楨《湧幢小品》(1622年序），卷二，我曾言及“三十日”極端早熟的稻種。但世界水稻育種權威張德慈博士二十年前即於通信中指出這類記載絕對是誇張。較嚴重的錯誤是由於我輕信了林則徐。林則徐是種植早稻最熱心的推行者，在他為姻家李彥章所撰《江南催耕課稻編》序文中，曾作了以下的概括：

……自四十日秄至六十日秄，皆於驚蟄後浸種，春分後入土，俟秧茁而分蒔之。此數種者，固吾閩所傳占城之稻，自宋時流佈中國，至今兩粵、荊湘、江右、浙東皆藝之，所穫與晚稻等，歲得兩熟。

根據林序“所穫與晚稻等”，我在全文結語中作了錯誤的綜述：晚清時早熟稻種的總產量大約與中、晚稻的收穫相等。遲至六十年代我才發現早稻年總產量僅居全部稻產的四分之一。這一錯誤雖不致推翻全文其他論述，但責無旁貸，我必須藉此機會遲遲向國際讀者道歉。

* * *

今日反思，1952-55年四個夏天已為一生國史研撰打下堅實而且相當寬廣的基礎。心情方面，由最初的“悲憤”很快地就提升到耐人尋味的“悲壯”。

【第十六章】

英屬哥倫比亞大學(下)

I. 哈佛與明清人口史論

前章已涉及，當我明清人口史論要早在1954年秋剛剛被《哈佛燕京專刊》接受之後，費正清 (John King Fairbank，1907-91) 先生已託楊聯陞兄轉告，他不久即可獲得福特基金會資助，在哈佛成立一東亞研究中心，屆時將請我夏間到哈佛充任訪問研究員，繼續明清人口及相關問題的研究，年代下限自道光末延展103年至中共的1953年人口普查。我雖很快即欣然同意，但也不是完全未做相反的考慮。一則即以楊聯陞兄而論，他即將完成的中國貨幣簡史就是篇幅不長綱要性質的著作。二則自己的明清人口史論要篇幅雖短，“丁”、“畝”等革命性的重新界定和人口相關諸因素精簡的討論必能發生相當的衝擊力，引起有志加強中國研究較好大學的注意。我在UBC雖已升格為副教授，但我的志願是儘快回到美國。我對學術論文和專著出版上幾乎無可避免的拖延已略有領會，如果計劃中擴大的研撰要延遲四五年才能正式出版，就個人教研機遇而言，不無得不償失的可能。我之所以決定延緩第一部著作的完成，是因為回味1953年仲夏費氏談話中流露的“智慧”。

有關費正清這位中國近代史教研領導人、“學術企業家”的回憶已經很多，不過我對他部分的回憶可能還多少有點底註的價值。1953年七月中旬結束了國會圖書館八週“開礦”，喘返溫古華之前，我決定對哈佛作幾天的訪問。我和費正清是在他Widener圖書館的研究室中初次會面的。我首先補謝他1951年將我改寫的舊作

——"翁同龢與戊戌百日維新"——向《*Far Eastern Quarterly*(遠東季刊)》〔即《*Journal of Asian Studies*(亞洲研究季刊)》的前身〕推薦刊印。隨即自我介紹1934年秋清華入學之時，費已赴牛津完成博士學位，剛剛錯過在北平結識的機會。然後極度誠懇地恭維他是蔣廷黻之後，舉世第二位學者研究引用《籌辦夷務始末》的。他馬上糾正我："是第三人，張德昌早我半年。"我們會談大約半小時左右。我注意到他用軟黑的鉛筆不斷地在本子上作速記，初面即給我一個"禮賢下士"，非常樂於聽取他人意見的良好印象。聽到我感歎明清人口及其相關問題工程浩大，決非三兩個夏天所能完成的時候，他插了話，大意是："第一等大課題如果能做到八分成功，總比第二等課題做到九分成功要好。我總勸我的學生求知應該廣博，論文選題卻不妨專狹。可是我勸你不宜急於求功，研究課題越大越好。"他這次談話的要義，令我終身難忘。

加拿大大學暑期長逾四個整月，照合約我於1956年及1957年兩個夏天連續充任哈佛東亞中心的研究員，1956年夏六、七、八三個月在哈佛繼續搜集整理多方史料，1957年集中精力在溫古華家裏力求完成人口全書研撰的完成。事實上，我在1953-55三個夏天確已遍翻了國會和哥大所有的方志，大量官書包括奏議等資料，所以1956年夏我在哈佛過半的時間在研究明清社會階層間的流動和統治階層的社會成分。正巧這個夏天我和北大1938級畢業的王德昭兄初遇即如故人，同住在一所民房，而且同佔樓下原來很大的一間客廳，當中有帳幔分隔，毫不影響我們個人的起居習慣。王兄在台灣考取教育部留美公費，每月生活費太緊，無能力買書。我想出了一個小辦法，由我向哈佛東亞中心提出要求，我九月初回溫古華後，由王兄代我繼續從哈佛所藏近三千種方志中扒梳全部作物及其俗名、伐林、水土流失、超省際移民、會館等資料；因我在國會及哥大雖已遍翻方志，但研究初期對以上"廣義"的人口資料未能一一都注意到。大概為時一年，王兄每月向東亞中心交劄記取酬，中心每月寄我王的劄記。二十年後我在《香港大公報在港復刊三十週年紀念論文集》中能列舉玉蜀黍(玉米)俗名65個之多——這件小事曾引起洪煨蓮老先生的驚喜與讚歎——是與1956年夏一舉兩得的安排分不開的。

就個人情感和學術公道的立場，我覺得此處應該對王德昭兄做一簡要的回憶。1956年春季他為西歐思想史名家布倫敦(Crane Brinton)班所撰有關法國啟蒙大師伏爾泰(Voltaire，1694-1778)的課業論文，贏得罕有的讚揚。案：布氏著作淹博精深，時享有"Harvard Society of Fellows"(哈佛學院)首席資深"院士"之榮，可惜平素不把研究生放在眼裏，對學生課業漠不關心(根據劉廣京先生電談)。布氏一向認為十八世紀法國哲人對中國故意理想化以為抨擊歐洲(尤其是法國)"舊制度"張本。王德昭在論文裏能闡發唐宋以降學校與科舉制度確不無基本社會公道，伏爾泰所頌揚的中國思想與制度確有相當史實根據。因此，布氏評語極好，其中最重要的一句我至今還記得："This is one of the rare term papers from which I have learned something new.(這是一篇罕見的課業論文，我從其中學到一些新的東西。)"打分："A+"。

德昭兄中、英文根底俱佳，法文具有閱讀能力，英文漢譯甚見功夫。他是台灣、新加坡、香港學兼中西，能作中國近代史及比較歷史研究的極少數史家之一。至遲在1981年十月參加在武漢舉行的"辛亥革命七十週年紀念國際學術討論會"的時候，已經被選入《世界名人錄》。他在會上宣讀論文和討論，引起國內的重視，並因國內友好的敦促，決意返港後儘速完成有關近代中國制度及中西史比較方面的研撰。他生平嗜酒，血壓靠西藥控制。因服藥有礙文思，三個月瞞着夫人拒絕服藥，1982年春突然中風與世長辭。這不僅是海外中國史界的損失，也是我個人的損失，因為他是有識見、有能力、有胸襟，遲早會將我的主要英文著作向廣大的中國讀者加以系統地評介的。

* * *

1956年夏在哈佛特別值得回憶的是得緣與第一流經濟學家、國民所得研究的世界權威庫茨內茨 (Simon Kuznets) 面對面談了四十多分鐘。事情的經過是：也許由於費正清的習慣——經常以學生研究入門之作儘先以打字複印方式列入哈佛《*Papers on China*（中國論叢）》，備校內外相關學人參考評正，以為博士論文張本——也許是由於初獲巨款，東亞中心急於表現成果，費決定召開一個小型的中國近代經濟史的學術會議。地點選定附近New Hampshire州一個消夏村，會議將由他新聘的Alexander Eckstein充主席。論文總共七八篇，除兩篇外至多只能認為是"interim（過渡性）"水平之作。好在費請了庫茨內茨與哥倫比亞東亞研究所何廉先生充"顧問"。這次會議中爭執的重心是華盛頓州立大學張仲禮博士《*The Income of the Chinese Gentry*（中國紳士的收入）》專書的摘要。這時張尚未回上海任上海社會科學院中的要職，不知何以將論文由實際主持華大遠東中心教研的麥寇 (Franz Michael) 教授代為宣讀。我是與麥寇辯論的主角。費不得不決定麥和我分別與兩位顧問面談。

我是最後才與庫、何兩位面談的。庫首先略問我的學歷。我告他原是清華公費生，在哥大讀英國史及西歐史博士學位的。他說他是從本科一直在哥倫比亞讀到博士的。隨即叫我簡述清代人口爆炸的主要因素。我乘機扼要地解說"丁"和"畝"制度內涵的演變，和前些中外人口學家研究近代中國人口方法上基本的錯誤。清代的"畝"確似中古英國的"hide（海得）"（大的納稅單位，原則上應為120英畝，而實際畝數各地相差很大），決不可認為是真正的耕地面積。我緊接指出人口總數方面比較接近事實的，只是從乾隆四十一年 (1776) 到道光三十年 (1850) 這四分之三世紀期間呈報的。1851年太平天國革命爆發之後，直至清末就不再有完整的全國人口數字了；清末的"普查"幾乎全是形式的、不可靠的。我進而解說張仲禮對"紳士(gentry)"的定義是不正確的，因為構成他所謂的"紳士"的最大多數底層的"生員"，在清代民俗上和小說裏往往被譏笑為"窮秀才"。這與近古和近代英國的gentry(被十八世紀法國啟蒙大師伏爾泰認為是法國社會所沒有的"亞貴族"地主階層)，在社會、經濟和政治地位上實有天壤之別。根據《大清會典事例》等官書，張所謂的"紳士"的總數尚可勉強推算，至於他們的財產，甚至他們大多數是否有財產可言，根本無法知道。基本數據既如此殘缺，紳士的定義又如此欠通，怎能嚴肅地進行紳士收入的研究？何廉先生大概是有意多給庫先生發問和了解史實的機會，所以一直沉默靜聽，至此才插了一小段話。大意是自陶尼(R.H. Tawney)教授《*Land and Labour in China*(中國的土地與勞動)》1931年問世以來，其序言被公認為中西文化及經濟比較史論方面的不朽傑作。可惜他二十年代末在南開大學研究這項問題時，沒有人能夠向他解釋明清人口及土地制度內涵的演變和數字的性質。

這個兩天半小型會議之後，費正清對這次宣讀過的幾篇論文是否刊成專冊未明白表態。但這原計劃要出版的論文集無聲無息地終於流產了。

哈佛東亞研究規劃擴大伊始，費正清有不少促進不同專業學人合作的設想。中國人口史就屬其中之一。他於是邀請資深的人口學家艾琳陶柏(Irene Taeuber)來哈佛與我會談。她和她丈夫Conrad都是1906年生，1931年在明尼蘇達(Minnesota)州立大學取得博士學位，丈夫現任聯邦普查局助理局長，她本人當過教授，現任普林斯頓大學人口研究專室研究員。費正清的設想是，在我多維史料研究成果上，如能再加上陶柏對人口統計數字分析和詮釋的深度，最終的研究成果應該與最高的"理想"相當接近。她初訪匆匆，約我儘量利用一個週末日到她華府近郊家中深談合作途徑。不幸的是，我們專業訓練、研究重點、對明清分段人口數字評價等方面意見分歧過大，無法合作。但這種負面的結果，對費正清發展東亞研究的規劃和對我此後的研究取向，還不失為有益的經驗。

*　　　*　　　*

1956年夏我在哈佛之外接觸一批社會科學家的經過也還值得一提。在我最艱難的歲月，1950年夏，在溫古華就結識了英國出生、UBC畢業，倫敦大學1931年博士，以第二部著作《中世紀倫敦的商人階級》成名的女經濟史家Sylvia Thrupp。她的導師是中古經濟史奇才Eileen Power（她也是英國"新派"經濟史領導人之一，對宋代文化十分傾慕，1920年代曾兩度訪華，以研究英國中古羊毛生產及貿易與中世紀一般人民生活鵲聲史壇。她的丈夫M. M. Postan原是俄國猶太人，是她的博士生。Eileen Power的才貌和極不尋常的婚姻使得史家湯因比（A. Toynbee）決意離婚，短期失去理智平衡。她不幸1940年八月病死於倫敦）。Thrupp於1950年夏回UBC母校教暑期，那時她已是芝加哥大學社會科學副教授。她交遊極廣，五十年代中獲得十幾個國家相關學術方面的資助，決意創辦一高水平真正國際性的學術期刊，定名為《*Comparative Studies in Society and History*（社會與歷史的比較研究）》。她事先函告將請我為特約撰稿人，該刊創辦伊始亟需有關中國的"力作"以資國際學人批評比較，並告我將訂一個週末日，在她New Hampshire消夏別墅舉行二十人左右的歷史和社科學人的餐敍與交談。除主人外，其餘參加者無一是舊相識。我採取靜聽政策，有問試答，不輕易主動發言。從五六小時內隨興的談話和事後的反思，我只能得到以下粗淺的印象：這批社科專家幾乎都覺得資料與理論應該並重，這大概與召集人的信念有關；在比較研究的"宇宙"內，就時空二維而論，中國都有超過尋常的重要性；前些西方和東亞"漢學界"的研究和視野實在是過於專狹瑣碎。

〔此處應該順便一提的是：Thrupp雖早已是國際知名的中古經濟史家，但在芝大久久不得升格為正教授。她1962年受密西根大學之聘為 Palmer 講座教授，有信致我，開頭一句：“Be glad that you are not a woman！(你幸而不是一個女人！)〕

由於 Thrupp 特約撰稿，我1956年夏最後五六週搜集和分析史料的工作重心，暗暗地移到明清兩代統治階級成員的家世背景。1957年夏照原定計劃在溫古華家中撰就《*Studies on the Population of China, 1368-1953* (中國人口研究，1368-1953)》，八月間即將全部書稿寄給費先生，完成了我與哈佛合作的任務。

II. 哥大與《明清社會史論》

我自1948年七月一日離哥大赴溫古華教書以來，一直希望能有一天回到哥大執教。柏萊柏諾師以資深歷史系教授身分曾屢度盡力促成我這願望的實現。但困難重重。雖然副校長 John A. Krout (我1946年二月初註冊時他是歷史系主任) 對柏師極為尊敬，對我英史論文的質素很有了解，但苦在行政及經費方面一時無法把我安排到歷史系裏。歷史系只能有一位負責中國史的教授，而韋慕廷確可認為是傑出的中國史教授 (他的博士論文《西漢奴隸制度》方法謹嚴，是歷史系上古史名家 Linn Westermann 指導的，博士學位是歷史系的，不是文學院東亞語文文化系的。此外，韋曾承繼世界第一流語言及人類學家勞佛為芝加哥 Field 博物館東方部主任)。韋氏之可敬在自始即極力贊助柏師的提議，因為他已決定不再搞中國古代史，完全轉入中國近代史的教學和民國史的深入研究；我如能返回母校，應能與他形成中國史方面堅強的教研陣營。關鍵在傳統中國歷史的課程一向是設在文學院的東亞語文文化系的，主授者是該系主任丁龍講座富路特先生。我從1952年夏與狄百瑞同在中文書庫工作時即有預覺：狄將是富的承繼人。此系將來如何決策，不是柏師、韋慕廷和我所能預料。五十年代前半，柏師的健康大非昔比，又僕僕於大西洋兩岸，不得不代表哥大慶祝莫斯科大學建校兩百週年典禮(第一次大戰後柏師牛津聖約翰學院入學考試以比較法、俄革命的文章名列第一，為"示範生")，所以我很少有與他見面的機會。記得最後與他見面是1954年七月。他對我返哥大的前景已不樂觀，忽然沉思不語，最後對我說："Ho, I have the feeling that Chicago will be the place for you.(何，我有這個感覺，芝加哥(大學)將是你安身之地。)"我說絕對不可能，因為我從未與他們發生過任何關係，再說他們在古代及傳統中國方面早已經有人了。柏師說，這很難說，不過我有一種預覺，只有芝加哥才有魄力和遠見聘請像你這樣的"foreigner(外國人)"。1957年十一月十日接到柏師因肺炎和心疾突發逝世電報之後，我怎能不以生平第一部精心之作，永久獻給這位知我如此之深、信我如此之切的恩師"至好"！？

* * *

大概就在我與哈佛建立暑期研究關係的同時，哥大東亞研究所方面發生重要的人事更動。外交界出身老輩日本歷史名家Sir George Sansom自哥大退休，東亞研究所所長一職由日本史專家Hugh Borton繼任，1957年五月Borton出任Haverford College校長，七月東亞研究所所長由韋慕廷繼任。我1957年夏在溫古華家中寫撰人口史時，接到韋信，邀請我在下學年(1958年九月一日至1959年八月底)充任哥大東亞研究所高級研究員，充分利用哥大圖書資源從事個人研究，並無任何特殊的義務。但我和他之間默默的了解是，期滿之後我會以一部以明清統治階級成員家世背景為經脈的一部社會史論向東亞研究所交卷。為了保證不辱哥大此行的使命，並實現1956年夏為Thrupp創刊撰文的承諾，我於1958年春夏之交，就手頭已搜多種史料撰就一篇"Aspects of Social Mobility in China, 1368-1911(有關明清社會流動的幾個方面)"，啟程之前已寄給她。

我們一家四口，八月間搭橫貫加拿大的火車，在加東三大都市，多倫多、首都鄂大瓦和更東的蒙特利爾都下車小遊，然後才折向東南抵達紐約。就快到十歲的長子可約，到了紐約，看到哥大，最為高興，因為我很早就解釋給他，可約一名就是紐約與哥倫比亞音譯的簡縮與結合。

這次回到紐約，美中不足的是住處很不理想。由於二房東的阻撓，我無法以原租住進何廉先生河濱大道的高級公寓，匆迫間只好住在UBC Soward先生已入美籍兒子和岳家勃朗克斯全所三層公寓的底層。房子雖尚夠用，但每天須搭地下鐵，還要換車，才能往返哥大。所以這一年我完全無法晚間利用哥大圖書館，相當影響到我的工作效率。

值得回憶的是哥大獨有的校際遠東學人的晚間月會。這年十月第一次月會約我主講明清人口及其相關問題，參加者來自曼哈頓、長島及紐澤西不少學校及基金會人士。在這次會上我初識普林斯敦的牟復禮 (Fritz Mote) 教授，金陵大學西史教學奠基人 Searle Bates 老教授，和福特基金會的第一等中國問題專家，分析能力極強的 Doak Barnett 等位。哥大東亞研究所內，我和新聘的史金諾 (G. W. Skinner) 初見即互相敬慕，結下長期學術的聯繫。可惜像他這樣傑出的人才，雖與韋慕廷相處甚得，不久就返回母校康奈爾，隨即長期執教史丹福。其實從史金諾的例子，我很早就應該明瞭哥大待遇和人事方面的局限。

*　　　*　　　*

1958年秋冬之際哥大工作剛剛就緒，就接到UBC圖書館館長Neal Harlow的信，說校長Norman Mckenzie已同意將近年捐募所得的大部投資於中文圖書；叫我十二月由紐約先回溫古華，然後再飛香港洽購全部包括五萬本線裝書，號稱"蒲坂"的私人專藏。事緣UBC於五十年代後半已有意發展東亞研究，日本方面已請到英國日文傑出的社會學家Ronald Dore為副教授，日文及日本文學方面亦已請有知名的日本學人任教。Harlow本為洛杉磯加州大學圖書館副館長，UBC就任後發展圖書不遺餘力。此番遠行足足用了三個星期，以下諸點值得回憶。

一、生平旅行這是首次搭乘頭等艙位。UBC原向加拿大太平洋航空公司請打折扣，公司説經濟艙向來不給折扣，頭等艙可以給五成折扣，所以頭等機票反較三等為廉。

二、當時遠洋飛行尚無真正的噴氣機，旅途要四停：阿拉斯加的Anchorage、東京、琉球的沖繩 (Okinawa)、香港。我預定在日本停留三天半，一到東京即搭晚車去京都。在京都未見過面的朋友有哥大酷愛日本文化，日文、中文都好的Burton Watson充嚮導，哥大讀禪入迷的Phil Yampolsky開車，密西根藝術史家Richard Edwards參加，大皆由我午餐作東聊表感謝。我們三天之內遊了京都區亭園古刹三十餘處，包括金閣、銀閣、龍安、西芳等名勝。這次證實我藝術鑒賞方面沒有種族及文化偏見，加深了我的感覺：日本園亭設計精簡雅秀在蘇州、揚州之上。

三、由於不是噴氣機，飛行高度有限，日間部分日本海岸，尤其是自沖繩飛向香港途中，屢屢看到晶瑩有如藍綠寶石嵌鑲的島嶼群，包括泉、漳、潮、汕海灣以及台峽中央的澎湖列島。那時完全被"美"吸住，絲毫未發史家得失興亡的感慨。

四、港澳小吃之價廉物美，今日難以相信。香港金龍、大同等酒家下午魚翅羹每小碗僅港幣二元。購書簽約之夜，澳門書主姚老先生包下五洲飯店全部屋頂花園，請出八十三歲退休的首席廚師貢獻專長，主客四人享用，男女四人環伺。我有幸，亦不能無憾地品嚐和預測這種吃的文化的行將永逝。

五、我旅遊時一向極力避免發懷古之幽情；不過在澳門訪問富有晚明閩南風光的"望廈村"時，我卻要坐在1843年美使顧興 (Caleb Cushing, 1800-79) 坐過的石凳上，簽署"望廈條約"的石桌旁，拍一張照片以為多年講授遠東國際關係史的紀念。

六、歸途中首度訪問台灣六日，住在中央研究院胡適先生新居，並在台大作一明清人口及其相關問題的演講，聽眾之中有未來知名史家汪榮祖和他的未婚妻陸善儀。

* * *

1959年春三月，我第一次有機會參加美國亞洲學會在華府舉行的年會。我遲遲才發覺前此我一人在加拿大西海岸，是如何與美國廣眾同行的學人們"隔絕"。我宣讀了明清兩代社會流動的論文，統計數字之充實與推論之"大膽"，引起不少聽眾的注意與驚訝。討論時坐在第一排的一位清秀凝重的中年女學者發言最中肯，對我的推論甚為支持。可能因為散場時，我在台上全神注意到南開中學最敬愛的英文老師柳無忌夫人昂首疾步走向台前，我未暇顧及其他。事後才有人告我那位坐第一排發問的女學者是耶魯的瑪麗 · 萊特（Mary C. Wright），費正清第一個成名的大弟子，中國近百年史僅次於費的領袖人物。她和我不久即建立了真摯的學術友誼。

在哥大訪問的這一年，研究方法上有三位益友。一是韋慕廷。他雖完全放棄了傳統中國，專攻民國史，但因曾受古希臘史名家的訓練，對於方法極為嚴謹。我計劃全書正文之末附二三十個成功的個案，以微觀的個案與分析數以萬計的統計推出的宏觀理論互相輝映。這點他完全支持。但他勸我對這些成功的個案不必作"類型"的分類以避免不必要的可能爭執，全部按時代先後排列簡單穩妥。他這建議我完全接受。另位對我的研究很有幫助的是哈佛出身，哥大 Barnard 女校，社會系教授 Bernard Barber。他在漫談中提到社會學界研究社會階層間的流動，近年開始注意到"opportunity structure（機緣結構）"的重要。我首次聽見這個專詞短語，馬上就感覺到它的重要性，並立即相信傳統中國這方面的資料豐富多維，大有做頭。三十多年後回想，真是一兩天內即就個人已知的制度及非制度的種種促進社會階層間流動的因素，建構了一個"觀念的框架"。書成之後，那專講"機緣結構"的第五章是較西方類似著作着了"先鞭"的，使我和讀者比較滿意的一章。哥大這年與我結下長期學術友誼的是史金諾。他把我所有初步撰就的幾章都一字一字地細心讀過，大小不妥之處都一一指出。我對他也已有相當了解。他是理論訓練極好，意志極強，有意對中國傳統及近代社會建立原創性的分析體系，決不輕易恭維任何人的著作的。1959年夏我行將返加西之前，問他對我書坦白的意見，他説就史料及"漢學"的觀點看，我的此項研究無疑義是"第一等又第一等"的，但在社會科學理論上會不免"clobbered (挨揍)"的。

史金諾最後一句話對我此後長期研究的對象和方針有深刻的影響。試想：五十年代我正極力企圖打出"漢學"的藩籬，跳進社會科學的川流，明明是一部用社會科學觀點和方法研究社會學上一大熱門課題的著作，居然仍會被一位很不尋常 (不久即為事實證明) 的社會科學家認為是"漢學"，可見社會科學的川流不是歷史學人所宜輕易投入的，而"漢學" (史金諾此處所謂的"漢學"正是我所謂的"史學"，選題必須有較重要意義，必須從大量多維史料的考訂、詮釋、控制入手) 還不失為史家"養命"之源，豈能棄之若敝屣！四十多年後反思，正是當我最熱衷於應用社科理論治史之際，潛意識中對某些體系甚大、似有創意而數據不足的社科理論已越來越發生抗拒。此義待書末學術自我檢討中將再申説。

大體而言，1958-59這一年不能全力集中寫作。習慣上我不能在辦公室寫作，而住處又不理想，大大地影響了工作的效率。一家四口既來紐約，紐約可玩而且應該玩的地方又那麼多，週末照例是不愁無處去的。更不必提春、暑自放的短假期內駛車出遊波士頓、康橋、Niagara 大瀑布、華府本身和近郊的歷史名勝了。這一年作客生活中值得回憶的有兩件事。

一、1958-59年在哥大工作的首尾四個月裏得緣與胡適先生數度午餐談話，這些談話終於導致翌年 (1960) 八月十八日他與我之間極不尋常富有史料價值的長談 (請參閱本章末所附"專憶 5")。

二、在紐約大都會歌劇院兩度欣賞生平所聽過的最好的女高音 Renata Tabaldi。

III. 學習"隨遇而安"的人生哲學

半個世紀後回憶，指導我渡過UBC很不平凡的十五年(1948-63)的是似悖似反而又相輔相成的兩句古諺："艱苦卓絕"和"隨遇而安"。前一句的真理我一生無時或忘，因為從六歲起外祖母就極成功地向我貫輸植根於周人開國的憂患意識(請參閱第一章"家世與父教")。處在事業中最困難的掙扎歲月之中，只有堅信卓絕必出自艱苦，才不會對美東書庫連夏開礦的辛楚與寂寥覺得艱苦；事實上，每當閉館後吸進第一口清新夜氣，仰望着白玉般晶瑩雄瑰的國會建築群的分秒之間，內心不禁在獅吼："看誰的著作真配藏之名山！"隨着五十年代中期幾篇論文的問世，大寫作計劃預期逐步的實現和經濟狀況的改善，我也越來越能欣賞溫古華城郊之秀麗，中、加友朋人情之醇厚、海鮮之罕有的價廉物美……。說句自嘲的話，我已不認為多盡幾分丈夫和父親的世俗責任就是"儒式清教徒"的"罪過"。在這段開始體會隨遇而安人生哲學的智慧中，UBC公私可憶之事甚多，茲舉其要如下。

(一) 英文遣興習作

由於自知早歲國內英文基礎不夠堅實，在海外專業內外英文表達能力的重要，一俟渡過最艱難的掙扎歲月之後，我每每感覺到有必要練習史論以外的英文寫作。正好從五十年代中期起，我中國通史一課所涵蓋的內容和質素傳到少數資深教授夫人們(包括名譽校長Chancellor的夫人)，於是在1954年春天請我星期四晚間給她們連講兩三次中國古典詩詞。我對中、英文學都缺乏修養，但卻敢開始即大膽地說，我的母語中文雖不甚適合科學的要求，但它恐怕是詩人理想的語言，它能以最經濟的音節(也就是單字)，通過那麼鏗鏘的音韻、表達那麼濃縮的情景。我的講談從《詩經》豳風"東山"和"七月"始，以毛澤東兩首"沁園春"止，時代上涵蓋了三千年。我講談的原則是先讓她們任意選讀已有的英譯，我所講的卻只限於出自個人的體會與感受的。很多首談完之後，我總朗誦原詩原詞。記得他們聽我選誦了“七月”一段之後，情不自禁地讚歎中國古詩拍節音韻之美的這個維度是一般英詩中很難碰到的。我朗誦的一小段是：“春日載陽，有鳴倉庚(應讀gang)。女執懿筐，遵彼微行(hang)，爰求柔桑。春日遲遲，采蘩祁祁，女心傷悲，殆及公子同歸。”

對這些教授夫人們和在通史班上一樣，律詩最難翻譯，最難介紹。每首八句，中央四句每句中的名詞、動詞、形容詞等等位置必須完全相當。七言律詩中古今人名、地名、典故、軼事之多，往往令譯者生畏。更有甚者，中文這個全無形態變化的詞位語完全不標明不同的語氣(moods)和不同的時式(tenses)。我前此曾以這些困難請教於知友Earle Birney教授(兩度榮獲英帝國聯邦金盾詩獎，並是古英文大家Chaucer的專家)。他說中國古典詩言簡意賅、極富形象，往往被西方讀者認為過於簡略晦澀(cryptic)，所以英譯時不可再簡化；相反地，應該較充分地把原文詞話中豐富的義蘊和意象表達於英譯，然後才從事於譯文的修辭。Birney的意見無疑義是出自平素瀏覽那些自以為達到“得魚忘筌”意境，而事實上大部或完全失去原詩情景修詞之美的英譯。我從未得緣好好地讀習英詩，自知英譯能力極為有限，講談尚能引起聽者興趣的一半要靠對文化及社會背景、人物掌故等等的描述。唐詩宋詞中少數含有深邃哲理的名作當然不敢一碰，但覺得一般寫景抒情之作，未嘗不可按原詩詞忠實地譯出，以求免魚筌兩失之譏。在我戲譯十首之中最為西方友好及柏克萊陳世驤兄稱許的是柳永的“八聲甘州”；這也許與我先以婺州(金華)古調吟唱之後才把英譯平誦有關。茲先錄柳詞，再列英譯，以充一生偶或文字遊戲的一個小小紀念。

對瀟瀟暮雨灑江天，
一番洗清秋。
漸霜風淒緊，
關河冷落，
殘照當樓。
是處紅衰綠減，
苒苒物華休。
唯有長江水，
無語東流。

*　*　*

不忍登高臨遠，
望故鄉渺邈，
歸思難收。
歎年來蹤跡，
何事苦淹留。
想佳人妝樓長望，
誤幾回天際識歸舟。
爭知我依欄杆處，
正恁凝愁。

Autumn Nostalgia

A late rain has rushed over sky and river,
Autumn is washed clear and pure.
Gradually frost and wind tighten their hold,
Passes and fords are deserted,
While windows upstairs flush in evening glow.
Here the red decays and the green fades,
Soon life will come to a repose.

Only the waters of Yangtze River,
Without a word, eastward flow.
* * *
How can I bear climbing high and looking afar
In the direction of my native land—
Nostalgia without end!
I pity my drifting of late years,
And wonder why I still tarry.
My beauteous lady, gazing from her bower,
Must have mistaken— how many times! —
The homecoming boat emerging from sky's very edge.
But how can she know,
That I too lean on a railing,
Congealed in sorrow?

1957年春我在溫古華小書店買到一小本《毛澤東的青少年時代》，印刷極壞，裏邊有毛在1920年遊湘江所作的"沁園春"。幾年之後才發現內中"悵寥廓"的"闊"字在我手頭本裏誤印成"閣"。我意譯給 Birney 聽，他很有興趣，叫我撰一專文說明毛澤東青少年時代的歷史和思潮，以及他於1921年參加成立中國共產黨的思想背景；然後他和我各自英譯，同刊於加拿大皇后大學知名的《*Queen's Quarterly*》(1958年夏季號)。此文及我們兩人所譯毛澤東1921年和1925年兩篇"沁園春"，經哥大的王際真教授私下轉示胡適之先生，以致胡先生於1960年八月十八日面談時對我文中稱讚毛頗不乏詩才之不滿(請參閱本章末所附的"專憶 5")。我試譯的十首唐詩與宋詞也在加拿大專門印詩和文學批評的《*Delta*》(1958年七月號) 刊出。我之所以對四十多年前的英文遊戲加以回憶，為的是說明一生都感到英文的重要，而感歎自己英文寫作永不能達到"三分隨便"的程度。

(二)發展東亞教研：努力與失望

我雖在最艱難的歲月(1948-52)極想離開UBC回到美國較好的大學教書，但隨着1952年夏國史研撰飛躍的進展，離加返美的迫切感漸趨淡泊。很明顯，即使久留加西，每年赴美東研究的機會不會中斷，大部頭的著述定會逐步問世，個人的學術貢獻定會被舉世中國學界所公認。不能準確預測的是，如果真回美國的話，是在哪年哪月，到哪種聲望規模的大學。五十年代中期UBC已初具發展東亞教研的意願。日本方面請了英國傑出的Ronald Dore，不久又聘了日本研究歐洲文學知名的加藤。當時學校方面的了解是他們是首批"客卿"，幾年後便各自回到他們祖國的。但是他們的教學水準和課程規劃對後繼者會有參考價值。我因深知燕京研究院歷史系同班(1938-39)的王伊同國學(尤其是駢文)根基深厚，而博士後只能在哈燕社"幫閒"，於是推薦他任主授高級中文及文學史的副教授。那時連我在內，中、日兩方四人都是副教授。我要等到明清人口史1959年夏秋之際正式問世，再加上瑪麗萊特對我明清人口一書備極懇摯讚揚的長信(包括她在耶魯立即執行的課規：研究生必須精讀此書全部，本科生必須細讀若干章)，才克服了全校凍結副教授陞格一年的決議。大約早在1957-58年，安朱先生就私下建議我積極"主持"遠東教研發展規劃，我坦誠地告他，我對行政既無興趣，又無應付人事、做預算等的耐心與才幹，但我願盡力為學校向美國某些基金會申請巨款。我1958-59年任哥大東亞研究所高級研究員期間，與福特基金會的Doak Barnett初識即彼此敬重。1959年返加之前曾與他和John Scott Everton試探福特有無資助UBC的可能。我次年春夏之交歐遊前夕在紐約又與這兩位福特的遠東專家再度懇談。他們幾乎口頭向我"保證"資助的總額應在八十萬至一百萬美元之間，UBC則必須做出一個具體方案，以發展東亞教研為主，但須籌劃用資助金的一部分，不超過總額的四分之一，資助斯拉夫學系；此外最好創設大英聯

邦 (British Commonwealth) 的課程與研究，初步只限於太平洋區的澳大利亞與紐西蘭。

這個前途似錦的局面何以終無所成的原因很多，摘要回憶如下：一、UBC麥校長Norman Mckenzie原是國際公法專家，二三十年代在日內瓦國聯工作，那時即結識《*Pacific Affairs* (太平洋事務)》青壯編輯之一、原籍紐西蘭的荷蘭 (William L. Holland)。由於二戰後美國右派聲勢凌人，作為偏左的《太平洋事務》編輯的荷蘭多年甚為潦倒。麥校長心地淳良，並未與任何人商量，突然決計召荷蘭到UBC，一方面負責草擬發展東亞研究的計劃，一方面維持《太平洋事務》的繼續出版，而且還允許他把該刊編輯人員也搬到學校。荷蘭為人溫和，似乎經驗豐富，事實上卻僅是"記者"水平的"專家"，決非真正學術中人。最大的毛病是辦事一拖再拖，沒有驅力、沒有迫切感。在1959-61這兩年內，與我多年相知甚深的斯拉夫系的主任，原籍澳洲、出身倫敦大學、俄文極流利的James St. Clair Sobell 屢度以不耐煩、不恭的語氣問我："荷蘭那傢伙甚麼時候才能作出向福特提出的計劃？"

二、由於荷蘭的拖延，我眼看着福特方面的機會步步地消逝。甘迺迪1960年冬大選勝利，下年即委派 J. S. Everton 為駐緬甸大使；不久 Doak Barnett 也辭了福特去華盛頓 · 包爾提摩教書做研究了。我對福特可謂前功盡棄了。

三、麥校長即將退休，本來資深的郝桑和我希望安朱能順利接任。不料情勢將將相反，逼得安朱不得不辭職，去鄂大瓦擔任"全加大學與學院協會"主席。維繫個人與 UBC 感情上主要的紐帶既已切斷，內心覺得一旦毅然決然離UBC，人情上亦可無憾了。

四、最大的不愉快是自己對學術的胸襟懷抱之"大"，與日常周遭所見所聞之"小"越來越不相侔。案：我的《中國人口研究，1368-1953》1959年秋在哈佛出版之後，佳評如潮。料不到的是1960年二月底接到至友郝桑從英國寄來的剪報，我生平第一部書竟引起《*London Times*（倫敦泰晤士報）》一篇"leading editorial（主要社評）"（1960年二月十二日）。郝桑在剪報的天頭寫了一句："This is an honour I haven't seen before.（這是我前此未曾見過的榮譽。）"〔九十年代前半，芝大已退休同事鄒讜電話中告我，陳志讓（Jerome Chen），倫敦政治經濟學院經濟學博士，後轉攻中國近代史而成名，時為加拿大York大學榮休教授，提到我人口史書是二十世紀人文社科方面唯一華人著作引起《倫敦泰晤士報》一篇"主要社評"的。我電請陳代向英國媒體核對，正確無誤。〕我1960年夏歐遊回校以後，逐步感到在UBC尚未正式成系的東亞教研單位之中，荷蘭已容不下像我這樣國際"知名"的同寅了。最露骨的是1961-62年的冬假裏荷蘭居然當面"請求"我的"諒解"；唯有我"慷慨地"同意自己暫時不按教研優異而加薪，其他同寅才有加薪的可能。至此，我才下了決心離開UBC。

IV. 極不尋常的邀聘與考驗

1962年二月下旬我終於給多倫多大學的古代漢語專家William A.C.H. Dobson寫了一封短信，重要的只有一句："你送我一份雙程飛機票的時機到了。"背景是：1960年春加拿大政府的學術基金會（Canada Council）決定組織一個六人代表團參加此年八月上旬在莫斯科舉行的第二十五屆國際東方學者大會，由Dobson任團長。他原是牛津的資深漢學家，孜孜治學，孤癖傲慢，但在蘇聯六天與我相處甚好。分手前再也料不到從他口中會講出："咱們在加拿大一向認為是姊妹學校（sister institutions），不作興掠奪彼此的校園；不過你如果在UBC呆厭了，不妨給我一封短信，我馬上就給你寄上雙程飛機票。"此言可感，因為是出自他口。三月中旬我在多倫多歷史系及遠東語文系給了兩個演講。Dobson天天晚間在不同的講究的法國餐館款待我。但是歷史系的用心不是給我便利，使我更有效地攻治大課題，以增強該系中國史教研在世界上的地位，而是要求我多盡力於栽培"教員"(我當時的了解是大學裏的"instructors")、研究生和本科榮譽生，所以每週授課要多至十小時(必要時還有面對面的講授)。更妙的是第三天和牛津出身的文學院院長John Bladen的午餐。他除了大講多倫多的種種優點之外，還談到皇家安大略考古博物館的中文藏書是已故懷履光(Bishop William Charles White)主教在洛陽及北京購置的，很有名；問我UBC有沒有中文藏書。我回答："有，僅線裝書即五萬冊，是我1958年十二月經手買下的。"從此直到握手告別，他就對我不再發一言了。多年來每與中西友人論大學風格，涉及多倫多時，我總不忘與Bladen午餐軼事。

* * *

說也奇怪，我飛回溫古華翻檢幾天內積累的信件時，最觸目的是一封來自芝加哥大學歷史系的信。信是由代理系主任寫的，主要的事是邀請我充當1962-63學年的訪問教授。由於一家四口搬家的麻煩，更由於我已請到加拿大學術基金會充分的資助，已決計在UBC休假一年全力寫作，所以我馬上就回信謝絕，對此事不再加以思索。半月之後又接到該系的信，因為他們知道我每夏赴美東大漢學圖書館搜集資料，他們請我中途下來在芝加哥作幾天客人。這個邀請我毫不躊躇地接受了。

我對美東中文藏書已很熟悉，但對西岸諸館的收藏不很清楚，所以1962年春夏之交我決定先去柏克萊和斯丹福走走，再去芝加哥和東岸。我在哥大充任東亞研究所高級研究員期間，何廉先生曾提醒我，如果去柏克萊，應該去看看他南開老同事，替蔣廷黻師主管的中國善後救濟總署出力最多的李卓敏先生。我於六月四日星期一到加大商學院辦公室拜訪李先生，他說辦公室人太多不便談話，最好在校園散步，有重要的話對我說。李先生一看就是坦爽精幹之人，沒有廢話。校園內開口就說："炳棣兄，我們雖然初見，我就應該講出肺腑之言。不久前我在東岸看了T. F.（即蔣廷黻先生），我們談起清華歷史系的人物如某某等，他一個個的聽了只嗯嗯不加品評。他一下打斷我的話，對我說：'我們清華學生裏真能成為世界級歷史家的恐怕只有何炳棣，他班次低，你不認識，他並沒有正式上過我的課。'這是我第一次聽見你的大名。所以今天我一定要告訴你這件事，並且勸你一定要去看看蔣先生。"

我非常感動，立即對李招供一直不去看蔣先生的原因。事情是這樣的：我在清華大一讀西洋通史時，何廉的弟弟何基是助教。我多年都以兄禮待之，對他無話不談。沒料到在哥大讀學位時我對中國同學私下的評語，何基全部向他們泄露，使我窘得難以做人。一氣之下我與他"絕交"。何基回大陸之前，良心發現，託哥大同學轉給我他出於懺悔的忠告：要考慮和中共的關係，不要與國民黨方面的人，如蔣和胡適等太接近。（在這部長篇回憶裏，我理應藉此機會把我和蔣先生的關係作一交代。和李卓敏先生懇談之後，我當然到紐約去看蔣先生。我首先問他，1941年春接我信後，蔣師是否果真在行政院月（例）會中說服了陳立夫，才沒有把清華原擬的第六屆留美公費考試裏西洋史這個科目砍掉。蔣師證實。我遲遲才補寄蔣師我在《哈佛亞洲學報》、《美國人類學家》、英國《經濟史評論》、《社會與歷史的比較研究》等期刊內論文的抽印本，蔣師回信都一一讚賞。蔣師1965年十月因癌症去世，我以次年第一本中文著作《中國會館史論》敬獻蔣師。半年前何漢威博士供給我一項新史料：《我的一生——沈錡回憶錄（四）》（台北，2001自印本），頁122，1965年一月二十二日，蔣先生對沈談對美宣傳問題："儘管美國的知識分子如費正清、留美學人如何炳棣，對我們並不友好，但仍應設法拉攏。"這毫不足異，因為蔣先生和我之間的師生關係和政治立場從來是分開的，我學術上能給他幾分安慰，於心也可無大憾了。）

*　　　*　　　*

訪問芝加哥的日程是芝大歷史系擬就的，我抵達後才知道適值學年終了的典禮週。我始終無法知道何以要訂在課務結束而校園活動紛繁的幾天。事先也無法了解何以前此邀請訪問的信都是代理主任寫的。1963年夏秋抵校後才遲遲知道系主任威廉·哈第·麥克尼爾 (William Hardy McNeill) 用1961-62全年休假集中撰就他一生最重要、最享盛名的世界通史《*The Rise of the West* (西方的興起)》；他要在排除一切雜務、在熙熙攘攘的典禮週內鬧中取靜，專心應付我一人。他特別的用心在我剛到的那天 (六月六日) 就已相當明顯了：晚餐在他家作主客。到後發現陪客是東亞語文文化系的宋史專家、哈佛出身的柯睿格，Edward Kracke, Jr.夫婦。在西方，陌生初見之人即被請到家中晚餐是很不尋常的。更不尋常的是麥夫人除主菜烤牛肉之外，專意為我做了希臘的"美食"洋"葱油餅"，真是香酥可口之極。在我盛讚之下，麥夫人開懷自述身世，父親原籍希臘，曾任牛津教授，後入美籍，給她留下一所新英格蘭康乃克提卡州沿海一座消夏鄉居，麥退休後將長期移居到東岸。柯教授身高六呎四吋，半禿，靜默寡言，經我催促，他也簡述身世，父親是紐澤西相當成功的會計師，1936-40年曾去北平的哈燕社和聶崇岐搞宋史。柯夫人嬌小玲瓏，父係哈佛已故名教授。她很誠懇，又善言談，對着我説，哈佛教授們一般都不講究飲食 (我感覺到她特別影射費正清，家中與學生及過客聚餐不過是吃"熱狗"和冷飲，照例要參加者自備或臨時出錢)，明晚你在我家作主客，務請多多原諒，我做不出像麥太太那樣的美食。大家都哈哈大笑，而我進一步感到他們事前安排確是煞費苦心。飯間主要的談話對象是我早歲在家，青年時期在清華所受的教育。麥先生尤其要深探我的雙語訓練和在哥大攻治英史的經驗。我也反問他的身世與教育。他説祖父母還是同遠祖一樣的普通鄉土的蘇格蘭人，父親毅然移民，先到加拿大東海岸的Prince Edward Island，後西移至溫古華，中年後才移至芝加哥，為神學院及歷史系合聘的宗教史教授，尚健在。麥講他自己時，主要是"言志"，談他的世界通史大異於湯因比之處，在不以宗教為中心觀點，而特別注重物質文明、社會和經濟基礎，既"自信"又"自抑"——特別是涉及中國的文化和歷史。我因童稚即由父親帶出去見場面，練得逢場說笑的"本領"。我對麥說，我知道你中學及本科都是在芝加哥唸的，你之所以去康奈爾讀博士，主要是為了體驗Carl Becker這位大師怎樣做大綜合、大詮釋。我們在外間早就聽見有此說法：在Carl Becker一生弟子之中，第一個是Louis Gottschalk〔芝大歷史系資深教授，是研撰參加法、美兩大革命傳奇式人物Lafayette (1757-1834)的世界權威〕，最後的一個是William McNeill。連麥自己都大笑了。將近十一點鐘，Kracke夫婦才送我回到湖濱的旅館，麥和我約好，明晨九時許另有人接我到社會科學院的小方場。

次晨(六月七日)很從容地在旅館裏吃了早點看報，果然九點十五分左右有人開車接我去社會科學院的大樓裏的一間會議室稍稍休息。一分鐘內，專攻*Asia in the Making of Europe*(自十六世紀起歐洲人著述中的亞洲，尤其是中國，終身研究的多卷巨著)的Donald Lach進來了，略作自我介紹之後即請我去另室會見幾位歷史系內外的同寅。一進這間屋子，馬上就感到空氣嚴肅，教授們都正襟而坐，好像準備聽課似的。記得Gottschalk和McNeill之外有兩位英史教授，John Clive (哈佛學院院士會的書記)和Charles Gray (哈佛學院青壯院士junior fellow，未來芝大校長Hanna Gray的丈夫)，授俄國史的Michael Cheniavsky，Lach已坐下，……還有隔院隔系的顧雅里(Herrlee G. Creel，自三十年代後半即在芝大主授古代中國)和Kracke等位。我最初相當生氣：為何事先不明白請我準備一篇演講，但一看氣氛肅穆我反而變得非常鎮靜：沒甚麼可怕，索性就拿他們當作學生，給他們表演一下就是了。

先用幾句話綜結了我已經刊出的書文，我就集中報告秋冬間即將由哥大出版社問世的《明清社會的成功階梯》(直譯)全書的內容。那時思維極縝密，先講一下書序及書內諸章不便明言的一點：我所根據的明清兩代進士登科錄、進士三代履歷、同年齒錄等原始史料，是研究社會菁英家世背景最佳最精確的史料，無論論質論量都是西歐各國所不能及的。原因是中國是祖先崇拜最高度發展的國家，科舉和學校制度從生童第一天入學起，就必須填寫祖上三代的履歷。沒有任何西方傳統社會可以像對明清社會那樣更圓滿地研究各階層間的血液循環。我隨即對古代社會意識，尤其是孔子"有教無類"理論和歷史實踐的重要加以扼要的述論。然後分別檢討傳統中國的價值觀念；財富和功名在"成功階梯"上相對的重要性；明清社會階層構造之一般流動性；明代進士中出身三代平民之家者竟佔總數之半，即以明清五個半世紀而論，進士之出身於三代普通平民之家者也還佔31%，出身於普通及書香平民之家者總共佔全體之40%；促進此類上向流動的"機緣結構"(特別指出西方社會學家研究社會流動的著作中，尚無類似我書中論"機緣結構"的專章)；再以家譜為主要史料統計分析最顯赫的家族何以無法防阻長期"下向"流動之故(這更是西方社會學家未曾研究的社會現象)；明清五百五十餘年間，三品以上能享有"蔭"的特權家族的子弟所佔進士尚不足總數的百分之六——這與十八世紀英國貴族大地主次子一般被視為"先天注定的議會議員(predestined parliament man)"適成一鮮明的對比。此書研究的規模，包括一萬五千明清進士和兩萬四千名晚清舉人與特種貢生家世背景的統計分析，固然給在座者深刻的印象，但真正使他們驚異的是，在完全沒有講稿的條件下，我能隨時做出兩種比較性的概括——中國歷史上不同時代社會階層間流動之不同(即所謂"歷時(diachronic)"的比較)和明清中國與同期西歐間的比較(即所謂不同文化間"intercultural"的比較)。不時參以自己的語言"徵引"或重述英史名家如Tawney和Namier等名著中的警句，更能引起"聽眾"(特別是Gottschalk)頷首的微笑。總之，至今反思，這次是我一生最“成功”的學術談話之一，使我加倍感謝童稚之年父親對我煞費苦心“見世面”的訓練。

這天晚間在Kracke家飯後談東、西的漢學研究很久，回到旅館已經是十點五十幾分了。剛剛走進洗手間，電話鈴響，拿起一聽，是麥克尼爾。他抱歉地說，這是他當晚第四次的嘗試，如果再沒有人接，他就要明早再試了。要緊的話是：你明天能不能早起，八點半鐘等車接你去看(社會科學院)院長。我說，沒問題。院長Gale Johnson是農業經濟學家，一見面就代表總教務長Edward H. Levi致歉，由於今天的畢業典禮，他實在想見但實無法親自見你，只有由我代表他和你談話了。我以為他要大談公事，他卻很自然地談我有關中國農作物史的文章。十幾分鐘後麥克尼爾說到他系辦公室去談公事。他沒多話，拿出一頁打字的聘約合同，對我說：“何教授，請你仔細看過之後，就簽字吧。”我完全沒有功夫考慮到景洛和孩子們的意願，就簽了字，午後即飛波士頓。

*　　*　　*

傍晚在哈佛大院外遇見瑪麗萊特，她從街對面大聲招呼：“啊！你就要去芝加哥啦！”幾天後回到溫古華，劉廣京的信已經在等候我，內中永不能忘的一句是：“此邦中國史，均勢一變矣！”

事態的發展往往不是單向單維的。1962年夏芝大之聘在教研地位而言自然是一大跳躍。無意中陪隨而來的是國際“學術網”之擴大。正在接受芝大聘約之後不久，收到台灣國民政府教育部長黃季陸先生航信，說1962年十月上旬台北將舉行第二屆亞洲歷史學家大會，茲事體大，因這是政府遷台後首次與友善亞洲國家建立學術關係、打破前此孤立苦悶的理想機會。內中一嚴重的“技術性”問題是英文會議各組中的主席人材備極缺乏。有鑒於西語外賓表示參加之踴躍，與論文性質幾乎廣泛到文、史、哲、社會科學等範疇，唯有“足下”(我)堪充主席，無論如何希望我務必承允此項邀請。正巧我1962-63年休假，也正好給景洛遠遊的機會，所以立即接受了台灣的邀請。

景洛和我九月間先到日本京都、奈良觀光數日，欣賞了不少日本的古剎名園。值得一述的是，京都帝大中國文史方面最資深卓越的教授——宮崎市定和吉川幸次郎——都以重禮接待我和景洛。我和宮崎在哈佛曾幾度交談(筆談)，種下互相尊重的史學關係。我曾請他和夫人在康橋吃中餐。在京都宮崎夫人準備了京都著名的牛排，請我和景洛在他府上午餐。宮崎家中的傢具是西式的，賓主都不席地而坐。宮崎小姐獻茶時雙手捧着無把的茶杯由內向外呈獻給客人，這種日本獻茶手勢是我生平首度觀察到的，覺得很有意思。日本傳統中國文學第一權威吉川幸次郎在1928-31年曾在北京留學。1954年夏恰巧他和我在幾乎完全相同的日期之內分別在哥大和哈燕圖書館看中文典籍。在紐約時我曾不止一次請他到西119街一家日本麵館，以九毛九分的代價就能吃到一大碗湯鮮牛肉薄嫩的真正圓粗爽滑的udon麵。吉川和我都是一支接一支的吸香煙者，餐間餐後總有幾十分鐘學術和學人掌故的談話。1954年六月間，他、我、勞榦晚飯後同去楊聯陞家以國語暢談上下古今，非常愉快。(案：日本傳統，研究中國歷史的學者要求必須能讀大量多樣的漢文典籍，不必能講漢語，而日本研究中國語文和文學的學者必須能以國語(以北京口音為主的中國話)自由談話。)我觀察到那天晚上吉川興致之豪，幾乎明示這次四人以國語論學是他近年來難得的精神"享受"。他的國語確實流利，三個多鐘頭只犯了一個發音的錯誤："地痞流氓"的"痞"讀成了"否"。景洛和我赴他下午的茶會時，吉川和夫人都穿和服接待，形式相當"隆重"。吉川和我一直維持相互的尊敬。1979年四月十六日晚和他相遇於北京飯店三樓，他酬應百忙中約我次晨與他同進早餐，並告我他於那天搭正午飛機赴成都，專訪杜甫草堂，以償夙願。不巧鄧小平對我的單獨接見就是訂在同日早上十時，所以失去了和吉川會談的機會。吉川大概次年(1980)就去世了。他一生酷愛傳統中國文人文化，詩文集中早年記事往往和、漢曆並用，自述生於明治三十七年(1904)，大清光緒三十年，茲附及。

第二屆亞洲歷史學家大會如期在台北舉行。中文各組會議進行順利，英文分組會議節目排得過於擁擠。我決定以身作則，把自己牽涉甚廣數據堅實的論文"明清統治階級的社會成分"，在十五分鐘之內作了雙語的口頭摘要。然後以主席身分要求每篇論文都照此原則處理。但論文的撰者不少仍是按原稿逐字逐句宣讀的，以致討論的時間感到嚴重的不足。不過總的説來，這次國際性的學術會議的結果總算差強人意，在台灣史學界起了一定的積極影響。當時不太了解何以會議結束之後，教育部通過吳相湘兄一再勸我和景洛在台灣多留幾天。最後才知道教育部要等到香港資深太平天國史料專家簡又文先生離台返港之後，才訂於十月二十二日舉行儀式頒發予我"學術金〔質〕獎〔章〕"，獎章當然不是金質的，背後的號碼是"005"。幾年後便中我自楊聯陞兄口中證實，他所獲的同樣獎章的號碼是"004"。

景洛和我隨即到香港小住幾天，就飛回溫古華，開始作東遷芝加哥的心理準備了。在我個人教研事業上1962年稱得起是一個里程碑。

專憶5

胡適

台灣海峽兩岸回憶、批判、研究胡適的文章和專書，恐怕已有數百萬言之多，但自覺胡先生對我談過的話，有些是外間從未得聞的，因此應該具有相當史料價值。談話既多半是隨興而發的，追憶的方式是以"編年"為主，輔以略加分類和不加分類的雜憶。

我初瞻適之先生風采是在1945年十二月的一天下午，地點是紐約曼哈頓東城華美協進社。那時我們同船來美的第六屆清華庚款留美公費生，於十一月二十四日在第四十二街碼頭登陸之後，還有一部分留在紐約接洽或更改入學事。只有我一人早已決定進紐約的哥倫比亞大學攻讀英國及西歐史的博士學位。那天在百人以上的集會中，胡先生僅僅向大家遙遙舉手招呼而未作談話，可是那中小型身材和儒雅的風度卻十分具有魅力。

我首次和胡先生交談是1946年三月初。他接受了哥大公開演講的邀請之後，註冊課的外籍學生顧問就選了我作為學生四人小組的成員，屆時要坐在台上向胡先生發問。那時哥大校董會耐心地期待艾森豪元帥遲早會接受哥大校長的職位，所以一時沒有校長。胡先生演講那天晚餐的主人是代理校長。這位主人坐在長桌的下端，胡先生坐在直對着他的上端，右手邊是政治系國際關係教授Nathaniel Peiffer，左手邊就是我。入座前胡先生略略問了我的背景。我告他我原籍浙江金華，生在天津，曾在南開中學和清華大學讀書，何炳松是比我大二十多歲的嫡堂哥哥。他立即談到金華南宋時人文之盛，"試看現存的《金華叢書》多麼了不起。"我回答說："金華明初以後人文大衰，到了清朝已變成徽州人的三等殖民地。"他問我:"何以三等？"我說："頭等的去揚州，二等的去蘇、杭，金華的徽州人很少是殷商大賈，多半幾代前已經落籍，我們何家有些姑娘就嫁給徽州方、鄭諸姓。"胡先生順口作一案語：“看你雖在北方長大，對鄉土的情形還是相當清楚的。”

初次交談中我最大膽的一招是故意引他老人家發笑。我說：“記得南開中學1932年剛放暑假，下午有不少同學聚在範孫樓前空地無所事事。一位同學指着那穿着白“T恤”，騎在幾乎完全不動的自行車上的又矮又白又胖的，說‘就是胡適的兒子，由於過於貪玩，國文竟不及格。’”胡先生聽了，果然大笑，大聲用英文對 Peiffer教授說：“你聽，這是多有趣的故事——中國二十世紀文藝復興之父的兒子居然國（中）文不及格！”

當晚胡先生演講的主題是：第二次大戰後遠東國際新形勢。指出最可慮的是蘇聯勢力的膨脹及其可能對中國內部問題的影響。他完全不帶講稿，流利的英文中略帶一點下江音。演講中只有一個過於大意之處，他曾以一個小孩作比喻，說他愛吃糖 (sugar)，一兩秒之後馬上就自我糾正，說：“對不起，應該是糖果 (candy)。”這場演講內容平平，略近宣傳，但胡先生態度極其自然，對全體聽眾和台上台下的發言者完全鎮得住。

我唯一的一次在紐約胡府吃飯是1952年六月五日。那時我已完成哥大英國史的博士論文，已在加拿大英屬哥倫比亞大學教了四年書，並且已經得到溫古華僑領們的允諾，秋間可以完成五千元籌購中文圖書的捐款。我拜望胡先生主要的目的是洽購他私藏的全部偽滿原本《清實錄》。由於早就知道他老人家經濟狀況並不寬裕，從我的立場總以相當超過當時市價買進為快。不料胡先生卻極堅定地說，他已決定把它贈送給普林斯敦大學的遠東圖書館了。

這次晚飯前後，我們的談話大體上是圍繞着我當時所作的研究——十八世紀的兩淮鹽商及商業資本。這可能是他和我之間唯一一次有真正共同興趣的學術談話。主題談完，胡先生送我一本《胡適論學近著》，第一集，並感慨地對清華和北大加以比較和回憶。他說：“清華文學院一向是比較‘謹慎’、比較‘小’，而北大則大不相同。只要我一天當北大校長，我就有把握把文學院辦成世界第一流；可是……”這時他和我對大陸上的院校改組計劃都還不知其詳，但是胡先生的話，在中國近代高等教育史上是有其重要性的。

此後三四年間每個夏天都到國會、哥大、哈佛燕京等圖書館搜集有關明清人口、土地數據及土地利用、超省際移民、新舊農作物的南北交流與傳播等問題的大量資料。胡先生曾和我通信討論局部的人口問題。1956年全部夏天，我都在哈佛，為費正清教授新成立的研究中心，擴充我的明清以至中共的人口，及其相關諸問題的研究和寫撰。胡先生曾在楊聯陞學長家中住過幾天，並選抄了一些我所搜集的人口資料。他抄好之後對我說，方志中徽州及浙西一帶人口在洪楊期間損失的嚴重，正與他父親鈍夫先生年譜裏的記載相符合；可見他康奈爾的老師威爾恪思(W. F. Wilcox)教授(人口學家，曾任世界統計學會會長)一直相信中國人口從未超過三億的說法是正確的。

事實上我在信裏和以前的談話之中，已經不止一次地指明，威氏的人口總數是以清初的全國“丁”數乘五或六推得的，他和陳達教授等人口專家都無法懂得這種“丁”數早已與壯丁無關，早已變成了納税單位。我也曾一再説明以中國幅員之廣，研究人口的升降不能過於重視某一區域，並且必須顧到種種經濟和制度因素。胡先生給我的印象是：他一貫有先入為主的成見，始終相信威氏之説，並對社會科學多維面的推理不感興趣。因此，我前此在遠東學界和西方社會科學期刊所發表文章的抽印本，從來沒有寄過給胡先生。我一直揣想，胡先生對我研撰的評價是間接的，大部都是根據何淬廉(廉)、李潤章(書華)兩老先生的直接評價的。

1958年九月初至1959年八月底是我和適之先生接觸最頻繁的一年。這一學年的首尾四個月，他和我都在紐約。我是充任哥大東亞研究所的高級研究員，任務是完成《明清社會史論》的研究。

胡先生因口述自傳，經常來所錄音，由唐德剛整理翻譯。即使胡先生返台主持中央研究院院務期間，我也於1958年十二月奉英屬哥倫比亞大學校長之命，飛往港澳洽購一個五萬多冊線裝書的私人收藏，返美途中曾在南港中院院長新居作客六日(十二月二十日至二十六日晨)。據胡先生面告，我是他的第二位海外留宿客人，第一位是半月前離開的第一屆院士陳省身先生。第一天晚飯一桌三人，另位是前任院長朱騮先(家驊)先生。在這飯桌上我初次品嚐了于景讓先生成功育出的無籽西瓜。

我雖然在胡寓原則上作客六天，可是天天忙於訪問史語所和台大等處的舊師友，結識新學人，被迫在台大公開演講明清人口及其相關諸問題，此外還要在聖誕前夕去台中東海大學探視楊紹震學長。記得當晚露天盒餐，睡時發燒。翌晨(聖誕日)返南港，幸而胡先生最不信宗教，節日一如平日，再一晚即匆匆飛回溫古華報告完成洽購圖書任務。這六天胡先生更是天天忙於會客，他和我反而很少長談機會。但有三點，我永不能忘：一、我在港澳每天海鮮小吃大宴，在胡寓第一晚即瀉肚。由於胡先生習慣於夜靜寫作，聽見我夜間的動靜，第二天早晨親到廚房囑咐他最依賴的徽州廚子為我準備些麵條等素淨軟食，不可多用青菜，因肚瀉者不易消化大量的植物纖維。從這小事即可反映出他老人家待人的極度細心。二、某晚稍閒，我問他說：“胡先生，據我揣測，您生平醒的時間恐怕三分之二都用在會客，對不對？”他沉思片刻，說這估計大概與事實相差不遠。三、某日上午九時左右，我剛要進城，廚子向胡先生遞上一張名片。胡先生相當生氣地流露出對此人品格及動機的不滿，但想了一想，還是決定接見。當我走出門時正聽見胡先生大聲地招呼他：“這好幾個月都沒聽到你的動靜，你是不是又在搞甚麼新把戲？”緊隨着就是雙方帶說帶笑的聲音。可以想見，這才是胡先生不可及之處之一：對人懷疑要留餘步；儘量不給人看一張生氣的臉。這正是我所做不到的。

離台返美時，徐高阮兄的預言不幸而言中。原來他告我胡先生有兩部二手的轎車可備公私之用，一部是雪佛蘭，一部是別克(Buick)，前者不常出事，後者較大而體面，但機件靠不住。胡先生一向堅持以後者接送客人。果然，這部車中途拋了錨。幸而我們故意早一小時離南港，徐兄陪我搭上一輛驢車趕到松山機場，得不誤點。

我和胡先生最重要的談話的時間是1960年八月十八日的下午和傍晚，地點是他紐約的公寓。這年夏天我主要的任務是代表加拿大參加在莫斯科舉行的第二十五屆國際東方學者大會，並宣讀"明清統治階級的社會成分"(即《明清社會史論》一書的主要統計部分)一文。唐德剛兄在機場接我，一見到我就說胡先生向他留了話，叫我在哥大旅舍訂了房間之後，馬上就給胡先生打電話。我當然照辦，胡先生在電話裏說："這次要你小破費，不要搭地下鐵，馬上坐計程車儘快到我家，恰好太太出去打麻將十二個鐘頭以上還沒回家。"

我趕到之後，第一句告訴胡先生的話就是：中共原定派遣的大代表團臨時取消了，所有八月初與會的漢學家們馬上就知道中蘇關係嚴重地惡化了。我隨即摘要講述我對蘇聯的正面、特別是負面的種種印象，胡先生興致極濃，不覺已佔去至少半個鐘頭。

胡先生說正因為興致好，所以要把悶在心中將近兩年的話向我直說。大意是我曾於1958年英譯毛澤東兩首《沁園春》，一首是1925年所作，以"獨立寒秋，湘江北去……"開頭的，一首是1945年到重慶後立即發表的，以"北國風光，千里冰封"開頭的由詠雪而論古今人物的。英譯之前我並且寫了序文，發表於加拿大《皇后〔大學〕季刊》夏季號。胡先生責我說："看了很不舒服，因為你還誇他頗不無詩才；事實上，他當初在北大還不配上我中國文學史的班呢！"我說我並未曾把抽印本寄呈。胡先生說是王際真(哥大中國文學教授)給他看的。更接着說，毛那兩首詞裏有些句子還不配稱為薛璠體呢。我卻堅持不讓，指出毛詞修辭、氣魄、意境(例如1925年那首前半寫景之中滲進社會達爾文主義影響等等)實不無可取之處。胡先生兩三分鐘仍堅持原見。我不得不指出他老人家和黎錦熙、鄧廣銘合寫的《齊白石年譜》，說齊詩好就好在它的薛璠體，為甚麼對毛用雙重標準來挑剔指摘呢？胡先生看我也堅持立場不稍讓，忽然用英文說："But I have to admit that Mao is a powerful prose writer. (但是，我必須承認毛是一位有力的散文作家。)"我隨興也用英語回答："Now, since the father of the 20th-century Chinese Renaissance says that Mao is a powerful prose writer, how can he be too lousy a poet？！〔既然中國二十世紀文藝復興之父都承認毛是一位有力的散文作家，他怎麼會是一個特別糟糕的詩(詞)人呢？！〕胡先生和我不由得同時哈哈大笑，握手結束了這小小的爭執。

再也沒想到胡先生立即嚴肅地說："炳棣，我多年來也有對你不起的地方。你記得你曾對我說過好幾次，傅孟真辦史語所，不但承繼了清代樸學的傳統，並且把歐洲的語言、哲學、心理，甚至比較宗教等工具都向所裏輸入了；但是他卻未曾注意到西洋史學觀點、選題、綜合、方法和社會科學工具的重要。你每次說，我每次把你搪塞住，總是說這事談何容易等等……今天我非要向你講實話不可：你必須了解，我在康奈爾頭兩年是唸農科的，後兩年才改文科，在哥大研究院唸哲學也不過只有兩年；我根本就不懂多少西洋史和社會科學，我自己都做不到的事，怎能要求史語所做到？"

這番話使我肅然起敬，使我深深感覺到胡先生這人物要比我平素所想像的還要"大"；唯有具有十足安全感的人才會講出如此坦誠的話。這番話他生平可能只講過一次。

胡先生接着說："今天談得非常高興，我答應給你寫字已好多年了，現在請你磨墨吧。”他於是很用心地給我寫了每字寸半見方的八句杜甫的“羌村”。海外朋友中保藏的胡先生墨跡字體很少有這樣大的。

寫完之後，胡先生仍是海闊天空，談興甚濃。稍事休息之後，他站起來伸腰，我也隨着站起。他突然問我：“你相信胡適的兒子在大陸會罵他的老子嗎？”對這冷不及防家人父子間的問題捉摸不住，我只好不甚加思索地回答：“當然不會。”

沒多久胡老太太江冬秀回家了。她問我住在哪裏，我告她在哥大王冠旅館。她說紐約治安不好，天真黑了回去不大安全。我已與胡先生談了足足三個鐘頭，雖亟望能請二老出去好好吃一頓晚餐，也不能不為胡先生體力着想，就此告別了。不料這是和胡先生最後的一次談話。

當1962年早春得悉適之先生遽歸道山的消息，我對我們之間最後一次的談話重作反思時，才感覺到當時胡先生的一種相當神秘的迫切感——要把多年想說而不肯說的話說出，平常不會提出的問題提出。最後問我有關思杜(胡先生留在大陸的次子)的問題，內中似有隱痛。

胡先生一生雖以博雅寬宏，處世“中庸”著聞於世，但由於他深深自覺是當代學術、文化界的“第一人”，因此他自有目空一切、粗獷不拘、恣意戲謔、大失公允的一面，而這一面是一般有關胡先生書文中較少涉及的。為存真，逐條憶錄先生原來語句，隨之以筆者的補充和詮釋。

“墨子簡直就是共產黨！”

筆者案：這顯然只是針對着《墨子》“尚同”等章而發的。意思是墨子堅持只能以聖王的意志為全民意志，個人是不能有一己的意志的，人民只能絕對服從最高領導的意志。

“陳寅恪就是記性好。”

筆者案：陳寅恪師國學根基之深厚、亞歐古代語言之具有閱讀之能力、中古史實制度考訂之精闢、詩文與社會史相互闡發之清新深廣，世罕其匹，自有公論。所有陳師之不可及處僅以”記性好”三字輕輕點過，就足以反映胡先生內心中是如何自負，語言中如何不肯承認其他當代學人有比他更“高”之處。

“馬寅初每天晚上一個冷水澡，沒有女人是過不了日子的。”

筆者案：胡先生每喜戲謔，這話在1958-59年同我說了不止一次。最後一次是在1959年八月下旬何廉先生為我餞別的晚餐時當着幾位太太面笑着說的。妙在太太們瞠目不解冷水澡的作用，無人接話。但這軼事卻很好地解說馬老生命力之強，能活到百歲是有原因的。

胡先生另一可愛之處是他到老都還保留了一些頑童以明知故犯為樂的痕跡。由於胡先生知道我午餐的邀請，不但出於至誠並且對我不是經濟負擔，所以1958年秋和1959年夏他和我曾幾度在哥大附近天津樓吃午飯。這家飯館韓老闆是天津人，第二老闆是福州人，所以紅燒活鯉魚、炸蝦球、酸辣湯、鍋貼等等都極可口。不止一次飯後胡先生不太好意思地微笑着說:“今天吃的談的都很開心，似乎可以破例抽一支煙了。”也就在一次抽完煙十分輕鬆的情緒中，胡先生把領帶翻過來給我看，下端有一小拉鍊，內中藏有一張五元的美鈔。他說這是太太非常仔細的地方，即使真被人搶了，還有這五元錢定可以搭一輛計程車平安回東城公寓。這個小秘密似乎從未曾刊印過。

此外，從胡先生長公子祖望先生獲悉適之先生的生活片面，彌足珍貴。祖望在南開中學比我晚兩班，當時未曾交談過。六十年代前半，國民政府駐美大使館一等秘書朱晉康先生是我溫古華的老朋友，又是祖望華府近郊的鄰居。祖望那時是大使館經濟專員。1962年和1963年初夏我都到國會圖書館短期搜集史料，祖望兩度邀我晚飯後到他寓所，同享當地名產半軟殼的海螃蟹。

祖望證實了胡先生對國畫的愛好，並提到胡先生與徐悲鴻很不尋常的交誼。七・七抗戰以前，徐曾在北平胡府作過幾個月的客人。徐經常畫馬，凡不甚中意的照例"給你們小孩子拿去玩吧。"祖望以未經心收藏為憾。胡先生喜愛齊白石的畫和與這老畫家的交誼是屢見著錄的。但胡先生一生兩袖清風，並沒有充裕的經濟能力大事收藏古今名畫。祖望手頭僅存有齊氏大型仕女冊頁四幀，筆力遒勁、色墨和諧（青頭皮極醒目）、構圖精簡、生趣盎然，為坊間極為罕見之最珍品。

記得一次我告訴祖望，我多年講授中國通史，有兩篇適之先生妙趣橫生的文章是全班必讀的：一是講禪宗的"中國的印度化"，一是《中國"二十世紀"文藝復興》五講中有關傳統中國社會與婦女的一文。後者指出傳統中國婦女不但地位遠不如一般想像之低，而且沒有任何其他傳統文化產生過比中國還多的，以怕老婆為主題的故事和小說。這看法雖太偏頗，但用以矯正近代西方社會學家相反偏激的看法是幽默而又有效的。祖望聽了之後，不由地指出世上確有不少笨伯認為適之先生是終身懼內的。他向我提出："炳棣兄，請問哪一個洋洋得意向全世界宣揚傳統中國文化是一個怕老婆文化的人，會是真正怕老婆的呢？那真怕老婆的人，極力隱藏還來不及，怎敢公開宣揚呢？"知父莫若子，祖望的觀察是具有權威性的。

追憶適之先生，也不能不一提至今尚未見於著錄的，一位保守碩學的史家，對他經常的"罵"。我1937-38年在上海光華大學借讀而算是清華大學畢業，拿到一年哈佛燕京獎學金，所以1938-39年我到北平燕京大學歷史系作了一年研究生。曾旁聽一門鄧之誠（文如）先生的課。鄧的祖父是曾任雲貴和兩廣總督的鄧廷楨，之誠先生是在雲南長大的。他最不喜歡白話文，學生試卷中凡用"的"之處，他都一律改成"之"。一天，他用沉重的西南官話說："同學們，千萬要聽明白，城裏面有個姓胡的，他叫胡適，他是專門地胡説。”據説，每課每學期他要這樣罵一次。至於鄧氏儀式般罵胡是出自白話文運動，或是出自胡先生早期考證(如《紅夢樓》作者之類)曾獲益於鄧氏《骨董瑣記》或其他劄記而不明言，尚待有閒詳考。

結束這篇回憶，必須徵引唐德剛《胡適雜憶》119頁：“學歷史的人當然更要説胡適之不懂現代史學，但是那目空當世的‘我的朋友’何炳棣就硬説胡先生‘不世出’。”

德剛與我在五十年代接觸頻繁，但他此處對我誤解了。從我這篇回憶裏，很顯然胡先生最後才同意我對他再三的建議——搞歷史必須借鏡西洋史的觀點、方法、選題、綜合，必須利用社會科學，有時甚至自然科學的工具。我對胡先生的景仰之處決不是他的史學，而是他在整個二十世紀中國的獨特歷史地位。

〔此專憶本為“胡適之先生雜憶”，原刊於台北聯經出版事業公司主辦的《歷史月刊》，第七十期。原文略有刪節。〕

【第十七章】

芝加哥大學(上)

上章已言及，我最後一次與恩師柏萊柏諾談話是在1954年夏天。他因感慨我返母校執教中史不無梗阻，最後突然對我說，芝加哥大學會是我安身之地，因為只有芝大才有魄力、眼光和胸襟，聘請像我這樣的"外國人"。他話裏"外國人"這個詞是有意識諷哥大俄國研究所所長G. T. Robinson的，因後者言行上都不歡迎白俄學人，都堅持聘請美國的俄史專家。言下還暗示哥大東亞語文文化系主授中史的Goodrich教授也是很怕請中國學人的。此外，柏師對美國較大較好的大學的傳統和作風確有極深刻的觀察和體會。但我當時對柏師的預言確實認為是過於樂觀，因為芝大傳統中史已有兩位資深教授了，都是人文學院東亞語文文化系的成員；而社會科學學院歷史系主授東亞(當然包括中國)近代史的Earl H. Pritchard是牛津博士，兩部中英關係的專刊都是劉崇鋐師認為很好的著作。出我意料之外，1962年六月，柏師的預言竟被證明是那麼靈驗！

同年同月芝大政治系副教授鄒讜立即郵贈他的巨著《*America's Failure in China* (美國在中國的失敗)》(由芝大博士論文增修而成，曾獲芝大出版社獎狀，並曾被提名為全美每年政治歷史方面最佳Pulitzer獎金候選著作之一)，另信中供給了令我深思的學術掌故：美國第一流大學傳統上不聘華人為正教授，唯有芝加哥破例於1949年聘陳省身先生為數學系正教授，1962年第二度破例聘我為歷史系正教授；芝大作風之異於其他著名學府於斯可見。

I. 芝加哥創校及其特色

在未憶述我在芝大執教最初幾年內極不尋常的經歷前，我覺得有必要向讀者扼要一談芝加哥創校歷史及其特殊精神。

如果允許我用宗教象徵式語言綜述史實的話，芝加哥大學的創建代表百餘年前"清教徒"精神最醇真完好的"俗世"實踐。中心人物有二，石油大王羅克斐勒(John Davison Rockefeller，1839-1937)和芝大創校校長哈波(William Rainey Harper，1856-1906)。幾乎可與一個多世紀前英國"神童"邊沁(Jeremy Bentham， 1748-1832)相比，哈波未滿十九歲即獲得耶魯哲學博士學位，專業是閃族(Semitic)語文，尤精希伯萊文。與家境富裕、內向害羞的邊沁相反，哈波自幼即勤奮攻苦，博覽群書，很早就在課室教堂內外表現驚人的口才、詮釋《聖經》及其他古籍的能力和行政、組織、領導、創新的才幹。當時教會中人認為他是"本"世紀最罕見的"全才"決非過譽。最初羅氏與教會骨幹人士只希望自耶魯"奪回"哈波，以拯救復興芝加哥原有的神學院(1856年登記為"芝加哥大學")，不期終於在教育史上，成功地實現了自平地搭建"通天塔(Tower of Babel)"的崇高理想。

正式於1892年十月一日開課的芝加哥大學自始即與眾不同的是，哈波業已一再強調大學(university)的首要任務是基本"研究(investigation)"(不久才與"research"一詞混用)，其次才是經常課堂的講授；所以必須優先建立研究院，不惜重金禮聘人文及科學方面第一流的人才。未出十年，羅氏的名言——"The best men must be had(最佳學人必須獲得)"——既代表羅氏本人氣魄和哈波智慧的結晶，又成為此後芝大辦學的指導原則。這個指導原則充分體現於芝大最初的薪給。姑先以哈波本人的耶魯年薪為比較標準。1889年耶魯當局下了很大決心力求久留哈波，提出破格"優厚"的待遇：除哲學系正教授年薪1,600元之外，哈波此後在神學院兼課

象徵芝加哥大學創校精神的羅克斐勒紀念教堂

的報酬將是原薪之半，換言之，共2,400元；此外耶魯先發給哈波五年原薪的總合（共8,000元，隨即加到9,000元）供他償還私人出版希伯萊文學刊之債及其他需要；此後赴歐研究可拿全薪。①哈波同意接受芝大之聘之後，1891年春芝大董事會通過他的年薪是6,000元，此外兼任閃族語文系主任的年薪是4,000元。②不久，他的正薪改為7,000元，於是所有已聘待聘的正教授年薪一律都是7,000元。

在世界經濟大蕭條的尾聲中，如此空前的大學教授薪額是駭人聽聞的；難怪應徵之信來自全國各地，甚至海外。第一批"head（主任）"教授之中有最出名Wellesley女校的校長和威斯康星Wisconsin州立大學校長；後者辭掉校長轉至芝大充任地質系教授。最早響應約翰・霍布金斯大學仿效德國式科學教研的克拉克大學（Clark設在馬薩諸色州的Worcester城），當時生物科學方面人材集中。哈波前往訪問時會見了十六位教授和研究生，一舉就刳走十二位。即使耶魯也有五位著名學者接受了芝大的聘約。哈波預計創校教師總額七十，不期第一學年已聘請了一百二十位。③1892年秋開課之日，註冊學生來自美國33州，15個國家，內本科學生328、研究生210、神學院學生204，全校共742。四年之內學生總數激增到1,850，已超過當時學生最多的哈佛了（哈佛1889年學生總數是1,688，次多的耶魯的學生總數是1,245）。④1892年十月一日開課，學生登記號碼按報到先後，其中最早報到的二十位研究生中有James Westfall Thompson，後來成為著名中古史家，是雷海宗先生最主要的老師。1965年芝大為我創設講座取名Thompson，正是為了紀念此中三代學術因緣。

羅氏對芝大的捐款，從最初極謹慎而且有條件的600,000元，隨着哈波的豪情壯志步步增加，截至1910年為止，總共捐助了35,000,000元——這是震驚當時舉世高等教育界的一筆空前巨額。1906年哈波不幸因癌症早逝，年僅五十，但其創校原則及精神得以延續。此年羅克斐勒曾作回憶："這（芝大創校）是我一生最好的投資。”芝大這種注重基本研究、不斷推展知識前沿的努力，創校二十五年內成果已昭著於世——芝大物理系的Albert Abraham Michelson (1852-1931) 因測出光的速度，不但為美國贏到第一個諾貝爾獎金，他的其他實驗對相對論的完成亦有所貢獻。二十世紀二十年代芝大物理系又連出兩位諾貝爾獎金得主，Robert Andrew Millikan (1923年，雖然他1921年去加州創辦加省理工大學) 和Arthur H. Compton (1927)，後者一生最得意的兩位弟子之一是七・七抗戰前清華的吳有訓 (正之) 先生。據近年芝大報導，迄今舉世各科門諾貝爾獎金得主超過七百之數，其中芝大教授、學生及曾在芝加哥做高深研究者共佔73人之多，總數僅僅亞於英國劍橋 (77)。自從諾貝爾增設經濟獎金以來，獲獎總共49人之中，可認為是芝大學人的已佔22位。即使用最“狹義”的標準而言，最近十一年內有六位諾貝爾經濟獎金得主是芝大經濟系、社會思想委員會、法、商兩學院的“現任”教授。⑤

芝大在十九世紀交替前後創校是高等教育史上最轟動的事，而且影響相當深遠，但當時美國其他主要大學發展研究院的努力也不容忽視。最先模擬德國大學體制、倡導基本研究的是約翰・霍布金斯大學，可惜它的人力、財力長期無法和哈佛、芝大比擬。哥倫比亞在國內外知名度極高的巴特勒 (Nicholas Murray Butler, 1862-1947) 長校四十三年 (1902-45) 之前，業已建立“政治科學研究院”和“哲學 (就是以哲學為主的人文科學) 研究院”。巴氏回憶錄中特別指出前者人才的集中，課程及研究的規模和水準是舉國無雙 (peerless) 的。⑥ 由於巴氏是這方面最重要的領導人之一，他對哥大的自我評估應該離事實真象不遠。哈佛在它最著名、充任校長四十年 (1869-1909) 的Charles William Eliot (1834-1924) 主持之下，始終不減低本科的重要，穩健地充實各科門的實力，終於演變成組織平衡、教學研究並重的第一流學府。此外，不能不談的是，當芝大短期內確已成為世界級專重研究的大學以後，治校政策不幸曾起過大波折。芝大於1929年聘請年僅三十，耶魯大學法學院院長哈欽斯(Robert Maynard Hutchins)為校長，在長芝大的二十一年間(1929-50)，哈氏成為美國高教最富爭論性的人物。他攻擊科技支配下資本主義社會的功利與短見並沒有大錯，但他極端提倡復古(希臘經典哲學教育)，輕視譏諷實用科技與職業高深訓練是反潮流，反進步的。據説三十年代初有某位巨富願捐予芝大一千五百萬元作為初步創辦工學院之用，竟遭哈氏拒絕。哈氏不懂純粹科學與應用科學之互相補益牢不可分，使芝大長期科研教學吃了大虧。⑦在他當政的廿一年間，芝大既忽略資產及基金的經營，又不顧校區周遭社會及治安之日趨嚴重。經過十年的過渡與整理，直到六十年代學校在嶄新的領導之下，才全部恢復了創校的豪情壯志與盡力拓展知識前沿的決心。我有幸在學校"第二個黃金時代"成為芝大社團的成員，領略到它的特殊精神，做出了本分之內應作的貢獻。

II. 學校領導對中史教研的重視

(一) 增強明清史料

我不是芝大校史專家，全憑主觀評估，我認為畢都、李維長校時期代表芝大校史上第二個"黃金時代"。畢都(George W. Beadle)是1958年諾貝爾生物及醫學獎金的得主，1961-68年間充任芝大校長。李維(Edward H. Levi)是第三代芝加哥猶太宗教學術世家三弟兄之一，自青壯即獻身於所熱愛的芝加哥大學。他是著名的法學家，1962年由芝大法學院長改任全校總教務長(芝大歷史上第一位provost)。1968年冬繼畢都為校長，1974年冬應福特總統之召就任聯邦司法部長，以拯救水門事件後的司法頹局。這個"黃金時代"為期共僅十四年。

我第一次與李維見面是1963年九月三十晚在歷史系同寅，美國史名教授布爾斯廷(Daniel Boorstin)家裏。那年芝大十月一日秋季開課，布把慶祝生日的原桶啤酒、大型盤餐的聚會提前一晚舉行。李維作了自我介紹和我握手第一句話就是："你去年六月八日結束芝大三日訪問的那天早上，我本是非常想和你談話的，爭奈忙於畢業典禮，只好委託Gale Johnson（社會科學學院院長）代為

芝大George W. Beadle校長

芝大Edward H. Levi總務長、校長

致意。”(這第一段話就極有力地證明那天Johnson開頭對我所說的話，決不是客套話而是實情，立時給我非常深刻的印象。)李維沒有廢話，緊接就問我有甚麼特殊需要。(“What can I do for you, Sir?”)我也馬上坦白地回答：“Sir，如果你願意我栽培出第一流的博士生，那麼我們的中文圖書還需要加強。”事實上，芝大一向注重古代、中古研究，元代以前(大約公元1300以前)的典籍及近代學術期刊及專著的收藏已經很好，經學及經學註釋堪稱全美第一(根據上月過舍小住牟潤孫先生親自視察後的評估)。但是芝大歷年並未注意收藏明清兩代的典籍，而明清史料(包括地方志)種類及數量都超過前代。問題在目前大批明清原書已很難買到，已收者外，其餘未收的重要檔案、奏議、文集之類只好影印複製，需要一筆相當數目的款項。李維馬上問我需要多少錢。我暫時躊躇，他立即催問：請儘管直說。我回答：也許需要十萬元。他絲毫不遲疑，馬上告我：“正巧，校中有一筆特別款額備我不時之需，你和同事們商討，四星期內給我寫一個備忘錄。”如此誠懇、信任、慷慨、乾脆，終身首遇！我興高采烈，第二天開課日就告訴了圖書館東方部主任錢存訓博士和政治系的鄒讜。

大概是第一週的星期五，在系裏遇見Donald Lach，他對我說：“炳棣，你怎麼搞的，剛來到就闖禍，圖書館(總館長) Fussler對你好不高興，說你背着他直接去看Provost，並且說芝大的中文收藏不好。”我一聽非常生氣，馬上把九月三十日晚上初見李維的經過告訴Lach，並請他轉達Fussler：首先，我剛到校，開課諸事待理，既沒功夫，也沒義務去拜會任何同寅。李維先生如此慷慨的承諾是所有關心圖書的同寅所應該慶幸的，決不該是導致彆扭的原由。再說，我把這項大好消息第一個通知的對象是圖書館東方部主任，他是Fussler的左右手，所以“技術上 (technically)”我怎曾背着總館長直接向總教務長行事呢？此外，我對李維先生說，芝大中文收藏古代部分和經學及經學註釋在全美收藏中名列前茅，所不足的僅是明清兩代政府諸多部門的檔冊等史料，種類多、數量大，而且原書很難買到，所以不得不大批影印複製。“請你跟Fussler說，我不欠他一個道歉(直譯)。”Fussler通過Lach很快地向我道了歉。

我初到校，芝大最高當局就有如此重視中史教研的表示，真是出我意料之外的。

(二)擬聘楊聯陞

1965年春學校最高當局對發展中史教研作出史無前例的努力。其經過補述如下。

五十年代初我最大的願望是全憑著作，終有一日返回母校哥大長期執教，並滿足一生對紐約的情結。從1952年夏初識狄百瑞，我就有這樣的預感：他必會繼承富路特主持東亞語言文化系。後兩三年的夏天有時同他海闊天空地談論如何戮力同心發展哥大中史教研以與哈佛等校競爭。柏萊柏諾師雖一再因哥大經濟困難，中史方面無法擴充而失望，但我對前景並不悲觀，因歷史系韋慕廷對我具有信心，並抱有很高的希望，狄百瑞如有遠見，富路特退休之際應是我返母校服務之年。極大的失望是，1960-61年間狄百瑞完全沒有和我通消息，傳統中史方面自澳洲國立大學請了一位歐洲漢學家；這項決定當然是狄百瑞和富路特的共同意見。因此，當1963年韋慕廷請我次夏至哥大授暑期時，我堅持所開的兩課僅僅列在政治科學學院歷史系課程之中，完全與隔院的東亞語文文化系無關，聊表內心對後者的憤懣。暑期第二週狄百瑞在哥大教員俱樂部請我午餐，空氣很不和諧，我堅決預言，今後事實會表明我1960-61年之不能回哥大，哥大所將蒙受的損失會遠遠超過我個人情感上所蒙受的損失。未料到兩週之後狄百瑞再度和我午餐。這次他對我說出真心話，1960-61年他的觀察和判斷是錯誤的，但對內中最重要“技術性(technical)”事項的決定，自始即是明智而且“公道”的：他雖掄序應該承繼(而且學校最高當局確曾一再明示)丁龍講座，但他一直婉拒，考慮有二：一、1902年全美這第一座漢學講座創置之初，條件是專為發展中國研究而設，而狄本人所授思想史不限於中國，包括日本和印度，他不是全時從事於中國教研。二、當他發覺1960-61年決策錯誤之後，確曾極力設法將此丁龍講座保留下來，希望遲早總有一天我會接受此項聘任。

狄百瑞正式邀請的信終於1965年三月上旬寄出了。事後據哥大中國文學教授夏志清先生面告，事情的經過並不簡單。為了克服系內極大的阻力，狄百瑞事先不得不以丁龍講座，分別函詢劍橋Denis Twitchett教授與德國慕尼黑大學Herbert Franke教授是否有意接受。兩度遭拒之後，才能在系中發動聘我的運動。那位歐洲漢學家向系中每位同仁面懇投反對票。藝術家蔣彝(仲雅)兄被他糾纏不過，最後投了一票反對。

接狄信後，即與總教務長辦公室訂好次日上午九時半與李維先生晤談。一到就發現畢都校長也在座。我開始立即表明無意他就，但因狄百瑞把我的訪問及演講日程已向系中宣佈，禮貌上似乎還有一訪紐約的必要。畢都校長半嚴肅半開玩笑地說，他作風一向民主，但今天不民主，要嚴格執行校長的權力，命令你取消紐約之行。他緊接着說，無論經濟如何充裕的大學，也只能選擇有限的若干領域作為建樹真正優越(excellence)的對象；李維先生和我覺得傳統中國歷史已經是這些領域之一，所以更要緊的是由你建議，怎樣才能把芝大中史教研真正做到舉世無匹(指質不指量)。我說此事並不難，只需要從哈佛刳出楊聯陞(L. S. Yang)一人。畢都和李維同時問楊是怎樣一位歷史家。我說他不是一般所謂的歷史家，卻是一位非常淵博的漢學家，雖然他主要研究興趣是中國經濟史。楊和我二人聯合的拳擊力(one-two punch)，決不亞於任何西方和東方著名學府中史教研方面最具代表性人物的力量。

芝大歷史系William H.McNeill教授

學校最高領導既已下此決心，歷史系主任麥克尼爾(William H.McNeill)胸襟又是海闊天空，所以在系中推動聘楊所遇阻力不大。楊學歷上列有"論文"104篇，內約四分之三實係書評，這點曾引起幾位同仁對楊"史學"的質疑。最後長期攻治十六、七世紀英國法律史的Charles Gray(其妻 Hanna 時為助教授，後任芝大校長)發言，回憶博士後被選為哈佛學院資淺院士 junior fellow 歲月，在哈佛大院內外盛傳這種說法：L.S. Yang確是哈佛燕京傳統中史柱石；並謂我的評估十分公正，楊如來芝，哈佛傳統中史行將垮台。就在這種氣氛之下，提案(全校講座教授 university professor，年薪25,000元以九個月計)通過。

茲將史料價值極高的楊兄三信全部照抄，內中涉及之哈佛秘聞，若非全部附於本章之末，恐難為今世及未來學人目為實錄。

(信一)

炳棣吾兄：

多謝四月五日、六日兩信。McNeill教授五日信亦收到。其中bad health, poor health字樣既出誤會，自然不當介意。唯弟之血壓雖under control，不欲過勞，亦是實情。芝大方面能有此種諒解，對出版（尤其是寫書）方面，不加壓力，具見教授關懷之至意，殊為可感！（實則若真要寫書，三、五年寫一本，亦非難事）教書寫文章，皆弟之本等，自然不會惜力。

McNeill教授信極誠摯，請先代致謝忱！所說芝大種種優點俱是實情，弟對此事自當加以極慎重之考慮。唯McNeill教授信中雖提及salary and title，不及我兄函電之詳（Univ. prof. 年薪二萬五）。又一年只教兩quarters，每季一演講一研究班，共五小時，在弟亦甚合意。此外是否尚有休假辦法亦所欲知。關於此數點，最好能請McNeill教授再來一信，或吾兄寫一英文信，聲明已得校長或Provost之同意亦可。此外housing, health service, health and life insurance, retirement, children's education乃至moving allowances等，雖是小節，便中亦望一一函示，此是重大決定，一切必須詳作比較也。

我兄即任J.W. Thompson Prof. 至為可賀。中國人在歷史系得講座者當是第一人，尤為可喜也。弟事芝大校方肯如此積極進行，不但可見最高當局之魄力，更足見對我兄之信任，弟之感激，自不待言。若照我兄之dream big，則"四大名旦"（筆者按：除楊與我外，芝大之Creel及Kracke亦在內）合寫四大本Chicago History of China亦非不可能也。〔丁龍講座在富教授未退休時，已有人向弟非正式提過，弟未進行。又荷蘭來頓大學戴文達（筆者按：J.J. Duyvendak）故去後，亦有人來問，弟辭謝而推薦何四維 （筆者按：A.F.P. Hulsewé），何現任教授兼漢學研究院長。〕

匆覆即請

儷安

弟聯陞1964.4.8

（筆者按：應為1965，誤作1964）

(信二)

炳棣兄：

史系通過，又承電告，極感！能得professional historians之承認，弟亦以為榮譽，蓋弟之學位，只M.A.為史系，Ph. D.則兩系合授。至今雖為歷史系member，但不投票（史系人太多，頗不願系預算以外之人有投票權，但弟亦不在乎，否則此亦是改正之機會）。今有芝大史系諸公許為同行，自甚欣慰也。

哈燕社下星期二三開會，至遲星期四可有消息，當即電告。可能是一專為中國(或中日兩國)學人特設之講座，如能辦成，自是好事。薪水則無法爭。第一哈佛目下最高只二萬四(只Langer數人晚年到此數，普通講座數年仍在二萬二或以下)。第二須顧及其他同事，不可一枝獨秀，招人妒忌。另外則芝大方面麥主任函只提及salary and title，未明言數目，正式聘函未到，亦不能講價也。此外可能向學校要求者，一兩年內國史方面(早期)另加一年青人(助教授至副教授級)，此事弟在今年二月曾與海陶瑋(筆者按：James R. Hightower，哈燕中國文學史教授)、費正清談過，寫過memo，此時推動，當然希望較大。今日費公來談，謂弟若去則對哈佛為disaster，此亦實情，但渠亦謂此是請求學校當局對中國歷史多加注意之良好機會，蓋非有外間之重金禮聘，無crisis，各系俱要發展，校長教務長不易決定先後也。先再佈謝，即請

儷安

弟聯陞 1965.4.22

(信三)

炳棣吾兄：

昨晚得哈燕社長Prof. John Pelzel電話，即向尊府通電，適我兄外出散步，即將通過講座事告知景洛嫂。弟不慣打長途電話，措辭簡短，對我兄感激之意，恐未充分表達，殊覺抱歉！

星期一de Bary亦有信來，措辭委婉，謂初以為弟絕不會考慮，故丁龍講座事未早提出，今又經富教授、房氏夫婦及委員會中人催促，特寫此信問明究竟有無考慮可能，如有意請打電話等等。信中有一句云：As a matter of fact, we do not have any other immediate prospect of a stature to make him worthy of this chair。實則弟意論學問兆楹先生可以當之而有餘，只是目下為《明代名人傳》編輯事務所羈絆，不能教書而已(房先生雖有教授名義，似只為三年聘約)。附上致de Bary信稿一份，亦請轉示Prof. McNeill，兼表謝忱！此信中未便提及其他candidate(有余英時前車之鑒)，我兄有意放此一炮否(自然時機亦甚重要)？

此次海陶瑋於得見麥教授信後，即去找Dean Ford，大家反應甚快，對弟之心理上負擔大為減輕(兄可想像，如果哈佛以冷淡

出之，非等芝加哥正式信來不肯有所動作，對弟心理上會有多大影響)。是以既得特別創設講座之名，即不能再爭薪水(教務長答應慢慢加)(丁龍講座仍是18,500亦非太高)。在此駕輕就熟，對弟懶人比較相宜。至於我兄此次特別幫忙，則知者已多(楊紹震先生亦有信來)*。外邊若無重金禮聘，哈佛反應決不如此之速(如果反正不肯走，他們樂得不動)，此亦人人所知，此一段因緣，即此已成佳話，我兄亦可自慰矣！

匆請

儷安

弟聯陞 1965.4.28

本人這部長篇學術回憶書名中"讀史"既與"閱世"並列，原則上兩部分的分量應該相應。但因"閱世"往往發現人性不盡淳良的一面，所以事實上儘力少談。三思之後我覺得楊信中對房兆楹過分的推重似有加以評估之必要。案：筆者自1952年夏即與房兆楹、杜聯喆夫婦經常接觸，而且研究兩淮鹽商的動機是與杜的"商籍"短稿有關。我對他們清代史料之熟悉是一向欽佩的。但久而久之發現房兆楹一向是專捧"洋人"，對華裔學人評按照例非常刻薄。他對二十歲畢業於燕京數學系一事十分自豪。華人中他只捧兩個人，前輩中的胡適和同輩中的楊聯陞。這本無可厚非。1965年八月在伊利諾州立大學開一小型明史研討會，大家輪流作主席。房充主席時對鄧嗣禹論明太祖一文極盡挖苦之能事。在十五分鐘飲茶時我對房說，何以對魏特夫(Wittfogel)及其他西人漢學家從來一貫恭維，而對燕京老同學卻如此刻薄地譏刺？不料茶後開場白中房把我的話全部加重地講出。午餐前狄百瑞把我拉到牆邊耳語，說房茶後致開場白時，他(狄)覺得羞到無可藏身，房雖熟於明清傳記史料，但毫無觀念化"conceptualize"的能力。狄氏評語對楊於

* 擬聘楊聯陞事，外界知者極少。楊紹震當時在伊州大學訪問，春假來芝，在舍間作客一週，才得預聞的。

房的過譽至少應有"制衡"的力量。房在Arthur W. Hummel《*Eminent Chinese of the Ch'ing Period*》裏雍正傳結論謂雍正確係奪嫡，是因他一生研究中最引以自豪論文之一是中共勝利前夕，1948年北大最後一期人文學報中的滿洲"分家子與未分家子"一文。按照滿洲入關前的舊慣俗，財產及其他都由幼子，即仍與父母同居的兒子，"未分家子"承繼。雍正業已封為雍親王、自建雍邸就已是"分家子"了，而康熙鍾愛的第十四子是"未分家子"，這是雍正奪嫡的最主要論據。我在芝大明清史課中不時談及史學方法，無不言及房氏之論只知其一，不知其二，決不可取法。因康熙早在1675年即立第二子胤礽為皇太子，就已經放棄部落舊俗，不得不適應多民族統一帝國的皇位承繼傳統。1965年夏充任"學生記錄員"的吳秀良當時對我的看法不無懷疑，直到七十年代他完成對雍正的重要研究時，才充分了解房兆楹奪嫡結論的謬誤。多年後反思，我1965年夏對房的直言，心中並無遺憾，但對六十年代另一次在哥大附近午餐時，因同類事對房當面聲色俱厲的指責，就深覺未免太過分了。這類事都出於我個性上最大的缺陷，也是我一生遭人忌恨最大的根由。但在此書中除自咎外，我深覺仍有責任為讀者留下一點對二戰前後華人學術"買辦"的觀察與感想。

1965年春之後，楊聯陞和我之間的了解達到了新的高度。我們雖本有清華的舊誼，但前此關係上不是完全沒有"問題"的。例如1960年夏，正在哈佛訪問，聲譽鵲起的音韻學家董同龢學長，一天晚上在康橋告我："今天老楊在辦公室很不對勁，把你的人口史大作翻來翻去，始終讀不下去，很煩躁。"楊兄素以書評聞名於西方及日本漢學界，又往往私下自責某某友好近著遲遲未暇撰評為憾。一般都認為楊應是我人口史書的理想權威撰評人，而這篇書評終於改由瑪麗萊特寫撰，遲遲於此書問世兩年將半始由《哈佛亞洲學報》刊出。聯陞已獲哈燕講座頭銜後致我信中所云："朋友之間亦有緣分，誰能幫誰多少忙，可能亦有'前定'。"主要似即反省此事。1965年春之後我們二人關係與前大不相同。他本是極好強之人，即使在圍棋和麻將桌上亦無不如此。可是1965年初夏在他家裏出乎意料坦白地對我說："你是歷史家，我是漢學家。甚麼是漢學家，是開雜貨舖的。"我立即回應："可是你這雜貨舖主人的貨源確實充足，連像我這樣'傲慢'(故意用此形容詞)的歷史家有時還非向你買貨不可。"我這幾句話確實給了他相當的安慰。他又向我提出兩項"勸告"：不應該專搞明清，一定要開始作前代的較大課題，以求達到既"博"又"通"的地步；避免系務和委員會的工作，專心搞自己的學問。這兩項建議我不但都接受了，而且都付諸實踐。實踐第一建議，幾十年間可謂結實纍纍；實踐第二建議，卻最終導致出芝大中史教研方面的失望和"災難"。後者將於下章略述其要。

聘楊之議雖未能實現，但芝大的胸襟和氣魄卻在哈佛相關部門起了震撼的作用。

III. 國際規模的中國研討會

畢都、李維長校的十四年之所以在我心目中成為芝大歷史上第二個黃金時代，決不限於他們對中國史的重視與支持。學校很多方面都呈現勃勃的生氣。這種生氣部分地表現於幾位"副校長"職位的創設。其中一位負責宣傳、協助募款的副校長Charles U. Daly，年富力強，原是甘迺第競選總統得力助手之一，辦事講效率、有魄力。學校決定創建"Center for Policy Study (政策研究中心)"，以他為主任，負責行政，任命我與鄒讜為創業成員，草擬全年研討中國的具體計劃。我們決定於1966年三月舉行第一次中國研討月會，以後平均每月一次研討會，多由校外專家主持，然後於1967年初舉行長達十天的大型國際中國問題研討會。研討會重心有二：《前編》專論中共的政治體制及中國的歷史傳統，主要論文十三篇，連同每篇論文評論者的評語，最後以兩冊的形式，由芝加哥大學於1968年刊印問世；《後編》專論中共的國際問題，另刊成冊，三冊合名《*China in Crisis*（危機中的中國）》。此書問世之後，引起國際讀者廣泛注意，不久即由芝大出版社重印供應。我與鄒讜主編《前編》，《後編》由鄒一人任主編，全書的"成功"是與我們慎重考慮撰文人選分不開的。

另外值得一提的是學校投入充足的經費，使我們籌劃時能聘請最佳的論文撰稿人及每篇論文的評論者（人數有時多至三四人）。專文撰者稿酬一千美元，這是前此罕見的高酬，即使評論者每人亦有三百元的稿酬。所有與會者的往返機票、住宿、膳食均由芝大供給，會期間每日下午五時，芝大的學術活動中心的酒吧間就已開放，晚餐或在中心，或兩三輛大專車載滿客人駛往芝市南郊上好下江口味的"龍園"舉行宴會。膳食之佳遠勝哈佛及耶魯的教員俱樂部，只有已經停業私營的普林斯頓旅舍可以比擬。空前大雪之後全市冰封的會期十日之中，居然有幾位論文及專評撰者夫人自費來芝大作客，不僅使會議增輝，也使我對芝大待客標準感到自豪。

全部論文由我開頭，撰寫一篇整合古今，指出中國歷史上最富現實意義的遺產，既可自成單位，又可充大會參考。晚清部分當然要請費正清主撰，不料他很快就回信婉謝邀請，這使鄒讜和我不得不馬上改請劉廣京負責。更不料三幾天內費正清又有信來，表示願意參加芝大的中國會議，但因人選已定，無法改回。當時我們的感覺是，哈佛對芝大如此規模的中國會議及其出版計劃似乎不無嫉妒。第三篇由哥大韋慕廷主撰民國軍閥內戰及北伐這段歷史（結果是一篇非常精彩、井井有序的長篇分析），繼之以鄒讜承上啟下的一篇長文作為以下詳細研討中共種種特徵的張本。《前編》兩冊十三篇論文的寫撰人皆一時之選，諸篇論文的評論者也是嚴格甄選的。例如為討論韋文，會議從萬里之外請馬來西亞"國寶”級史家王賡武教授為評論人之一，果然他能從倫敦大學博士論文(五代割據到北宋一統)的基礎上，撰出一篇有關中國歷史上(尤其是近千年)政治軍事分合主要動力的精彩分析，與韋文可謂相得益彰。為討論我論中國歷史遺產一文，會議也不吝旅費從德國慕尼黑大學請來Herbert Franke教授。計為期十日的兩組會議，與會學人不下七十，來自美國各地和四大洲，這是研討近現代中國前此未有的盛況。

我從五個觀點分析中國具有現實意義的歷史遺產。

1. 疆域及民族

歷朝歷代的中國是大體僅指今日所謂的內地十八省。漢、唐盛世疆域雖西向延伸到中亞，蒙元帝國幅員之遼闊雖為世界史上所僅見，但皆不能維持長久。事實上，中國的北疆是以長城為界。長城以外，東北(滿洲)、內蒙、外蒙、青海、寧夏、新疆、西康、西藏與內地十八省連結成為行政上整體的多民族國家，是有清康熙(1662-1722)、雍正(1723-35)、乾隆(1736-95)三朝不懈努力經營的結果。不久黑龍江以北、烏蘇里江以東的廣大地區為帝俄所鯨吞，外蒙1946年宣佈獨立，但今日中國仍是次於俄國、略次於加拿大、擁有世界第三最大疆域的多民族國家，不得不說是滿清盛世之賜。另一不可忽視的是清代，尤以雍正朝，西南各省的改土歸流政策的推行；否則上世紀三四十年代中國很難以川、滇、黔、桂諸省作為抗日戰爭的西南大後方。

2. 人口

傳統中國官方的人口總數，即使在漢唐盛世也未超過六千萬。據個人上世紀五十年代的長期研究，近千年來中國的糧食生產實較歐洲為優越。北宋初葉起，早熟較耐旱的占城稻種的傳播和占城與土生稻種不斷的交配，把水稻種植的前沿自水源充足的平原谷地持續地向丘陵地帶拓展。稻的早熟大有裨於單位田地的複種。稻作面積的擴大與稻米生產的激增，再結合北宋末期官方登記的戶數，使我敢於推斷公元1100年左右，全部中國的人口在人類史上首度超過一億。如果我們稱自北宋初葉以降主要由早稻的傳播和增產，構成我國近千年來第一個長期農業生產革命的話，那麼自十六世紀前半新大陸農作物——花生、玉蜀黍、番薯、馬鈴薯——四百餘年來對沙地、瘠壤、不能灌溉的丘陵，甚至乾旱高寒的山區的開發和利用，便構成了本文著者所謂的第二個農業生產革命(中國年產番薯一億噸以上，佔世界總產量的80%，近十餘年花生生產遙遙領先世界，玉蜀黍生產次於美國，居世界第二位，馬鈴薯生產僅次於昔日的蘇聯，與今日的俄國不相伯仲)。較農業生產更重要的是清代康、雍、乾初是"輕徭薄賦"、雞犬相聞的太平盛世，全國人口開始"爆炸"，大約1750年已達250,000,000，1800年已逾300,000,000，道光末年(1850)更達430,000,000的高峰。經過一個世紀的內戰和外患，1953年中共普查人口總數為583,000,000(台灣未計在內)，增加35.5%，年均增加率僅為0.3%。然而中共建國以來，人口增長迅速，本文撰寫時估計的人口已迫近七億。這個居東亞大陸中心，東向太平洋，擁有9,600,000方公里(3,800,000方英里)和幾乎全世界四分之一人口的"新生"泱泱大國，無疑是世界政治上最被注意的對象之一。

3. 傳統政治文化

從意識和實踐方面着眼，傳統中國政治文化有以下主要特徵：

⑴ 政治意識。中國兩千多年的帝制，成形於秦，自西漢始日趨穩定，影響後代至深且巨。西漢自武帝(前140-前87)登極以後，正式宣佈以儒家學說為正統政治意識，施行儒家"德化"的政治和社會教育的原則。然而實際上西漢的政治及法律體系是完全承襲秦代的，而秦之所以能用武力征服六國，完成統一大業是因為累世實行法家商鞅(主持變法，前356-前338)的政策。西漢開國最初六十年間之所以能實踐黃老無為而治，自由"放任"的政策，武帝登極之後之所以能罷黜百家，獨尊儒家"德化"的原則，正是

因為政治法律體系始終是上承商、韓，重刑寡恩、職守嚴明的法家傳統。關於西漢政治意識及運作中，儒法兩家的相對重要性，從漢宣帝(前73-前49)對崇信儒家的太子的對話中可以得到最權威的論斷。《漢書 · 元帝紀》有以下的記事記言：

> 孝元皇帝，宣帝太子也。……八歲，立為太子。壯大，柔仁好儒。見宣帝所用多文法吏，以刑名繩下，……嘗侍燕從容言："陛下持刑太深，宜用儒生。"宣帝作色曰："漢家自有制度，本以霸王道雜之，奈何純[任]德教，用周政乎！且俗儒不達時宜，好是古非今，使人眩於名實，不知所守，何足委任！"乃歎曰："亂我家者，太子也！……"

從宣帝深刻坦切的思辨中，我們可以確知西漢政制是內法外儒的，儒家部分的作用是緣飾法家的嚴酷。漢元帝朝開始，儒臣當政者越來越多，法律亦逐步"儒家化"。儒臣的既得利益既然得到進一步的保障，儒家思想的正統性當然隨之增加。南北朝、隋唐佛教與道教對政治及社會雖有巨大影響，但在基本政治意識上並無新的貢獻，儒家仍居正統地位。先秦儒家如孔子和孟子闡發君臣(包括大多數的平民)之間雙向的權利和義務，孟子甚至主張人君如行暴政不體恤人民，人民可以"革命"。兩宋理學家如二程和朱熹及史家、政論家如司馬光等致力於加強單向"尊君"的理論，幾乎否定了人民因正義而抗上起事的權利。難怪自元代起程、朱的新儒學成了儒學的正統，更受清代康熙、雍正、乾隆諸帝的推崇。雍正是歷代帝王中最坦白宣揚孔子(事實上是通過程朱詮釋後的孔子)對專制皇朝的功用的。試讀他1727年七月的上諭：

> 人第知孔子之教在明倫紀、辨名分、正人心、端風俗。亦知倫紀既明，名分既辨，人心既正，風俗既端，而受其益者之尤在君上也哉！？(《[清]世宗實錄》，卷五十九，頁20下至21上。)

足見儒家思想雖對專制的政治意識多少有些緣飾和紓弛的作用，它究竟是帝王大有用的工具，不是帝王真正有效的師傅。

⑵ 皇權源自軍力。儘管傳統中國以"偃武修文"為治國之本，開國後一俟秩序安定，例以文官治國，軍隊僅盡其內地和邊疆駐防的責任；但是最後分析起來，朝代的盛衰與中央是否能長期有效地控制兵力有密切關係；每次朝代的更替更是取決於軍權重心的轉移或內戰的勝負。自部分理想化的上古三代，尤其自秦漢帝國的建立，直到上世紀中葉，毛澤東領導下的中共，並無任何例外。毛的名言"槍桿子裏出政權"反映他對中國歷史極其深刻的了解。國家政權既與軍權牢不可分，政治體制的形式和運作自然是傾向威權主義 (authoritarianism) 或專制主義的。

⑶ 皇帝與國家。中國"國家"的詞源最好的詮釋是《孟子・離婁下》："人有恆言，皆曰天下國家。天下之本在國，國之本在家，家之本在身 (宗子) 。"孟子 (前371-前289) 生值宗法社會臨近崩潰之際，但從中國政治文化的觀點看，上引之語是超時代的，既淵源於西周封建宗法全盛的時代，又適用於大一統專制帝國形成之後的兩千餘年，因為從宗法制度八百餘年演變的全部過程看，秦漢的皇帝可以認為是全華夏世界裏碩果僅存的超特級"宗子"了。中國歷史上的"國"是與"家"分不開的 (西方則大大不然) 。中國歷代之"國"，在一定意義之下，是皇"家"所有的。漢高祖大朝群臣為太上皇祝壽時戲言以天下為產業，大臣們不但不以為異，反而皆呼"萬歲大笑為樂"。遲至明太祖 (1368-98) ，祭祖時以天下《賦役黃冊》與魚肉穀蔬並陳。難怪歷代人民心目中都以漢、唐、宋、明為劉、李、趙、朱私家的天下。即使辛亥革命結束了兩千多年的帝制，袁家天下雖未實現，蔣家天下卻在台灣傳了第二代。

西漢大一統郡縣制帝國創立之後，皇帝制度有進一步向專制集權演化的需要。因為周代封建社會中與周王共享天下的很多階層的貴族都已消滅，皇帝之下，只有平民；平民之中雖可產生文武官吏，但官吏已不具封建時代卿、大夫、士的尊嚴，已完全是皇帝的臣僕。“漢承秦法，群臣上書皆言昧死言”或“言臣某誠惶誠恐，頓首頓首，死罪死罪。”這不過是專制深刻化的表現之一。此外，自高祖起，皇帝的“神化”工作即開始進行；皇帝以至后妃都立廟祭祀；文、景、武、昭、宣、元諸帝生時即為自己立廟。至元帝“毀廟”以前，首都長安及郡國皇帝、后妃、太子廟數目遠逾三百，“總計每歲的祭祀，上食24,455份，用衞士45,129人，祝宰樂人12,147人。皇帝皇室的神化可謂達於極點！”(雷海宗，“中國的元首”，《中國文化與中國的兵》，香港：龍門書店，1968，影印1940年商務版，頁115) 漢元帝以降，皇帝廟制雖大事簡化，但皇帝的半神性已深植於庶民深層意識之中，近千年來平民俗稱皇帝為“萬歲爺”、“真龍天子”、“真命天子”等等就是這種意識的反映。上世紀風雲人物如孫中山、蔣介石、毛澤東等用盡各種方法培植個人崇拜確是淵源有自的。

⑷ 皇權缺乏有效的制度制裁。傳統中國向以高度發展的文官制度治理國家，經常情況之下，政府事務遵循成例，深受儒家教育的皇帝也能遵守一定的行為規範。但問題在歷史上不時出現才具非凡、慾望多、野心大、意志強的皇帝，正是在這種不尋常的情況下，全部政制的理論與運作才暴露出最基本的缺陷——皇帝缺乏任何有效的制度和法律的制裁。如漢武帝任命一系列“酷吏”，屢興大獄，其中杜周之言，坦率道出皇帝高於法律之已成慣例。《史記 · 酷吏列傳》：

> ……[杜]周為廷尉，其治大放(仿)張湯而善候伺。上所欲擠者，因而陷之；上所欲釋者，久繫待問而微見其冤狀。客有讓周曰：“君為天子決平，不循三尺法(《集解》：“以三尺竹簡書法律也。”)專以人主意指為獄。獄者固如是乎？”周曰：“三尺安在哉？前主所是著為律，後主所是疏為令，當時為是，何古之法乎！”

杜周之言之所以重要，不僅限於漢武一朝的情形，更在反映所有以後朝代皇權與法制的關係：平時中央及地方政府雖遵循法律原則和行政成規，但皇帝擁有頒佈新法令的權力，不受任何制度的約限。

(5) 專制政制與內閣。不消說，專制的君主很少能長期容忍有效決策的內閣的。這正說明何以漢武帝晚年指派少數寵臣非正式組成"內廷"，以繞過並削弱以丞相為首、御史大夫為輔的內閣。西漢以後，"內廷"照例由外戚，尤其是宦官所把持，禍害以東漢、唐、明為最烈。此外，自東漢開國起，另一削弱內閣權力的辦法是把丞相一職分由司徒、司空、司馬"三公"分掌，於是化首相制為委員會制。唐代組成龐大的中書、門下、尚書三省的"宰相衙門"本身就是相互制衡的機構。清代最上軌道，無內廷之設。皇帝決策的最高顧問是由四至六位大學士所組成的"委員會"。雍正(1723-35)創置軍機處以處理機要之後，大學士經常處理一般政務。分析起來二者都不是決策的內閣，而是皇帝最高的"顧問"委員會。中共的意識形態及空前組織的能力雖是新酒，但這新酒卻是裝在兩千多年的威權主義的舊瓶之中的。

4. 社會及教育

雖然在政治方面，儒家與法家結合之後一貫充任專制帝王的僕從和工具，可是在社會和教育方面，孔子一向是"王者師"。他社會理論的重心是"禮"，其功用在維護當時金字塔式不平等的階級制度。"禮"的本質和功用儘管如此保守，孔子之所以能成為偉大思想家原因之一是：在維護封建秩序的同時，提出了長期有效的改革方案"有教無類"。換言之，不論生在貴族或平民的家庭，原則上人人應享有平等的教育機會。如此，則才智操守俱備之人理應充當統治階級的成員，知行平庸之輩，無論其原來家世如何高貴，皆應屬於被統治階級。兩漢的薦舉和雛形的考試制，太學和郡國學校，隋唐以降的科舉考試和地方學校制度，無一不代表孔子"有教無類"主張的逐步實現。我在1962年問世的《*The Ladder of Success in Imperial China, 1368-1911* (明清社會史論)》書中，以儘可能大量多樣的資料證明自有宋建國以降的一千年內，至少在明清兩代五個半世紀之中，從科舉的階梯登進的平民的百分比之高，是工業革命以前的任何國家和社會所無法比擬的。

根據中共建國初期的報導，在極度艱苦的狀況下，農村大規模興辦小學，不少工農子女已能考進大學等等，本文本節作出過於樂觀的預測——中共在不久的將來可能實現普及教育，並大跨步地實踐"有教無類"的優良傳統；在探索中共全國規模的學習與自我檢討運動，與儒家通過教育以改善社會環境理論的歷史聯繫時，情感上也極力避免把中共的動機往壞的方面想。

5. 經濟

本節討論中共所承受的經濟遺產僅集中於以下三個問題：

(1) 人口"過剩"與貧窮

人口過剩和普遍貧窮的主因，是近千年來中國農業生產有長足的進展和清代康、雍、乾期間有利民生的財政和賦役的改革，造成了人口的爆炸。在生產技術停滯的狀況下，空前的人口壓力，加上地方官吏的勒索，引起一系列大規模的叛亂和內戰，使得一般人民生活水準持續下降。

(2) 全國逐漸成為經濟實體

有利於中共經濟建設的主要因素之一是在明清五個半世紀之中，自然及經濟條件迥異的幾大區域漸漸形成了一個經濟實體(entity)。主要的成因是商業長期的發展和大規模超省際的移民。這方面最佳的"指數(index)"是我從三千多種方志梳理出來的大量有關地緣組織的資料。例如漢口，至滿清開國時即已有不少來自外省諸郡邑商人來漢口長期營業，建立會館或公所。至晚清民初，此類會館及公所有記載可憑者已接近二百之數，失記載者尚不知凡幾。方志綜述漢口五方雜處，"居民半屬客籍"；各省邑客商在漢口長期經營勢必與漢口當地社會及經濟發生密切的關係，大有助於畛域小群觀念的消融。再如四川的重慶，早期原有的“八省會館”，自始即與土著的公所行會既競爭，又不得不求共存共榮之道，以致七．七抗戰期間，根據國民政府社會部的實地調察，“八省同鄉早已與四川土著同化，通婚結好，共營商業，在語言風俗習慣上居然土著了。”(以上俱根據拙著《中國會館史論》，台北學生書局，1966版，頁112-113) 明清兩代通都大邑之中源自各省邑商人的活動，和總數超逾千萬非商業性的超省際移民與各地土著的長期接觸，無不有助於大群 (民族國家) 意識的勃興和社會經濟的整合。雖然經過百年空前的內憂外患，中共所承襲的中國至少已可認為是一個大的經濟和意識的實體。

(3) 由官僚資本到集體經濟

最直接有利於中共經濟政策之形成的是，國民政府北伐後官僚資本力量的迅速增強。南京政府1928年成立中央銀行，通過管理貨幣、發行公債等手段，未數年即對私人銀行及江南新式輕工業取得有效的控制。七．七抗戰前後國民政府更建立了一系列金融、交通、運輸、工礦企業。這個具有近代知識的雛形官僚資本主義，正好為中共計劃中的集體經濟體制奠下一定的基礎。

我為這篇文章事先聘請了三位評論人：耶魯大學的萊特 (Authur Wright)，德國慕尼黑大學的佛朗克 (Herbert Franke) 和美國賓州大學以精譯馮友蘭《中國哲學史》聞名於世的卜德 (Derk Bodde) 教授。卜氏目睹中共解放北京，其《北京日記》尤為中國學界人士所重視。不知何以1966年六月我的文稿撰就之後，竟平添了第四位評論人：芝大文學院東亞語文文化系資深教授顧雅里，而Daly事前並未與我商討。猜想中顧雅里倚老賣老，強力向Daly施壓，堅決要對我的論文嚴加批判。照章會議每篇主要論文之後所有評論員的文字都稱為“comments (評案)”，唯顧文自稱“Supplementary Notes (補充劄記)”。“補充”即已暗示在他心目中我的論文的“不足”或“不當”，否則何必特別標示"補充"。顧氏為人傲慢，詞色之間不時有魯莽令人難堪之處，這是我未到芝大之前早已有所耳聞的。他的著作我大體都曾披讀過，覺得他為文往往喋喋不休而思路大皆有欠平衡。到芝大後最使我不平的是，他對美國博士生的勸告是，讀了第二年文言中文之後，即可不再讀中文，可以不重視近現代中國學人的著述了，只要學習認讀兩周金文就夠了。而事實上他每年都自研究費中取出一小部分，讓華籍讀博士學位的學生，如許倬雲、陶天翼、趙林等等替他把《古史辨》中若干篇論文作英文(或中、英文混)的提要。使我更詫異的是，他在系會之中(我名義上也是東亞語文系的成員，有權投票)，竟不止一次地自招雖"通"兩周金文，但讀近現代中國學人的論著，甚至速讀中文報紙，尚不無困難。自招的原因是為"保護"專攻宋代經濟史的Robert Hartwell；Hartwell所授課程之一是第二年中文，他的國語很差，引起學生的不滿，終於因此在芝大未能取得永久聘約，轉到賓州大學去教中國史了。幾年來我表面上力求與顧做到互不侵犯，這次他既先挑釁，我就不得不準備反擊了。

顧雅里大肆表現他對西周政治思想中心的天命論的專識之後，對我文章主要有四點指摘，分述如下：

(1)他説我的論文很大部分只講"militarism(軍事主義)"和"autocracy(專制)"，這就失去研討中國歷史的輕重比例。我指出我全文論軍事因素只限於一段(paragraph)，而且在這短短的一段中已不止一次地説明，較成功的朝代無不以軍隊控制於文官體制之中，因此傳統中國是以文治聞名於世的。我進而細查顧氏拒絕承認軍力是決定朝代更替的根本因素的學術根據，原來是楊聯陞兄論國史上朝代更替外形或模式(configuration)的文章。大意是自漢至宋這一千一百年間朝代更替的形式都是禪位(abdication)；照例新朝第一皇帝之父業已權傾前朝，以致前朝末帝只好禪位於這位權臣之子或孫。如漢獻帝因曹操久已挾天子以令諸侯，所以不得不禪位於魏文帝曹丕。曹魏軍權轉移到司馬懿之手以後，曹氏末帝遂不得不禪位於司馬懿之孫，晉武帝司馬炎了。楊文研究朝代更替的表面形式是説得通的，而顧氏把表面現象認作歷史真實是太輕心而極錯誤的。我在"附錄 (Addendum)"回答四位評論人時，重新肯定自兩漢至毛澤東，朝代更替，無一不是取決於軍權重心的轉移或內戰的勝負。

(2) 顧氏對我文第二個指摘是忽略"public opinion (公眾輿論)"在傳統中國的重要性。他徵引了好幾位學人，包括李約瑟，公眾輿論往往使皇帝不得不考慮民意，皇權於是受到相當的約制。很明顯，這種看法只是根據對傳統儒家影響過分理想化的老生常談；事實上，東漢察舉孝廉、魏晉以降九品中正之類制度所根據的輿論，是既得利益階級、士族之間的輿論，決不是一般平民的輿論。佛朗克評案中強調指出，從傳統中國大量多樣史料之中，簡直無法發現甚麼是人民大眾真實的意願和輿論。顧氏又引李約瑟為助，提出傳統中國自古即以其獨特的御史諫官制度聞名於世，甚至相信這種制度是皇權的相當有效的約制。關於此點，佛朗克再度與我同意，御史制度的實際功能無疑義是被書生誇大的。Charles O. Hucker芝大博士論文明代御史制度的研究中，具體舉出數例説明御史制度往往成為權臣攻擊政敵的有用"工具"。部分地由於當時所知實例數量不足，部分地由於對中共不願遽下推斷，我文中沒有提出毛澤東"言者不罪"的承諾實際上是為"引蛇出洞"的，古今國史上哪曾有過對專制政體真有制約功用的"公眾輿論"！？

(3) 與以上息息相關的指摘，是我論文中忽視了傳統中國"intellectuals (知識分子)"長期享有"independence (獨立)"，意思是獨立的尊嚴和風骨。我覺得這問題無須詳答，《孟子・滕文公下》："孔子三月無君，則皇皇如也。"中國祖型的"士"既然非靠官職俸祿才能贍養身家，真正的"獨立"何從談起！兩千年後像《儒林外史》那樣深刻現實的社會小説，還不依然反映各種類型的"知識分子”仍不得不以科舉仕進為晉身之階和養命之源嗎？

(4) 最使我吃驚的是顧在文章裏一再提及，中國古今社會一貫富於社會各階層間上、下向縱的流動 (vertical mobility)；因為這不啻反映他自己對魏晉以降的九品中正制及南北朝和隋唐間社會門第制度的全然不曉。因此我在“附錄”中較詳地綜結當代中、日學人對魏、晉、南北朝社會階層秩序半“凝結”狀態研究的成果和數據，並強調指出宋代建國以來的千年的社會流動量，是與建國以前的千年不可同日而語的。我根據自己和其他學人大量多樣統計數字的嚴肅，與顧氏案語的過猛輕心，適成一鮮明的對照。

但我更有力的拳擊留到最後。結束談話時，我說作為這次中國研討會主籌者之一，我雖無能力規勸顧教授稍稍修正一下他把漢高祖和曾國藩作為“peasant農民”出身之欠妥，但有義務替顧教授糾正引用書目中一個一千年的錯誤：《西漢會要》的編輯者是北宋初年的王溥，不是健在的、為台北世界書局大批翻印古代史籍而堅持自居“主編”名義的台灣師範大學中文系教授楊家駱。這個結束語引起全部與會者和旁聽者的震撼。〔近年校讀書稿才遲遲發現我1967年初記憶有誤：《西漢會要》的編纂者是南宋晚年的徐天麟。顧雅里年代上的錯誤，不是一千年，而是七百年。〕

*　　　　*　　　　*

當晚深雪仍半封路，大家駛車赴西南郊龍園晚宴。我上車選了一個靠窗的座位，忽然顧雅里上來馬上就坐在我右邊，嬉皮笑臉地告我，三十年前有一金髮女郎上他中國上古史的班，他一見就下決心，非娶她為妻不可。她果然就是清秀文雅的Lorraine Creel夫人。人生方面，我又上了一課：有人挑戰，必須應戰；否則作為一個華籍學人是不易受到人家尊敬的。

*　　　　*　　　　*

籌劃期間，鄒讜和我決定請王賡武和徐道鄰為韋慕廷軍閥與北伐論文的評論人。徐的父親徐樹錚(1880-1930)是安福系的怪傑。徐本人曾任南京國民政府行政院的政務處長。會後於1967年二月十一日自西雅圖華盛頓大學有信(見下)致我，內中“先生辯才無礙，游刃群雄間”就是指這次會議上我對四位評論人，尤其是對顧雅里的答辯。

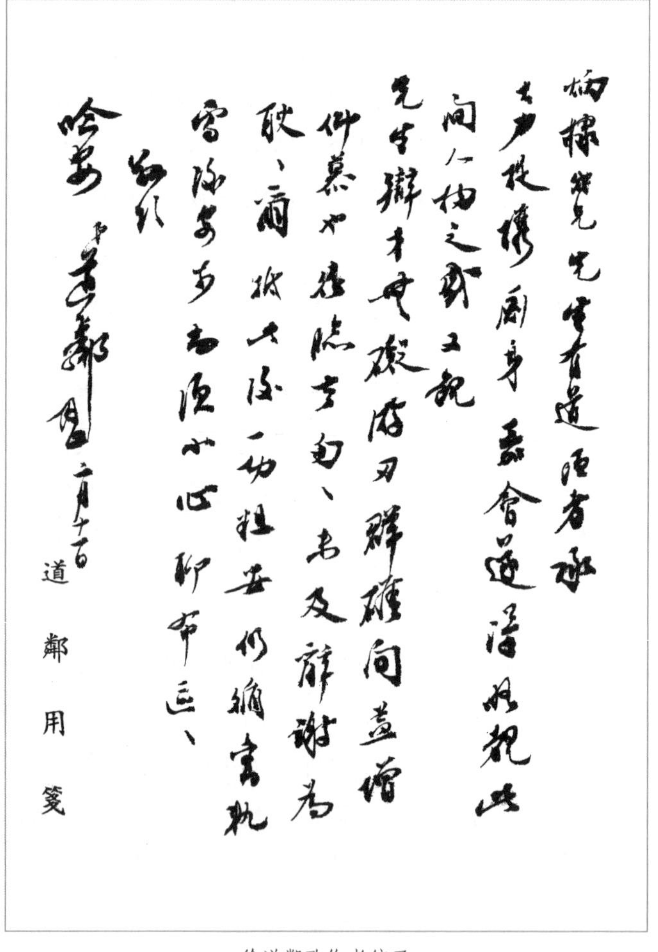

炳棣吾兄先生有道：頃者承
[illegible][illegible][illegible][illegible]劇身嘉會，適得飽覩此
間人物之盛，又親
先生辯才無礙，游刃群雄間，益增
仰慕也。[illegible]臨[illegible][illegible]、未及辭謝，為
歉、歉。頃抵[illegible][illegible]一切粗安，仍循常軌
[illegible][illegible][illegible][illegible][illegible][illegible]小心[illegible][illegible][illegible]、
敬頌
吟安
弟徐道鄰頓首 二月十一日

道鄰用箋

徐道鄰致作者信函

註 譯

① Thomas W. Goodspeed, *A History of the University of Chicago: The First Quarter-Century*（the University of Chicago Press, 1916; 1972 reprint）, p.109.

② 同上，p.129。

③ 初聘教授詳見Frederick Rudolph, *The American College and University; A History*（New York, Knopf, 1962）, pp.350-351。

④ Goodspeed，上引書，p.189。

⑤ Allen R. Sanderson, "Wealth of Nations" in *University of Chicago Magazine,* Dec. 2001, Vol. 94, No.2, 特別是p.38。

⑥ Nicholas Murray Butler, *Across the Busy Years,* Vol. I, ch. VII, "Building a University"，特別是p.163。

⑦ 1962夏六月，以攻治應用數學理論方面基本大課題馳名的M.I.T.林家翹學長告我，不應芝大重金之聘主要理由之一是芝大沒有工學院。

【第十八章】

芝加哥大學(中)

前章略述芝大創校精神，特別凸現畢都、李維長校期間發展中史教研的氣魄，本章的回憶就可仍以研撰的時序為經，其他相關學術和人事等等為緯了。

I. 課程的設計

1963年十月開課時，除了一件不愉快的事件以外，我是在舒暢的心情下精心設計所授的課程的。麥克尼爾長系，作出毅然決然的決定：為促進系中同仁研究寫作的便利，每人每年只講課兩季，每季只開兩課，一門是演講的課，一門是專為研究生設的斷代或專題的研究班(seminar)。演講課每週三小時，研究班兩小時，每週教書不過五個小時而已。我在UBC教書十五年，最自認為滿意的課是中國通史；可是初到芝加哥不便"侵犯"顧、柯兩位上、中古斷代的課，只好開講明清兩代的歷史。此課除開頭必要的敍事外，分別從政治制度、疆域變遷、經濟、社會、思想、文化各方面試作"專刊"式(monographic)的分析討論。隨時對學生(極大多數都是研究生)評介主要史料和近人著述，尤其是介紹我自己的見解和論斷；但鼓勵學生發問、自由討論。

研究班是相當精心設計的。主要目的在訓練學生閱讀和運用豐富多樣的明清史料。開頭就對學生強調聲明：研究明清史決不能以《明史》、王圻《續文獻通考》、《清史稿》為原始史料，必須隨時與更原始的史料相核對。姑舉一例：王圻的《續文獻通考》對明洪武間《魚鱗圖冊》的綜述是《明史·食貨志》之所本，影響極大，但必須與黃佐的《南廱志》和《明太祖實錄》核對，才能判斷前者是錯誤的，才能正確了解明初全國土地從未曾由南京國子監生“履畝丈量”過。即使《明史》的傳記，明代嘉靖(1522-66)以前的傳記必須與焦竑的《〔國朝〕獻徵錄》裏的碑傳校對；清代人物必須先查閱李桓的《國朝耆獻類徵》及其他傳記大系如《碑傳集》、《碑傳集補》等。明代的《進士登科錄》、晚明及清初的《進士三代履歷》和晚清的《進士同年齒錄》這類最原始、精確，表明統治階級家世背景、社會成分的大量史料，其質和量是遠非西歐任何國家和社會現存類似史料之所能比擬。這類齒錄的格式、各種專詞，以及中式進士祖上三代所受各種“封”、“贈”、“授”的榮銜如何解讀，三代祖先本來身分如何復原，無一不需在班上實習。此外，我在研究班上還特別訓練學生如何使用地方志和家譜。這個研究班在當時是很有特色的。除在芝大外，1967年全夏我曾在柏克萊加州大學開過一次，受益學生之一是每週自斯丹福開車來參加的Susan Mann Jones，即後來的史金諾夫人，1999-2000年美國亞洲學會會長。

此外，我必須講授為本科學生原設已經多年的“中國文化導論”的第三部分。此課每年秋季由文學院的顧雅里講授上古，冬季由柯睿格講授自漢至宋末部分，我每年春季負責明清及現代部分。為了稍稍彌補蒙元這段，制度上的基本專詞我事先已作了準備，請教過哈佛的柯立夫(Francis W. Cleaves)，七十年代初又受益於蕭啟慶。明初至中共這六個世紀，講材與為研究生所開的明清史類似，較簡略，但更勇於作宏觀的論析。聰敏的學生從此課中能領略出三位教授講課重點和風格的不同。一方面由於個人研究興趣越來越趨向古代，一方面由於顧雅里幾年之內行將退休，我從六十年代末即開始準備，把為研究生所設的明清史擴大為兩學期講完的中國通史。這門較高水準的中國通史自哪年開始講授，課程名稱是否正式改過已記不清了。所能記得的是七十年代有幾位香港來芝大本科及研究院專攻經濟的學生選過此課，不但成績很好，而且和我結下長期學術和私人交誼。內中有現任香港科技大學經濟系教授雷鼎鳴博士、港大經濟系的陸炎輝教授和近年來芝大最重要的校董之一，袁天凡博士。當2000年一月十六日晚以香港中大逸夫書院傑出訪問學人身分，受袁在麗晶軒豪華款待、回憶芝大往事時，我半嚴肅、半開玩笑地問他：Francis，我實在記不清當年分數上我是否有對你不公平之處。他毫不遲疑地回答：沒有，我拿了"A"，很自豪，總記得你講書有你自己的系統。正是由於袁在飯桌上的敦勸，我決定寫撰芝大回憶之部時應自畢都、李維辦學的非凡氣魄談起。

II. 研撰（上）：一再出入明清的門檻

在芝大的頭四五年裏，研撰的大方向很難決定。原因很多，主要是一時無心也無法脱離明清。早在1958年還在UBC，明清人口史論尚未問世的時候，劍橋大學漢學教授普立本(Edwin G. Pulleyblank)函告荷蘭萊頓著名出版公司Brill準備仿照其原有的"東方(Orient)"分期多冊社會經濟史之例，籌劃出版一系列中國社會經濟史叢書，邀請我主撰明清專冊，普本人將負責隋唐專冊，我立即應允。1960年夏赴莫斯科之前過訪劍橋時當面重行"肯定"。但不久普的研究興趣由唐史轉到語言，此事從此就無下文了。

今日反思，芝大最初幾年的寫作動機多半是"被動"的。例如巴黎大學社會科學高級研究院白樂日(E. Balazs)教授因心臟病突發逝世之後，我被邀請撰寫一篇有關宋史的文章以備白氏宋史紀念論文集之用。1964年一個月內很快就撰就宋金總人口的估計一文寄往巴黎。此文與一般宋史專家的研究方法不同，是從研究女真入侵華北以前部族原有的人口普查制度入手的。女真開始強大侵宋前夕，全部族的基本組織單位是由三百戶構成的"謀克"，十謀克為一"猛安"。每一謀克不僅包括服兵役的壯丁，而且包括所有男女老幼和本戶的產業。憶及1937年"七・七"戰事爆發前夕，在北平清華讀了孟森（心史）先生在中央研究院《歷史語言研究所集刊》中"八旗制度考實"長文，獲益良多，深佩心史先生的卓識：八旗不僅是軍事組織，而是滿洲整個部族國家的組織。不期1964年我很快就得到類似的結論：金代女真的"猛安・謀克"不單是軍事組織，實際上是女真整個部族國家的組織，而且是滿洲八旗制度的祖型。二者唯一的不同是：謀克以"戶"為單位，八旗以"壯丁"為單位，但事實上三百壯丁與三百戶幾乎是一事之兩面，沒有根本的不同。當時使我詫異的是，日本學人研究女真及滿洲制度者頗不乏人，而竟無人先心史先生和我這樣明白地指出"猛安・謀克"和八旗制度的真正性質。此處我有必要插入一項珍貴的回憶。1968年初赴新加坡過台北與錢穆先生生平僅有的一次學術談話中，涉及女真"猛安・謀克"實係滿洲八旗之祖型，但有上述技術性的單位區別時，他馬上打斷我的話，指出："這點很重要，你是第一個明白講出來的。"從這個看來近似專狹的案語，我立即體會到賓四先生一生讀書治學的特殊用心、一絲不苟的積習和遠超常人的悟性。

案：自日本老輩史家加藤繁以降，日本及中、西宋史專家無不認為兩宋戶口數字之中，戶數大致可備參考，而口數大大偏低，不可憑信。拙文自不同思路提出金代三次普查治下全區人口皆遵循猛安・謀克舊制，包括每戶男女老幼。普查結果如下：

年份	戶數	口數
1187	6,789,499	44,705,086
1195	7,223,400	48,490,000
1207	8,413,164	53,532,151

華北既有比較具體的人口總數可資利用，於是根據北宋、南宋歷屆全國戶數及經濟文化重心數世紀以來之逐步南移等因素，用三種不同的估計方法，得出十二世紀宋、金版圖之內，人口總數無疑義超過一億的結論。聊堪告慰的是，拙文撰就於1964年，三十年後在《劍橋中國史》第六冊中仍被徵用。但此文不足代表個人研究興趣開始自明清上溯，因為它不過是嚴肅的"應酬"文章而已。

* * *

事實上，決定研究方向，更不要提選擇基本性大課題，不是簡單的事。雖然早在四十年代留美考試前後，鄭天挺先生和我已不止一次談到雍正一朝的特殊意義，如攤丁入地等財政改革和軍機處的創置。但二戰結束不久，日本京都大學史學系即組織了長期集體專攻雍正的研究班；不久少壯華裔及美國學人也開始研究雍正。我也曾嘗試着研究滿人漢化的過程，對康熙朝滿人採用漢姓問題已搜集了不少至今絲毫未曾發表過的資料。但我自始即不免躊躇，因為這類課題研究結果水平之高下，並不取決於方法與思路，而大部取決於資料搜集的多寡。尚未刊印的軍機處檔案在北京，想像中未見著錄的滿洲菁英的文集、傳記、筆記等等也只有到北京才能發掘。從史料看，海外是居於劣勢的。所以滿人漢化的問題暫時只好零星嘗試着進行。此時紐約John Wiley出版公司一位編輯，不但已從哥大出版社獲得出版《明清社會史論》紙面普及本的權利，而且仔細地讀過我揚州鹽商的論文。他告我Wiley正想出版一系列城市歷史的叢書，很希望我能寫一部十八世紀的揚州。稍事考慮之後，表示願意一試，因我覺得對揚州的財富和鹽商們的家世已有相當堅實的基礎，名勝街巷等等大體都可利用李斗的《揚州畫舫錄》，所最需要的是可靠的揚州地圖。不久我在國會圖書館找到一幅彩繪的盛清揚州城垣內外名勝示意圖（不精確，無比例尺）和一張美國陸軍部所藏二戰後江都縣城郭街巷圖，雖有比例尺，但街巷不夠清楚。我治學勇中有慎，慎的方面在警告我未去過揚州，寫起來總不免會有錯誤之處的，應該持重。為了籌撰揚州一書，我幾乎把所有中、日文有關古代中國都市的著作都翻遍了，仍都不能使我滿意。一半由於自己的好奇心，一半由於喜作歷時性比較的習慣，深覺有先擇一較早期中國都市作一詳細研究以資與盛清揚州比較的必要。恰好南開、清華老同學徐高阮兄由台北中央研究院歷史語言研究所郵贈、經其精校，並分別正文子註的《重刊洛陽伽藍記》上下兩冊。北魏楊衒之這部名著和北齊顏之推的《顏氏家訓》都是中古極為珍貴的專著，史料價值極高，值得仔細研究。

* * *

六十年代前半寫作往往"被動"另一原因是與台灣中央研究院有關。事緣1962年六月初訪李卓敏先生於柏克萊加州大學之後，我即赴紐約看望蔣廷黻師。蔣師雖負蔣政權外交重任，仍對學術非常關心。由南京遷到台北的中央研究院1958年春決計舉行第二屆院士選舉，蔣先生和姚從吾先生俱被選為人文組院士。1964年年初蔣、姚發起把我提名為第五屆院士候選人。當時選舉規章甚嚴，候選人必須獲得全體三組院士總票數的五分之四才能中選。第一次投票，三組沒有任何人能得到35票的五分之四，即28票。連台大校長錢思亮都是第二次投票(26/29)才當選的。我第一次投票得25票，與35票的五分之四僅差3票，是人文組得票最多的。而第二、三、四次投票，所得票數遞減而落選。這年春天斯丹福大學歷史系教授劉子健到台灣訪問搜集史料。據台大一位朋友事後函告，劉在中院選舉前夕對台灣院士們表示意見：何炳棣還年輕，院士之榮應該先給國內(台灣)的前輩。劉是景洛的表弟，我後來曾當面問他，他並不否認。他可能影響了三四票，不過我更相信姚先生的報告，台灣的院士確有幾位對他明講，何某沒有中文專刊或論文，不能輕易地投他一票。姚先生於是勸我一定要寫幾篇中文的論文。

事實上，在1964年九月初，中央研究院第五屆院士選舉之前，我早因與Wiley口頭書約動手研究北魏的洛陽。重讀此文抽印本文尾“一九六四年聖誕前夕，芝加哥”，即可説明此文寫撰的動機原與中院選舉無關。楊衒之《洛陽伽藍記》書中人名、地名、第宅、宮觀、寺院、官署、里巷、風俗以及制度上的專詞，無一不需細讀、消化、考訂。若非手頭仍存有楊聯陞兄相關的信，我已不能清楚回憶當時此文稿寫撰的特別審慎了。由於中、日學人對此課題已有不少論著，更由於文章涉及漢、晉洛陽舊城、官署、制度、掌故之處甚多，除聯陞兄外，我還寄給勞榦和嚴耕望兩兄請加評正。這篇兩萬多字的“北魏洛陽城郭規劃”是由耕望兄送到《慶祝李濟先生七十歲論文集》刊出的（台北，1965，由新竹《清華學報》負責出版費用，而不作為《學報》的專卷）。

該文從比較的歷史觀點所作的序言，似仍有徵引以為讀者參考的價值：

> 我國中古都城的規模與建置，實是人類史上相當特殊、極值得研究的問題。姑以都城所佔的地理空間而論，羅馬帝國極盛時代的首都羅馬所佔的面積是大約九方英里，約合七十方清里強。東羅馬帝國千餘年的首都君士坦丁堡內外兩城所佔面積也大約是九方英里。羅馬帝國的東西兩京無疑義是傳統西方最大的城市。一般歐洲中古名城所佔面積都遠較上古羅馬和中古君士坦丁堡為小。即以中古的倫敦而論，直至十三世紀末，其王宮、教堂、官署、市廛、民居等項建築還填不滿上古羅馬帝國駐軍所築的城垣，而這座城垣所佔的地面不過三百三十英畝，即半方英里另十英畝。而我國唐代的長安，城垣所佔的面積，不包括大明宮，已經超過三十方英里，亦即二百三十五方清里；全盛時代城內人口大約靠近一百萬。其規模之宏遠，不特在我國歷代帝都之上，且為工業革命以前人類史上所僅見。至於這種偉大都城建置營劃的淵源，陳寅恪先生曾作以下的結論：“東

魏鄴都及隋代大興即唐代長安之都邑建置，全部直受北魏洛都之影響。”……

該文主要結論之一就是：北魏帝國最後四十年間(495-534)劃出面積約三十方英里的“大洛陽”全部城郭，即被隋、唐都城設計者採為城垣所圈的總面積。

該文所解決的第二個主要問題是北魏洛陽城垣的尺度和面積。案：東漢、魏、晉、北魏洛陽城垣的方位與尺度大致相同，都是由上古成周原址擴大重建而成的。漢、晉洛陽城垣的尺度和面積幸而保存於《續漢書 · 郡國志》的劉昭注所引的《帝王世紀》和已佚失的《晉元康地道記》。此外，根據1954年的實地勘查，閻文儒在1955年的《考古學報》刊出“洛陽漢魏隋唐城址勘查記”，並附地圖。本文做了前人所未做的工作，將所有文獻上的城垣尺度都先照漢尺和晉尺互相核對，再與閻圖核對；指出閻文中計算的錯誤，但肯定了閻圖的可靠性；最後糾正了一個傳世一千七百年之久的數字錯誤：《晉元康地道記》所載洛城面積“為地三百頃十二畝有三十六步”，內中最大的單位“三百頃”實係“二百頃”傳抄之誤。最有趣的是，本文考證充分證明1934年加拿大聯合教會駐河南區主教懷履光(William Charles White)出版的《洛陽古城古墓考》裏的洛陽城垣圖，一小部分是根據實測，大部分都是根據《晉元康地道記》錯誤的“三百頃”而虛擬的。

另一重要數字的考訂是關於洛陽內城外郭的“里”的總數。《洛陽伽藍記》全書最後有以下的綜述：“京師東西三十里，南北十五里。戶十萬九千餘，廟社宮室府曹以外，方三百步為一里。里開四門，門置里正二人、吏四人、門士八人。合二百二十里。”《魏書》紀傳兩則和《資治通鑒》皆作“三百二十三坊”(筆者按：總的里數包括已建和計劃中尚未建置的坊“里”)。兩位當代《洛陽伽藍記》的校註者懷疑此書中最大單位數字“二百”係“三百”之誤。我不厭其煩地認真步步推算，證明楊衒之所指出的北魏洛陽附郭東西南北的極限都是相當準確的，全境之內，如果除去“廟社宮室府曹”、湖、泊、陂、池、溝、堨、渠、堰及已開與待開的街道，只能容下二百二十左右的坊“里”。本文再度肯定了這部中古名著的高素質和可靠性。

時賢所作北魏洛陽圖類皆注重伽藍、宮苑、建築、名勝諸“點”，而不甚注意內城外郭及坊里的面積比例。該文初稿寄出之後，始有志步步跟隨楊衒之的敘事，嚴格遵守他所説的規格，按每“里”三百步(里正方，每邊三百步、每步六魏尺)試繪一粗具比例尺的洛陽城郭規劃圖。在楊聯陞兄鼓勵之下，1965年夏始以英文寫撰全文，完成製圖心願。但因原書敘事不可能詳盡，千五百年後我的考訂詮釋不當之處自所難免。謹將此英文為主的地圖在本節複製，以備讀者參考。

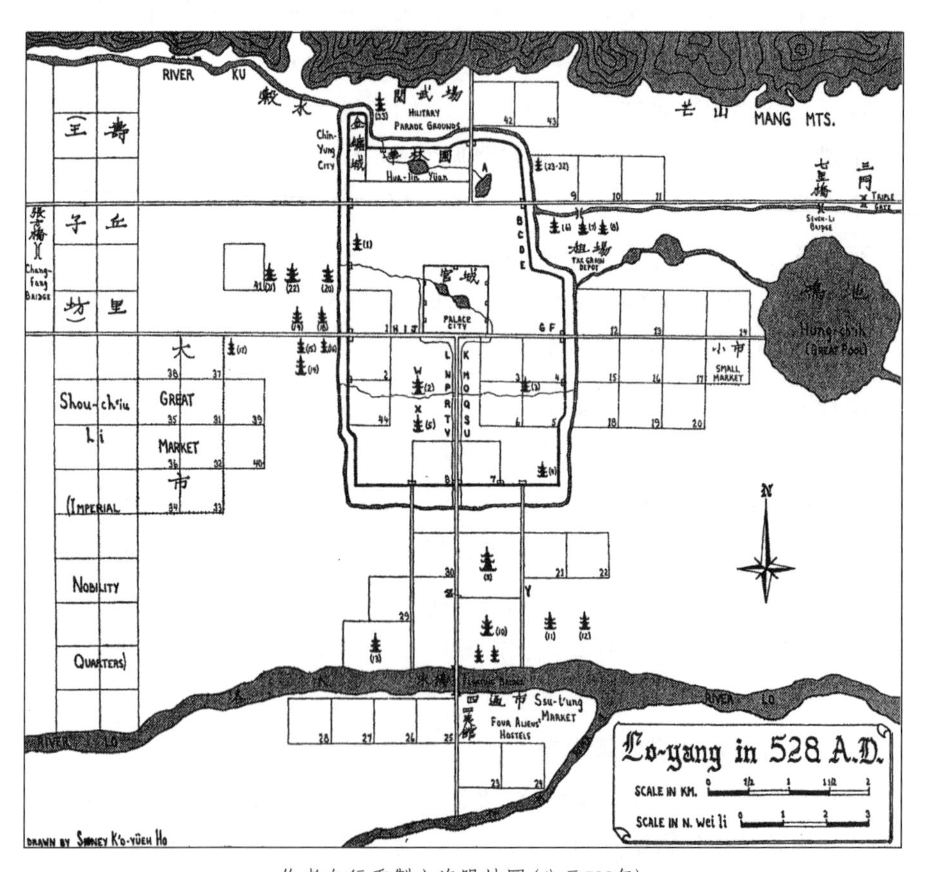

作者自行重製之洛陽地圖(公元528年)

最後應該強調指出的是，北魏洛陽的坊里制決不僅是京都土地利用的制度，而是根據統治階級及被統治階級不同社會經濟性能的全盤都市設計。這一點當代學人一般都不甚注意，而《伽藍記》對坊里間的區域性和階級性的社會經濟描述最詳又最精彩。希望以下徵引的拙文結束語，能多少有助於讀者了解我國都市功能及設計長期演變的犖犖大端：

北魏洛陽城內坊里既全部保留為統治階級之用，四郭坊里之間區域之劃分又大致根據社會階級身分，則北魏洛都坊里之制與西漢長安宮室、衙署、市廛、民居之混雜交錯者大有不同。這兩種不同的都邑規劃反映兩個不同時代的社會現象與觀念。漢初長安營建之際，六國胄裔早已式微，販夫狗屠竟成將相，一般社會階級身分觀念本甚模糊。北魏遷洛同年之中，孝文帝下詔"制定姓族"，換言之，即是將鮮卑和漢族的統治階級通盤地門第化、世襲化、品級化。在"以貴承貴，以賤襲賤"的原則下，將全部社會各階層，至少在法律上，予以凝結。甚至不贊成孝文帝這種將社會階層全部凝結的漢人韓顯忠，在他建議洛都規制的奏章裏，都認為"寺署有別、四民異居"是"永垂百世、不刊之範。"北魏洛陽坊里制中呈現出相當嚴格的階級與身分的區分，自是情理中事。

唐兩京坊制，無論就地理空間利用或都城社會經濟設計而論，大體皆遵照北魏洛都規制遺意。……

〔但〕李唐享國垂三百年之久。其間均田、府兵、租庸調之弛廢，土地私有、募兵、兩稅諸制之代興，工商諸業發展因而促成舉國上下之交相逐利，關中、齊、趙閥閱之漸次削弱，胡漢寒門之藉戎伍科舉而致身通顯——凡此諸端，無一不對原有定制發生長期的侵蝕作用。降至趙宋，農商經濟續有發展，社會門第業經消

> 融，階級身分已趨流動，故汴京里巷之間，第邸同闤市毗鄰，仕宦與庶萬肩擦，身分行業區域禁限消除，北魏洛都坊里遺意盡失。甚至里巷形狀面積亦無復後魏隋唐之整齊規律。……

關於該文，至今不忘的是，楊聯陞兄生平最得意弟子，才氣橫溢、自視甚高的余英時，居然有信致我，讚我"才大如海"，使我既感且愧。雖然即以陳寅恪師的衡量標準而言，北魏洛陽是中古史上稱得起第一等重要的課題，但對我一生治學而言，它只能代表我長期摸索國史上真正基本性大課題過程中，偶然超出明清的練習寫作而已。部分由於瑪麗萊特與我在清史上已建立了較深的交誼，大部由於自身對隋史、佛教及唐代長安等問題長期的注意，耶魯的亞瑟萊特有信致我，稱讚拙文考證細密、敘事有條有理，描寫洛都社會生活文筆生動。這大概與四年後邀請我為第十三位學人，主講耶魯亞洲方面每年一度的Edward H. Hume紀念講座不無關係。

*　　　　　*　　　　　*

1964-65年是"被動"寫作非常忙而效率很高的一年。原來以為北魏洛陽一文可應新竹《清華學報》稿件之需，不期嚴耕望兄讀後未與我和楊聯陞兄函商，立即代投《慶祝李濟先生七十歲論文集》，所以楊兄仍然催稿。我保證短期必可撰就明清會館制度一文應急。大概1965年春，洛陽一文英譯初就，立即動手寫會館。由於五十年代從近四千種方志中已梳理出幾種"成套"的大量資料(如有關土地、作物、超省際移民、會館等等)，所以的確很快就完成了會館的文稿。不料資料太多，文章太長，《清華學報》容納不下，我就不得不通過台大吳相湘兄尋找印成專冊最快途徑。正巧他是台北學生書局的出版顧問，而我手頭還有芝大社科學院每年幾乎經常都有的研究費以資貼補。吳兄和該局經理劉國瑞先生特別細心之處是書尾印出出版的年和月份："中華民國五十五年二月初版。”據此回推，全書完稿當早至1965年秋季開課之前。但前此數週，聯陞兄又有信來，云會館一文多發前人之所未發，資料充實完備，如此“大魚”，《清華學報》不能完全令它“漏網”；於是請我特撰一篇英文摘要。我不願將序論章“籍貫觀念之形成”及會館起源詳考等章進行英譯，決定以英文專講前此中、日、西方學人所完全未注意的長江中、上游超省際移民的“客民”會館。這篇大概1965年秋季授課之餘信手寫就之作，“The Geographic Distribution of Hui-kuan [Landsmannschaften] in Upper and Lower Yangtse Provinces——With Special Reference to Interregional Migrations”，終於出現於《清華學報》，1966年12月號。

在扼要解釋《中國會館史論》書名及主要內容及立論之前，應該略述我在六十年代中期“特殊”的治史心理。學人之間，無論交誼如何深厚，偶或不免有史料“獨攬”不與人共之“樂”。日本的中史學人，史料用功之勤遠超一般中國學人是公認的事實。楊聯陞兄治史訣竅之一是先以日人著述為“引得”，不時再加自己窮檢遍翻所獲的心得，所以在海外漢學界贏得博學無雙的聲譽。五十年代我自己和1956年夏秋王德昭兄兩次梳理成千種方志經濟社會史料漏掉的一小項目，是南宋科舉各路府州縣試子赴京考試旅費津貼問題。我寫撰《明清社會史論》第五章論社會流動的“機緣結構”時曾屢度函楊請示南宋最早的地方記錄，當然說明引用時一定申謝，而楊兄屢度婉拒。直到楊兄“科舉時代的赴考旅費問題”在新竹《清華學報》第2卷第2期（1961年6月號）發表之後，才知道周藤吉之《中國土地制度研究》（東京，1954）發現赴考旅費是宋孝宗淳熙十一年（1184）在荊湖北路十八個州縣最初籌辦的。此事雖小，卻使我一生治史，史料上務求超過日本學人的志願更加堅決。

因此，我對會館的起源討論最詳。案：日本早輩史家和田清及加藤繁皆採取明末劉侗、于奕正《帝京景物略》所云京師會館“始嘉〔靖，1522-66〕隆〔慶1567-72〕間”。楊聯陞尾隨仁井田陞，根據道光(1834)《重續歙縣會館錄》所保存的原序，認為會館最早創設於嘉靖三十九年(1560)，在國際上幾成定論。而我從五十年代大量方志箚記中找出民國1919年版《蕪湖縣志》，內有可以互相印證的記錄兩則，確切地證明永樂遷都北京(1420年)後，即有蕪湖人工部主事俞謨在北京前門外長巷三條胡同購置房地產，隨即捐為蕪湖會館。可見會館的起源要比一般中、日學人所採取的年代要早一百三十多年。蕪湖並不是唯一的實例，清初周亮工《閩小紀》"林僉憲"條講到至晚在明武宗(1506-21)時，京師已有福州會館了。就性質與功能而言，京師最早的會館屬於本籍京官俱樂部性質應無可疑。明中葉後有全由商人創建之例，如嘉靖1560年創置歙縣會館之三十六人之中盡皆商人，無一仕宦。但自晚明起，歙縣會館的主要功能逐步變為本籍在京仕宦俱樂部，大比之年變成本籍來京試子的旅舍了。隨着科舉之深入人心，自晚明至清末三百餘年間，全國各省，經濟人文繁榮的府、州、縣在京師紛紛設立會館，總數達到四百之多。

日本學人研究主要對象為北京等地若干行會和工商性質的業緣會館，資料翔實，得自實地調查，但研究範圍專狹，貴在示例。拙著根據各省方志及二戰後碑記資料，着眼於京都、各省省會、一般州縣以至工商市鎮的不同層次的地緣及業緣組織，比較全面。從宮廟之名之見於方志者探索出長江中上游大批客民會館，尤為前此中外學人聞所未聞者。至於結論方面，前此日本及西方學人類皆認為我國行業及地緣性會館制度的發達，反映民族小群觀念特盛，大群觀念薄弱，有阻礙延緩社會經濟近代化的作用。拙作發現大、中城市以及繁榮市鎮的種種業緣、地緣組織，表面上雖企圖專利壟斷，呈現出支離破瑣的分割局面，但實際運作上無時不由競爭進而折衝妥協，更進而謀求合作以圖共存共榮。一般而言，無論地緣觀念最初如何深固，同業的經濟利益遲早能克服了同業之內原來的窄狹地緣觀念，所以最後總是趨向於超地緣的業緣組織的形成。清末民初各大商埠“商會”的出現就是明證。至於近三百年間，數以千萬計，非商業性向長江中上游諸省，尤以四川的大規模移民也大有裨於窄狹畛域觀念的消融、社會經濟文化語言的同化和大群民族意識的勃興。

最後關於拙著書名《中國會館史論》有略加解說的必要。本書研究的對象明明是重要性僅次於血緣家族的地緣組織制度，而偏偏不用“制度”兩字，完全反映當時個人治史的特殊“心理”。二戰後西方的中國史研究往往先以日本學人著述為“嚮導”。所以我在1965年初秋本書“卷後語”中解說“因鑒前此學人最喜長篇抄引會館公所規章，所以本文除必要一二處外幾乎完全未用會館的組織、功能、經費、規章這類最現成的資料。”這裏的“前此學人”指的就是日本的幾位中國史家，因此故意省掉“制度”一詞，聊泄胸中暗諷之意。刊印後不久即深悔事出唐突，本應備有會館制度的一章，儘管此章除就現存幾種會館錄中選抄組織、經費、規章之外，毫無闡發新義的可能。多年後反思，當初書名如以“地緣組織”一詞代替“會館”兩字，全書的學術意義就更凸顯了。

在1967年年初芝大主辦的中國問題國際研討會上，我初度提出此書主要的結論，引起數位與會者的共鳴。會議最後一篇論文的宣讀者是以色列著名社會學家艾森斯塔特(S.N. Eisenstadt)，六十年代前半已不止一次短訪芝大，業已相識。會議結束前晚餐中談到我會館這部書，他說歐洲史上雖不乏地緣組織，但遠遠不如傳統及近代中國發達；這是一個社會學上很重要的課題，希望我能以英文寫撰，屆時他可能貢獻比較和理論的專章。2000年一月我主持香港中文大學邵逸夫爵士傑出學人講座時，社會系主任並主持中大成人教育的呂大樂教授告我，《會館史論》一書，是他班上指定的必讀之書，使我十分感動。我本有意以英文擴大寫撰，但由於種種學術和人事因素，更由於我潛意識中雖然覺得地緣組織在明清及近代社會史上堪稱重要課題，在整個中國歷史和文化上似尚不能認為是基本性的；而且生也有涯，光陰不應一再耗於雙語的寫作。

此處應順便一提的是，1966年七月中央研究院舉行第六屆院士選舉，我以高票當選。一年之內我成功地化解了錢穆先生和中研院（其實是傅斯年）間的"不睦"，促成錢先生順利當選為第七屆院士。

"北魏洛陽"和《會館》接踵問世之後，我馬上就要和鄒讜計劃召開為期一整年的中國問題討論月會，和1967年年初為期十天的中國問題國際研討會。我必須儘快在1966年六月初撰就，寄予其他論文主講人和評論人。這種授課之外的寫作和活動真可謂是馬不停蹄了。細細回想，事實上工作比以上所述還要緊張。值得略提的是，1964年一月下旬曾應加州大學舊金山醫學院之邀，參加"家庭制度的危機"的多學科研討會，宣讀了"歷史家眼中的中國家族制度"。這是唯一無關美國家庭問題的一篇論文，並且討論時必須能應付哈佛社會系杜石柏森斯 (Talcott Parsons) 提出的問題。眾所周知，柏是以譯介韋伯 (Max Weber) 並自行建樹宏觀社會學理論、鑄造專詞聞名的。我論文中提出中國歷史中封建宗法式、中古佃客部曲等依附於士族大地主為核心的非血緣莊園組織（糾正了馮漢驥享名的哈佛博士論文中，中國家族制度以中古為最發達的錯誤），及北宋范仲淹以降近代型下達平民的父系血緣家族三大類型，對與會者是一"新"的啟示。不過最有趣的是：這是我生平第一次上電視（聽眾要付錢的電視），每人限時三十分鐘，到時幕後鐘響，演講切斷。當晚宴會，醫學院副院長賀我，說我剛剛讀完，幕後立即敲鐘，分秒不差，真是"perfect timing"，真像是"old pro（老手）"，一笑。再有就是1966年初春，由耶魯瑪麗萊特建議，我在美國亞洲學會年會的清史專組，以三十分鐘的時限內讀完了"清代在中國歷史上的意義"一篇論文。這些都是有用的練習。

此期間還有其他學術與職業性的活動使我無暇靜坐沉思今後研撰的大對象，只能多方酬應，足踏明清門檻內外。自從1962年六月在柏克萊初識之後，香港中文大學創校校長李卓敏先生與我即建立了很不尋常的長期友誼。他聘我為中大歷史系第一任校外考試委員兼充校長的歷史教研顧問，為期三年。三年之中必須親訪視察一個月。芝大中國問題國際研討會既已訂於1967年一月下旬開始，為期十日，會期間以"主人"地位，工作及酬應必甚繁忙，故特選1966年十二月訪港四週，藉視察而"度假"。中大成立伊始，新亞、崇基、聯合三院之間關係並不十分和睦。此外，中大國史與西洋史之間因平時不善溝通，關係相當緊張。卓敏先生創校前夕要我推薦大學西洋史講座教授(按英制，即一系只能有一正教授)，我鼎力推薦梅可鏘兄。梅梅縣人，粵語、英語俱佳，西史自中古而及近代英國及西歐根基堅實，研究英國海外貿易史成就卓越，本應為極理想之人選。當時梅兄未飛函告我，何以自加拿大紐芬蘭大學移民入港有困難。中大所聘之西洋史教授為Noah E. Fehl，教會中人，四十年代芝加哥博士，其夫人為中大會計。中大國史方面重心當然在新亞，苦在新亞史系諸友英語不佳，系務方面往往不得不採守勢。四週之內，我除作兩次演講之外，最多只能緩和中、西史間之"緊張"，提出治國史須應用西洋史及社會科學觀點方法之長處，勸勉三院史系同仁推誠合作而已。至今反思，此行對中大並無貢獻可言。

但此行所獲珍聞趣事一則，願與讀者共享。此次訪港重要收穫之一是初識饒宗頤先生，並被邀品嚐銅鑼灣暹邏燕窩大酒家上上潮州海鮮筵，主客是中大國史講座教授牟潤孫先生。事緣香港大學中國文學系林仰山(F. S. Drake)教授1966年退休在即，饒兄已知羅香林先生內定承繼系主任、兩年後亦即退休，故知自己一時無望。牟為之批八字流年，謂不出年底，必獲教授之榮。饒謂絕無可能，如真有佳音，當以豪華潮州筵席為報。不期聖誕之前中文系講座教授禮聘專函竟從新加坡大學飛到！

芝大1967年二月中國問題國際研討會開完不久，就先後接到吳相湘兄及新加坡南洋大學校長的信，聘我為歷史系校外考試委員及校長顧問，並希望我能從速往訪視察。我覆信中順便提到，該校地理系教授鄒豹君"中國文化起源地"一文，認為"中國古代〔僅指商周〕文化為小河流域農業而非大河流域農業"，甚有見地。不期我1968年一月抵達新島之後，發現這位出身於北平師範大學的鄒先生已被任為文學院院長了。事前實不敢相信我隨興而作的評語竟被該校最高當局如此重視。此行除得緣初賞熱帶風光，再度享受海鮮盛筵於潮州會館，結識古文字家李孝定先生外，兩項偶然事件竟對我學術活動及研究方向發生長期的影響。一，1968年二月初返美之前，被寄寓新島前中央研究院社會科學研究所的單士元先生邀請，在中華會館作一學術演講。我講的主要內容是根據《明清社會史論》的大量統計，説明傳統科舉制度確實還具有一定程度的社會"公道"：一方面出自平民家庭的進士的比率相當可觀，另方面出身於三品以上擁有"蔭"的特權家庭的進士僅佔全部進士百分之六以下。順口感慨這種科舉時代最低的社會"公道"，與國民政府當政二十二年期間的政權一黨獨攬和孔、宋的貪污盜國，適成一鮮明的對照。不料台灣的《新聞天地》把我演講的重心歪曲為對在台國民政府正面的攻擊，以致引起蔣介石向中研院院長王世杰的質問。因此，我和台灣中研院的關係中斷二十有二年。二，從赤道北1.24度的新加坡飛回冰天雪地的芝加哥，我連日傷風，無聊之中在1968年二月八日去圖書館試翻印度考古方面的書冊，發現印度史前稻比仰韶村文化遺址中的稻還要晚些，文獻記載更晚，於是終夜難眠，決心鑽進史前考古資料，探個究竟，不期就此長期跨出明清了。

III. 研撰(下)：探索中國文化的起源

事實上，跨出明清、開始探索中國文化的起源決不是出自一時的衝動。三十年後反思，深覺這個研撰方向的大轉彎是與芝大校風、人事因緣和自我培養治史浩然之氣的志向都牢不可分的。轉向之後的兩部著作，中文的是《黃土與中國農業的起源》，英文的是《*The Cradle of the East: An Inquiry into the Indigenous Origins of Techniques and Ideas of Neolithic and Early Historic China, 5,000-1,000 B.C.*(東方的搖籃：新石器時代及有史早期中國技術及理念本土起源的探討，公元前5,000-1,000年)》。後者無可置疑是中國歷史上最基本性最大的課題，所以在七十年代一出版就成為最富爭論性的著作(內中還有極複雜的人事問題)；引起《哈佛亞洲學報》一篇三十頁的書評長文，尤為罕見。此書的主要資料、內容、論點、讚揚性和毒攻性評論，甚至此書出版所經受的"厄運"，和個人對此書三十年後，就當時尚未發現的關鍵性考古資料，必須要做的自我檢討，只好留到下章附錄。本節限於擇要追憶何以畢都、李維時期的芝大，在1976年諾貝爾經濟獎金得主密爾敦・弗里德曼(Milton Friedman)口中認為是"a very special place (一個很特殊的社團)"，何以種種不尋常的同寅交流和良性"壓力"，使我半知半覺之中就立志"惡補"以攻中國史上最大最堅的城堡。

我想人性一般是這樣的：越被人家看得起，自己也就越有自尊心，也就越來越想做得更好。我1963年十月開課後不久，即獲得一項密聞。事緣芝大自創校以來歷史系擴充最力的一年就是1962-63年，增聘三位正教授。第一位是耶魯的Leonard Krieger (1918-90)以《*The German Idea of Freedom: History of a Political Tradition* (德國的自由理念：一個政治傳統的歷史)》(1957)被一般史家認為是"卓越"的政治思想史家，由芝大聘為首任大學講座教授。第二位是我，名義為中國歷史及制度教授。第三位是John Hope Franklin，最資深的美國黑人史家為美國（南部）史教授，在當時美國種族政治激變中紅得發紫的人物。1963年十月開學不久，承英國近代史教授John Clive〔哈佛院士會（Harvard Society of Fellows）書記〕面告一項秘聞。由於同時增聘三位資深教授事件之重要，全系約四十位同仁不分資歷一律參加討論與投票。結果Krieger和Franklin都不免有反對票，唯獨我獲得全體一致的贊成票。我感謝他的盛意後，他才講出他是發言人之一，僅僅提醒全系在Lord Ernle標準著作《英國農業的過去與現在》（1962年擴大修訂版）二百頁長篇書目論介中，我哥大未經出版的英史博士論文得到高度的讚揚。我從不懷疑麥克尼爾自1962年六月八日至1963年十月開學之前先後兩次面談的絕對誠實——他認為三位新聘資深新同事中，我才是真正使他完全滿意的一位。聽了Clive的話以後，我益發覺麥為人的嚴格、正直、誠實。他著述勤奮，以其世界通史《西方的興起》聞名寰宇，終獲1995年荷蘭的 Erasmus 獎金——人文方面最高的榮耀。最難得的是直至今春，他仍回憶："我羨慕你能一貫吸引、造就系中最傑出的博士生。"這種受本系同仁的"尊重"，據我多年後的分析，是我良性"壓力"的主源。

在芝大最初幾年我自訂的生活原則是教研方面積極主動，交際方面保守被動。最早擴展我的廣義交際圈的不是任何歷史系的同仁，而是社會系最資深的人口學家Philip Hauser。他交遊極廣，介紹我時習慣的最後一句是："He is one of our major finds.（他是我們主要發現之一。）"上世紀九十年代我重翻手頭芝大舊刊物，才了解當年（1962-63）芝大人文社科方面其他"主要發現"，包括以研究極權主義而被舉世研究的女政治哲學家Hannah Arendt（每年教秋季及春季之半）和1976年諾貝爾文學獎金得主Saul Bellow，社會思想委員會教授，他的辦公室就在我的對面，略小，因為學生較少。

大概是我到芝大的第二年，和我同齡，成名較早的當代政治

芝大經濟系Theodore William Schultz教授

理論名家伊斯敦(David Easton)先自我介紹，請我到教員俱樂部午餐，隨即請景洛和我到他西南郊寓所晚餐談敍。他和出生於溫古華的夫人Sylvia都保留加拿大國籍，和我們初面即成莫逆。廿餘年後我甫自芝大退休，即到南加州充任加州大學鄂宛分校傑出訪問教授，是與伊斯敦的影響分不開的。但我在芝大社交圈擴大過程中，最重要而最未能預料的是1965年春季結束後，驟然來自席奧都・舒爾茲(Theodore William Schultz，1902-98)的邀請。我和他素不相識，被邀請後我才發現，他是經濟系資歷最深，國際敬仰的農業經濟權威(1979年諾貝爾獎金得主，可是他本人更珍視1972年所獲經濟學界最高榮譽每四年頒發一次的Walker獎金)。那晚上我和景洛是主客，陪客是大名鼎鼎的弗里德曼和他夫人Rose(也是經濟學家)。弗是往往被認為是芝加哥經濟學派的代表人(其實芝大經濟及其他院系有好幾種不同的經濟學派)。由於弗氏對經濟自由主張最為極端，我原是費邊社會主義的傾慕者，當時對中共體制相當同情，和他頗不無爭執。舒老先生和夫人只坐在主人位上微笑，居然很有耐心地聽兩種不同信念無法接軌的爭辯。最後我對弗説不管信仰及歷史經驗的不同，我很想對資本主義有較深的了解，是否可以到他辦公室，請他給我開一張有關資本主義的簡要書單。他說當然歡迎。兩週之內我果然去他辦公室，但他想了又想始終一本書都開不出，再三再四地說："只有精讀亞當斯密的《原富》。"但弗和我有一共同點：不佩服哈佛（當然大多根據我們自己的專業着眼）。只能說是巧合，他和我都是哥倫比亞的博士。

大概又是半年以後，景洛和我被請到弗里德曼的公寓作客。那晚是較豪華的盤餐和酒會，被邀請的有二十人之多。飯後弗對我大談哈佛在最近五年之內所增聘的年輕經濟學人的質素決比不上MIT（麻省理工）、芝大、耶魯等校所選拔的人才。我說這大概是由於哈佛習慣上的自滿和inbreeding（近親繁殖）的傳統。我們的談話被左近的喬治．舒爾茲（George P. Shultz，時為芝大商學院院長）聽見了，他馬上插了進來："You should never sell Harvard short.（你們決不應該低估哈佛。）"他談話的大意是誠如弗和我所論，哈佛確有自大自滿的積習，也確有某期間某某方面人選並非第一流，但是，哈佛遲遲發現了某些錯誤之後，往往會下最大的決心，不惜工本盡力延聘相關方面真正傑出的學人恢復優勢。如此深刻、客觀、平衡、睿智的案語使我終身不忘。所以八十年代里根（Ronald Reagan）任總統期間，有喬治．舒爾茲這樣高度理性穩健的人充任國務卿，我對美國外交，尤其是對華政策，相當放心。

回到席奧都．舒爾茲，他於1965年秋請我給他農業經濟博士生研究班講當代中國農業及其相關問題（當然會涉及農業史）。由於這次演講及討論相當成功，舒氏一連三四年都請我每年講一次。案：舒氏對發展中國家的農業非常有研究（尤其是對印度），並且相信這類國家企圖實現經濟現代化，第一步有賴農業的改進，然後應投資於"智力"的培養（教育）。我曾由衷地面譽他的經濟學不是使人憂鬱（dismal）的科學，而是能給廣大人群帶來希望和光明的科學。舒氏興趣廣闊，對我五十年代中國農作物歷史諸論文甚為欣賞，並不止一次勸我多作中國農業史的工作。我1968年初自赤道的新加坡回到冰封的芝加哥，傷風未癒，發現印度稻米考古及文獻記載之晚，雖是決定大搞中國農業起源的直接衝擊力，但其背後積累的理性思維卻是與舒氏的學術交誼頗有關係。

由於當時早於仰韶的新石器文化遺址和震撼世界的浙江餘姚河姆渡史前大量稻穀尚未發現，我的注意力不得不集中於華北的黃土區域。自1968年春季開始系統地構思，到同年暑期的最後兩週，《黃土與中國農業的起源》全書初稿已經撰就，分別請正於植物分類學家李惠林博士及通識古今的史家勞榦。修正稿於1969年一月底寄至香港中文大學，在潘光迥先生督促下，數月即刊印問世。此書出版之前，我已完成兩萬多字的英文論要，並且把中文初稿中有些錯誤加以糾正。

我國黃土區域史前農業的本土起源的主要論據將於下章自我檢討《東方的搖籃》時再加析論。本章本節結束之前，只宜擇要追憶當時同寅(廣義，包括伊州大學)間極不尋常的交流砥勵之樂。最不能忘的是1969年春季行將結束的一天午後，我正準備去講一點半鐘開始的高級中國通史的課，在小方場裏Chauncy Harris (著名蘇聯經濟地理專家，我到芝大前曾任社會科學學院院長，一位非常清秀儒雅的資深學人) 迎面叫住我，告我午餐時Ted舒爾茲在大圓桌上壟斷了談話，談話的唯一對象是我的“黃土與中國農業的起源”(當然是英文摘要)。他說早年在威斯康星大學讀博士時曾選過土壤學的課程，所以讀到我論文對很厚的黃土地層中每個地層植物粌粉分析，便感到所運用的科學資料確實相當到家。恐怕只有何炳棣才能作科學考古與古文獻嚴肅的互證工作。何這種研究才配稱為“主要 (major)”貢獻。……當時我內心的感受是難以形容的。(筆者案：舒爾茲對拙文的重視，2000年一月下旬在香港再度得到證實。我是以香港中文大學邵逸夫爵士1999-2000年度傑出訪問學人的身分訪港的。除袁天凡外，香港芝大校友中幾位經濟和政治系的博士請我晚上便餐，最後趕到的是傳奇式人物林毅夫博士。他見了我所談第一件事就是當他初次謁見主要導師舒爾茲時，舒就給他一篇論文叫他必讀，那就是我英文的"黃土與中國農業的起源"論文。

一兩天內忽然接到一位素不相識伊州州立大學科學家哈蘭 (Jack R. Harlan) 的信，開頭第一句非常幽默："Thank you for not mentioning Emperor Shennung！(謝謝你不曾理會神農皇帝！)"原來從他的芝大老友，古代近東研究所主持考古發掘的布瑞德武德 (Robert Braidwood) 處收到，並立即讀了我為《美國歷史學報》所撰的"黃土與中國農業的起源"，覺得文章對他很有用，因為前此感到關於中國農業起源，簡直沒有值得一讀的著述。他正在撰寫所有糧食作物及全世界主要農業系統的起源，中國方面有了我這篇之後，他相信"Things will begin to fall into place. (一切可望開始就緒)"。他和我同齡，初識即成知己，他對我中國農業起源研究方面直接間接的貢獻是難以估量的。

一兩月後我拿起電話就打到未曾相識的伊州大學芝加哥分校人類系主任芮德 (Charles A. Reed) 的辦公室。我們初談即至少四十五分鐘之久。這位出身耶魯，於五十年代後期參加芝大古代近東研究所Jarmo考古發掘和獸骨鑒定的動物學家 (事實上，非常淵博，研撰與編輯都極嚴謹)，初談就給我上了獸骨考古非常有價值的第一課。打電話之前我早已讀過中國地質調查所古生物 (動物) 方面不少專著，電談中發現芮德對中國資料相當熟悉。他極誠懇而又幽默地對我說，他首先就應盡力減少我思維方面可能的"緊張"，不必憂慮史前近東的豬年代上比仰韶的豬早若干千年，豬理應是各大地區獨自馴化的；刻下"盛行"柏克萊加州大學地理學家Carl A. Sauer世界的豬都源於東南亞一個亞種之說是荒謬絕倫的 (連我都已發現，日本動物學界所鑒定的旅順史前的豬就不是東南亞亞種)；除了山羊以外，今日中國版圖之內都已具備後來普通家畜，如馬、牛、羊、雞、犬、豕的原始祖型。這種爽直痛快、具有真知灼見的初度談話是終身難忘的。

我曾嚴肅地問布瑞德武德，從他豐富的考古經驗和個人直覺，回答我究竟史前中國文化和兩河流域古文化有無關係。他非常坦誠地回答："每次參觀一個富於中國文物的博物館，我個人就感覺到好像走進了一個〔與古代近東文化〕完全不同的精神世界。"這就部分地解釋了何以他早在1960年《科學的美國人》農業革命的論文裏，強調指出新大陸農業無疑義是獨立起源的，而舊大陸史前中國的農業很可能也是獨立起源的。我對他的直覺非常重視。

《東方的搖籃》全書初稿除結論章外，1970年初業已撰就。利用年假我以已撰諸章就正於前任芝大古代近東研究所所長、新任社會科學學院院長亞當士(Robert McCormick Adams, Jr.)。他對我談了幾件啟人深思的見解。他說學人應該對古本《竹書紀年》和《史記》裏夏、商諸王世系及兩代積年加以"重視"，因為與古代西方比較，中國最古有記載的年代的歷史真實性應該很高，決不應輕易更動抹殺。關於彩陶，石興邦的一系列仰韶及其他文化彩陶圖案的演化作得很好，很能說明中國彩陶與古代西方彩陶不是同源。因而勸我在《搖籃》中不妨把所有史前西方彩陶圖案全部複製問世以備廣眾學人參考。他進而提出不少考古和人類學家的"刺激性傳播"論不易使人信服。即以伊朗著名的Halafian彩陶而論，一兩千年之內傳播的半徑也不過是250英里而已。他坦誠地對我說："你的看法和結論，我們古代近東學人會覺得很合理，但是你絕對不能改變麥克尼爾的看法！"真是再巧也沒有了，第二天我就收到麥用黃色格紙兩面寫滿粗筆大字，說讀了我書稿六章之後，覺得中國文化本土起源的論據很有道理，他將來重版《西方的興起》時，在序文中應該相機修正舊大陸文化皆源於兩河流域之說。我實在無法原諒我平素將信件亂放，此頁親筆信屢尋不獲，但是麥克尼爾在為我《東方的搖籃》所撰的"前言"中確實強調說明我書出版之後，文化一元論不能不加以修正了。

亞當士還很熱心地介紹了古代近東研究所一位年富力強瑞典籍的Hans Nissen，他對西方考古文獻非常熟悉，幾月之內成為我史前西方考古文獻的義務顧問。我在《東方的搖籃》的"序言"中，雖謙遜地申明我無能力把中西史前文化作一系統的比較，事實上我所引用的西方考古著述是相當可觀的，有些是芝大之外很難看到的。不到一年Nissen即被聘為西德柏林國家博物館館長，可見我西方考古書目顧問的卓越。應該順便一提的是，幾年後亞當士被任命為美國國家博物院 (Smithsonian Institution) 院長。

我探索中國文化起源大課題就是在上述的學術和精神環境之下操作完成的。

【第十九章】

芝加哥大學(下)

I.《東方的搖籃》引起的波折

前章所述廣義考古方面，芝大與伊大僚友那種具有真知灼見、豁達開放、樂於供備不同領域學人諮詢，期能拓展知識前沿的風氣，與當時一般西方考古學界之藐視東亞適成一鮮明的對照。最能說明二戰前後西方文化優越感的標誌的是以下說明青銅在舊大陸出現先後之序的北極投影圖(見下圖)。

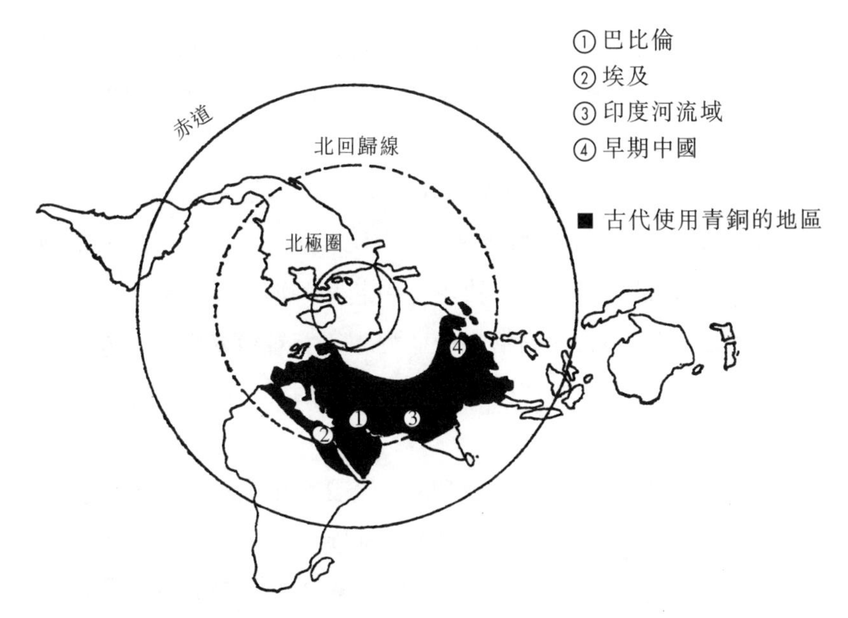

北極圈投影圖，採自李約瑟《中國科學技術史》，第一卷《導論》，頁85。圖雖只標示古代青銅出現先後之序，但其影響李氏畢生有關中國文化起源總的預設與論斷至深且巨。

此圖的原製者是上世紀三四十年代對中國考古及文化多所論述的畢安祺 (Carl W. Bishop)，重印於極受國際重視的李約瑟 (Joseph Needham)《*Science and Civilization in China*》, Vol.I, "Introductory Orientations", Cambridge University Press, 1954 (《中國科學技術史》，卷一："導論"，上海科學出版社，1990年，頁85)。李約瑟對此圖聯繫性的解說無疑義發生更大的影響："在商代似乎就已開始了小麥的種植，這一定是從中東傳入的，因為小麥原本生長在中東。畢安祺指出，古代的小麥栽植區和青銅應用區幾乎是一致的。著名的農學家沈宗瀚說，早期在中國生長的各小麥品種與在中東交通沿線上所發現的相同。"此圖及以上詮釋對當時西方考古和廣義漢學界，尤其是對李氏畢生有關中國文化起源的預設和論斷影響至深且巨。

我一向深信，一部真有意義的歷史著作的完成，不但需要以理智縝密地處理大量多樣的史料，往往背後還要靠感情的驅力。生平所有著作之中，投入的感情 (勿寧說是理智濾過的感情) 最多的要數《東方的搖籃：新石器時代及有史早期中國技術和理念土生起源的探討，公元前5000至前1000年 (*The Cradle of the East: An Inquiry into the Indigenous Origins of Techniques and Ideas of Neolithic and Early Historic China, 5000－1000 B.C.*)》了。三十年前，正副標題如此醒目的一部著作，決不免引起某些西方學人的抨擊，但再也無法預期此書初度商洽出版過程中，竟會遭受兩位審查人之一的全部否定——出版比不出版還有害。因此，《東方的搖籃》的問世延遲了至少三年。

事情的經過是這樣的：我1967年全夏在柏克萊加州大學授暑期，結識了加州大學出版社社長August Fruge，此後三四年內在芝加哥又曾不止一次短敍，彼此的"了解"是：《東方的搖籃》完稿之後，加大出版社考慮"精印"。能否精印是我當時很重要的考慮。一則因為此書需要大量圖表和照片，二則因為內心對哥大出版社

"吝嗇"的不滿。事緣1962年我出國後唯一一次用毛筆寫的漢譯書名《明清社會史論》，該社都不予以專頁，而非常小器地把它擠到書名頁的右上方。所以《搖籃》書稿撰就初校之後即寄到加大出版社。書稿寄往加大出版社是1970年年底之前或1971年春，已記不清了；出版社答覆之遲緩我當時並不太介意，因為1971年七月中旬基辛格秘密訪華之後，尼克松總統行將訪華的公報不但震撼世界，更把我立即帶進另一感情世界：全心全意地希望能儘快重訪闊別二十六年的祖國。我和景洛1971年十月十二日重入國門之後，《搖籃》是否能如願出版暫時已不是我最熱衷的關懷。經我函促，Fruge最後不得不給我兩位書稿審查人的秘密報告。

連自己都不能相信，生平有些放在小封套特別"珍藏"的文件反而有時屢尋不可再獲，例如1971年年初麥克尼爾用黃格紙大字寫滿兩面的"自招"——《西方的興起》如果再版，需要修正舊大陸諸古文化皆源自兩河流域之說——和加州大學出版社第二位審查人的秘密報告。三十年後，加大出版社久任的東方部主任及《搖籃》一書真正的"競爭者"張光直教授俱已作古，我可以心安理得地做出兩項決定：一，不宣佈"資淺"（指三十年前）的中文閱讀能力可疑的人類學家（拙稿第二審查人）的姓名。二，全部影印，大部漢譯第一審查人的秘密報告。他是柏克萊加州大學古代中國史榮休教授，《*Early China*（早期中國）》的創辦主編，並曾獲McArthur學術榮譽獎金者，David N. Keightley（吉德煒）。

我寫書前的"觀念架構"一向比較周詳。《東方的搖籃》涵蓋之廣為考古學界所罕見。除了麥克尼爾極度坦誠的"前言"——何氏此書行將成為新的典範，不論今後考古資料如何修正它的細節，它的總結論是立於不敗之地的，並行將促使史家對舊大陸文化單源於兩河流域的看法予以嚴肅的再反思——全書包括以下諸章：

I、 年代及古自然環境

II、 農業

III、 家畜飼養

IV、 陶器

V、 青銅冶鑄

VI、 數字、序數、文字、語言

VII、 社會、宗教、思想

VIII、中國的誕生：小結

此外尚有五個附錄，檢討中國與東南亞所謂的“農業”和青銅；中國高粱源流的再反思；古代中國及巴比倫天文的簡討；古代中國文字與語言進一步的商討；以及“山羊”問題與早期歐亞通商路線的商討。

茲將祁氏最初秘密審查報告原文及大部中譯徵引於下，以備讀者參考。

加州大學出版社書稿秘密審查報告

(答者：祁特立教授)

書名：《東方的搖籃：早期中國技術及理念土生起源的研究》

作者：何炳棣

1. 問：主要而言，大學出版社的書〔必須〕或能供給前此甚少人知的資料，一般應是最新研究的成果，或能從處理人所熟知的資料作出原創性啟人深思的新貢獻。〔刻下〕被審查的書稿是否能滿足上述兩種要求之一，在其領域內的專家學者會不會歡迎它的出版？

答：是的，它確能。這本書是塞滿了新穎和原創性的理念，〔這些理念〕是得自對大量二手資料*廣泛屢作精彩的綜合。何氏從大量未經消化的數據中求索出秩序與統一。他的結論有些是否

* 但祁氏審查報告中兩度提及拙著幾乎完全根據“二手資料”之語，必須予以簡要討論。案：祁氏分別一手和二手資料的標準是歷史學人所慣用的標準。例如研究周代，兩周金文、《詩經》、《尚書·周誥》不偽諸篇等等當然是一手資料，近人對周代研究的著述都是二手資料，其理至明。對考古資料的性質決不能按照歷史學家的原則去分類。例如研究仰韶文化，已經發現的仰韶文化遺址數已逾千，各地區仰韶文化遺址的

正確當然不免會受到挑戰，(因為) 對如此非凡、翻案的著作這也是理所當然的。但是，即使何氏若干假定需要修正的話，他的著作仍將成為對學術界一項非常寶貴的序論，並將成為對此領域內的學生極為有用〔的讀物〕。我就一定會指定學生必讀書中的若干部分。

2. 問：你認為此書的學術水準是 (a) 卓越？(b) 充實？(c) 不充實？
   答：一般而言卓越。中國學術研究成果涵蓋至佳。我要提醒他不要引用孫海波1934年版的《甲骨文編》；這版本已被北京1965年修正版所取代。
3. 問：你知道有沒有與它競爭的書？(如有，請略加比較評案。)
   答：沒有。僅有勉強可比的英文著作是張光直《古代中國的考古》。但何氏書稿所涵蓋甚廣的題目張書僅僅約略一提；何書聚焦於關鍵性土生起源並給予明白的答案，而張書只留下〔一堆〕無答案的疑問。(何似應參看張的論文"遠東農業的開始"，*Antiquity*，1970年9月號。)
4. 問：你如何評估這書的重要性？
   答：這是一部具有重要意義之作，綜合性質的。這是一部學術

發掘報告數量已極可觀，撰者都是當代的考古工作者。照祁氏及歷史學家的分類標準，這些報告全是"二手資料"。但是對整個相關學術界而言，這種報告中對種種仰韶文化遺存的陳述與描繪等等都是僅僅次於實物的最"直接"資料，其價值決不亞於史家所謂的"一手"資料。中國社會科學院考古研究所主辦的《考古》月刊就是專為儘早供給研究者各地新近發現的文化遺址和遺物的。只有《考古學報》(季刊) 和少數專刊才是當代考古及其他專業學人專題研究的論文，形式上近於歷史學家所謂的"二手"著作，但它們的有用性和重要性遠遠超過史家所用的一般"二手"資料。石興邦教授初未具名的《西安半坡》就是極好的例子。再如科學方面，二戰後大陸各地區，尤以黃土地帶，地層中的植物孢粉分析的撰者都是當代的科學工作者，按祁氏標準都應視為"二手"資料；不知這類資料都是研究古自然環境最直接最可靠的數據。張光直教授對華北黃土區域古自然環境陳述錯誤之由，就是未曾仔細參讀這類最"權威"的"原料"。考古及一些相關專業並無書目按"一手"、"二手"分類的習慣是有其理由的，因為從研究者的觀點，所有參考文獻全是資料；研究成果的水準取決於研究者的工具、識見、分析、整合、判斷、詮釋的能力。

上真正有創造性的書。但因為它在很多方面幾乎完全利用二手資料，專家們定會對何氏所處理的若干細節，甚至主要結論，提出指謫。這不等於説何〔肯定〕犯了錯；但我相信他確有時掩飾或漠視一些專家們未能圓滿解答的困惑與難題。這本書將要引起爭論，但正因此這本書的若干部分仍然有其價值。雖對其書若干具體論點不無懷疑，我卻相信何氏已經證明了他的主要命題：中國文化是本土發展出來的。

5. 問：你對這書稿的文字風格和組織有何評案？

答：那種過分武斷的語氣會引起某些讀者的反感。何氏過分強調若干結論的趨向也正是〔暴露容易〕受人攻擊〔的地方〕。最後的結果是給人一種強力動員資源打一場學術閃電戰的深刻印象。何氏無疑義是打了勝仗——但他的勝仗是憑藉他主要論辯的掃蕩和強力而不是對反證作耐心、細緻的檢討。減少一點剛硬會使此書成為一部更偉大的著作。稍多一點審慎也會發生同樣作用。

各章〔論證〕的進展有時“不連貫”。我建議增加一些節目標題。

此書需要詳備的索引。

6. 問：你總的建議是甚麼？(選□)

答：☒強力推薦出版(這是一部傑出的著作)

關於此點〔強力推薦〕應無疑義。此書必須出版，越快越好。

審查報告最後第7問題是書稿是否需要大幅度修改與重組。祁氏的回答是不需要。但他提出了一系列有關史籍和專門技術性的問題，由於本章另有“《東方的搖籃》：三十年後的自我檢討”一文作為附錄，祁氏第七答案僅附原文，此節不必譯出了。

《搖籃》初洽出版的厄運對此書有極不利的影響。事先哈蘭曾經面示，書出版後，他將在植物科學期刊中專論農業起源的長文裏，對《搖籃》論中國部分做一有力的評介，特別是因為華裔植物

UNIVERSITY OF CALIFORNIA PRESS

Confidential Manuscript Reading Report

The Press, at its discretion, may share the contents of your report with the author after removing obvious signs of identity; however, you may direct us to withhold or to paraphrase your report if you prefer. In any case, your name will not be revealed without your express permission.

TITLE: THE CRADLE OF THE EAST: A STUDY OF INDIGENOUS EARLY CHINESE TECHNIQUES AND IDEAS

AUTHOR: Ping-ti Ho

1 In the main, the books of university presses either present new or little-known material, usually the result of recent research, or contribute to a new understanding of familiar material by treating it in an original and stimulating manner. Does this manuscript do either of these things successfully enough so that specialists in the author's field would welcome its publication?

Yes,it does. The book is crammed with fresh and original ideas generated by a wide-ranging and frequently brilliant synthesis of a large number of secondary sources. Ho succeeds in giving order and unity to a large mass of specialized, and frequently undigested, data. The validity of some of his conclusions will certainly be challenged, as is only proper when a book is as remarkable and revisionist as this one. But even if some of Ho's hypotheses stand in need of qualification the book will remain an invaluable introduction to the scholarship and will be highly useful to students in the field. I would certainly assign parts of it to students.

2 Would you say that the scholarship that went into this work is (a) superior? (b) adequate? (c) inadequate?

Generally superior. Excellent coverage of the Chinese scholarship. I would advise him, however, not to rely on Sun Hai-po's 1934 edition of Chia-ku wen-pien; it has been superseded by the revised Peking edition of 1965.

3 Do you know of any competing works? (If so, please comment on them briefly.)

No. The only English-language work that would be remotely close is K.C.Chang, The Archaeology of Ancient China. But Ho's ms. covers a wide range of topics barely considered by Chang, is focused on the crucial question of indigenous origins, and provides definite answers where Chang leaves only unresolved questions. (Ho should, perhaps, refer to Chang's article, "The Beginnings of Agriculture in the Far East," Antiquity, Sept. 1970.)

page 2 of 3 Ping-ti Ho
Author

4 How would you rate the importance of this work?

It is a work of major significance, of a synthesizing type. It is a genuinely creative work of scholarship, but since it relies almost exclusively on secondary sources in numerous fields, it is almost certain that experts will find fault with Ho's treatment of some details, and possibly with his major conclusions. This is not to say that he makes mistakes; but he does, I believe, tend to gloss over or ignore puzzling points that the experts have not yet resolved to their own satisfaction. The book will generate controversy, but it will be valuable in part because it does so. And despite doubts on individual points, I do believe that Ho has proved his main thesis: that Chinese civilization was an indigenous development.

5 Have you any comments on the literary style and on the organization of this manuscript?

The overly dogmatic tone will alienate some readers. Ho tends to overstate some of his conclusions which will render him vulnerable to criticism. The net effect is of an impressive marshalling of resources for a scholarly blitzkrieg. Ho undoubtedly wins the battle--but he often does so by the sweep and force of his main argument, rather than by a sympathetic and minute examination of the objections to it. A little less rigidity would make it a greater book. As would a little more caution.*

The development of the chapters is occasionally "choppy." I would urger greater use of sub-heads.

The book will demand a copious, detailed, index.

6 What is your overall recommendation?

I would: ☒ Strongly recommend publication (it is an outstanding work)

☐ Recommend publication (it is a good or useful work and should be made available)

☐ Recommend publication only if revisions are successfully made

☐ Not recommend publication

There is no doubt about it. The book must be published; the sooner the better.

*The force of this criticism is somewhat weakened by Ho's preface, which I have now read. He does make suitable disclaimers there; but it would be more agreeable if his exposition in the body of the book shows that he has them keenly in mind.

Page 3 of 3 Ping-ti Ho
Author

7 If the manuscript needs revision:

(a) Do you think the manuscript needs extensive rewriting? No Or reorganization? No

(b) Is the work potentially outstanding or distinguished and therefore worth revising?

(c) What are your specific suggestions for revision?

1. Make sure the ms. is copy-read with minute care; present ms. contains slips in romanization, infelicitous translations, misuses of English. The author should also check the accuracy of his references. P. 376, n. 101, for instance, is erroneous.

2. In Chapter 1, the dogmatism with which Ho decides that there is not a single valid argument against the date of 1027 BC seems unwarranted. Ho must at least acknowledge and refute the points raised by Barnard, *Monumenta Serica*, 19 (1960), 486-515. This is of vital importance to the rest of the book, and Ho would in fact strengthen his arguments for the primacy of Chinese civilization were he able to accept the traditional (and earlier) Shang dates.

3. Pp. 165-170 might better belong in a note or Appendix.

4. Chapter 5 is weakened by Ho's failure to deal with the vessel shapes of the earliest Shang bronzes as carefully as he should. Though the vessels were of piece-mold construction art historians feel that they imitate in their form, vessels made in a different metal working tradition (i.e. by using, shaping, and crimping sheets of metal). See for example the vessel types in Soper, *Artibus Asiae*, 28 (1966). i.e. there is strong evidence here of an alien metal-working tradition, which Ho should at least consider.

5. The relevance of Chapter 7, "Society, Religion, Thought" to the book's main theme is not always clear. This is the weakest chapter in the book--though "weak" only in comparison with the strength of the other chapters. It relies too heavily on Ch'en Meng-chia, *Yin-hsü pu tz'u tsung shu*, now dated, and ignores some of the more recent Japanese scholarship. The author's methodological caution also seems to break down at several points. For example, he has a tendency to treat any Chou document he wishes to use for Shang evidence as "no doubt based on very old oral traditions." His acceptance of the "P'an Keng" chapter as "authentic" is puzzling; Does Ho actually believe it was written at the time of the move to An-yang? I was unaware that scholars even regarded it as early Western Chou. His comments on the argument from silence (247) are salutary--but surely he takes them too far when arguing that the *Ch'u Tz'u* is the most important source for tracing the Supreme Shang deity; what about the oracle bones? I find his identification of the Shang tribal God and God on High not particularly convincing. His critiques of Creel's views on T'ien and Ti is excellent--but Ho's solution seems strained, and ignores the question of whether the relationship which he sees between Ti and T'ien was real (ie of Shang origin) or assumed (by the Chou). As to his treatment of the Odes, not only does he pick and choose translations from Legge, Waley, and Karlgren at will, but he makes no attempt to provide the Mao number, thus making it difficult to identify which stratum the evidence comes from. Does Ho really believe the Odes form a homogenous whole, "no doubt based on very old oral traditions"? Perhaps he does, but he should at least deal with Dobson's attempted datings.

加州大學出版社書稿秘密審查報告

學家的一般英文著作中，對中國農業起源無所貢獻。更料想不到的是，通過芝大古代近東研究所的布瑞德武德，一位物理學家出身、曾任《科學的美國人》的編輯之一、能全憑版稅收入為生的作家John Pfeiffer於1970年六月十九日信（見附信原文）中，對我書稿大加讚賞。最使我感動的是，這位素不相識的作家居然能指出我的"學問"（事實上指思維及其文字表現的水平）的特點：

> 你書稿的篇章使我感到自卑。我一向以為自己是工作勤奮和博覽群書者，但我無法和你同等而論。……特別是由於你的學問並不"沉重"，就是説它是清楚明白而又簡潔確切，正是〔真〕學問所應該做到，而事實上一般往往並非如此！我已將各章細讀了一遍，包括那自成單元統一論辯的陶器和冶金兩章。我對"數字、序數、文字、語言"〔章〕特別感到興奮。……

他不久到芝加哥與我兩度餐敍面談，聲言出版後，他將嘗試着為《科學的美國人》寫一書評，以期引起廣大讀者的注意。

正值我於1975年十月下旬接受香港中文大學名譽法學博士時，《東方的搖籃》始由該大學及芝加哥大學出版社聯合出版，距1970年孟夏初稿完成已五易寒暑。夜長夢多，情勢大變。不但有利的條件，如祁特立最初為加大出版社所撰秘密審查報告那種指出小疵而極度真誠、慷慨、讚賞的反應，和哈蘭、Pfeiffer等的口頭允諾不能實現，而且反對我書觀點、立場、結論的中西學者，有意無意之間已逐步形成一個"反對何炳棣"的陣營。這個陣營的中心人物是張光直。這不僅是根據我步步的分析，也是根據一位第三者面告的事實，確與我自己的觀察和揣測完全符合。事實是這樣的：張一向在海外以研究介紹中國考古的當然首席自居。六十年代末我寫撰《黃土與中國農業的起源》時，雖對華北古自然環境見解有所不同，私誼上還是很不錯的。幾年後情形很不同了。誠如他對這位第三者當面所言，何炳棣這位歷史學家超出本業的《東

John Pfeiffer, Box 273, New Hope, Pa. 18938

June 19, 1970

Dear Ping-ti,

Your chapters make me feel very humble. I have always considered myself a hard worker and a wide reader, but I am not in your class. It is easy to see what an enormous amount of reading and research and checking and rechecking you have done, and your reward will be that the book is sure to have a correspondingly strong impact. Particularly since your scholarship is not "heavy", that is it is clear and boiled-down and pinpointed as much scholarship should be and is all too often not!

I have given all the chapters a very careful first reading, including an at-one-sitting reading of the chapters on pottery and metallurgy which certainly form a unit and a nicely unified argument. And I found NUMERALS, ORDINALS, SCRIPT, AND LANGUAGE particularly exciting. This is an area that interests me more and more over the years, and you have done some deep and original research.

In other words, at this stage I can only praise what you have done. A first reading, even a careful first reading, is not anywhere near enough for technical comments and questions. I shall be reading these chapters and your other material a number of times, and with comments and questions in mind before seeing you in Chicago. I know I shall learn a great deal from the reading and from a talk with you.

Incidentally, after receiving your chapters I can understand how exhausting the process of preparing them must have been. And I hope that by now you are rested and pacing yourself well.

Very best regards.

Yours,

John

P.S. Under separate cover I am returning the revised version of the chapter on pottery. JP

John Pfeiffer 給作者的信

方的搖籃》，如果真像麥克尼爾在"前言"中所盛讚為新的典範，那麼像他自己一直專攻有關中國考古人類的專家應該站在哪裏呢！？

《搖籃》1975年深秋問世之後不久，想像中張光直就邀請祁特立撰評，因為張絕不知道四年前祁為加州大學出版社所撰的秘密審查報告。結果祁為《哈佛亞洲學報》特撰了一篇30頁之長的書評論文(review article)，名之為"Ping-ti Ho and the Origins of Chinese Civilization"("何炳棣與中國文化的起源")。形式如此隆重的長篇評論，從某種觀點看，對我是一種"榮譽"。最堪注意的是，祁氏雖然開頭特別聲明他是歷史學家，對考古資料並不熟悉，而全文底註中各國及各種技術性專題考古文獻引用之完備令人驚歎。文章口氣與幾年前秘密審查報告大不相同，對技術性細節尤其吹毛求疵，責我不直接引用卜辭等更原始的資料。文章對我書內容及主要結論並未駁斥，只一再說明綜合古代文獻和考古資料方法上的複雜與困難，要比我想像的為多。祁氏畢竟是氣度寬宏的學者，所以在長文的首尾對我開拓性的貢獻還不乏讚揚之詞。最引起我好奇心的是，全文最後特別表示，不能同意麥克尼爾在《搖籃》的"前言"裏對我思辨及論證之高度肯定；並以新近蘇聯中亞發現可能較"中國"略早的青銅遺址為戒(祁氏對"中國"未說明是殷商、安陽或較早的青銅冶煉遺址，對蘇聯遺址亦未細說。近年西方，包括俄國，及中國考古充分證明中國長城以外所謂的鄂爾多斯青銅器群，都是發源自中國的北疆，是俄屬中亞、西亞、葉尼塞河上游以及歐亞草原動物紋青銅器群的源頭。詳本章附錄)。我初讀之後即刻的反應是，削弱麥克尼爾對我書評價的建議一定是出自張光直。

祁特立和張光直的學術關係日趨密切，於是二人聯合籌劃於1978年初夏在柏克萊召集一個規模可觀的中國文化起源國際研討會，所有論文由祁主編，但在籌劃、人選、篇目、觀點等方面張光直的影響極大。這個論文集終於1983年以《*The Origins of Chinese*

Civilization(中國文化的起源)》巨冊問世。最初祁專函請我主撰農業起源，我立即婉謝，為的是保留自己作為一個該書嚴肅書評撰寫者的獨立身分。

這本論文集的若干部分或明示或暗助張一貫的看法——華北古自然環境是林木茂盛相當濕潤的；華北最早的耕作是所謂的遊耕制，也就是"砍燒法"。他的看法得到賓州大學植物分類學家李惠林和英屬哥倫比亞大學人類學家Richard Pearson的"大力"支持。後者早於1974年即發表短文說蒿類植物 (Artemisia) 花粉特多，容易在土壤中長期保存，而如橡樹 (oak) 這類森林樹木花粉既少，又不易在土壤中保存，所以我著作中以黃土層中蒿類孢粉之特多而喬木花粉之稀少，不能肯定黃土地區的古自然環境是半乾旱的。李惠林在文章中更把我與張多年的歧見加以戲劇性的誇張，以為張說必定全勝。

我終於在1984年初應《*The Journal of Asian Studies*》主編之請對祁書作一書評。我堅持要寫一篇書評論文 (review article) 。內中邀請已由芝加哥Charles Reed結識的美國第四紀地質權威Herbert E. Wright作裁判，究竟蒿類和橡樹等的花粉是否真如Pearson和李惠林所說，不能準確地說明古自然環境。Wright的書面答覆說他們的說法與科學事實相反，蒿屬孢粉的優勢確能說明中國黃土區域半乾旱的古自然環境。Wright的看法事實上和李四光、丁文江和當代中國研究黃土的世界權威劉東生等的結論完全符合的。

張光直及一般人類及考古學家認為所有原始耕作都是遊耕制，張尤其一再相信仰韶人民也是從事於遊耕，也就是採用所謂的"砍燒法"。我以嚴肅的科學、考古、訓詁的互相核證，並納入Harlan和Beadle兩位權威科學家的真知灼見，堅強地證明在具有"自我加肥"性能的黃土地帶，自始出現的就是村落定居的耕作制度。從本文所附地圖來看，渭水兩岸許多小河兩岸業經發現的仰韶村落的密集即係明證。

為治學方法還應略提的是，張光直六十年代初撰《古代中國的考古》時，完全不知利用中國地質方面不少篇華北土壤各層的孢粉分析報告。我有關中國農業起源中、英論文和中文專刊陸續問世之後，他才不得已多少用了一點此類資料以求補救他的看法。最不可思議的是他仍然完全不用華北黃土地帶不少地點的孢粉分析，偏偏只選用了遼東半島普蘭田和台灣某地的孢粉分析，冀能證成他華北濕潤多林木古自然環境的立論。生平所遇，偏見如此之深，思維如此疏失的學人實在罕見。因此我在書評中忍無可忍地作出一句鋒利的學術諷刺："如果以北美洲作比喻，張的方法相當於以長島(Long Island，在紐約市東北大西洋岸)和Florida(美國最南半熱帶的半島)的孢粉數據重建Kansas西部及Colorado東部(都是半乾旱區)的古自然環境。"

期刊主編要我耐心等待三個月，希望我的書評論文和祁、張二人的書面答覆在同一期出版，以備多學科廣大讀者參考討論。不料祁、張決定一字不答。我和張光直學術論辯至此雖告一段落，可惜經過幾乎十年的拖延和爭論，《東方的搖籃》原來的光和熱不知已經消失了多少。此中遺憾，只有在本章附錄"中國文化本土起源：三十年後的自我檢討"中求得部分的補償。

II. 新中國的號召

《東方的搖籃》初洽出版有如噩夢般的經過，和海外中國古史界人事關係與言論方面不利的發展，對我的衝擊遠遠不如想像之甚。原因是1971年七月中旬白宮放出基辛格曾秘密訪華，尼克松總統已決定於1972年初正式訪問北京的公報。這公報真有如行將結束長期陰雨的一聲晴天霹靂，把我從書堆中驚醒，走入一個完全不同的精神世界：決心和景洛儘速申請重訪闊別二十六年的祖國的簽證。那時我與台灣中央研究院的關係已經中斷(由於1968

年二月初在新加坡的演講)，而該院定章在不舉行院士選舉之年，院長來美與各區院士分別餐敘討論院務。事前我已接到通知，錢思亮院長將來芝加哥會見所有美中區的院士。我就決定前一天飛加拿大首都渥太瓦中華人民共和國大使館申請簽證。

藉此機會能和以前UBC的副校長安朱 (Jeffrey Andrew) 重晤是一樂事，更重要的是從他處得到一項有關毛澤東的"秘聞"。安朱離UBC後即來首都任全加大學及學院聯合會的主席，他的弟弟Arthur是年前幾位負責與中國洽談建交的外交官之一。Arthur對毛唯一的"失望"是簽約後毛對加拿大使團人員握手的被動與"冷漠"。我返芝後即將在加京所聞以書信的方式直接向尼克松總統作一報告，並解釋老輩華人沒有握手的習慣，而毛與西方人士很少接觸，根本不懂握手時禮貌上必須合理地熱烈。更鄭重地指出值此窮則變、變則通的國際情勢之下，希望總統不要介意由於風俗不同可能引起對方小小的"失禮"。尼克松的秘書有信向我致謝。1972年二月間在電視上看到毛澤東會見尼克松後，尼特別用力握毛的手，毛手亦"熱烈"應之，我才放了心，自知我的信確實發生了預期的效果。

1971年簽證是很難拿到的。據我所知，由於名望及父病，楊振寧是首位知名華裔學者訪問成功的。很奇怪，九月中我剛剛接到香港友人的通知簽證業已批准，我在哈佛設計學院讀書的長子可約就電話來問，他所聽到的一位知名華裔學人已獲簽證的是不是我。我們一行十四人，不是完全相識的。龍雲第四子繩文建議，推我做團長，他自薦充副團長。我們十月十二日重入國門，住在廣州華僑飯店，在羊城逗留八天之久，不得北上，而且"旅遊"陪同竟有八人之多。返美後龍繩文才告我，逗留可能因為馬里蘭大學政治系教授，黃興之婿薛君度離港赴穗之夕曾與台灣方面通電話。此行並不成功，除能看到至親外，所訪地方有限。新中國一切等級分明，我完全由旅遊局代理副局長李光澤接待，他託我辦

作者與馮友蘭師（1971年11月，北京大學）

1979年1月30日晚上，作者在全美華人協會歡迎鄧小平先生宴會上，介紹中美貴賓。

的事，我替他辦到：1972年夏美籍華裔科學家組成了一個代表團，由任之恭為團長，林家翹為副團長，唯一一位人文學者劉子健自薦為書記。

這時我已全心全意投入釣魚台愛國運動，時常被邀各處演講，而且很受歡迎。集當時演講和談話"大成"的是1974年年初所撰的一篇長文："從歷史的尺度看新中國的特色與成就"。此文刊於香港《七十年代》，並一連五期轉載於北京的《參考消息》。據國內親友函告，此文在國內影響很大(其實在海外影響更大)，至今不少海外愛國人士仍勸我在文集中把它重印。我卻願意把它忘掉，因為它雖有史實與感情，但對國內新氣象只看到表面，未能探索新氣象底層真正的動機。同樣願意忘掉的是七十年代和八十年代初所撰有關中國資源和經濟前景的一系列文章。

值得一談的是籌組全美華人協會的經過。1977年春龍繩文覺得愛國人士應該有個正式組織，而組織的第一個關鍵是會長的人選。他問我有無可能請到楊振寧充任會長。我說可以由我向他試探。這年夏天一到北京就抓住旅遊局副局長岳岱衡，請他務必在北京安排我和楊的會見。大概是礙於規章，旅遊局就是不予安排。景洛和我在八月上旬某日飛抵烏魯木齊機場小憩準備進城的時候，有人喧嚷半小時之內楊振寧將由伊寧到達，轉機返北京。和楊談了一二十分鐘，他原則上同意主持這個華裔組織。不久就訂於九月三日這個週末日在龍繩文華府近郊新建豪華的第二北宮飯店(舊北宮名Yenching Palace，在使館區是華府最有名的中國餐廳)舉行成立大會。楊振寧當選為會長，我為副會長。自始大家都同意協會由會長決定方策。楊覺得會名既是全美華人協會，美國各地華人城內的主要事務應是會務的一部分。不幸紐約市華人城內部派系之爭甚烈，楊熱情無私的調解久而無功。我最初曾向楊建議，儘管一般華僑權益是協會應該努力促進的，但協會會務的重心在高知。如果每個終身會員繳捐一千美元，一千高知就能籌足百萬基金，會務就容易推展。我的長處是去各地演講勸引高知入會，壯大組織。楊以為一上來不宜如此大搞。1980年任期將滿之前，我清楚地記得楊曾對我說了一句："現在回想起來，你當初的建議可能是對的。""可能"兩字是楊講話的風格。工作較成功的是向美國國會議員的遊説。1979年一月中美建交時，全美華人協會於一月三十日晚在華府希爾頓飯店歡宴鄧小平先生。我以副會長的身分雙語介紹兩國貴賓，楊以會長身分正式演講，申説中美兩國搭橋樑共謀發展互利的重要。這是全美華人協會工作成績的高峯。

III. 衰象：東亞教研的暗鬥

就成分言"不如意事常八九"可能有些誇張，但此語確有相當道理。非常可惜，我所謂的芝大第二黃金時代，即畢都和李維長校期間，過於短促。事實上，早在1974年李維即犧牲個人的將來(當時一般輿論都認為他芝大校長任滿之後必會充任最高法院的法官)，加入福特(Gerald Ford)內閣以拯救和整頓水門事件後的司法部。因此芝大失去了卓越的領袖。三四年後我就觀察到中、日歷史及遠東語文文化系聘任及教研等標準的逐步下降。在"芝加哥大學(上)"章內我曾提到六十年代中我完全接受了楊聯陞的勸告：研究方面積極向博大精深的大路走；切不可多加入委員會參與系中的"政治"活動。對實行他第二個建議，我非常後悔，因為一向不管系務，像聘任等委員會中的重要位置都被一些有行政野心的同事佔據了。東亞方面，歷史系的同仁，也是遠東語文文化系的成員，一起開會決策。歷史系的資深教授早有口碑，日本方面，當然以出身外交世家，曾在歐洲留學的Akira Iriye學問最好，口碑最為可靠。他和我的辦公室同在五樓，某天在廁所中秘密告我，教日本近代思想史的Tatsuo Najita的日文程度可打九十分，但

他所推薦的福柯 (Foucault) 信徒Harry Harootunian的日文根本不行，是“賣膏藥”者流。但是後者不久充任了語文系的主任，與Najita拚命要把中國史教研的重心移到思想史，而且人選方面越來越趨向空誕派。此外還有一系列提議中國傳統歷史方面增添新人，而新人名單多半都是Najita和Harootunian草擬的。由於我堅強的抗禦，他們的議案未能通過，可是我所提的最佳人選也遭受同樣的命運。我對這種年復一年的學術政治鬥爭極感厭倦，到了八十年代我索性有時連系會都不參加了，由他們去破壞吧。李維前校長的信箱之一在社會科學學院的一樓，一天遇見了他，我問他可以不可以陪他走幾步，藉機說幾句真心話。他說當然歡迎。我話的大意是：近年來大學校長有越來越年輕的趨向，有些大學以為善教本科導論課、表面能幹、年富力強者(尤其是女性)，就能成功地領導有名望的大學。殊不知第一流大學的校長必須自身是第一流的學者，否則沒有真正的能力去判斷誰是第一流學者。就我個人而言，畢都、李維的黃金時代不幸已經過去了。李維當然懂得我話的用意，不好意思說甚麼，僅僅答我：“衷心感謝你的這番話。”

*　　　　*　　　　*

除了遠東系明爭暗鬥以外，同期間還有另外的苦悶。首先是愛國運動使我的心變“野”了，不能像往昔那樣持續地專心於國史的研撰。再則我雖不太重視《東方的搖籃》所引起學術圈內“反何”的暗潮，我卻相當注意國內新的考古發現。七十年代末遲遲發表的有關浙江餘姚河姆渡史前稻作發現的報告非常重要，但新資料尚遠不能使我全部加強《東方的搖籃》的結論。最大的煩惱是中國文化土生起源是國史上的超級課題，選擇另外一個具有相同基本性的新課題實在是不容易。Najita和Harootunian的動機和手段引起我對某些思想史家學問和操守的懷疑。多年對一二代當代新儒家及其信徒著作的不滿，遲早必須有一個發泄的機會。清華一年級時既已養成紮硬寨打死仗的脾氣，快要退休的幾年裏，不但必須開始自修西方經典哲學和當代哲學分析方法，而且在先秦思想史方面也必須紮起硬寨。不過為紮新的硬寨，我決定在芝大退休之前從舊的硬寨再打一次死仗，以測驗自己還有沒有以往那種研撰的精神和毅力。這仗打出“南宋至今土地數字考實”長文，連着兩期在《中國社會科學》1985年發表。此文考證之縝密與原創性之高，引起以考證精詳聞於當世的譚其驤教授的回應：

> 心儀積歲，緣慳一面。屢賜鴻文，受益良般，頃又奉到大著論南宋以來土地數字。覃思卓識，遠逾前修，欽佩無量。……

然後希望我指導他治人口史的第一位博士生葛劍雄副教授。出自譚先生筆下的“遠逾前修”四字是我終身珍視的。

IV. 師生關係

學生選校、學校選學生是雙軌的。我在芝大共二十四年之久，最令人難忘的是師生互選的例子——李政道先生長子中清 (James Lee)。芝大選學生有一良好傳統：學生被取後一定再由一位資深望高的教授把所有申請者都再檢查一遍。我照例冬季不教課。1970年一天午後一時左右，正在地室書房工作，忽有電話來自地球科學系主任Julian Goldschmidt，開頭第一句就是你認識T. D. Lee (李政道) 嗎。我說認識。他馬上告我李的長子James在申請本科的信裏說已經讀過你的兩部書，決定要來芝加哥跟你讀書。你能不能寫信或示意鼓勵他來。大概考慮了半分鐘後，我對Goldschmidt說，他願來芝加哥當然很好，但是我們要考慮他一定非常用功、成績超群，在本科即儘量聽研究班的課，這點倒不是主要的考慮，因為他本科畢業，我可以教他比一般研究班還深的課，可以為他一人開班。問題在芝大及其周遭有似一座寺院，生活和文物遠非曼哈頓比。年輕的人在這寺院般環境中熬了四年之後可能感到厭倦。

我願意保留他為一博士生，不必急着鼓勵他來讀本科。我將設法勸他四年後再來跟我讀習。Goldschmidt同意了我的建議。

當晚我老老實實地和李政道電話中談及此事，建議中清去耶魯讀本科，最好能從Robert S. Lopez (他利用Genoa的檔案，對歐洲中古晚期經濟史作出重要的貢獻。他有一篇論文和我講中國的早熟稻在英國的《*Economic History Review*》同期發表）學到些專識和方法。知道我不久會路經紐約，李政道預約請我在他家吃飯，當面詳談一切。李政道開頭就證明我的揣想完全正確。他先讀了我的《成功階梯》(即《*The Ladder of Success in Imperial China: Aspects of Social Molility, 1368－1911*》) 後，即向哈佛購買了我1959年秋出版的《明清人口史論》，讀完後讓中清讀。又告我中清幼時曾在日內瓦住了一年，所以法文尚有基礎。同意我的建議，先去耶魯讀本科。

李的公寓是向哥大租的，房間寬敞、地點幽靜。夫人秦蕙簃女士的父親是畫家又是收藏家。公寓走廊所掛四幅傅抱石的大山水冊頁是市上見不到的精品，是李太太從家裏帶出來的。吳作人繪贈李政道的大橫幅駱駝隊一看就是精心之作。難得的是一幅李可染水墨山水，頗有創意，墨色深淺層次有序，不像一般李可染的畫給人一種墨色壓人的感覺，是我所見李可染的最精品。此外還掛了書畫同幀的趙之謙。臥房有仇英大型山水冊頁，李說拍賣時他只買了夏和秋的兩頁，因為有題款和印章的春與冬兩頁的價錢要高出幾倍。此外，專櫥內的宋瓷、漢代青銅的虎符和印璽，和兩個足堪與故宮比美的明代白玉薰，真可謂琳琅滿目，美不勝收。應順便一提的是，據我多年的觀察，李政道夫婦能把傳統中國家庭的好處移到美國，中清、中漢兄弟讀書出色，及兩媳都孝順父母，每年除夕前後全家一定團聚。兄弟二人讀本科時都是向學校貸款，幾年後各自償還，很早就養成自立的習慣。

三年後，1973年，李中清已申請芝大研究院。大概是初秋一天午後一點二十幾分，我將要下樓去講1:30分開始的研究班中國通史的課。電梯一開，不料走出李政道夫婦和中清。李政道是應芝大之邀請來給一個五天的seminar，並特別說明"今天早晨特別早一點從Cleveland開車，希望中清能趕得上聽你一點半的課"。進了課室，我臨時宣佈改講中國古代的年代問題，尤以武王伐紂之年為中心。在沒有帶任何參考資料的情況下，我原原本本地批判了董作賓的主觀錯誤及考訂年代的任意性，證明"武成篇"伐紂之日之內在矛盾，根本是兩千年來無法利用的史料。進而說明《國語》周景王時伶州鳩說武王伐紂之年"歲在鶉火"的無稽，因為十二分野中的鶉火是東周的洛陽，決不會是幾百年前西周在陝西的豐鎬兩京。最後詳闡《古本竹書紀年》伐紂是公元前1027年最為可信；司馬遷獲於魯都的《史記．魯周公世家》史料價值極高，因除去一世魯公伯禽之外，自二世魯公以降都有具體年代和年份。積年到二世魯公元年是公元前998年，距1027僅29年，與成王元年伯禽被封為魯公的年份很相符合。更重要的是《竹書紀年》是東周魏國的史書，西晉時始於墓中發現，是漢代史家所完全不知的，是獨立於《史記．魯周公世家》以魏為主的周代紀年之書，而與魯國紀年竟能如此合理的互相補益。所以《古本竹書紀年》武王伐紂的年份是公元前1027年應該認為是絕對的年代。坊間論伐紂之年之作不下數十篇，其共同錯誤是把若干根本無法考訂的記載強不可知以為知(近年在香港談起，著名經濟學者雷鼎鳴那天就在班上)。講完之後，李中清走向前來，說："何先生，你講的比耶魯深多啦！"

芝大最多只能給李中清三年資助，每年5,500元。事後中清告我，耶魯方面Arthur Wright苦留他在耶魯讀博士，答應他如果有必要去中國大陸、日本或任何地方研究或搜集資料，以及去英國劍橋短期與Twitchett教授研究，所有費用都可由耶魯負擔，更不必提耶魯本身助學金的寬裕了。結果中清還是決定來芝加哥跟我讀博士。Arthur Wright氣得說出一句警告："You are going to the tiger pit！（你竟情願入虎穴！）”

至於博士論文選題，學生當然可以自選之後和我商榷，但我也不時量材建議。例如兩位語文、歷史及社科根基都好，都要先去哈佛讀完法學博士，再回芝大完成中史博士論文。一位是Preston Torbert，在普林斯頓四年級時已曾留學蘇聯，現在芝加哥任律師。他在哈佛出版的清代內務府研究，就是我建議的。另位宋格文（Hugh Scogin），我很早就建議他研究漢代的“孝”。重心是孝在制度史上的意義和作用。可惜他獲得哈佛法學博士之後，既有律師的業務，又不忘從事中國古代法律的教研，始終沒有完成他芝大歷史系的博士論文。攻讀圖書館學博士的馬泰來請我作他博士論文的導師，他想作明代書院與東林運動。我説論東林之作已經不少，而專作書院制度者不多，而且二戰前所謂的“標準作”盛朗西的《中國書院制度》，謂全國書院見於記載者三百有餘。我明明記得劉伯驥專門研究清代廣東的書院，總數就在四百以上。我建議馬泰來第一步從所有的明、清、民國的各省府州縣方志裏有關明代書院、社學、義學的記載都梳理出來，按年代和地區製成縱橫兩表；統計有經有緯，即有望發展為第一流的專刊。果然，不足兩個月，馬泰來就製就書院縱橫統計表。再加上他書目之熟，利用了芝大所藏全部北京圖書館和日本明代文集的膠片，以致對有關書院發起人身世資料搜集之完備，引起普林斯頓牟復禮（Fritz Mote）教授的讚歎。馬為人非常謙和，雖經我屢勸，還是不肯將他的博士論文印成專刊。但前此他早已在歐洲著名的《通報》發表了重要的考證：晉代嵇含的《南方草木狀》是南宋人依託偽作的。至今海外論東方圖書館界人士之真有學問的，眾口同推馬泰來不是沒有原因的。

講到長期師生關係，我以Mark Edward Lewis（現任史丹佛大學歷史系——可能兼他系——李國鼎講座教授；今春榮獲Institut de France, Academie des Inscriptions et Belles-lettres獎金）應我學術回憶之需所寫的長信，請人譯出，以供讀者參考。我覺得這種出於至誠的回憶應該有其史料價值的（我的回憶僅有一點與Lewis所言不符。我未曾主動建議他習梵文。他去台北之前來看我，説想專攻中國中古史，我勸他不要，因為要成第一流的中國中古史家必須要通梵文。不料他説既需要梵文就去學梵文。再有一點補充：經我函介，北京任繼愈先生對他也幫了忙。那時任先生職務之一是宗教研究所所長。任先生曾派所中一位專家教Lewis讀佛教典籍。據我所知，目前西方漢學界學人工具之多、研撰志向之大無過Lewis者。Lewis (2002年7月25日) 的原信中譯如下 (原稿附後)：

敬愛的何教授：

數日前我已把剛完成的書稿（《早期中國的空間建構》）寄出，目前搬運工人正在幫我把藏書裝箱，準備運往加州。趁這個機會正好給您寫封信，就如您曾要求的，憶述一下我如何與中國研究結緣，以及您我之間的一段師生緣。

當初我是因為Hutchins重視舊經典著作的傳統，而決定入讀芝加哥大學的。最初對喬姆斯基 (Noam Chomsky) 的語言學很感興趣，故選修了語言學學士/碩士同步的課程。該課程要求學生要選修一科非西方語言，並要修讀兩年。當時我想阿拉伯文和中文一樣重要，所以唯有擲錢決定，結果選了中文，想不到當時隨意的決定改變了我的一生。

我很快就給精彩的中國字體迷住，同時我選讀Karl Weintraub的西方文化導論也令我意識到我對歷史的興趣比理論語言學濃厚，於是我設法集兩者於一身。大學最後一年，我轉為主修中國歷史，並且非常幸運地遇到您、Michael Dalby和Philip Kuhn，您們非常詳細地把古代中國到民國時期（除了宋元時期）的歷史詳細地教了一遍。我選了您的古代史（《東方的搖籃》由此引伸）和明清史；Dalby的漢史，魏晉南北朝史和唐史；以及Kuhn的近代史。此外我還選修了Roy教授的文學課程和旁聽了Ginsburg教授的東亞地理課。那是我讀了西方文化導論後首次較深廣地接觸歷史。無論在教學或研究方面，您已成了我的心目中的楷模。

其後的一年，我去了台北的史丹佛中心學習現代漢語（白話文），並在台大修習文言文。之後到了柏克萊。蒙您的指引，在柏克萊我跟張琨學習語言學，並修讀了一些Keightley、Strickmann和Wakeman的課。也全靠您的幫忙，那個暑假我才能到香港中文大學跟嚴耕望先生學習漢朝的碑文，這兩方面的學習對我整體的學術訓練彌足珍貴。

返回芝加哥，我選了兩門中國歷史課程及一門您所提議的印度史，包括跟Van Buitenen學習梵文，這甚有助我對中國佛教的了解。您這次的提議又一次令我掌握到甚為有用的知識，有助拓闊我對中國歷史研究的視野。

後來我決定要專修中國早期的歷史，並撰寫關於戰國時代和漢代的論文。最初我選了Michael Dalby指導我寫論文，但當他不被大學留任時，我頓時陷入極大困境，學術研究前景也可能因而大受影響。幸而在這時，您及時解救了我。雖然當初在選擇論文題目時您並沒參與，您仍答允當我的導師；雖然您較後才加入我的論文工作，但您全情投入，細閱我的每個章節並在每個研究細節給予寶貴意見。假若少了您的幫忙，我的論文絕不可能那樣快完成。

即使在論文口試順利完結之後，您仍繼續給予我無盡的支持。您建議William McNeill推薦我為哈佛"院士會"資淺院士(Junior Fellow of Harvard Society of Fellows)，這是我從學生生涯過渡到教研生涯一個重要基石。除此之外，您又盡心盡力推薦我得到芝加哥大學歷史系的教席，雖然由於Harootunian和Najita在歷史系的把持影響，以及負面的聘任教員記錄，使我沒有申請這個教席，但我仍十分感激您知遇之恩。回想起來，或許當時我留在芝大任教可能會較在劍橋為好。

我在劍橋期間，出版了兩本書並完成了第三本的著述。在這段期間，我倆仍保持聯絡，我對您有關早期中國的論文非常感興趣。雖然您對明清的社會史和人口史的研究早成經典，您早已是在國際上享有應得崇高聲譽的學者，但您對新知識的追求，即使在您事業的後期仍一如以往般狂熱，就算在退休後也十分積極及著述良多。這足以成為後之學者一個絕佳的典範。我真的希望將來我可以像您一樣。

在劍橋這麼久，我覺得我應在教學和研究上尋求一個新突破，而您對我的支持從未間斷。在我申請柏克萊和史丹佛的教席時，您的推薦是極為權威的。很多歷史學者都尊崇您作為這方面的權威，並認為無人可與您媲美，而您對我的高度評價，令不少人對我另眼相看。雖然我一再強調我一直得到您思想上的引領和學術上的指導，您更是我進行教研工作的典範；您只要求學生盡力去達到學術上的精確和創新，但很多人對您給我的極高評語仍驚訝不已。我相信您的幫助絕對是我得到史丹佛講座的關鍵。由於這個講座的基金來自台灣，因此很多人相信這一講座必屬華人，我相信只有像您這位備受東西方人士高度尊敬的學者才能為我贏得這一講座。

同樣，您的幫忙對香港中文大學給與我教授一職極為重要。因為您的推薦使中大對我感到興趣，而您對我的稱許才使他們決定予我教授一職。雖然後來我考慮到社會醫療保險的因素，決定留在美國執教，但中文大學的這個職位對我來說是一份莫大的榮譽。我會繼續與中大歷史系保持聯絡，希望將來有機會到中大去半時教學。您看看，這樣好的機遇也是全靠您一力促成。

由我最初讀大學時選擇研習中國歷史，到研究生、哈佛時代，再到現時執教於史丹佛大學，及得到香港中文大學的聘任，我學術生涯的每一步都得着您的扶持。作為學習榜樣、導師和學術上的推薦人，自我選了中國研究開始，您就像守護神一樣照顧着我。我相信這些對您來說是不足掛齒的小事，但您對我的引領和幫助，已超越了任何一個學生對老師、學者所能期望的。我在面對學生時，常以您為榜樣，但我知道我永遠也報答不了您的恩情。

學生
Mark 敬上

* * *

結束本章，有三件事應該順便一提。(一) 美國研究亞洲規模最大的組織是亞洲學會 (The Association for Asian Studies)，近三十年來無疑義是世界性的學術團體。其前身 (美國) 遠東學會 (The Far Eastern Association，1941-56)，經過1956年的擴大改組後，更名為亞洲學會。按照新規章，學會內分四組：中國、東北亞 (日本、高麗、俄屬西伯利亞海濱省)、東南亞和南亞 (主要是印度次大陸)；四組輪流，每年選出副會長一人，一年後為當然會長。1974年春我當選為副會長，於是在1975-76年度充任該會首位亞裔會長。當時決料不到的是，二十七、八年後我仍是亞洲學會唯一的華裔會長。

(二) 1975年春接到香港中文大學創校校長李卓敏先生的親筆信，告我該校訂於十月下旬授我名譽法學博士學位，並要我在典禮結束之前作一簡要的雙語學術演講。這篇演講，擴充之後，即作為我1976年春亞洲學會會長卸任時宣讀的論文："The Chinese Civilization: A Search for the Roots of its Longevity (中國文化長壽的根源)"。

(三) 1976-81這六年間，美國國家人文基金會 (The National Endowment for the Humanities) 曾邀請我四次主持美國大學及學院

5 Woodlark Road
Cambridge CB3 0HT
England
25 July 2002

Professor Ping-ti Ho
5471 Sierra Verde Road
Irvine, California
92612-3842
U.S.A.

Dear Professor Ho,

I sent off the manuscript of my new book (*The Construction of Space in Early China*) a couple of days ago. The movers are at this moment packing up all my books for the move to California, so I am taking advantage of this window of opportunity to write the letter that you requested regarding how I got into the China field and my relation to you.

I decided to study at the University of Chicago because of the vestiges of the old Hutchins college with its emphasis on the great books and a well-rounded education. When I first arrived I was very interested in linguistics as practiced by Noam Chomsky. As part of a simultaneous B.A./M.A. program in linguistics I was required to take two years of a non-Western language. Deciding that Arabic and Chinese were the two most important, I flipped a coin to settle the issue and wound up with Chinese: It was one of those arbitrary decisions that transforms one's life.

I soon came under the spell of written Chinese characters, which I found endlessly fascinating. At the same time I took the Western Civilization survey with Karl Weintraub, and I found that I preferred the study of history to that of theoretical linguistics. Deciding to combine my two emerging interests, I chose to switch my major to Chinese history in my final year. I was extremely fortunate because that year you, Michael Dalby, and Philip Kuhn were offering a detailed treatment of all of Chinese history from the beginning through the Republican period (omitting only the Song-Yuan period). I took your course on early history (the one that led to *Cradle of the East*) and your Ming-Qing course; Dalby's courses on the Han, the Wei-Jin-Nanbeichao, and the Tang, and Kuhn's course on modern China. I also managed to fit in a literature course with Professor Roy and to audit Professor Ginsburg's East Asian geography course. It was my first extended exposure to the study of history, after the Western Civ survey, and you at that point became a model to me both as a teacher and a researcher.

After a year in Taipei studying modern Chinese at the Stanford Center and taking some *wenyan* courses at Taida, I spent the year at Berkeley. There at your suggestion I studied philology with Chang Kun, in addition to taking courses with Keightley, Strickmann, and Wakeman. Through your assistance, I was then able to spend a summer at the Chinese University of Hong Kong studying Han inscriptions with Yan Gengwang. Like the study of philology, this was an extremely valuable addition to my overall training.

Upon returning to Chicago, I took two fields of Chinese history, plus a third field at your suggestion in Indian history, including studying Sanskrit with Van Buitenen, so that I would have a better background for the study of Chinese Buddhism. Once again your advice led me to acquire useful technical skills to broaden my study of Chinese history into a much wider range of fields.

As I had decided to specialize in the early period, and was writing a dissertation dealing with the Warring States and the Han, I initially selected Michael Dalby as my adviser. When he didn't receive tenure, I was faced with a situation that could have been a disaster for my career. You rescued me by very graciously agreeing to undertake the guidance of the thesis, even though you had played no part in the selection of the topic. Despite your relatively late involvement with the thesis, you wholeheartedly embraced the work, read each chapter as I produced it, and gave valuable advice and suggestions at every step of the work. Certainly the work could never have been finished so rapidly, if at all, had you not taken charge of the project.

After completion of the dissertation and its successful defence, you continued to provide invaluable support. First, it was at your suggestion that William McNeill nominated me for the Society of Fellows, a crucial step at the extremely difficult point in a career where one must for the first time move beyond being a student to become a scholar and then a teacher in one's own right. You also generously worked to secure for me the offer of an appointment in the history department at Chicago. Although I decided not to apply because of the influence of Harootunian and Najita in the department at that time, and the depressing record of negative decisions on tenure, it was still a very generous act on your part. Indeed it might well have been a better career move than my decision to go to Cambridge.

Throughout my extended stay at Cambridge, while I have published my first two books and completed the third, we have continued to stay in touch. I have read your work on early China with great interest. Your willingness to push into a new field in the later stages of a career, in which you had already attained justified worldwide fame for your mastery of late imperial social history and demographics, is both exemplary and inspirational. It provides a model to all scholars of the manner in which one can remain intellectually vital and ~~productive long after retirement~~. I hope that I will be able to in some manner live up to this model that you have furnished.

Since the time that I decided that I had spent long enough in Cambridge, and needed a chance to develop my teaching and intellectual contacts in new directions, you have continued to provide tremendous support. In my applications at Berkeley and Stanford your recommendations commanded considerable authority, especially since most people in the field think of you as a scholar whose standards are so high that nobody can live up to them. Many professors of different aspects of the study of China expressed amazement that you would speak so highly of me, although I assured them that you were the very model of a mentor in terms both of intellectual guidance and constant academic support. You demanded only that the student make some genuine effort to live up to your own model of intellectual rigor and creativity. I believe that your support was particularly crucial at Stanford, because the chair was funded by Taiwanese money. There is no doubt that many people involved in the creation of the chair believed that it ought to go to a Chinese scholar, and I am sure that only the enthusiastic support of a scholar of your eminence both in the West and in China reassured them that I was genuinely qualified for the appointment.

Your support was also crucial, of course, in securing the offer of the professorship at The Chinese University of Hong Kong. It was your initial recommendation that first led to their interest in me, and I am certain that your high praise was a crucial factor in leading them to finally offer me the position. Although I decided that ultimately I needed to return to the U.S. at the present time in order to secure rights under Social Security and Medicare, the offer of the position at CUHK was a great honor. I have continued to maintain regular contacts with the history department there, and hope to be able to arrange matters so that I can spend a semester there either on a regular basis or at frequent intervals. Even the possibility of such a development is entirely due to your support.

So from my first decision to move into the China field in my last year as an undergraduate, through my years as a graduate student, to the appointment to the Society of Fellows, and finally in the recent appointment at Stanford with the possibility of periodic visits to The Chinese University of Hong Kong, at every stage of my career you have provided exemplary support as an intellectual model, as a supervisor, and as an academic "patron" through your repeated recommendations. To the extent that I have achieved anything in the China field, it is a testimony to your capacities as a teacher, a scholar, and an academic patron. While I do not think that it rates any place in your memoirs, I certainly believe that your guidance and support of my career has been more than anyone could expect of a teacher and a scholar. It has become my model in dealing with my own students. I remain forever in your debt.

Yours sincerely,

Mark

P.S. My address at Stanford from 1 August will be: History Department
Stanford University
Stanford, California
94305-2024

Mark Edward Lewis 給作者的信

中國史教師的暑期培訓班，每次為期六星期，學員十二人。歷屆申請人的專門學科背景頗有不同。有幾位不但已獲有中國語文、中國近代史、中國藝術史等方面的博士學位，而且有志繼續作專題研究；有少數南韓學人已獲哈佛等校東亞語文文化系博士之後，藉此機會擴展教學範疇；但大多數是來自公私較小大學，前此講授"傳統式"以西方為主的人文社科課，而學校並無財力增設東方人文課程。所以我自始即決定，每次每班十二人中至少六人選自這類大學的教師。

培訓班每週由我演講三次，每次至少二小時半，演講大部根據我自己的"系統"。我在班上特別鼓勵自由發問。最能反映討論水平的是，1976年第一班裏一位North Carolina州立大學某分校美國史副教授，原籍英國，劍橋大學歷史系第一等榮譽學士，美國Vanderbilt大學博士，提出的問題：《史記》對戰國期間大規模戰爭的敘事大都簡單平實，何以獨獨對秦、趙兩強間的長平之役（公元前262-前260）的背景、人物、戰略、運用間諜以及"夜坑趙卒四十萬"慘絕人寰的戰果等等描繪得那麼詳細、富於戲劇性，是不是司馬遷在此處有意大作文章？像這樣的問題，只有深明史學方法、習於考證的學人才會提出，而且不是每一中國上古史專家都能立即回答的。幸而我初中畢業之夏初讀《史記 · 太史公自序》，長期海外教學期間曾幾度重溫太史公司馬談的先世，他五世祖司馬靳在長平役後第三年，與主帥白起一同"賜死杜郵（咸陽西郊）"這一悲劇，似乎很能反映司馬靳是在長平戰中的重要將官之一。所以《史記》中有關長平戰役精彩多維的敘事是累世家傳的、應該大體是信史。兩年後，部分由於我的推薦信，他很順利地獲得升格為美國史正教授，兼授中國歷史與文化導論的新課。

1981年春，人文基金會暑期培訓班負責人通知我時強調指出，我是全美唯一一位資深學人被該會邀請四次之多的。這個通知，證以自己對四夏工作的評估，對我頗是意外的慰藉。相形之下，芝大東亞教研的內鬥日趨激化。再三反思,早在六十年代末,人類學系最資深的Fred Egan教授就曾對我談到,把一個系發展成為全美第一是非常艱辛的,而把一個好系破壞是非常容易的。信哉,斯言也。

【附錄　中國文化的土生起源：三十年後的自我檢討】

I. 農業

1992年中美兩國同意成立中美江西稻作起源研究專組 (Sino-American Jiangxi Origin of Rice Project，簡稱SAJOR，成員五十人，中、美各半，皆考古、農業及相關多學科專家)。美方於1996年及1998年已發表兩次報告，證實長江中游是世界栽培稻及稻作農業的搖籃，江西萬年仙人洞等遺址的居民距今16,000年前已以採集的野生稻為主要糧食，至晚距今9,000年前定居的稻作農業業已開始。此項突破大有裨益於研究中國 (甚至世界) 農業起源自不待言。但為更徹底地批駁前此西方盛行的觀點和理論——舊大陸農業及文化皆源自西南亞的兩河流域——本文本節的討論仍自華北開始。

(一) 華北

當我在1968-69年研究中國農業起源的時候，浙江餘姚河姆渡七千年前栽培稻及稻作尚未發現，這個震驚世界的遺址發掘報告要十年之後才正式發表，所以我研究的主要對象只好是華北。在我的《黃土與中國農業的起源》(香港中文大學，1969年春刊印) 裏，我所提出華北最古農業的特徵，都與古代兩河流域的農業系統不同。三十年後的反思並沒有改變我最初的看法。茲簡述如下：

(1) 華北農業發源於黃土高原和比鄰高原東緣的平原地帶。農作都開始於黃土地帶無數小河兩岸的黃土台地。這些台地都高於河面幾十尺甚至幾百尺。台地既近水面又不受河水的淹沒。應強調指出的是，這些數以千計的黃土台地遺址幾乎都不是沿着泛濫無制的下游黃河本身的。因此可以肯定地說，華北農業的起源根本與泛濫平原無關。

(2) 遠古華北的農作物是由華北粟 (*Setaria italica*) 與黍、稷 (*Panicum miliaceum*) 組成的“小米群”，迥異於以大、小麥為主的西南亞作物系統。這兩種俗稱的“小米”都是最耐旱本土原有的。

(3) 中國黃土區古今自然環境與兩河流域大不相同。前者，尤其是黃土高原，近二百萬年的氣候是乾燥、半乾燥。後者的氣候是冬雨夏旱。這正說明何以西南亞包括地中海東部地區是二年生的大麥和小麥諸多品種的原生地帶。

(4) 造成古代華北農業生產及聚落模式與古代西方不同的最根本因素是黃土的特殊物理和化學性能。證成鄙說的先決條件是澄清中外相關多學科的一個共同錯覺：原始農耕都是“遊耕制”。他們的共同理由是：原始農夫不懂施肥，而土地的肥力因耕作而遞減，在當時土曠人稀的條件下，農人隨時都得實行休耕，並同時非開闢新耕地不可。他們認為開闢新耕地最直截了當的辦法是砍伐和焚燒地面上的植被，這就形成了所謂的“砍燒法 (slash and burn)”，也就是“遊耕制”。著名的《西安半坡》報告的作者石興邦教授，最初也認為仰韶的耕作方式是“遊耕”，以後改變了這個看法；可是美國張光直教授一貫堅持“遊耕”之說而且得到西方多位相關學人的支持。

事實上，早在二十世紀初年，美國地質學家和中亞考古發掘者龐坡里 (R. Pumpelly) 即以華北黃土地區做了以下的觀察和綜述：

> 它 (黃土) 的肥力似乎是無窮無竭的。這種性能……，一是由於它的深度和土質的均勻；一是由於土層中累年堆積業已腐爛了的植物殘體，雨後通過毛細管作用，將土壤中的各種礦物質吸到地面；一是由於亞歐大陸內地風沙不時仍在形成新的堆積。它自我加肥 (self-fertilizing) 的性能可從這一事實得到證明：在中國遼闊的黃土地帶，幾千年來農作物幾乎不靠人工施肥都可年復一年地種植。正是在這類土壤之上，稠密的人口往往繼續不斷地生長到它強大支持生命能力的極限。

我從六十年代末即懷疑遊耕制說真能應用於中國的黃土地帶。1970年夏我請知識淵博舉世公認的大麥源流權威伊利諾州立大學

哈蘭 (Jack R. Harlan，美國國家科學院院士) 教授，對華北原始農耕方式作一科學的臆測。他認為：

⑴ 華北原始農耕決非遊耕制，因經典的遊耕制需要每年實耕八倍的土地，土地耕作一年之後要休耕七年之久肥力才能恢復。遊耕制一般出現在熱帶及多雨區。

⑵ 華北遠古農夫最多需要每年實耕三倍的土地，內中有些可以一年耕作，兩年休耕；有些可以連續兩年耕作，一年休耕；性能好的黃土可以連年耕作，不必休耕。

⑶ 遊耕制的樞紐問題是肥力遞減；華北黃土區農耕的樞紐問題是保持土壤中的水分，而不是肥力遞減。

哈蘭這三點論斷是他個人獨到的見解，遠非一般考古、人類學科之人所能洞悉的。在哈蘭已經做出以上的"科學重建"之後，我才告訴他以上的科學重建和中國古代文獻所述不謀而合。《爾雅．釋地》："田，一歲曰菑，二歲曰新田，三歲曰畬。"這句本身就反映出一個短期三年的輪耕制。此三詞中"新"和"畬"比較易解："新田者，耕之二歲強壚剛土漸成柔壤……畬者，田和柔也。"需要較詳解釋的是第一年的"菑"。

"菑"字音義都含有"殺"意。《尚書．大誥》："厥父菑"，孔穎達《正義》："謂殺草，故治田一歲曰菑，言其始殺草也。"《爾雅．釋地》郭璞注："今江東呼初耕反草曰菑。"所以"菑"這專詞的第一意義是使土壤中所有的植物殘體化為腐質。"菑"字的第二義是第一年待耕而未耕之田。此義在《尚書》及《詩經》中得到充分的證明。《尚書．大誥》："厥父菑，厥子乃弗肯播"，清楚地指出"菑"在播先。《詩經．周頌．臣工》："如何新畬？於皇來牟。"極明顯地說出小麥 (來) 大麥 (麰) 只種在第二年的"新"田和第三年的"畬"，而第一年的"菑"是照例不播種的。

至於何以第一年的菑田照例不立即播種，芝加哥大學剛剛退休的校長畢都 (George W. Beadle) 博士 (生物學家，1958年諾貝爾獎金得主),當時和我正在準備參加兩年後將在芝城舉行的第九屆世界民族及人類學家大會中的農業起源國際研討會,立即作出科學的解釋:由於初墾土地地表雜草等野生植物雖經人工清除,土塊雖已經翻掘平整,但土壤中大量植物殘體尚未腐爛,如立即播種,收穫一定很少。這是因為土壤中植物殘體在逐步腐爛的過程中所生的氮素,極大部分都被土壤中多種微生物所吸取,種籽所能得到的氮素非常有限。但是,如果第一年僅僅維持地面的平整而不立即播種,第二年播種之時,土壤中原有的植物殘體業經徹底變成了富氮的腐質,此時微生物不但不再吸取氮素,反而放出大量氮素來滋養種籽。因此第二年的"新"田產量必定很高,第三年的"畬"田也還是收穫很好的。

除了《爾雅》、《尚書》、《詩經》相關訓詁資料之外,《周禮·大司徒》中周代授田通則亦大有參考價值:"不易之地家百畝,一易之地家二百畝,再易之地家三百畝",更證明至多三年輪耕周期的正確,而且土地中確有可以連年耕作的"不易之地",三年中休耕一年的"一易之地"和三年中休耕兩年的"再易"之地。總之,科學和我國古代文獻互證結果的若合符契,引起我這兩位權威美國科學僚友對我國文字訓詁之學的高度讚賞與敬意。

唯有自始即是自我延續的村落定居農業,才能解釋何以陝西渭水流域沿諸小河兩岸仰韶文化遺址分佈竟能如此密集(見附圖);何以仰韶聚落的設計,不但有為氏族集會的中心大房子和其周圍為居住而建的小房屋群,而且還有窖穴、陶窰和整齊的氏族墓地。理應順便一提的是:只有在累世生於茲、死於茲、葬於茲的最肥沃的黃土地帶,才有可能產生人類史上最高度發展的家族制度和祖先崇拜。

史前粟的發現西起甘肅,東至遼寧、黑龍江,遺址不下四十處之多。黍和稷的史前地理分佈大致與粟相同。黍稷在民食中地位最初雖不及粟類,但到晚商和周代無疑義已成為最主要的食糧。

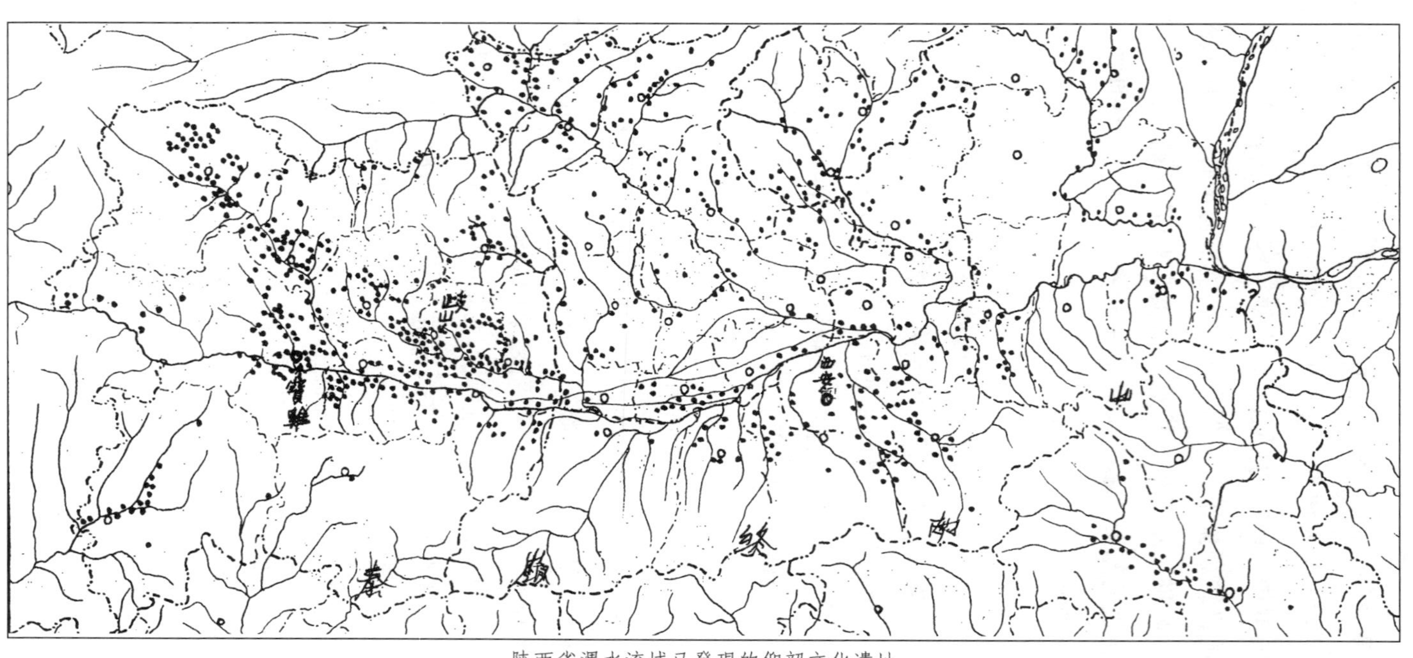

陝西省渭水流域已發現的仰韶文化遺址
資料來源：陝西省考古研究所。

《詩經》中黍和稷的品種描述和出現次數都居穀類之冠。七千多年前河北磁山文化有些遺址的窖穴總容量之大，反映當時一個聚落的存糧已多至十萬至十五萬斤之間。再如河南許昌丁莊的裴李崗文化遺址所發現碳化小米品種的優良令人讚歎。以千粒重量和顆粒大小估算，七千多年前的品種已可與今日佳質高產的春穀相比，已勝過今日質量較差的夏穀了。

根據以上古自然環境、黃土特殊性能、最早以小米群為主的作物系統和自始即定居的村落生活方式等等，華北農業的本土起源，無論在史實或理論上，都是合乎邏輯的論斷。

(二) 江南

三十年前國際文獻幾乎一致認為印度是亞洲水稻 (Oryza Sativa L.) 的原生地，中國是次生地。1968年二月我初涉印度考古資料，竟“發現”印度栽培稻最早的物證和文獻都要比當時中國同類的物證和文獻晚得不少。這個“驚人”的“發現”使我下了決心去廣索深探水稻源流、中國農業以及中國文化可能的土生起源。在七十年代最後兩三年浙江餘姚河姆渡文化遺址報告中，證實了七千年前的稻作以前，水稻起源是國際間熱烈爭辯不休的問題。可喜的是：近來中美江西稻考古隊的初步成果已開始有效地解答了栽培稻源流的問題。據美方領隊，著名農業考古專家麥克尼須 (Richard S. MacNeish) 1997年的談話和1998年的第二次書面報告，這次中美科學合作的目的不僅是在確定栽培稻的起源，並且同時探索舊石器時代的狩獵採集經濟是怎樣過渡到新石器時代的農業文化的。因此在江西萬年仙人洞及吊桶環兩遺址發掘出距今30,000至6,000年間一系列的地層以備仔細的分層研究。麥氏概臆，大約距今16,000至13,000年間，冰期結束，巨獸絕跡，當地獵人不得不以採集野生稻等物為生。仙人洞遺址距今13,500至11,800年地層的化石稻粒中已出現少量的栽培稻。以後栽培稻在化石稻粒中的比率逐步增高這一事實，從當時居民遺骨中同位碳比率的變化得到證實。距今11,800至9,600年間已經出現雛型的稻作農業。

同樣可喜的是湖南省文物考古研究所何介鈞教授曾對全國史前稻的資料加以統計分析，在全國總共近100處遺址之中，長江中游(僅指湖南、湖北和河南少數幾處)就佔了40%；其中尤以湖南澧縣彭頭山及八十壋兩遺址栽培稻年代最早，與江西仙人洞的栽培稻相近。他的綜論全被美方多學科的精細分析所證實。麥氏報告指出化石稻粒的出現雖較仙人洞稍晚，但距今8,000至7,800年間彭頭山，尤其是八十壋的化石稻粒，60%已經鑒定是栽培稻了。所以湘北的稻作已有八千年的歷史。我們如果把江西、湖南、湖北作為"長江中游"，長江中游是世界栽培稻及稻作農業大搖籃之論當穩如磐石了。然而這不是說較晚的印度栽培稻的起源不是獨立土生的。再進一步推論，長江中游野生稻馴化、栽培、演進到定居稻作農業歷史過程之早而且久，較諸史前兩河區域山麓嘉謨(Jarmo)距今九千年前，以大、小麥為主依靠雨水的農作系統可以比美了。

中、美雙方學人都談及長江中游史前稻自始即有溫帶型異種的出現。按稻本是熱帶植物，一般都是沒有黏性細長粒的"秈"，屬所謂的印度型(*indica*)。而歷史上中國稻作的重心是稍具黏性，顆粒比較短壯、比較耐涼的溫帶"秔"或"粳"稻〔向被誤稱為"日本型(*japonica*)"〕。二十餘年前水稻育種的世界權威張德慈博士首度力倡溫帶稻應改稱"中國型(*sinica*)"。今日雲南境內秈粳的分佈是垂直的，海拔1,500公尺以下種秈，1,700至2,000公尺以上種粳，中間地帶則秈粳交混。長江中游，最早的江西仙人洞處於北緯28°65，次早的湖南澧縣彭頭山29°46、八十壋29°53，再遲約千年浙江餘姚河姆渡29°53、羅家角30°36，大都是處於北緯29°及30°之間，而稻作發展的歷史趨勢是從南而北的。換言之，粳稻的成分是隨着緯度而增高的，如湖北京山屈家嶺，略北於北緯31°，和這文化區北端的河南淅川，略北於北緯33°，史前稻完全屬於粳型。粳稻由北緯30°以南逐步北上漫及江淮之間的大平原區，可由歷史文獻中得到充分的證明。目前中國水稻產量居世界總產量36%左右，等於印度、印尼、泰國、日本四國產量的總合，而粳稻的產量大約居全國總產量的一半以上。粳稻在我國及溫帶糧食生產史上地位之重要可以想見（近年趨勢，秈的產量可能持續地增加，但未見精確統計）。

中國史前所栽培出的矮生稻品及稻作農業的成功，無疑義是世界科技史上極有意義的原創性貢獻，而粳稻在中國培育的成功和在其他溫帶國家的擴植，是原創性貢獻中再度原創性的貢獻。這種雙重原創性的貢獻是科技史上的極為罕見、極值得稱道的。

在今日中國版圖之內，史前已產生南北兩種不同的農作系統。僅在東亞中國這一區域，農業起源已可確知是二元的，西方盛行的舊大陸農業一元起源之論，今後應很難立足了。

（三）餘論

三十年前在我研究中國農業及文化起源"孤軍作戰"的階段，對農業起源（其實指以薯芋為基礎的初期園圃式種植）、稻、豬、雞最早馴化等問題進攻最猛、氣勢最兇，而物證最弱的是以夏威夷為主專攻東南亞的人類學家及相關學人。張光直先生是一向和東南亞學人和煦相處，遙遙呼應的。我在英文《東方的搖籃》(1975)書中第一附錄裏對他們做了系統的批駁，並提出此三物都是最早在中國宇內馴化培育成功的。尾隨張後的許倬雲先生在書評裏，竟對我"農業"（以糧食生產為主）的定義都大加質疑。據近二十餘年考古成果及各方物證看來，我三十年前的看法是正確的。已故柏克萊加州大學"著名"地理學家Carl O. Sauer全憑想像的"學說"——稻、豬、雞，甚至他所謂的"農業"都起源於東南亞——已是不能復燃的死灰了。

結束我們農業起源的討論，有必要略事檢討已故李約瑟博士畢生巨著《中國的科學與文化》第六冊，下：《農業》(1984)，作者

布瑞 (Francesca Bray) 女士，內中有關中國農業起源的主要論點幾乎完全是錯誤的。布女士第一嚴重錯誤是誤讀了哈蘭名著《人類與作物》。哈蘭在正文及正文後的詳表中兩度肯定粟 (Setaria小米) 地理分佈甚廣，華北是原生地之一。而布瑞粗心到難以令人相信的地步，竟說哈蘭否認粟為華北原生。第二嚴重錯誤似為布女士與李約瑟所共有：全憑猜想的史前中國自兩河流域引進的"木犁"。案：我國最早之犁是鐵製的，始於春秋戰國之間，迄今從未有史前木犁的考古發現。他們堅持兩河木犁引進說之理由有二：(1) 木頭容易朽腐，所以至今無史前木犁的發現。(2) 如無木犁，華北史前農業生產必不能支持沿諸小河密集村落定居的人口 (按：第二理由反映他們已接受我的看法，華北史前耕作不是遊耕)。我國古代南北的農業都一向是耒耜農業。

為學術存真，我不得不一提1969年李氏讀了我的《黃土與中國農業的起源》之後，函請我主撰他計劃中的《農業》專冊。我婉謝的主因是自己已另有更大的研究課題，次因是他信中已提出西亞木犁東傳的假定。李氏畢生系統地宣揚中國文化深令國人感佩，但我自五十年代即有此感覺：唯有像李氏這樣淵博、對西方科學之優越具有極深了解之人，在研究其他文化時才能具有十足的安全感；唯有具有十足安全感的人，才能對其他文化一般和偶或的長處予以慷慨的讚揚。但關鍵在討論主要文化因素的起源時，李氏深潛的西方優越感，便使他不能完全冷靜客觀地做純理性的權衡判斷，便不能嚴肅地評價所有的實物和文獻的證據，便不免採取從西到東"激發性傳播"的預設了。農業、青銅和天文便是我親知的三例。

II. 陶器

按照目前中國積累的考古資料和國際考古理論水平，史前陶器多元土生應是不爭之論。但在二十世紀前半，西方一般學人多具有西方文化優越感，認為古代近東幾乎是所有重要文化因素的起源地。1921年瑞典地質學家安特生(J. G. Andersson, 1874-1960)在河南澠池仰韶村發現新石器時代遺物中的彩陶之後兩年，在發掘報告“An Early Chinese Culture(一個早期的中國文化)”〔刊於《*Bulletin of the Geological Survey of China*(中國地質調查所彙報)》1923年第5號〕之中，立即認為仰韶彩陶與安諾(Anau)新石器文化遺址中的彩陶相似〔安諾在帝俄境內土庫曼(Turkmen)首府Ashkabad東南十二公里，伊朗東北邊界山脈北麓；其文化年代為公元前第五千紀初葉至第三千紀初葉〕。被徵詢時，1904年安諾考古發掘主持人之一Hubert Schmitt教授認為安諾彩陶樣品有限，花紋及圖案過於簡單普通，很難斷為仰韶彩陶的祖型。但安氏的考古發現在西方很快就引起中國文化西來説的復燃。遲至1943年安氏在瑞典退休之後，才做一坦白的自白，承認前此鑒定安諾仰韶彩陶傳承關係的錯誤，但仍堅持一點：甘肅馬廠新石器晚期(屬於承襲仰韶的馬家窰文化，馬廠期的年代為紀元前第三千紀末葉)彩陶中很不尋常的“逆鐘向螺旋紋(Counter-clockwise Spiral)”與烏克蘭Tripoljie史前文化(大約紀元前第五千紀)的“逆鐘向螺旋紋”之“極度”相似，很難使人相信兩者之間沒有親緣關係(詳圖2及3)。

除了大量利用解放後的考古資料以説明史前中國陶器系統與史前西方不同之外，我一再徵詢芝大古代近東研究所三位同寅*的意見，如何處理彩陶的問題。他們氣度寬宏，一致勸我索性一

---

* 這三位芝大同事是：R. J. Braidwood，芝大古代近東研究所近東考古發掘領導人，著名考古及人類學家；早在1960年即有雅量和遠見指出，在舊大陸中國的農業很可能是土生的，與西南亞兩河流域無關的。Robert MacCormick Adams，曾任古代近東研究所所長，我寫撰《東方的搖籃》時他是芝大研究院社會科學院院長，數年後即被選任為美國國家博物院院長(Director of the Smithsonian Institution)。我書稿每點他都閱讀過。另位是Hans J. Nissen，瑞典籍，為我廣涉精選西方考古及技術性專著，備我參考比較中西古代文化之不同，對我的幫助最多。七十年代初他雖僅是助教授，不久即被西德政府禮聘為西柏林博物館館長。

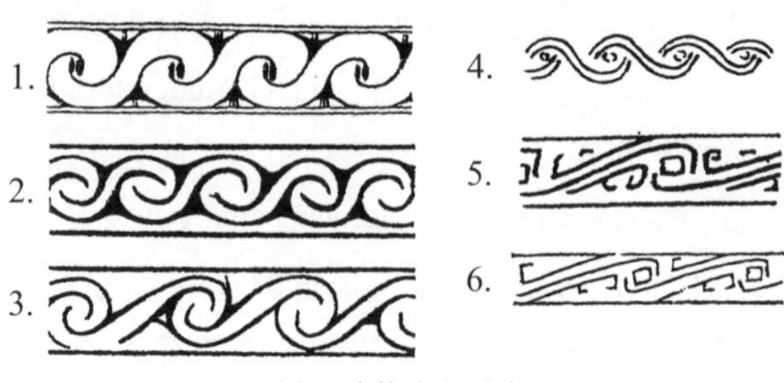

圖2 逆鐘向螺旋紋

1. Tripoljie 彩陶　4. 山東日照史前陶器
2. 馬廠彩陶　5. 安陽殷墟骨雕
3. 馬廠彩陶　6. 安陽殷墟石雕

資料來源：何炳棣，The Cradle of the East, pp.170-173。

圖3 Tripoljie 標準螺旋紋
資料來源：何炳棣，The Cradle of the East, p173。

勞永逸，將所有西方史前彩陶的圖案與中國史前彩陶圖案做一通盤的比較，然後再集中解答安特生僅餘的疑問。按照他們的建議逐步分析、比較、推論都很順利；最後"逆鐘向螺旋紋"問題，幸而著名《西安半坡》報告未具名的作者石興邦教授在"有關馬家窰文化的一些問題（《考古》，1962，No.6）裏，已逐步追索出這個圖案的淵源是仰韶彩陶中的鳥紋（見圖4）。亞當士教授對石興邦圖案溯源的工作十分欣賞，認為具有充分的說服力。

為了完全冰釋安特生最後一個疑問，我做了三點補充。1. 利用山東半島東南沿海日照史前晚期陶器、殷商骨刻及石刻上更高

圖4 馬家窰文化彩陶鳥紋演變為"逆鐘向螺旋紋"圖案示意圖
註：此為石興邦教授原作，現經作者簡化。

度簡化了的"逆鐘向螺旋紋"，以說明這一藝術母題幾千年內始終是土生土長，在華北遼闊的不同地區傳播演化的。2. 嚴肅地檢查一下安特生所謂的Tripoljie"逆鐘向螺旋紋"主題。從附圖可以清楚地看出螺紋事實上是雙向的，既有逆鐘向，也有順鐘向兩種互相呼應的螺紋，而且很明顯是源自植物的蔓，迥異於中國源自鳥紋的一系列圖案。3. 從俄國的考古編著中證明Tripoljie彩陶時代雖相當早，但在新石器晚期在俄屬中亞散佈極廣的Andronovo文化遺址的陶器群裏，找不到絲毫"逆鐘向螺旋紋"的痕跡。

所以最後的結論是：中國史前的彩陶無疑義是土生土長的。

* * *

就目前可以掌握的考古資料而言，陶器多元及中國彩陶土生起源之說，應該是可以更肯定無疑的了。首先應指出的是，江西仙人洞和吊桶環二最早期新石器文化堆積之中即有相當數量的陶片。經審慎年代測定，可以斷定陶器已有12,000年以上的歷史了。廣西桂林甑皮巖洞遺址中的原始陶器已有10,000年歷史了。近年這些測定進一步說明前此比較慎重的科技史家主張陶器多元的論斷是正確的。

其次，必須提出的是華北的農業和陶器的出現，都要比江西仙人洞等遺址所出現的至少晚兩三千年。可是華北農業及陶器出現後不久，彩陶即已萌芽於公元前第八千紀的陝西白家文化，隨即在距今七千年仰韶早期文化中大放異彩。中國彩陶與西亞彩陶出現時代大體相同，但仰韶彩陶延續三千年之久，在華北傳播之廣，藝術主題演化階段之歷歷可溯，圖案之美及其精神意境之超脫，實為世界史前文化中所僅見。它全部出生、發育、成熟、衰落的過程都是發生於華夏大地，實已是不移之論了。石興邦教授近年有關彩陶源流的著作已引起廣泛的重視。

最後，結束史前陶器的討論，陶輪的起源和傳播的問題尚須扼要澄清。英國(澳洲)著名考古學家柴爾德(V. Gordon Childe, 1892-1957)生前及卒後影響深遠，他認為公元前4,000餘年前兩河流域製陶已用輪盤(turntable)，用腿運作的製陶快輪於公元前3250±250年亦已在兩河初度出現。他特別指出快輪向西傳播相當慢，主要因為快輪製陶者是能工巧匠，一般史前自給自足的村落很難有足夠的經濟餘力，維持一位充分專業性的陶匠。由於史前歐洲人口稀少，陶輪傳播，越西越慢。他以公元前3250年的兩河為圓心，陶輪西播各階段的年代推臆如下：地中海東岸公元前3000年、埃及公元前2750年、克里特島(Crete)公元前2000年、希臘公元前1800年、意大利公元前750年、英格蘭南部公元前50年、蘇格蘭公元400年。至於快輪是否也是自兩河向東遠播，他未明說，只指出印度河流域，公元前2500年肯定已經出現，快輪出現於中國當然要晚於印度。

認真分析起來，柴氏史前亞洲大陸陶輪部分具體而大部揣測的談法，似乎已暗示陶輪多元起源的史實。因為如果按照柴氏陶輪西播的速度推算，自西南亞兩河流域，穿越地球上最大的乾旱與半乾旱區、最險峻盤結的帕米爾山紐與遼闊無垠的草原，以達太平洋黃海之濱，不知需要若干千紀的時間。幸而早在六十年代初，即在山東大汶口文化中、晚期之間的曲阜西夏侯下層墓(大約公元前3200-前3000年)遺址中發現快輪製陶的實證。湖北枝江關廟山第四期大溪文化晚期有拉坯成形的快輪製陶遺存，年代為公元前3300-前3235年。上海市青浦縣泉山崧澤文化層陶器有快輪成形者，其年代當不遲於公元前3500年。僅就近三四十年中國一個區域而言，與兩河年代相當，可能還要稍早於製陶快輪的發現(今後極可能還會有更新而有力的實物證據)，勢將使陶器陶輪一元論的假定和論辯越來越無法成立。

III. 青銅

本章正文開始所用的北極投影圖最能反映二十世紀三四十年代及二戰後，西方學術界把青銅作為中國文化西來說最有力的"證據"。試看：這幅投影圖中那麼肯定地標出舊大陸古代使用青銅地區的次序：1.巴比倫，2.埃及，3.印度河流域，4.早期中國。在這幅地圖原作者美國畢安祺(C. W. Bishop)繪製此圖時，我國青銅器及冶煉最早只能推到河南安陽的殷墟。按照《古本竹書紀年》的年代是公元前1300-1027而已。當我於六十年代末、七十年代初研究中國文化起源是否獨立土生時，中國青銅的上限也只能推到鄭州二里岡和河南偃師的二里頭早商時代，大約公元前1500-1600年之間。中原地區之外，五十年代在甘肅三處齊家文化遺址中發現簡單銅器和銅煉渣，碳-14測定年代經過樹輪校正亦較早商不過略早兩三百年，而且與中原青銅冶煉關係尚不清楚。在這種情況之下，我只有借重前此具有專識學人研究的成果，再補加個人的意見和看法，主要從鑄造方法根本不同立論。古代近東一貫採用間接的

失蠟澆鑄法 (loss-wax 或cire-perdue)，而古代中國一貫採用多範直接的澆鑄法，而且與史前多範製陶工藝的連續性又是非常顯著的。

當時最難解答的問題是，大約相當商殷、西周時代富有濃郁草原氣息的，西方所謂的"鄂爾多斯 (Ordos)"青銅器群，究竟源於西伯利亞，還是源於今日中國的北疆？三十年後重溫舊題，從晚近西方及中國相關著述中，得到雙重的慰藉和欣悦。了解目前西方對古代亞歐草原，青銅問題的捷徑是1994年版《大英百科全書》"史前人種與文化"長文中"中亞與西伯利亞"專節。這專節的作者是四十餘年前即以研究"印歐 (Indo-Europeans)"史前民族、文化與大遷徙聞名，精通俄文的考古人類學家、原籍印度的Marija Gimbutas女士。在這專節裏所有主要論斷都要比她早期同類著述中語氣肯定得多。她和西方考古界最新的看法摘述如下：

(1) 亞歐北方大草原公元前第三千紀，在西伯利亞葉尼塞河上游米努辛斯克 (Minusinsk) 一帶的Afanasievo文化遺址中已出現銅刀及開礦所用的石錘等物。此處銅冶是自很遠南方、伊朗東北最古的礦冶核心傳入的。這個文化從公元前第二千紀早期 (大約公元前1800年) 起即逐步為安德羅諾 (Andronovo) 文化所接替。安德羅諾古文化土著的居民屬於古歐羅巴種，其經濟是建基於小麥和小米的種植和羊、牛、馬等家畜的飼養① (小麥就是這時期傳入商代中國的)。②在和平定居的生活方式下，各地人口不時仍有遷徙，互相交往，因此這涵蓋地區極廣的安德羅諾文化的本質卻相當均勻一致。這正説明何以日後以動物為母題的青銅工藝在大草原上傳播之廣而且速。

(2) 公元前第二千紀後半安德羅諾文化，尤以米努辛斯克地區，發生重大的變化：居民之中源自南方的"Sinids (古'中國人')"已佔相當比重，他們並且帶進來鄂爾多斯式的青銅器。俄國晚近的考古資料表明米努辛斯克一帶，從公元前第十四世紀開始，金屬礦藏開採的規模才逐漸可觀。這些史實與現象都是息息相關可以互相核證的。

(3) 安德羅諾文化大約從公元前1200年以後即開始逐步被卡拉蘇克文化 (Karasuk Culture) 所接替。卡拉蘇克這個新興文化之所以能大力地向西伯利亞西部、阿爾泰區、俄屬中央亞細亞，甚至歐俄伏爾加河流域擴展，主要原因是自大草原南緣遷徙來的蒙古利亞種人，與葉尼塞河上游一帶土著歐羅巴種人的不斷混血，和他們繼續輸入的華北先進的青銅冶煉技術。青銅器方面鄂爾多斯動物母題尤其顯著。西方相關學人幾乎無不同意卡拉蘇克文化的分期，必須依靠與商周青銅斷代的比較。

有關所謂的鄂爾多斯風格的青銅工藝，晚近西方學人似已達成共識：它是由商、周王國北疆之外，亞歐草原南緣的起源地北向傳入西伯利亞葉尼塞河上游地區，然後再向西及西南的俄屬中央亞細亞廣泛傳播、迅速發展的。

近十幾年來內蒙古“朱開溝文化”的發現，從另一角度充分説明晚近西方學人對鄂爾多斯青銅工藝起源看法的客觀與正確。朱開溝位於內蒙古河套內伊克昭盟伊金霍洛旗東勝市東南不足40公里，正是鄂爾多斯高原的腹地。事實上，“朱開”正是蒙語“心臟”的音譯。③遺址文化的年代分成五段，相當於龍山文化晚期到殷墟一期。只有第四段出土的木炭和器物經過碳-14測定，樹輪校正的年代是距今3685±103，3515±103，3550±103，相當夏代的晚期，第五段至晚也相當殷墟一期。自第三段開始出現小型青銅器物，至第五段開始出現青銅容器和“時代最早的鄂爾多斯式青銅短劍、青銅刀及隨身佩戴的裝飾品等，使我們初步明確了：鄂爾多斯式青銅器就起源於鄂爾多斯和鄰近地區。”④

近年中國學者處理草原青銅文化起源在理論分析方面表現出可喜的深廣度。烏恩教授特別指出朱開溝文化之所以重要，是除了青銅器之外，還提供了最明確的地層關係和完整的蛇紋等鬲的全部系統。外蒙古東部和北部，以及貝加爾湖地區所發現形制較晚，又無明確地層關係的蛇紋鬲，顯然是由中國長城沿線北傳的。蛇紋鬲的廣泛北傳有力地加強鄂爾多斯青銅向北傳入西伯利亞的論證。⑤

由廣泛研究多種先周文化，盧連成教授也曾深探蛇紋鬲和草原青銅的起源，得到與烏恩基本上相同的論斷，並進而從卜辭、金文和周代文獻中鑒定這些北方部族的名稱。自鄂爾多斯東南向陝北及晉西北高原一帶早期使用青銅兵器和工具的部族，應該是見於卜辭的舌方、土方、鬼方等方國。⑥其中出現青銅器最早、地理位置最西的是朱開溝，其古代居民應屬於卜辭中的“舌方”，“舌”釋為“胡”，為後世北方民族泛稱為“胡”的遠源。⑦

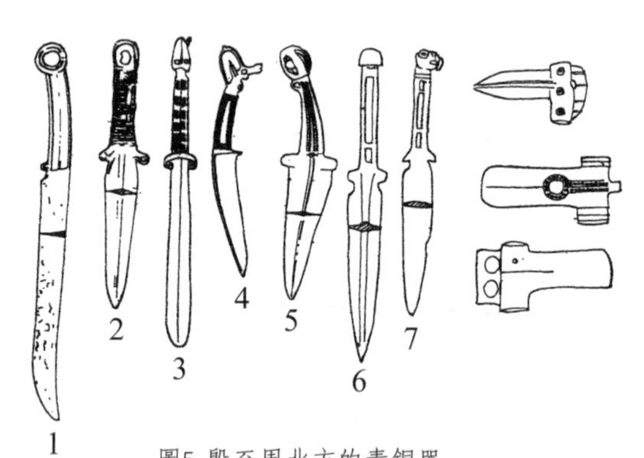

圖5 殷至周北方的青銅器
註：1、2、5出自朱開溝文化遺址。

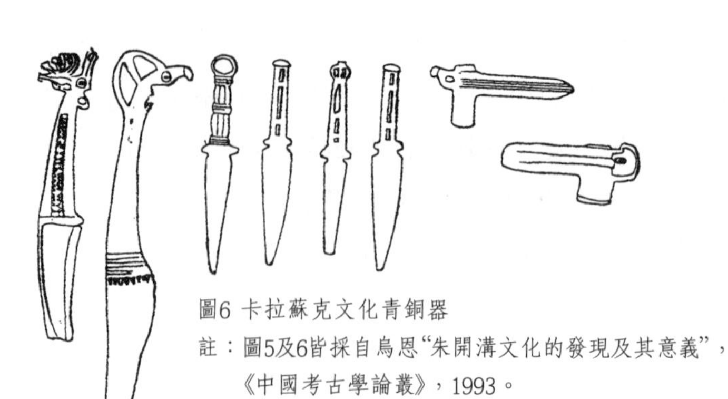

圖6 卡拉蘇克文化青銅器
註：圖5及6皆採自烏恩“朱開溝文化的發現及其意義”，《中國考古學論叢》，1993。

經過半個世紀的考古新發現和中西學人不懈的研探，理論上最具關鍵性的鄂爾多斯青銅器群的起源問題，總算已經建成初步和諧一致的論斷——它就起源於鄂爾多斯高原的腹心，創製者應該就是卜辭中的“𢀛方”部族。沿着長城南北，屬於阿爾泰諾系的“𢀛方”、“土方”、“鬼方”諸部族內部，以及這些方國與中原商周王朝的關係都很複雜，時而武裝鬥爭，時而和平相處；總的趨勢是若干世紀內才逐漸融合於華夏文化體系之中。自較專狹的青銅技術史的觀點論，鄂爾多斯青銅工藝與日趨強大的商代青銅鑄造工藝自始即有交流，但前者主要擴展的對象是北方的西伯利亞大草原。

近年另有技術史上一項重要史實，應該順便一提：1978年夏湖北隨縣曾侯乙(卒於公元前433年)墓出土的65件編鐘，其組別之多、重量之大、音律之完備、鑄造之精美無一不使舉世震驚。中外技術史家，包括我國古代冶鑄技術史傑出的華覺明教授，無不認為如此精美絕倫的青銅器物必定是由失蠟法溶鑄而成的。即使以現代金屬成形工藝標準而論，失蠟鑄造也是被稱為“熔模精密鑄造(Investment Casting)”的。可是，為準備參加1988年十一月在武漢舉行的“中國古代科學文化國際交流 · 曾侯乙編鐘專題”學術研討會，華覺明事前與兩位高級工程師共同試驗，發現曾侯乙甬鐘並不是由失蠟法鑄造的，而是用商周的多範直接澆鑄法製成的。華覺明綜述：

> ……有人認為，鐘體及甬部的蟠龍紋，特別是龍身與鉦部界劃上細如髮絲的花紋，必須用蠟才能塑出，實際情況並非如此。商周青銅器鑄造的復原試驗已證實，細的陶土和蠟一樣，具有極好的受塑性和複印性。甬鐘紋飾完全可以在泥模上塑出並翻製成範。這樣的泥範在(山西)侯馬也有出土。[8]

我三十年前根據《古今圖書集成》提出我國古代對蜂“蜜”的認

識較晚，最初蜂蠟稱"蜜"，"蠟"字起源不早於西晉等等"瑣碎"史實，在研討青銅土生起源的論辯中似仍不失其小小的輔助作用。近日翻閱印歐人與印歐語史方面巨著，使我小吃一驚的是"蜜"可能是吐火羅 (Tocharian) 語"mit"的假借字。⑨ 即使確鑿無疑，也只有加強，不會削弱我國青銅土生起源的論斷；因為這支代表印歐語系諸部族若干千紀中向東遷徙的極限的吐火羅人，遲遲於公元前第一千紀才定居於今日新疆吐魯番盆地一帶，張騫和李廣利先後通西域已是公元前二世紀末葉的事了。

至此，中西學人對中國青銅起源的論辯似可認為業已初步"圓滿"地結束了。

IV. 結語

以上農業、陶器、青銅三大物質因素是過去中外學人論辯的重心所在。目前多方積累的考古資料大大地增強了我三十年前中國文化本土起源的論斷。至於我國史前及有史早期理念及精神方面主要因素如：語言、文字、數學、序數(尤其是非常特殊的干支系統)、天文、"人本"的宗教和思想，人類史上最高度發展的祖先崇拜與崇古取向的制度與思維方式等等已在《搖籃》書中分章討論，遠非本文所能涵蓋；但它們無一不是土生土長的華夏文化的組成部分。

註 譯

① Barbara Ann Kipfer, *Encyclopedic Dictionary of Archaeology* (Kluwer Academic/ Plenum Publishers , New York-Moscow, 2000) , "Andronovo" .

② 小麥定係由此文化居民逐步傳入晚商中國，故卜辭及西周金文中小麥之名曰"來"，蓋來自外方也。西漢末《氾勝之書》言種麥從秋間下種即需人工壅土、埋雪、保持土壤水分，必要時還需澆水，足見原出冬雨區的小麥適應半乾旱黃土高原氣候條件之不易。我國古代所有糧食作物皆從"禾"，獨小麥稱"來"，大麥稱"麰"亦從"來"。詳拙著《黃土與中國農業的起源》，頁162-163。

③ 內蒙古自治區文物考古研究所，《朱開溝——青銅時代早期遺址發掘報告》（北京，文物出版社，2000），頁1。

④ 同上，頁1-3。

⑤ 烏恩，"朱開溝文化的發現及其意義"，《中國考古學論叢——中國社會科學院考古研究所建所40年紀念》（北京，科學出版社，1993），頁256-259。

⑥ 盧連成，"先周文化與周邊地區的青銅文化"，《考古學研究》（三秦出版社，1993），特別是頁267-268。

⑦ 趙芳志主編，《草原文化》（內蒙古自治區文化廳，香港商務印書館，1996），頁3。

⑧ 湖北省博物館，美國聖迭谷加州大學合編，《曾侯乙編鐘研究》（湖北人民出版社，1992），頁463。

⑨ Thomas V. Gamkrelidze and Vjaceslav V. Ivanov, *Indo-European and the Indo-Europeans,* I, 英譯本 (Mouton Decruyer, New York, 1995) , pp.517-518。此書之尾 pp. 850-851，有原始印歐語言及部族長期遷徙地圖，吐魯番為其向東遷徙之極限，甚有參考價值。

【第二十章】

老驥伏櫪：先秦思想攻堅

I. 重建與中央研究院的關係

畢都、李維時代結束後五六年起，我對芝大遠東方面的人事教研日感失望。按新規章我應於1987年夏正式退休。由於早已“厭倦”，我與中國社會科學院商妥，並經美國國家科學院協力促成，於1986年春夏到北京、昆明、上海三地演講。因為要看長江三峽，路線決定自昆明至上海繞道成都和重慶。我和景洛四月底啟程赴北京的前夕接到學校的請帖：參加本年十月卅一日週末日慶祝李維當選為美國藝文及科學院院長的晚宴。由於請帖要發到全國各地，甚至海外，所以回覆要越早越好。我立即回覆參加。景洛和我於十月卅日才趕回芝加哥，不料次日剛到宴前酒會時，一眼就看見了老朋友、著名政治學家伊斯敦。他是美國藝文及科學院美西分院的主持人。他和我同歲，馬上就提醒我：“以前鄂宛(Irvine)加州大學請你去教冬季避寒，你總以不便安排婉拒。現在好了，你明夏自芝大退休，馬上來西岸訪問幾年，豈不理想？”我在1987年二月中旬去鄂宛加州大學(University of California， Irvine，以下簡稱UCI)作三天訪問，馬上同意訪問三年。

這次訪問的細節安排多靠密西根和哈佛出身的王國斌(他現已是國際知名的中國近代經濟史家)。一到該校他就告訴我歷史系設在文學院，刻下院長是哲學系出身的，興趣只在設立東亞語文系，將來也不願以語文為中心擴展為東亞研究中心。好在最後決策的第一副校長William Lillyman是歌德專家，見面時告訴我曾

2002年6月，作者慶祝同齡政治學家伊斯敦教授生日於加州大學鄂宛分校美國國家科學院美西分院。

讀過我的《明清社會史論》(當然是英文原著)，對中國歷史很有興趣。最難得的是普林斯敦出身的社會科學學院院長William R. Schonfeld對中國研究甚為重視，雖然我的課開在隔院的歷史系，他願負擔我年薪之半，並要我接受"歷史及社會科學傑出訪問教授"名義，暫以三年為期。

UCI頗有特點。校園面積(1,550英畝)之大舉世罕見。近二十年來與高科技工業合作，建築所需之地全由學校供給，所以理、工、醫等方面發展極快。在我任職期間，每學期由校長召集一次院士級教授餐會商核發展計劃，並探求各科的最高標準。1994年學校兩位資深的物理及化學教授同時榮獲諾貝爾獎。據最近某些申請大學入學嚮導的評估，UCI在全國二千大學及學院中已名列第四十二(加州州立十所大學之中有六所已名列五十名之內)。設備方面，即以中文圖書為例，我退休之年已代學校洽購了已故山東大學教授、著名中古史家王仲犖的私人藏書。不久汪燮博士由寒冷的明州大學來此充任圖書館東方部主任，系統地購置中文圖書，每年購書經費十萬元(包括日、韓)。好在我近十年研究興趣移至先秦思想、制度與宗教，所需基本資料已不成大問題，只是有些專刊和期刊文章需要向加州系統內外較大的圖書館請求複製或借閱。南加州氣候近於理想，頗宜於老年人休養和讀書。

這時，前芝大學生中與我關係最密切的李中清，已負責加省理工大學非西方文史社科的教研，幾乎每夏都赴台峽兩岸去搜集未刊的史料，曾不止一次地勸我與中研院恢復關係，因院方不少少壯學人希望能與我有學術接觸的機會。我自1968年二月起，即因在新加坡演講的尾聲中評議了1949年前的國民政府，與中院關係切斷已久。本來關係雖已中斷，史語所的出版物還是經常寄贈的。自從丁邦新任所長後，將史語所出版物全部停寄，這不是中院的小器，是丁邦新個人的決定，使我與中院關係更為疏遠。屢經李中清勸説，並有鑒於楊振寧因慶祝老師吳大猷八十壽辰已於1986年訪台，我於是也有改變初衷之意了。李中清非常能幹，親詢吳大猷恢復關係有何手續，這位胸襟海闊天空的吳院長説，任何形式都沒有，只要我給他一信説明願意參加下屆院士會議和選舉就可以了。

果然我1990年夏參加中研院第十九屆院士會議的經過是順利而又相當愉快的。正式選舉院士時，我所有的發言無一不得到大多數院士的同意，尤其是最後第三次投票前，我對隔組一位地質學家的推薦竟發生關鍵性的作用。訪台期間看到中院各所皆有不少海報，院士會議以前十天之內各所都主辦一些學術演講。因此，我返美後於秋冬間致信吳院長，説明下屆院士會議之前週內希望能作一次演講。吳先生很快就回信，請我儘速給他講題，要我在第二十屆(1992年七月)院士會議開幕日下午對全體院士及院外聽眾作一公開的學術演講。我的講題是："孔子'有教無類'的歷史及現實意義"。我在《明清社會史論》書裏早已將孔子"有教無類"對傳統考試及學校制度的發展，和促進社會各階層間血液循環的影響做了大量的工作。此項工作所根據的史料——明清進士登科錄及晚清舉人及特種貢生的三代履歷，總共有三萬多例案——無論論質論量都是現代以前西方所望塵莫及的。演講的內容、分析、論斷都自覺相當滿意。講後陳省身、李政道、徐賢修等位都向我道賀，而且因此演講結識了不少位傑出的數理及生物兩組的院士。講完之後，遲遲才發覺人文組院士無一人參加，全去台北市午宴了。院章雖未規定院士必須參加會議開幕日下午的公開學術演講，然而此屆人文組的"集體"行動是史無前例的。背景還有待中院院史專家的考證了。

李遠哲1994年繼吳大猷為院長，改變了院士會議開幕日下午公開學術演講的安排：數理、生物、人文三組每組由一人主講(不超過半小時)，一人"評案"(不超過十分鐘)。人文組由余英時主講，由我任評案人。由於開幕前一兩天才得見余的文稿，不但來不及準備評案，而且余文主要的內容看不大懂，其所引西方思想史家的姓名有些也從未聽到過。余講後我坦白聲述無法評案理由，問主席楊振寧可否多給我五分鐘，使我在十五分鐘內宣讀自己的"中國人文傳統對未來世界可能作出的貢獻"。楊説可以。結果所有三講三案之中，唯有我這短篇翌日刊載於台北《聯合報》第十一版(1994，七月七日)，不久又刊於《中央研究院院刊》和新竹《清華校友通訊》。

作為實錄，此處不能不略提我與中院史語所長期關係冷漠之由。我1966年當選為第六屆院士後未到兩年，即因政治言論與台灣關係中斷當然是一主因，但最直接的原因是張光直治學成見之深，胸襟之窄狹，在史語所中影響最大。他一貫堅持華北古自然環境比較濕潤、多沼澤、富林木；華北原始農耕是遊耕等等，錯誤至老堅持不改。即使在他生命最後的階段，也不忘對我抨擊：

> ……民族主義這一類的研究最明顯者首推何炳棣教授1950〔案：誤；應為1975〕出版的《東方的搖籃》(*The Cradle of the East*)……

> 你要覺得何炳棣先生的主張〔中國文化土生起源〕過猶不及，不是正統史學，請你看看傅斯年先生主編的本所出版的《東北史綱》。這本書是中日戰爭初期滿洲國成立的時候，作者們很情緒的心情之下寫了出版的，我相信這裏面的史學水平，並不比何先生的高明。(“二十世紀後半的中國考古學”，刊於《古今論衡》創刊號 (1998)：48。)

張光直只記得1975年後與柏克萊加州大學祁特立教授密切合作的情況，絕對無法知道祁氏對我《東方的搖籃》初稿 (1971) 的秘密審查報告中，曾極坦誠地回答加大出版社的第三問題：有沒有可與《搖籃》競爭的書。祁氏的回答：

> 沒有。僅有勉強可比的英文著作是張光直《古代中國的考古》。但何氏書稿所涵蓋甚廣的題目張書僅僅約略一提；何書聚焦於關鍵性土生起源並給予明白的答案，而張書僅留下〔一堆〕無答案的疑問。……

張光直更不會知道祁氏曾在審查報告中明說：“雖對其〔《搖籃》〕書中若干具體論點不無懷疑，我卻相信何氏已經證明了他的主要命題：中國文化是本土發展出來的。”即使張光直自以為能從世界眼光治中國考古，又何必奚落“九·一八”後史語所創辦人傅孟真先生主編民族主義的《東北史綱》呢？張光直要遲到1986年第四版《古代中國的考古》才受了蘇秉琦的啟示，提出中國文化的起源是由於中原與周遭及邊遠幾個文化區“互動”的結果；前此自己也是以“三代”的基地中原為重心的，又何必評譏工具極佳、治學謹嚴、功績至偉、享譽國際的新中國考古真正的奠基人，1985年六月逝世的夏鼐先生呢？

張光直給我的印象是：人極聰敏，而實學 (指古文獻及自然科學工具) 不足，長於初步綜合，缺乏原創性研究。他本人認為最富原創性的研究是在西方頗有影響的“商王廟號新考”，刊於他的《中國青銅時代》(北京：三聯，1983)。他這篇“著名”的商王廟號天干分組的研究，近年已被真正的專家指出它的"虛構性、模擬性"。主要由於"張氏忽以《史記 · 殷本紀》為依據，忽而又以卜辭為藍本，……其混亂不可卒言，缺乏起碼的數理的邏輯性。這只能説明：所謂分組説是張氏先有一套預設的方案，然後將十干群切若干塊以適應之，很難説有多少科學性。"(見張懋鎔，"商代日名研究的再檢討"，刊於石興邦主編，《考古學研究——紀念陝西省考古研究所成立三十週年》，三秦出版社，1993；特別是頁211-213) 張光直自耶魯回哈佛後，對哈佛"發展"中國研究的影響很大。由於自己舊學根基不足，成見甚深，瑕瑜莫辨，對近年哈佛漢學及傳統中史教研之中衰是要負相當責任的。

李遠哲接任中研院院長後，張光直被聘為副院長之一，負責整頓人文社科諸所。張力主將語言從史語所分開，將社會組從中山人文社科所分出，甚至把後者再行分割。曾任史語所所長的丁邦新是張光直政策的最積極推動者。如此專狹短見的發展計劃勢將大大不利於通識人材的培育，和提高人文社科研究的選題、規模與水準。這也是我多年來對史語所敬而遠之的另一原因。但我與離所他適的成名史家如勞榦、嚴耕望、全漢昇等位一向私誼甚篤，與院內老友石璋如及新知黃彰健等位亦甚相得。至於我與史語所正式建立學術關係，要遲至杜正勝出任所長後請我主持2000年十二月"傅斯年講座"了。自與中院恢復關係後最大的愉快是與歷史社科方面中壯年學人接觸面不斷的擴大。

II. 畫龍必須點睛

我從二十世紀五十年代起就聽到海外中國思想史界學人自豪地説，只有他們專業中人才能對中國歷史作"畫龍點睛"的工作。當時我即有此印象：這句具有傲骨的漂亮話決不是後生小輩所能道出的。但此語之所自出卻長期無暇亦無心去尋索。最近為結束這本長篇學術回憶，偶然重翻六十多年前匆匆讀過的馮友蘭《中國哲學史》上冊第一章緒論第八節"歷史與哲學"，頁17，才發現："敍述一時代一民族之歷史而不及其哲學，則如'畫龍不點睛'。"此語果然出自二十世紀中國"十哲"之魁（就質與量雙方言）、口吃而妙語如珠的馮芝生先師。

半個多世紀以來，我雖深信治史而不兼治思想史確是美中不足，但久久不跳進思想史的領域實有多種原因。首先，也許因我西史"學徒"的最後階段業已初窺西方近現代以前史料之五色繽紛異常豐富（更不要提西歐諸國地方、都市、教會及工商組織所藏未刊的原檔），我實在不敢同意我國學人一向認為中國史籍浩如煙海的自豪。就經史子集四部而言，史部涵蓋最廣，思想史基本史料的子部典籍數量最少。即以博學深思如已故錢穆先生而論，因生平大都致力於學術史，對卜辭、兩周金文及源源不斷的考古發現等最原始的史料皆不免偏狹之見，遑論一般自認為思想史家的後輩學人？！如果自青年即專攻思想史，一生對史料的類型及範疇可能都缺乏至少必要的了解，以致長期的研究寫作都空懸於政治、社會、經濟制度之上而不能着地。

再則我在海外長期觀察到一個很不尋常的現象：二戰後舉世中國學界裏，無論就文章、專刊、論文集的數量，或就國際學術研討會的頻率而言，沒有任何中國研究領域能比傳統及當代中國思想史更為熱門的。自八十年代起，中國大陸恢復了儒學研究的興趣並開始與海外合作以後，古今儒家研究更成為熱門中的熱門。美國較好的大學幾無不有中國思想史的課，而且不少大學中國歷史教研的重心就在思想。夏威夷和新加坡尤為傳統及當代儒學研究後起的重鎮。新加坡甚至以《禮記・禮運》為"國教"。這個世界性的儒家思想教研事實上已形成為一"利益"集團，具有相當的自滿性與排他性。排他性的實例是1995年初楊振寧通知我，他應新加坡之請已推薦我擔任陳嘉庚講座的主講人（此講座首位主講人是李遠哲，楊本人也是主講人之一）。我馬上接到新加坡間接相關方面寄來的新加坡導遊冊和著名品嚐魚翅羹飯館小冊。過了三個月竟毫無消息，我只好向楊振寧一問究竟。他查問以後電話告我，新加坡方面慮我年老不勝遠洋之旅。此年我78歲，近五年來的主要講座，如香港商務印書館百年館慶講座人文之部（1997年十月），香港中文大學邵逸夫爵士傑出訪問學人講座（2000年一月），中研院史語所的傅斯年講座（2000年十二月），中研院近代史研究所主辦的首屆蕭公權紀念講座（2001年十一月），和香港中央圖書館當代傑出學人文史科技公開演講，"歷史"之部（2002年四月），無一不是我已年逾八十，單身遠涉重洋應命的；更不要提中研院每兩年一次的院士會議和私人的北京訪問了。

數十年來約束自己不可輕易跨入思想史的門檻，是因為自始即無法接受當代第二、三代新儒家治學的方法。最能說明當代新儒家治學態度和出發點的是由唐君毅執筆，事先徵得張君勱、牟宗三、徐復觀同意的1958年元旦日"中國文化與世界"這篇宣言（重印於唐君毅《中華人文與當今世界》，台北：學生書局，1975，特別是頁895）。他們一致堅持：(1) 評價儒家思想是否具有現代意義的先決條件，是嚴格區分"政治化"和"淨化"的儒家思想。(2) 學術研探應該忽視，甚至完全拋棄"政治化"的儒學。(3) 向全世界提出研討時，必須以同情的態度首先承認儒家"原來理想所具備的正面價值的方向。"從一般學術立場論，當代新儒家所堅持的先決條件不但有欠公允，而且在古今中外學術和哲學史上是極為罕見的。因為任何卓然成"家"的學說都應該經得起嚴肅的批判，而仍能成功地維護其基本立說的優點；任何學說都不應提出只許他人論其"淨化"後的優點的特權。抑有進者，從真正"史德"的觀點，我們必須檢討兩千餘年來儒家學說對傳統專制帝制政治實踐上的正面和負面的影響。特別不可不注意的正是為專制帝王所利用，而為了自身階級利益亦甘心為專制帝王所利用的"政治化"了的儒家。儒家政治化早期代表人物是"習文法吏事，而又緣飾以儒術"，"為人意忌，外寬內深"，事事仰漢武帝鼻息，"殺主父偃、徙董仲舒"，而又自奉甚儉，廉潔愛士，封侯拜相的偽君子公孫弘（徵引詞句均出於《史記．平津侯．主父偃列傳》，中華書局點校本，頁2,950-2,951）。歷史學家決不應允許哲學和哲學史家極力"淨化"儒學而置儒學長期的政治社會實踐於不顧。我第二次退休後遲遲進軍先秦思想就是忍無可忍，不得不嚴肅批判當代海外風頭最健、對儒學極端"美化"，甚至"宗教化"的杜維明教授。

1991年春無意中獲讀漢譯柏克萊加州大學資深中國近代史教授魏斐德（Frederic Wakeman）推介前同事，而已改就哈佛東亞語文文化系中國歷史和哲學教授杜維明對孔子"禮"的理論嶄新的看法：

> ……杜維明談儒家仁政，探求修、齊、治、平之不可分割，認為儒家的理想社會不是一個充滿張力的抗爭性社會，而是一個約法三章、互愛互信的社會。這個理想社會是由一批共同信仰的人共同組織及參與的有機群體（organic community）。通過這個群體生活的經驗，個人也得到自我完成。因此，禮對個人不是一種外加的束縛，而是自我表達的一種渠道。通過適當的禮，無論坐、立、行、止，一舉一動、一言一笑都可以達到人我兩相和悅的境界。杜維明在西方中國學界最突出的成就就是他對儒家觀點的新看法。他一面承繼了徐復觀、唐君毅的新儒學，另一面受到西方的影響，將儒家經典提升到宗教典籍的地位。由於他的努力，儒家思想中的人本主義與自由主義重新得到大大的認識。……（所有此批杜專節的古今徵引文句，均見於拙文"'克己復禮'真詮——當代新儒家杜維明治學方法的初步檢討"，《二十一世紀》，1991年12月號）

逐步列舉杜氏曲解儒家學說之前，有必要先徵引《論語．顏淵》和《左傳》中的相關原文。《論語 · 顏淵》：

顏淵問仁。子曰："克己復禮"為仁。一日克己復禮，天下歸仁焉。為仁由己，而由人乎哉？顏淵曰，請問其目。子曰：非禮勿視，非禮勿聽，非禮勿言，非禮勿動。顏淵曰：回也不敏，請事斯語矣。

《左傳 · 昭公十二年》：

仲尼曰：古也有志："克己復禮，仁也。"信善哉！楚靈王若能如是，豈其辱於乾谿？

尋索《論語》"克己復禮，為仁"一語真義，後人有幸能有《左傳》可以互證。案：《左傳 · 昭公十二年》(公元前530) 冬及次年春對楚靈王記言記事詳細生動。楚國大軍進駐乾谿 (今皖北亳州附近)，冰雪連綿，士卒凍餒，而靈王日日醉飽，尚欲滿足種種非念。迭經賢臣婉轉諷諫，靈王最後羞愧難當，寢食俱廢者數日。次年春愛子二人死於兵叛，靈王率師回國戡亂，為叛軍所敗。延至夏五月，日暮途窮，自縊身亡，為天下後世笑。這正是當時年僅廿二歲的"仲尼"之所以感喟，楚靈王若能了解古書裏"克己復禮，為仁"一語的智慧，"豈其辱於乾谿？"正是因為楚靈王不能克制私慾，不懂恪守禮的約限的重要，所以一生多行不仁不義，以致造成自殺悲劇。孔子答顏淵所問仁的實踐，強調："非禮勿視，非禮勿聽，非禮勿言，非禮勿動。"視、聽、言、(行) 動既囊括了日常生活的全部，即使發自內心的"仁"也必須受"禮"的約限，其義至明。

由於首度跳進與當代新儒家的論辯，文稿事前曾請正於前輩思想史名家陳榮捷。承陳函覆指出清代劉寶楠 (1791-1855) 已先杜維明釋"克己"為"約身"，進而認為"約身猶言修身也。"但我細讀之後深覺劉氏關鍵的"約"字一貫釋為"約束之約"；劉氏並從正史列傳中鈎稽"克己"實際的用法和真義，如"夙夜克己，憂心京京"、"克己引愆"、"卑身克己"等，類皆深自貶抑之義。劉寶楠更尊重毛奇齡(1623-1716)所指出《左傳》裏的內證："王揖而入，饋不食，寢不寐，數日不能自克，以及於難。"毛認為《左傳》生動地描寫楚靈王"不能自克"，就明明是"克己"的"對解"。所以"克"字一定非是"約也、抑也"不可，絕不能作其他解釋。拙文詮釋《論語·顏淵》"克己"真義，特別倚重《左傳》所記"仲尼"感喟之言與對楚靈王末日精詳的記事記言，在方法論上正與清代經學碩儒毛奇齡、阮元(1764-1849)等人不謀而合。

"克己"是自制自抑，"禮"對仁的實踐具有約限的功用，都應是不移之論。一心想盡力淨化美化儒家思想的杜維明當然不會不感覺到"禮"的約限作用是一種"緊張"。於是開頭即認為把"克己"釋為"克服自己"很不妥當；馬上指出"克己"與"修身"有密切關聯；緊接着就把"克己"與"修身"等同起來，這就對古書原義作了不應該作的"蛻變"與"升級"了。再則修身雖有其消極自制自抑以求改過的一面，但主要是它積極修養的方面——如何把自己的文化知識、品德操守、風度情趣通過不斷的學習、實踐和反思，逐步提升到"君子"、"聖賢"、"自我完成"的境界。杜維明就是從修身的消極邊緣意義作為一個"突破口"，先從這突破口轉小彎，隨即轉大彎，直轉到180度與古書原文重要意義完全相反，完全"證成"他自己嶄新的、富有詩意的"禮"論為止。事實上，當代第二代新儒家的中堅分子如唐君毅等，早已慣用這種專找"歧出之義"作為突破口，而任意大轉其彎的論辯方式。但老輩當代新儒家在文字方面還是莊重的，而杜維明英文語句之備極油滑，逼得我不得不向廣大的讀者予以暴露。為了公道，我把他主要論辯語句加以號碼，儘量忠實直譯，只有最後第七句(段)原文表達欠周，部分意譯：

(1) 古代哲人提出仁和禮等觀念時，可能對這些觀念的範疇(categories)並不清楚。

(2) 即使古人不知不覺之中或暗示之中能體會出這些

範疇之中的差別，他們主要關切的仍是〔仁和禮間的〕"和諧"，而不是"緊張"。

(3) 因此，在着重"緊張"時，我們不應該抵觸古代哲學家們。

(4) 相反地，我們的意願是顯示他們所關切的"和諧"實是具有一種很複雜的交響樂的結構。

(5) 真的，古人的耳朵對它並不習慣的。

(6) 當然，我們面對着注入古代原文過多新義的危險，但我們最基本的重點不是版本校讎——雖然它對我目前這種研究有關鍵性的重要。(筆者案：杜氏原文 textual criticism是錯用的，他其實指字源學或訓詁學。)

(7) 杜氏原文構造有欠合理，無法直譯。但他坦白地說出，他主要的用心，是去探測古書原文的"柔韌性"可能被彎曲的極限；換言之，他要繼續不斷地以自己的新義去詮釋古書，直到古書已達無可容忍的程度為止。*

請問：連古書都被曲解到無可容忍程度的治學方法，有哪個篤實求真的學人能夠容忍？！

此外，杜維明大大理想化後的古代儒家思想，當然引起美國人文社科不少學者的注意。在一次答辯時，杜坦白說明他寫作及演講中的"語境 (context)"問題。中國思想文字以英文表達，古代中國思想用近現代觀點及文字表達，杜曾受西方訓練，所以本人就是中西思想混入一爐的。他承認："在這樣一個位置上，對傳統哲學進行反思，同時又要面對西方的思想家，這中間又有好幾次翻譯和跳躍。"

其實，當代海內外新儒家的著作中都或多或少地表現出語境跳躍的趨勢，不過一般沒有像杜維明那樣極端而已。有鑒於當代

---

* 此項非全是原文，部分是作者之釋義，故格式有別於前六項。

新儒家聲勢之浩大，我在1991年春執筆批杜之前，已對杜氏本人及其友好的回擊有所準備，並且已經預覺到，從此踏進先秦思想、制度、宗教、文化的古原野，只有一往直前，義無反顧了。

III. 華夏文化中的宗法基因

在人文及歷史領域之內，連續攻治基本大課題的困難較大，因為無論任何專業裏基本性大課題為數總是有限的，而歷史學家尤其要受原始史料的約限。回想上世紀七十年代後半起，隨着芝大最高領導的更易，東亞教研人事及政策的摩擦，本人對祖國資源及經濟政治前景的關懷，自覺學術研究方面自我推動的力量遠非昔比。但在芝大最後十年"發悶"期間也未嘗真正"荒疏"。事實上，在缺乏新焦點的情況下，往往月以繼月地泛讀中西古代經典及其註釋，不斷冥思獨慮，以期遲早能對先秦思想、制度、宗教等方面作出具有原創性的貢獻。有鑒於生平主要英文著作在華語世界讀者有限(尤其是在大陸)，更由於年事日高，自覺有節省精力的必要，所以決定此後對先秦的研究一律只用中文寫撰。麥克尼爾曾不止一次勸我繼續以英文發表研究成果，因英語事實上已成為世界語了。但先秦哲學詞語自行英譯是時間及精力都已不能允許的了。如果研究成果真有原創意義，遲早還是可以在西方漢學界產生影響的。

出乎意料的是，近十一、二年來寫撰的效率視四、五十年前並無多讓。由於近年中文論文讀者不難找到，而且我還有意不久將它們與一些舊作刊成文集，所以此章中我不再篇篇自作摘要以供讀者參考了。為讀者方便，謹將論文題目、期刊及出版年月一一列舉：

(1) "'克己復禮'真詮——當代新儒家杜維明治學方法的初步檢討"，《二十一世紀》(香港中文大學中國文化研究所)，1991

年12月號。

(2) “原禮”，《二十一世紀》，1992年6月號。

(3) “從愛的起源與性質初測《紅樓夢》在世界文學史上應有的地位”，《中國文化》，第十期，1994年8月。

(4) “‘天’與‘天命’探源：古代史料甄別運用方法示例”，《中國哲學史》(北京)，1995年第1期。

(5) “商周奴隸社會説糾謬；附錄：‘亞細亞生產方式’説辯要”，《人文及社會科學集刊》(中央研究院)，第7卷第2期，1995年9月。

(6) “華夏人本主義文化：淵源、特徵及意義”，《二十一世紀》，1996年2月及4月號連載。

(7) “廿一世紀中國人文傳統對世界可能作出的貢獻”，《廿一世紀的中國與世界》(香港：商務印書館)，1998年7月。

(8) “儒家宗法模式的宇宙本體論”，《哲學研究》(北京)，1998第12期。

(9) “我國現存最古的私家著述：《孫子兵法》”，《歷史研究》(北京)，1999年第5期。

(10) “司馬談、遷與老子年代”，香港中文大學“邵逸夫爵士傑出訪問學人講座”，2000-2001。全文稍先刊於《燕京學報》新九期，2000年11月。

(11) “中國思想史上一項基本性的翻案：《老子》辯證思維源於《孫子兵法》的論證”，“首屆蕭公權紀念講座”，2001年11月22日，台灣中央研究院近代史研究所。

再三考慮之後，覺得比逐篇摘要更好的辦法，是略事闡發本人近十年來中文著述裏對學術界可能發生基本性衝擊力的幾個問題。已故芝大同寅、著名政治學家鄒讜教授曾指出，1996年問世的“華夏人本主義文化：淵源、特徵及意義”可能是“何炳棣近十五年來最重要的論文”。我猜想他之所以重視這篇拙文，主要是因為此文中我引用了堅實的新考古和文獻資料，初步證明恩格斯影響深遠的“家庭、私有制、國家”三大歷史演進階段，並不能應用於古代中國，並進而考釋華夏文化中的“宗法基因”，一直在傳統及當代中國政治文化中起着主宰的作用。討論如此基本的理論之前，有必要先說明產生“宗法基因”文化的自然環境和物質基礎。

上一章“附錄：中國文化土生起源：三十年後的自我檢討”裏已經扼要說明新石器時代華北居民之所以自始即不從事遊耕，即能奠定村落定居的農業，主要是由於黃土所特有的“自我加肥”的性能。這結論是根據科學和訓詁嚴密互證得出來的，足以糾正一般人類和考古學家原本普遍的錯覺——原始農耕，包括仰韶時期，都是採取遊耕制。上世紀七十、八十年代以來，仰韶先民自始即從事村落定居農業，已經成為大陸中國考古人類和經濟史家的共識。唯有自始即是自我延續的村落定居農業，才能解釋何以陝西渭水流域沿諸小河兩岸仰韶文化遺址——類皆具有氏族聚會的中心大房子、居住房屋群、窖穴、陶窰和排列整齊的墳墓群——分佈能如上章“附錄”地圖所示那麼密集；何以只有累世生於茲、死於茲、葬於茲的最肥沃的黃土地帶，才可能產生人類史上最高度發展的家(氏、宗)族制度和祖先崇拜。只有最高度發展的祖先崇拜，才能引致出最崇古取向的文化。〔此中道理從相反的古代希臘之例更易了解。希臘有史早期，火葬代替墓葬之後，祖先觀念日趨淡薄。參閱J.P. Vernant, *The Origins of Greek Thought*, Cornell University Press, 1962, pp.38-39。〕

高度發展的祖先崇拜至晚證實於商王室和王室貴族由五種祀典組成，輪番而復始的對各世代祖妣的“周祭”。商代祭天神、上帝、日、月、風、雲、土地、山川等自然神祉，都有一定的季節或日期，而對祖先的“周祭”卻排滿全年三十六旬，偶或還有必要排到三十七旬。《論語 · 為政》：“周因於殷禮，其損益可知也”是大體正確的。與高度祖先崇拜平行發展的是家族制度。近年大陸學者糾正了王國維著名的"殷周制度論"的看法——殷周制度最基本的不同是殷商沒有西周式的宗法制度。實際上，武丁以後王位傳子的原則已經確定，大宗、小宗之分已相當明顯，類似西周的宗法制已經存在。換言之，西周的宗法制度對商代的姓、氏、宗族制不是革命性的改變，而是系統化、強化和全面的推廣與應用。《詩經．公劉》追述遠祖公劉率部族遷居於豳，有"君之、宗之"一語。《毛傳》曰："為之君，為之大宗也"是正確的解釋。但宗法制度的全面發展要等到武王伐紂逝世之後，成王幼，周公"保文、武受命"期間，平三監，營洛邑，至少兩次"封建親戚，以藩屏周"，先封在河南商王畿境內，數年內即東封到魯、齊、衛、燕等戰略要地。同時還要一再強壓婉勸商殷臣民接受"天命"，將效忠對象自失德已亡的商朝轉移到新興的周室。當時情勢急需一高效的統治網——周公所建立籠罩全"天下"的宗法制度。

樹立全域性宗法體制的先決條件是創建天子制度。雖然現存《尚書》自堯以降君主皆稱天子，我近年的考證肯定了天子之稱始自成王。經過周公、召公周密的籌劃，在周公"保文武受命"的第七年春，在剛剛營建完成的洛邑舉行了一個重要的多民族大集會，充大司儀的召公重申商王紂失德遭天罰，天命轉移到成王。當這莊嚴儀式達到戲劇性高峯時，召公才點出主題："有王雖小，元子哉！"作為"天"之"元子"或嫡子，成王當然即是人間至尊的天子。

天子制度之成立，有以下重要意義：

(1) 成王是承繼祖德（廣義包括周民族的德）才被皇天指定為新的"元子"，元子就是嫡子，從此王位（諸侯、大夫等同此）承繼以嫡成為大綱大法。(2) 天子為人間之至尊，其至尊的地位自此取得宗教及政治的雙重意義。(3) 天子制度之確定也就是周代宗法制度的確立。天子為天下之大宗，當然是所有姬姓諸侯之大宗，姬姓諸侯對天子言都是小宗。小宗對大宗必須無條件地臣服。據

《荀子・儒效》，周初封建諸侯七十有一，而姬姓居五十三。八十年前王國維就指出：“異姓之國非宗法所能統者，以婚媾甥舅之誼通之，於是天下之國大都王之兄弟甥舅，而諸國之間亦皆有兄弟甥舅之親，周人一統之策實存於是。”所以宗法制度具有對周王室統治自征服得來的，大大擴充的疆土與人民控制網的功用。(4) 在各邦國裏，諸侯為大宗，大夫為小宗。按嫡庶而分，層層推展下去，直到最低“士”的層面。於是金字塔式的封建社會每層都由大宗控制小宗，這種控制都具有血緣、政治、經濟、宗教、教育、軍事的多重性。

宗法制度的宗教體現就是宗廟制度。周族強大克殷前後所營建的幾個京城和別都的設計，無一不以宗廟宮室為核心。開國的諸侯、始封的大夫，營建都城時亦無不如此。廟與寢前後接連，廟是祖先靈魂之所居，寢是今王的經常住處。廟也稱為室，既是祭祀系統的中樞，又是朝覲、聘、喪、射、獻俘、賞錫臣僚、會合四方諸侯等重要典禮舉行的場所。一切軍國要政必告於廟。生者與逝者之間永存一種雙向關係：生者經常以祭祀方式向祖先報恩，祖先經常對後代庇祐降福。人鬼之間關係密切的程度是其他任何宗教所不能比擬，而血緣與政治關係之密不可分也是人類史上所僅見。

宗子既是總攬大權的宗法氏族長，又是主持祭祀的“宗廟主”；其餘所有成員依長幼尊卑，在氏族中及祭祀系統裏都有一定的“龕位”。宗法制度與族墓制度又是牢不可分的。生者既然聚族而居，逝者當然是聚族而葬；埋葬的位置照例是取決於生前在全族裏的輩分和等級的高下。

古代中國宗法氏族制度是人類史上最高度發展的血緣組織，這早已由人類學家的統計得到肯定。人類史上親屬稱謂以中國為最多（大約350左右），其次是古代羅馬（122）、近代夏威夷（39），其餘多在20-25之間。（詳見P. Bonannan and J. Middleton, eds., *Kinship and Social Organization*, New York: The Natural History Press, 1968, table on p.55。)

西周宗法制度雖是極高度發展的血緣組織，由於累世聚族居於采地，所以又具有頑強的地緣性。結合歧邑、周原、豐、鎬等都城附近的考古與西周金文資料，盧連成教授在"中國古代都城發展的早期階段——商代、西周都城形態的考察"，《中國考古學論叢》(北京：科學出版社，1993)，頁237，得到以下的結論：

> ……這些世族的聚落包括族長和族人、家臣居住的村落及其周圍的土田、作坊和族墓地，這種以血緣關係為紐帶而形成的胞體，從本質上分析，非常類似史前社會的原始聚落。前者是由後者發展而來的，它是血緣胞體在商周社會更高的歷史階段上的再現。

盧文功力深至，結論堅實，只是上引最後"再現"兩字，不但值得商榷，而且引起一個極重要的理論問題。眾所周知，恩格斯著名的"家庭"、"私有制"、"國家"三大演進階段，並不符合中國史前和有史早期的歷史經驗。雖然當代西方一般政治人類學家諱言恩氏學説，他們研究的主要成果卻與恩氏三階段説大體上不謀而合。恩氏的"家庭"相當漢譯"原始氏族公社"，亦即人類學家所謂以純血緣關係構成的、溫暖親切、幾乎沒有剝削的親屬制(kinship system) 社會。恩氏"私有制"階段相當人類學家所謂非親屬制的、開始具有明顯政治性和剝削性的階級社會，大體上相當恩氏的部落聯盟階段。人類學家與恩氏的"國家"並無基本的不同，都是強制性更高、比較更廣土眾民的政治實體。至於促成由第一到第二階段"量子式"跳躍的因素，政治人類學家認為是由於同一有限空間人口不斷繁衍，使得親屬制無法解決部落間人事糾紛和利害衝突；換言之，親屬制已喪失其原有的社會凝聚力 (social cohesiveness)。用漢譯恩氏術語表達，這就是"原始公社瓦解"。儘管前者與後者術語及表達方式不同，這次跳躍的社會制度意涵是相同的：血緣鏈環被政治性的地緣鏈環所代替。

但自仰韶至西周，血緣鏈環始終未被政治性的地緣鏈環所代替。事實上，我近年綜合分析中國史前及有史早期考古及文獻的結果是：氏族制度是長期之間隨着祖先崇拜的發展而逐步強化的。由於郭沫若及多數大陸學人在應用恩氏三大階段理論時，都不得不預設"原始公社瓦解"這個先決條件，所以盧氏認為周代開國前後京畿內的聚落遺存，是"血緣胞體"在更高的歷史和社會階段上的"再現"。相反地，恩氏三大階段在中國古史上從未經過"原始氏族瓦解"的階段，而是通過血緣氏族本身的地緣化、氏族內部族長的集權化、氏族功能的多樣化等程序而完成的。武王克商之後，"封建親戚，以藩屏周"是姬姓宗法氏族大規模武裝拓殖性的遷徙，也是血緣和地緣性的重新結合與強化。

周初最高決策者如周公等的聰明才智是古今罕匹的。除了必要時用暴力以外，他們建立推廣宗法制度以控制廣土眾民。每個宗法氏族都是自成單位的小宇宙。每個成員在氏族中的龕位取決於他出生的等級、層次、嫡庶、長幼。氏族成員自幼即耳濡目染服侍尊長之道，無盡無休地參加演習種種祭祀與儀節，不知不覺之中即視等級森嚴的宗法制度為先天預設的社會秩序。周公等人了解最好的統治政策是"化民成俗"，"化民成俗"最直接的辦法是"必由於學"，"學"的最自然、最理想、最有效的機構就是萬萬千千根據宗法而形成的大小宗族。這也正是孔子及其累世儒家信徒所稱道的"德化"、"德治"的主要部分。

但是，這種專制集權的宗法氏族制度有其內在致命的弱點。因按照宗法原則，天子之與諸侯，諸侯之與大夫，大夫之與士、家臣、邑宰，每近接的兩階層間都構成大、小宗和"君""臣"的關係；無論在哪個貴族階層，"君"都有義務以采地和人民分封給一部分"庶子"(也就是"臣")。受到采地和人民的新領主在他自己境內便成了"大宗"，亦即享有專制權力的"君"，實際上已非他原來宗主所能有效控制的了。這正說明何以周王室東遷之後“禮樂征伐”已不再出自天子；何以在較保守的魯國，魯君的權力下移於原為“小宗”的“三桓”，久之三桓的權力又下移於家臣和邑宰。

另一方面，春秋晚期起，幾大強國的君主採用多種措施——包括促成庶民大規模向自耕農演變的一系列賦役和地權的改革，全民徵兵制度之建立，和從宗法社會遊離出來具有非常才幹的“士”的擢拔重用等等——以削減或剷除各個階層的貴族，以期鞏固國君一元化統治。兩三百年間，“戰國七雄”內部多維度的改革都取得不同程度的成功，而改革最徹底、最成功的是秦國。秦終於在公元前221年征服了其餘六國，把古代中國從封建時代引進入長逾兩千年之久的大一統郡縣制的專制帝國時代。

秦漢大一統郡縣制帝國的出現當然代表封建宗法時代的結束。但從宗法制度的觀點看，秦漢的皇帝可以認為是經過八百年演變之後，全華夏世界碩果僅存的超特級“宗子”。大一統帝國的皇帝是具有半神性的稱號，承襲了與皇帝平行的舊稱號天子，就保留下宗法端尖層機制的樞紐和宗法觀念意識的積澱。

秦祚甚短，姑可不論。西漢大一統郡縣帝國創立之後，皇帝制度有進一步向專制集權演化的需要。東漢末蔡邕《獨斷》：“漢承秦法，群臣上書皆言昧死言”或“言臣某誠惶誠恐，頓首頓首，死罪死罪。”這不過是專制深刻化的表現之一。政治大一統需要新的意識形態來統一思想。武帝登極之後，除採納董仲舒所建議的罷黜百家，獨尊儒術之外，還利用董的政治理論強化專制政體。董仲舒《春秋繁露・立元神》：“君人者，國之元，發言動作，萬物之樞機。”這種君權天授論便成了新的意識形態的重心，而這“新”的意識形態竟與二千餘年的皇帝制度相終始。

《孟子・離婁下》：

人有恒言，皆曰天下國家。天下之本在國，國之本在家，家之本在身(宗子)。

孟子(公元前371-前289)生值宗法社會臨近崩潰之際，但從中國政治文化的觀點看，上引之語是超時代的，既淵源於封建宗法時代，又適用於大一統帝國形成之後的兩千餘年。中國歷史上的“國”是與“家”分不開的(西方則大大不然，近四五百年英文中“state”一詞和法、德、意大利、西班牙等語文中同義之詞都指的是“國”，俱與“家”無涉)。封建制度崩潰以後，中國歷代之“國”，在一定意義之下，是皇“家”所有的；這個皇家之本在“身”，“身”就是全民全天下碩果僅存的“宗子”，也就是至高神“天”的嫡子。開國不久，漢高祖大朝群臣為太上皇祝壽時戲言以天下為產業，大臣們不但不以為異，反而“皆呼萬歲，大笑為樂”。遲至明太祖(1368-98)，祭祖時以天下《賦役黃冊》與魚肉穀蔬並陳。難怪歷代人民心目中都以漢、唐、宋、明為劉、李、趙、朱私家的天下。即使辛亥革命結束了兩千多年的帝制，袁家天下雖未實現，蔣家天下卻在台灣傳了第二代。鄧小平以身作則，使毛澤東宗法大家長兼聖王的最高統治在他身後的中國不復出現，是與世紀之交的世界大勢相應的，但今後中共深層政治意識之中的“宗法基因”能否根除，尚有待事實證明。

IV. 儒家宗法模式的宇宙本體論

“儒家宗法模式的宇宙本體論——從張載的《西銘》談起”(刊於北京《哲學研究》，1998年12期)是採取生平罕用的大題小作法——試以北宋張載《西銘》一文為視窗，上溯至《易傳》與董仲舒，旁涉及二程與朱熹等理學奠基人，以證成鄙說：秦漢以降儒家的宇宙本體論是宗法模式的。設若鄙說確能成立，中外相關學人對儒家學說旨要的若干看法照理就應作一番嚴肅的新反思了。

張載(1020-76)的《西銘》，原名《訂頑》，可能是近千年來最有影響、最廣受讚揚的一篇哲學論文。此文很早就為同時代出生稍晚的程顥、程頤兄弟推崇備至。各種版本的二程文集和語錄及張載文集所輯錄的二程和朱熹等人對《西銘》評讚文辭雖時有出入，但無一不對《西銘》給予極高的評價。眾所周知，唐代韓愈"原道"一文在我國思想史上的重要性，而程頤對《西銘》的評價遠遠超過韓愈的"原道"：

> 孟子之後，只有"原道"一篇，其間言語固多病，然大要盡近理。若《西銘》則是"原道"之宗祖也。"原道"卻只說道元，未到《西銘》意思。據張子厚（張載字）之文，醇然無出此文也。自孟子後，蓋未見此書。（《張子全書》，四部備要本，卷十五，頁1）

朱熹對《西銘》文章義理及結構有特殊的體會：

> 《西銘》前一段如棋盤，後一段如人下棋。《西銘》有個直劈下底道理，又有個橫截斷底道理。（同上書，卷十五，頁4）

六個半世紀以後，在康熙《御製性理精義》的"凡例"中，《西銘》得到官方最權威的重新肯定：

> 張子《西銘》乃有宋理學之宗祖，誠為《語》、《孟》後僅見之書，蓋悉載全文，附以朱子解說，使學者知道理之根源、學問之樞要。

《西銘》是我國近千年來思想方面影響至深且巨的一篇論文應該是並不誇張的史實。更令人驚異的是此文全長不過253字。為了便利分析和討論，我們將《西銘》分成小段，每段加以號碼，徵引如下：

> (1) 乾稱父，坤稱母；予茲藐焉，乃混然中處。故天地之塞，吾其體；天地之帥，吾其性。民，吾同胞；物，吾與也。
>
> (2) 大君者，吾父母宗子；其大臣，宗子之家相也。
>
> (3) 尊高年，所以長其長；慈孤弱，所以幼其幼。聖，其合德；賢，其秀也。凡天下疲癃、殘疾、惸獨、

鰥寡，皆吾兄弟之顛連而無告者也。於時保之，子之翼也。樂且不憂，純乎孝者也。違曰悖德，害仁曰賊，濟惡者不才。其踐形，唯肖者也。知化則善述其事，窮神則善繼其志。不愧屋漏為無忝，存心養性為匪懈。惡旨酒，崇伯子之顧養；育英才，潁封人之錫類。不弛勞而底豫，舜其功也；無所逃而待烹，申生其恭也。體其受而歸全者，參乎！勇於從而順令者，伯奇也。

(4) 富貴福澤，將厚吾之生也；貧賤憂戚，庸玉汝於成也。存，吾順事；沒，吾寧也。

大凡《西銘》的古今讀者類皆對首段大氣磅礴、言簡意賅、天人一體的宇宙論最為傾服。當代畢生從事中國思想史研撰，而卓然獨立於新儒家之外的韋政通先生即認為："《西銘》全文最可貴的是因為它表現了'民，吾同胞，物，吾與也'的博愛精神。人之所以能有這種精神是基於'天地之塞吾其體，天地之帥吾其性'的天人一體的形上肯定。……至於尊高年，所以長吾長；慈孤弱，所以幼其幼，……凡天下疲癃、殘疾，惸獨、鰥寡，皆吾兄弟之顛連無告者也'云云，則是博愛精神的具體說明，也就是能體天之德的表現。這樣橫渠(張載字)使天人合一論不只限於成聖成賢的修養，也包括仁愛與民本精神的發揚，而達成成聖成賢的終極目標。這是一個新的發展。(韋政通，《中國思想史》下冊，台北：水牛出版社，1980版，頁109)

近年，我國梵文、吐火羅等古代語文教研奠基人，學隆望重的清華老學長季羨林教授提到張載的"民胞物與"時，認為"民"決不限於中國人民，而包括全世界人民，"物"包括所有的動與植物；而最重要的是人與萬物之間是一種"伙伴關係"，而不是"征服、被征服"者之間的關係。他認為"這是中、西最大的區別。"(季羨林，"對21世紀人文科學建設的幾點意見"，《文史哲》，1998年第1期）因此，《西銘》不但充分表現至高至大的博愛精神，並且表現出類似莊子《齊物論》式的泛平等精神。

事實上，即使我本人自1948年秋起，在海外講授中國通史四十年之久，也一貫以《西銘》代表傳統儒家天人合一意境與個人修養的高峯。年年在班上解讀《西銘》英文節譯，學生亦每每頷首讚歎；《西銘》一文氣魄和魅力有如此者！《西銘》原文三、四十年代曾在馮友蘭《中國哲學史》中匆匆過目，直到1995年秋較深刻體會出華夏人本主義文化中的"宗法基因"之後，才遲遲發覺《西銘》實是重新瞰窺理學家深層意識的理想"天窗"。

《西銘》文中最刺目的是一向被絕大多數當代思想史學人所忽略的第二小段："大君者，吾父母宗子；其大臣，宗子之家相也。"這段話不啻是張載宇宙本體論宗法模式最坦白而又最直接的供認。"大君"一詞初見於《周易·師卦·上六》："大君有命，開國承家。""大君"指周天子，經過天子策命，諸侯始得"開國承家"。漢武帝時董仲舒於《春秋繁露·郊祭》予以新解："天者，百神之大君也。""大君"一詞於是被抬到無可再高的地位。《西銘》雖將"大君"由"天"挪回到"人"，"大君"一詞所表達森嚴專制的意味就遠非《易傳》中與諸侯分享天下的周王可比擬的了。朱熹註釋"大君"為天人之間的鏈環自是極為正確的："乾父坤母，而人在其中，則凡天下之人皆天地之子矣。然繼承天地，統理人物，則大君而已，故為父母之宗子。輔佐大君，綱紀眾事，則大臣而已，故為宗子之家相。""大君"顯然是一統專制帝國的皇帝，天下唯一最高的"宗子"。以天下為家，以大臣為"家相"，完全是宗法意識。

除了"大君者……"這提綱性的一小段外，《西銘》一文最長的第三段對宗法模式的倫理規範與踐履提供了有力的內證。此段中提到崇伯（禹）、穎考叔、舜、晉獻公的太子申生、孔子弟子曾參和周宣王時代的尹伯奇，或據史實，或據傳說，都作為"孝"的典範。朱熹同時的人就不乏對以上孝之六例，尤其是太子申生，提出質難的。朱熹始終不能給予圓滿的答覆，只能說"人有妄，天

則無妄；若教自家死，便是理合如此，只得聽受之。”(黎靖德編，《朱子語類》第七冊，中華書局版，頁2522)

特別值得當代學人注意的是二程弟子之一楊時(龜山)即對張載“民胞物與”一語極為不滿，認為非儒家正統思想，近於墨子“兼愛”之說。二程雖已加辯正，但朱熹的詮釋和判斷不僅更具權威，而且強調《西銘》文中決無博愛和平等的理念。請讀朱熹《西銘》全文註解完畢之後的“論曰”：

> 天地之間，理一而已。然乾道成男，坤道成女，二氣交感，化生萬物，則其大小之分，親疏之等，至於十百千萬而不能齊也。不有聖賢者出，孰能合其異而反其同哉！《西銘》之作，意蓋如此。程子以為明理一而分殊，可謂一言以蔽之矣。蓋以乾為父，以坤為母，有生之類，無物不然，所謂理一也。而人物之生，血脈之屬，各親其親，各子其子，則其分亦安得不殊哉？一統而萬殊，則雖天下一家，中國一人，而不流於兼愛之弊；萬殊而一貫，則雖親疏異性，貴賤異等，而不牿於為我之私，此《西銘》之大指也。

朱熹對《西銘》的了解遠較無數《西銘》中、英文詮釋者為深刻而正確。試證以張載自己的綜述：

> 天之生物，便有尊卑大小之象，人順之而已。……人與動植之類已是大分不齊，於其中又極有不齊。其謂天下之物無兩個有相似者。(《張子全書》，第五卷，頁2-3)

綜括以上，《西銘》所構繪的宇宙本體論不可能如當代學人所釋，是基於博愛和泛平等的理念的，無疑是宗法模式的。事實上，張載不但對周代宗法制度具有特殊濃厚的興趣，而且很可能是“宗法”一詞的創用者。(參見錢杭，《周代宗法制度史研究》，上海：學林出版社，1991版，“緒論”)《禮記》中的“喪服小記”和“大傳”是研究周代宗法制度的基本文獻，內有大宗、小宗定義，繼承和外遷原則及相關親屬稱謂等等，而獨沒有對全部制度如“宗法”這種概念性的專詞。張載《經學理窟》中“宗法”一文的標題是“宗法”專詞的初見，其文的旨要：

> 管攝天下人心，收宗族，厚風俗，使人不忘本，須是明譜系世族與立宗子法。……宗子之法不立，則朝廷無世臣。且如公卿一日崛起於貧賤之中以至公相，宗法不立，既死，遂族散，其家不傳。宗法若立，則人人各知來處，朝廷大有益。或問朝廷有何所益。公卿各保其家，忠義豈有不立；忠義既立，朝廷之本豈有不固。今驟得富貴者止能為三四十年之計，造宅一區，及其所有，既死則眾子分裂，未幾蕩盡，則家遂不存。如此，則家且不能保，又安能保國家？(《張橫渠先生文集》，卷五，頁13)

張載提倡恢復周代宗法親屬組織自有其社會背景。經李唐三百年世變及黃巢和五代戰亂，中古門第消融殆盡；趙宋開國之後，平民雖可由科舉入仕，但已無世祿可依。這正說明何以范仲淹 (989-1052) 以終身薪俸積蓄創立范氏義莊，計族人口數按月予以補助；這也正是張載“既死，遂族散，其家不傳”感歎的原因。其實張載也明瞭復古之不可能，向朝廷提出的請求也很有限：“不若各就墳家給與 (功臣之後) 田五、七頃與一閒名目，使之世守其祿。不唯可以為天下忠義之勸，亦是忠義者實受其報。又如先代帝王陵寢，其下多閒田，每處與十畝田、一閒官，世守之。” (同上)

張載恢復宗法制度的願望和晚年小規模井田試驗雖都不成功，但他“宗子之法不立，則朝廷無世臣”一語對當時及後世影響甚大。此語在程頤文集和語錄中再三再四的重現；在明清文集中亦不時被徵引而又略加闡發。總之，張載的宇宙本體論和生平思想、行為，甚至願望都是宗法模式的。這應該不是一個有欠公允的結論。理應順便強調一提的是：程頤最為後世所詬病、被認為是最殘忍乏人性的言論：“餓死事極小，失節事極大”的言論事實上是源自張載的。張載論古禮：

> 以義理言，則婦死不當再娶，夫死不當再嫁。當其初娶時便期以終身，豈復有再嫁之事。禽獸猶有不再匹者。男子正為無嗣承祭祀之重猶可再娶；雖再娶，尚謂之繼室。婦人雖至窮，惡(疑係餓之誤)而死，不可也。介甫(王安石字)直謂婦人得再嫁，豈有是理！……今婦人夫死不可再嫁，如天地之大義。……(徵引於衛湜《禮記集説》，台北《四庫薈要》本，卷63，頁20-21)

案：宋代理學家從事講述寫撰之前，幾無不先鑽研《易》理。張載著述中亦以《説易》篇幅最長。《西銘》中宇宙本體論的淵源，無疑是《易傳・繫辭上》開宗明義之語："天尊地卑，乾坤定矣。卑高以陳，貴賤位矣。……乾道成男，坤道成女。乾知大始，坤作成物。乾以易知，坤以簡能。……"可見《周易》由筮法開始哲學化的階段，男尊女卑、貴賤有等的宗法模式宇宙觀已被認為是天經地義。《易傳》成於戰國時代，西周式宗法氏族制度雖已行將瓦解，七強雖日益集權於國君，但大一統郡縣制專制帝國尚未出現。因此，《易傳》宇宙論描繪宗法模式的文字還是比較溫和含蓄。漢武帝登極之後，大一統專制帝國基礎已經鞏固，宇宙論描繪宗法模式的文字便需要更露骨更絕對了。董仲舒《春秋繁露第七十八・天地之行》："是故天執其道為萬物主，君執其常為一國主。天不可不剛，主不可不堅；天不剛則列星亂其行，主不堅則邪臣亂其官。……地卑其位而上其氣，暴其形而著其情，受其死而獻其生，成其事而歸其功，卑其位所以事天也。"

《春秋繁露第十一・五行對》進一步説明，與"天"比，"地"雖然對風雨農穫以及萬物生命所需的供應大有功勞，但是"地不敢有其功，名一歸於天。……故下事上如地事天也，可謂大忠矣。"同書《第四十四，"王道通"三》更把絕對化了的天尊地卑原則應用到君臣關係："是故《春秋》君不名惡，臣不名善。善皆歸於君，惡皆歸於臣。臣之義，比於地；故為人臣者視地之事天也。……惡之屬，盡為陰；善之屬，盡為陽。陽為德，陰為刑。"

從這種宇宙論得出"善皆歸於君，惡皆歸於臣"的政治概念，逐步導致出"臣罪當誅，君王聖明"這類政治踐履。儘管張載的《西銘》成功地把宗法倫理提升到宇宙本體論的高度，儘管《西銘》乍讀之下給人以普泛仁愛的感覺，他理論的深層宗法意識與董仲舒的理論並無二致。董、張二儒雖相隔千年之久，但《春秋繁露》和《西銘》寫撰的動機是大體相同的。張載宇宙本體論的宗法模式既與《易傳》及董仲舒一脈相承，而《西銘》又是歷經二程、朱熹、王廷相、王夫之、戴震等哲人以至帝王儒士一致讚揚朗誦的文章，我們縱觀的總結——兩千年來覆載儒家思維框架是宗法模式的——應該是大體正確的。宗法是民主的悖反，其理至明。如果我的推論尚無大誤，當代第二、三代新儒家及其海內外唱合者認為傳統儒家理論中有民主的源頭活水的看法，照理就很難成立了。治學方法上，極大多數的當代新儒家和我見解的主要差別是由於彼此專業性質的不同。前者例皆注重詮釋《西銘》詞語表面普泛仁愛，甚至"齊物"、"平等"的一面，而以考證歷史真實為己任的歷史學家，必須探索《西銘》冠冕堂皇詞語深層意識中，為專制帝王合法性 (legitimacy) 的形上辯護。

再則，歷史學家無法也決不應該無條件地接受哲學家超常的傲慢與自負，如張載所表達而竟為後世所備極推崇的抱負："為天地立心，為生民立命，為往聖繼絕學，為萬世開太平。" (我一生尊敬的馮友蘭先師仍是以張載的抱負作為他自己的抱負。) 只有真正具有安全感的超級哲學家及社會實踐者如朱熹，始能私下坦誠招出："堯、舜、三王、周公、孔子所傳之道未嘗一日得行於天地之間也。" (《朱子全書》，《四部備要》本，卷36，頁21上，"答陳同甫") 這正是朱熹對聖賢理論與長期歷史實踐間存在相當嚴重差距的銳敏而又深刻的體會。這也正是我近十年來對傳統中國文化中"宗法基因"一再深索的原因。

V. 攻堅與翻案：有關《孫子》、《老子》的三篇考證

自從1936-37年在北平清華選讀馮友蘭先生的《中國哲學史》這門課之後，一直了解先秦思想史上最基本的爭辯莫過於老子的年代。記得羅根澤主編《古史辨》第六冊，1936年的序言中已綜結指出"除非將先秦的學術束之高閣，否則這個(老子年代)問題如不解決，一切都發生障礙。"我1990年第二次退休之後，也一直以這個關鍵性問題為最頑強難攻的堡壘。有幸的是，由於動手晚，個人研究自始即受益於近三十年來山東臨沂銀雀山漢墓中出土的大量兵書及殘簡，和長沙馬王堆漢墓中出土的帛書《老子》及其他古籍的發現與國際學人的初步研究成果。泛讀冥想，使我深深覺得《孫子》、《老子》在很大程度上確似有特殊親緣關係，問題在考證孰先孰後。

(一)《孫子兵法》成書早於《論語》

我國古籍，先經秦火，再因歷代迭有佚失，以致近世專攻圖籍目錄諸學人無不公認《論語》為傳世文獻中最古的私家著述；其中雖雜有孔子弟子，甚至再傳弟子的筆墨，但全書大都代表孔子的思想和言論。已故楊伯峻教授在《論語譯註》"導言"中的看法——《論語》的着筆開始於春秋末期，而編輯成書則在戰國初期——是當代學人所一致接受的。

我1999年冬刊出"中國現存最古的私家著述：《孫子兵法》"，文中斷定這部軍事名著是吳王闔廬三年(公元前512年，時孔子年四十)孫武被召見前已經撰就的，故其成書早於《論語》至少半個世紀。這項結論如果今後被普遍接受，我國學術、書籍、目錄學史上就必須要做重定座標的工作。但更重要的是在肯定《孫子》遠較《老子》為早，所以在辯證思維的傳承上《老子》無疑是深受《孫子》影響的——這是一項基本性的翻案。

拙文的結論是根據兩組考證：一、澄清歷代學人對《孫子》書中涉及的若干事物的春秋屬性的懷疑，以堅實的文獻和考古資料說明如“出師十萬”、“出征千里”這類行軍規模，“五行”、“無常”這類理念，“四帝”、“黃帝”這類專詞，無一不是在春秋晚期早已存在或正在流行的。事實上，對《孫子》越做深入的研讀越深信它的春秋屬性。

二、從銀雀山兵家殘簡中的《吳問》篇探測《吳問》和《孫子兵法》十三篇的成書年份。《吳問》的主要內容是吳王闔廬和孫武的問答：

> 吳王問孫子曰：“六將軍分守晉國之地，孰先亡？孰固成？”孫子曰：“范、中行是(氏)先亡。”“孰為之次？”“智是(氏)為次。”“孰為之次？”“韓、魏為次。趙毋失其故法，晉國歸焉。”

由於近年我在《左傳》中重作少年遊，頗有感悟：預測諸侯世卿的吉凶成敗，不但是春秋列國菁英經常政治工作的組成部分，而且往往是內政外交決策的重要參考。因此拙文《吳問》專節扼要追析闔廬即位前數十年晉國郤、欒等強宗大族首遭滅亡之由，諸卿室間系列鬥爭及兼併經過，以及趙氏一族深得國內民心和國際重視同情之故。闔廬即位之年(前514)“秋，晉韓宣子卒，魏獻子為政，分祁氏之田以為七縣，分羊舌氏之田以為三縣。”這新改成的十縣由僅餘的六卿族中的“餘子”充任縣大夫。這項土地、權利集中於六個卿室的事實，和六卿室間繼續鬥爭兼併的趨勢，是決不會不引起列國菁英注意的。

次年(前513)晉國又發生了一件使列國菁英更為震驚的大事。《左傳·昭公二十九年》：

> 冬，晉趙鞅、荀寅帥師城汝濱，遂賦晉國一鼓鐵，以鑄刑鼎，著范宣子所為刑書焉。

《左傳》並載有孔子和晉大夫史墨即刻的反應。孔子的感歎與二十三年前晉叔向責問鄭子產之頒刑書如出一轍，都代表正統保守人士對舊制度行將崩潰的不安和悲傷，姑可不論。晉史墨的反應及預言卻極重要：

> 蔡史墨曰："范氏、中行氏其亡乎！中行(荀)寅為下卿，而干上令，擅作刑器，以為國法，是法姦也。又加范氏焉，易之，亡也。其及趙氏，趙孟(即趙鞅)與焉，然不得已。若德，可以免。

《左傳》昭公二十九年(亦即闔廬二年)的記事，特別是所載史墨之言是考證《吳問》年份的瑰寶。史墨是當時最博學多聞、最富智慧的晉國大夫。最可貴的是他的感言和預測——范、中行氏先亡，趙氏如不失德，"可以免"——竟與孫武的預測幾乎完全相符。這就有力地説明孫武預測中靈驗與不靈驗的部分，都代表春秋末葉一般菁英的共識和同感。深悉晉國內情如史墨者尚且相信趙氏"可以免"，孫武對趙氏遠景估計過高的錯誤是不難理解的。更可貴的是《左傳》繫孔子及史墨之言於昭公二十九年之末，緊接着"冬"晉鑄刑鼎簡要記事之後。這充分表明此二哲人的反應和預測是即刻的，並暗示這種反應的"即刻性"決不限於魯、晉兩國。眾所周知，《春秋左傳》記事以魯為"主"國，此外較詳於久霸的晉國。我們有理由相信雄才大略的吳王闔廬對重要盟國所發生一系列重大事件，絕不會不立即有所反應的。因此，《吳問》正是他即刻反應的記錄，是幸而因有《孫子》才得保留至今的。所以現存的《孫子兵法》和《吳問》都是撰成於闔廬召見孫武之年——公元前512年；不過《孫子》撰就於召見之前，而《吳問》所記則成於召見之後。

《孫子兵法》成書年份既經考訂，中國典籍、目錄諸學，學術哲學諸史理應重定座標。重定座標勢必引起一系列的學術翻案，其中可預期令人最驚訝的將是《老子》辯證思維衍生於《孫子》的這項論證。

(二) 從司馬談、遷考訂老子年代之“晚”

《史記・老子、韓非列傳》對老子其人保留了種種不同的傳說，但也有一項極具體的記載是所有研究老子的古今中外學人不能忽視的：

> 老子者，楚苦縣厲鄉曲仁里人也。姓李氏，名耳，字聃，周守藏室之史也。……老子之子名宗，宗為魏將，封於段干。宗之子注，注子宮，宮玄孫假，假仕於漢文帝。而假之子解為膠西王卬太傅，因家於齊焉。

這項記載在全部《史記》中有其特殊性。《史記》所有帝王將相辯士哲人傳記中言及籍貫，從來沒有像老子鄉里陳述那樣詳細的；也從來沒有講到這麼多世代的後裔的；更從來沒有陳述到健在的八世孫的具體官職和年份的。《史記・漢興以來諸侯王年表》於文帝前十五年（前165）自原來的齊國分出膠西國，國王卬，至景帝三年（前154）因參加吳楚七國叛亂被誅，所以老子八世孫李解充任膠西國王卬的太傅共十一年（前165-前154）。評估這歷時二百餘年的老子後裔世譜是否可信，必須先行探測它最可能的來源。

思想史界學人幾無不同意全部《史記》中最系統、最深刻、最精彩、最權威的論文之一是司馬談的“論六家之要指”。司馬談不但首次鑄出“道家”這一學術流派的專詞，他本人就是造詣極深的“道德”學家。歷史考證不能像科學那樣可以一再由試驗中證實，而不得不接受史料中所呈現的時間、空間、人事因緣方面的約限。正是在接受這三種約限的前提下，才能證明《史記》中的老子後裔世譜應是青年司馬談親自從李解得來的，所以史料價值極高。《史記・太史公自序》中說明“太史公（司馬談）……仕於建元、元封之間（前140-前110）”，卒於公元前110年而未言及出生之年。“自序”中言及司馬談七代祖先及其官職。試從備有具體年代的曾祖司馬昌下推，姑以三十年為兩個世代年齡平均的差別，這是有鑒於古代嬰兒死亡率高，每代祖先未必個個是頭胎出生的男孩。照此估算，司馬談應出生於漢文帝即位(前180)左右，其青少年(約前165-前155)正值黃、老"道德"之學的政治影響鼎盛的文、景之世。呂紹綱主編《周易辭典》(吉林大學出版社，1992，頁455)，估司馬談生於前190年，這估計當然也在情理之內。但司馬談如果真已是八十衰耄之人，不見得還會像"太史公自序"裏所述"是歲(前110)天子始建漢家之封，而太史公(司馬談)留滯周南，不得與從事，故發憤且卒。"所以幾年前與漢史權威勞榦兄電話長談中，我們都覺得司馬談卒年七十較為合理。

結合《史記》"太史公自序"和"儒林列傳"，司馬談青年時代學《易》於楊何，習"道論"於黃子。楊何在公元前134年被召長安以前，一直在菑川收徒講學。黃子亦齊人，《史記》雖未明言其鄉里，而漢初黃老之學重心自膠東高密移至膠西是肯定無疑的。文帝十五年(前165)從齊國分封出來的六個新國中的甾川和膠西都毗鄰淄水，不但兩國國都皆在五、六十公里半徑之內，而且整個小區域可目為當時全國第一學術重鎮。青年司馬談之所以能打下深厚的學術基礎，正是他能如西諺所云："躬飲於泉之源。"重要的是，即使以上所估司馬談生平上下伸縮幾年，還是與李解之任膠西國王卬太傅十一年重疊好幾年，因此我們可以深信司馬談留學齊都的三四年內，定有機會以周、秦、漢世宦之裔的身分晉謁李解。"老子列傳"陳述李耳籍貫鄉里之詳，列舉李耳後裔以至仍然健在的第八世孫李解在全部《史記》中是獨特的，這項獨特的史料只可能是青年司馬談親獲自膠西王卬太傅李解的。根據這項老子後裔世譜，姑按每兩世代相隔三十年估算，李耳約生於公元前440年左右，較孔子之生晚111年，較墨子之生約晚40年。堅信較孔子稍早之老聃即老子者，如已故徐復觀先生及若干位健在的學人，多根據孫子後裔世譜中"玄孫"一詞的異解。為讀者方便，《史記》原文節引如下：

老子之子名宗，宗為魏將，封於段干。宗之子注，注子宮，宮玄孫假，假仕於漢文帝。而假之子解為膠西王卬太傅，因家於齊焉。

他們根據王引之《經義述聞》，“玄孫”可作“遠孫”解。這正如卜辭中的“高祖王亥”只能作“遠祖”解，因為亥決不止是成湯四代前的祖先。玄孫如果真作遠孫解，那麼《史記》老子後裔世譜就不限於九世(連老子本人在內)，就可更望上推幾代，直推到老子略早於孔子。可是這一學派忽視了《史記》老子後裔世譜中最具體而又最強有力的反證：“老子之子名宗，宗為魏將”。公元前453年韓、趙、魏共滅智伯，三分晉國領土，公元前403年韓、趙、魏始列為諸侯。所以這個“魏”字正卡住瓶頸，使老子無法上推。

拙文“司馬談、遷與老子年代”問世之後，有特約讀者來信，認為以三十年一世代作為推算原則應該寬鬆一些；也有讀者認為以二十五年作推算原則或更好些。我非常重視這些建議。事實上我本來覺得通常以二十五年為一平均世代是很合理的；我文之所以以三十年為一世代，原因有三：一、《史記・孔子世家》自孔子至孔安國十二代的確平均兩代之間相隔三十年(29.4年)。二、如果採取二十五年為一世代的話，老子的年代就會推得更晚，絕不會更早。他的生年就要從公元前440年左右下移到公元前400年左右了。三、我很尊重司馬談對黃老學派源流傳承的陳述和案語。例如《史記・老子列傳》中附及申不害：“……學術以干韓昭侯，昭侯用為相。內修政教，外應諸侯十五年(前355-前341)。終申子之身，國治兵強，無侵韓者。申子之學本於黃老而主刑名。”老子果真晚到公元前400年出生，他的學說是否能早年即已形成，並業已相當廣泛流傳到青壯年的申不害，便很成問題。我數十年來內心總認為申不害相韓，是老子學說形成及初期傳播較可信的下限。總之，無論如何“彈性”地以《史記》老子後裔世譜推估老子的生平，結果只會晚於公元前440年左右，不可能向上推得更早。孫武大體與孔子同時，其《孫子兵法》成書於公元前512年，較《論語》的成書至少早半個世紀，較墨子的出生早三十多年，較根據《史記》老子後裔世譜所估的李耳出生早七十多年，較近年發現最早的郭店竹簡《老子》上、中、下三篇要早至少150年以上，更不必提今本《老子》更晚的成書年代了。

如果我的推論——老子後裔世譜是司馬談青年留學淄川、膠西親自獲得於李解的——並無大誤，何以半個多世紀以後司馬遷寫纂"老子列傳"的時候不但不能說明此項資料的來源，而且並列種種自我懷疑更令人迷惑的傳說和奇想？這確是中國學術史上兩千年來最難答覆的問題。但我們仍然必須從兩方面去理解：何以對老子後裔世譜的資料來源司馬談必須長期保持緘默？何以即使父子之親也無法保證學術傳承定無自然和人為的梗塞？

案：景帝三年(前154)吳、楚七國叛亂是西漢劃時代的大事。叛亂的主謀是吳王濞，但膠西王卬實居第二領袖地位，正月間已"誅漢吏兩千石以下"。二月中，吳王兵既破，敗走，於是天子制詔將軍曰："……今卬等又重逆無道，燒宗廟、鹵御物，朕甚痛之。朕素服避正殿，將軍其勸士大夫擊反虜。擊反虜者，深入多殺為功，斬首捕虜比三百石以上者皆殺之，無有所置。敢有議詔及不如詔者皆要(腰)斬。"這是最嚴酷、牽連最廣的一次誅殺。負有輔導膠西王卬責任的太傅李解之遭族誅應是不辯的事實。凡與李解生前有過交往之人，為自全計，唯有諱莫如深。

當司馬談任太史令期間，先有主父偃那樣專事刺探諸侯王、以至儒臣如董仲舒等私隱冀興大獄的陰謀家，繼有趙禹、張湯那樣酷急刻深、尋端窮治的執法大臣，和一系列陰騖嗜殺如寧成、義縱、王溫舒等酷吏型太守。在張湯任廷尉和御史大夫備受武帝寵信的十一年間(前126-前115)，淮南、衡山、江都三王反跡查明即一一株連數萬人之多。丞相李蔡得罪自殺，丞相莊青翟下獄死；自公元前119年初專緡錢，由於政府鼓勵告密，未數年"商賈中家以上大率破〔產〕"。甚至以廉直聞於當世的大司農顏異，亦難免為張湯以“腹誹”之罪論死。是以張湯本人於公元前115年初有罪自殺，“而民不思”。最後分析，一系列冤假錯案的始作俑者是漢武帝本人。在帝王專制不斷深化的過程中，司馬談不得不謹言慎行，對青年時代與李解的交誼長期保持緘默。

至於司馬談、遷父子之間史料傳承偶或不免脱節問題，我們必須繼一代大師王國維之後重新考定司馬遷的生年，以及父子之間年齡差距之大。案：“太史公自序”明言司馬談“卒三歲(前108)而遷為太史令。”唐司馬貞“索隱”引晉《博物志》：“太史令茂陵顯武里大夫司馬遷，年二十八，三年六月乙卯除，六百石。”這是標準的極可信的漢代公文格式。準此則司馬遷應生於武帝建元六年(前135)，司馬談卒於前110年，司馬遷二十六歲。拙文推司馬談生於公元前180年，故司馬遷出生時司馬談已年四十有六。而王國維在其早年“太史公行年考”長文中卻採取唐張守節“正義”註：“遷年四十二歲”説，自始即認為司馬貞引《博物志》中“年二十八”之“二”必係“三”轉鈔之誤，故斷定司馬遷生於景帝後五年(前145)，兩説相差十年。王説影響極大，向為海內外所接受。其實對王説最簡單、最直接、最有力的反駁就是司馬遷晚歲“報任安書”中的陳述：

> 僕今不幸，蚤失二親，無兄弟之親，獨身孤立。

《禮記・曲禮上》：“三十曰壯，……四十曰強。”如果父母喪於本人三十六歲由壯而強之齡，絕對無法解為“早失”。司馬遷是獨子這一事實，大有裨於了解司馬談對他青年時代教育籌劃之備極用心。

王國維“太史公行年考”的“致命”弱點只有從細讀“太史公自序”才能暴露：

> 遷生龍門，耕牧河山之陽。年十歲則誦古文。二十而南遊江淮，上會稽，探禹穴，闚九疑，浮於沅湘；北涉汶泗，講業齊魯之都，觀孔子之遺風，鄉射鄒嶧；厄困

> 鄱、薛、彭城，過梁楚以歸。於是遷仕為郎中，奉使西征巴蜀以南，南略邛笮、昆明，還報命。是歲天子始建漢家之封，而太史公留滯周南，不得與從事，故發憤且卒。而子遷適通使反，見父於河洛之間。太史公執遷手而泣曰：……

王國維在長文裏開頭雖可主觀強以公元前145年為史遷生年，但對"太史公自序"中南遊的年歲(二十歲)和司馬談的卒年(前110)不能拋棄不顧，所以無論如何支吾曲解，也無法將"自序"中五年(特別是由公元前111年奉使西南夷按"自序"原文向上下推)間川流湍急的具體記事拖緩拉長到十五年。由於王國維非把"二十而南遊江淮……"上移十年至元朔三年(前126)，所以此後十五年間(前126-前111)完全列不出司馬遷逐年的具體事件和活動。內中有十年連年份都不列，完全是空白；有三年討論的對象不是司馬遷各該年份的具體活動，而是司馬遷一生足跡所至諸地和朝廷籌備封禪前夕儀節的討論。

我多方考證的結果是：司馬遷生於公元前135年；十歲到長安，從父讀書並開始誦古文；此後至南遊的十年間是奠定一生學問基礎的期間，除從父親學習外，並有充分機會向古文權威孔安國和一代鴻儒董仲舒等請益(考證複雜，請參閱已刊拙文"司馬談、遷與老子年代")；前116年二十南遊江淮，北返應為前115或前114年；隨即應太常試取高第為郎中；前111年奉使出征西南夷；次年前110年春遄返河洛親聆司馬談病床遺囑，立志繼父為太史令，以竟司馬談未能完成的偉大"通史"編纂鴻願。

拙文擇要考定司馬遷的生年，重建他少青年教育、南遊、初仕、出征、遄返河洛，泣聆父訓，目的是為了說明在寶貴而短暫的二十五年中，司馬談為早慧的獨子精心所擬廣義人文教育(包括行萬里路)的綱目裏，實在安插不進一條孤零零個別底註性的原始史料。何況吳、楚七國亂平之後，種種政治顧忌使司馬談對獲自李解的老子後裔世譜不得不長期保持緘默？！司馬談彌留之前又怎能單單記得補提這項史料的來源？所以半個多世紀以後，司馬遷遵父遺囑着手纂撰《史記．老子列傳》的時候，對李解先世譜系的來源已模糊不清，只好遵循史家"信則傳信，疑則傳疑"的原則，與先秦有關老聃的種種傳説異聞一併為後世保留在"老子．韓非列傳"之中。

與本題息息相關的另一長期迷惑亦需試求解答。案：哲學思想方面，《老》、《莊》為魏晉玄學之所本，無待多言。宗教方面，老子自始即被東漢後期所建立的道教奉為至上之神"太上老君"，《道德經》即被奉為最主要經典。政治方面，老子不但被北魏君主所尊崇，更為李唐皇朝奉為直系遠祖，封為"太上玄元皇帝"。北宋真宗、徽宗等帝對老子的尊崇不亞李唐。老子在思想、宗教、政治等方面既享有如此崇高的地位，何以自司馬遷以後，從未有任何官方文獻及私人著述言及老子後裔這一長期困惑？事實上李唐對訪求老子後裔曾屢度作出最大的努力。唐高宗曾親至亳州，幸老君廟，求老子後裔不可得，只好以男女道士視為"宗人"，隸宗正寺，班在諸王之次。唐玄宗也以道士、女冠隸宗正寺，享受宗室待遇。這樣如此渴求老子後裔，不得已繼以男女道士充宗室這種極不尋常的措施，正是老子後裔久已不復存在的最有力旁證。但最直接的證據仍是《史記．老子列傳》："〔李〕解為膠西王卬太傅，因家於齊焉"原語。最後一句尤其耐人尋味，若非青年司馬談確曾晉謁李解並有問學私誼，決不可能知道，亦無必要特別説明"因家於齊焉"。公元前154年春吳、楚七國叛亂尚未敉平之際，景帝已制詔將軍對膠西王卬臣屬"深入多殺為功，斬首捕虜比三百石以上者皆殺之，無有所置。敢有議詔及不如詔者皆要斬。"太傅李解及其家屬焉能倖免？漢唐八百年間相關史料的結合不啻明示後世：老子之澤，九世而斬！所以從任何角度去評估，青年司馬談親獲於齊都的老子後裔世譜的史料價值，都是可以得到肯定的。因此屢度反思之後，我認為從司馬談青年教育入手，確是打通歷史和哲學方面一條兩千年古老"死胡同"的有理有據的嶄新思路。

(三)辯證思維：《孫》為《老》祖

以上兩文，前者斷定《孫子》成書最早，後者考訂老子其人晚於孔、墨(孫武與孔子大體同時)；即使當代極端崇《老》學人相信孔子曾問禮於老聃者，亦不得不承認《老子》成書必晚至戰國之世，故《老子》書中辯證詞組及論辯方法大都衍生於《孫子》一事，本應係不爭之論。不幸的是，兩千餘年來，在重文輕武，儒家倫理、老莊玄學支配的思想環境之中，孫子其人其書飽受哲人儒士漠視、懷疑與毀謗。即使集心性大成而又知兵的王陽明都認為《孫子》"煉字煉句，逼真《老子》書"。當代郭沫若的看法更具有代表性：

> 《孫子兵法》是稍後於老子的一部傑出的古代軍事著作，相傳為孫武所作。孫武，齊人，活動於春秋晚期，做過吳國的將領。他所著的《孫子兵法》，發展了老子的軍事思想，為後來兵法家前驅。(郭沫若主編，《中國史稿》第一冊，北京：人民出版社，1976，頁376-377)

即使與郭沫若看法完全相反的錢穆，在《古史辨》第六冊中亦明言"《老子》五千言潔淨精微，言無枝葉"，從文字文句求證《老子》之"偽出"或晚出是異常不易的工作。但這項第一步艱難的工作必須要做，唯因篇幅有限，只能選析數例。《孫子・勢篇》：

> 凡戰者，以正合，以奇勝。故善出奇者，無窮如天地，不竭如江河。終而復始，日月是也；死而復生，四時是也。聲不過五，五聲之變，不可勝聽也；色不過五，五色之變，不可勝觀也；味不過五，五味之變，不可勝嘗也；戰勢不過奇正，奇正之變，不可勝窮也。奇正相生，如循環之無端，孰能窮之？

先從"奇正"一詞談起。"奇正"出於孫子，不見於《論語》、《墨子》、

《吳子》(起)、《司馬法》、《商君書》、《孟子》、《左傳》、《國語》、《莊子》、《荀子》，而僅見於《老子》。即此一端已可見《孫》、《老》關係之密切。更有意義的是：《孫子》奇正之論雖如神龍變化無窮，其應用要不出軍事範疇。而《老子》(五十七章)："以正治國，以奇用兵"，已由"用兵"擴展而包括"治國"了。這種由軍事提升到政治的論點，對戰國中晚期一系列托古的"陰謀書"如《伊尹》、《太公》、《辛甲》、《鬻子》等甚有影響。班固在《漢書 · 藝文志》裏如何處理"兵權謀家"值得仔細分析。班固的辦法是先列舉以《吳孫子兵法》為首的"兵權謀十三家"，以明示《吳孫子》時代之早及其在學派中的宗師地位。由於體裁和篇幅都不允許詳述此類兵書自孫武至西漢末性質和內容的演變，所以他只能以"歷時"(diachronic)的方式作儘量精簡的綜述："權謀者，以正治國，以奇用兵，先計而後戰，兼形勢，包陰謀，用技巧者也。"這十三家中當然沒有被認為"道家"之宗的《老子》，但《老子》論兵上承《孫子》，下啟來者的樞紐地位，卻在班固的綜述中得到最確鑿的詮證。

我們再將《老子》(十二章)："五色令人目盲，五音令人耳聾，五味令人口爽(傷)"和上引《孫子 · 勢篇》相關詞句比較。文字文句上《老子》襲取《孫子》而加以改造，至為明顯。"尚五"的觀念起源甚早，至春秋幾已滲透社會生活的各各方面，如"五味"、"五聲"、"五色"、"五方"、"五神"、"五祀"、"五正"、"五牲"、"五穀"、"五臟"、"五星"、"五刑"、"五兆"、"五兵"等等。特別值得一提的是，當春秋晚期人士如孫武及其同時的晉國著名大夫史墨等闡發"五"的積極功能，及其深厚多維文化意蘊的語言裏，充滿了欣悦與讚歎，而今本及近年發現的郭店楚簡《老子》書中卻對五色、五音、五味表示消極甚或警告的態度——這和《老子》反儒家仁、義、禮、智和反對墨家的尚賢的態度是一致的，也正是《老子》思想體系形成之晚的明證之一。

再如《老子》(三十一章)："……君子居則貴左，用兵則貴右，兵者不祥之器，不得已用之。……吉事尚左，凶事尚右。偏將軍居左，上將軍居右。言以喪禮處之，殺人之眾，以悲哀泣之，戰勝以喪禮處之。"這段文字不但見於馬王堆帛書《老子》及現存諸本，又出現於郭店楚簡《老子》，故説明兵事自始即在《老子》治術中佔有重要地位。更重要的是，戰國時期"禮崩樂壞"加速過程中，一批因特殊才幹和機遇而躋身卿將之士，最注重遵守標榜他們得來不易的崇高身分地位的朝禮、祭禮和喪禮。《老子》此章中這些文武、左右、吉凶、喪葬諸禮正反映戰國時代"新貴"的社會心理。而"偏將軍"、"上將軍"又是戰國期間才開始成為正式官銜的。這些官銜和《老子》(二十六章)效《孫子》論輜重的重時所提到的"萬乘之主"等稱謂，都露出戰國時代的烙印。

其實《老子》書中最能顯露戰國時代烙印的是最基本的政治稱謂，帛書和簡本《老子》都不例外，但我們的統計卻不得不根據今本。如《孫子》全書一貫稱諸侯(共十見)，其餘泛稱"君"或"主"。而《老子》卻稱"侯王"(四見)及"王"(六見)。這正反映公元前344年魏惠王始稱王，齊、秦、韓、趙、燕、中山諸國隨即相率稱王；所以《老子》不再用"諸侯"而改用"侯王"一詞。再則與"侯王"稱謂息息相關的鬥爭對象，已不限於《孫子》春秋晚期的列"國"，而擴展到"天下"(今本《老子》共五十一見)。雖然半數以上"天下"一詞用在哲學及形上的闡發，但用於政治及軍事鬥爭方面的也不少，尤其是前後四見的"取天下"的口號和意涵，是春秋晚期《孫子》書中所尚未有的觀念。現存最早的郭店楚簡《老子》(十五)："天大，地大，道大，王亦大。國中有四大安，王居一安。"這種與天、地、道並大的"王"，也是春秋晚期《孫子》成篇之時所不可能有的理念；它的出現相當於孟子(前371-前289)當戰國中期之末所企盼的，能使天下"定於一"的一等強國的國王。

文字、章句、制度、稱謂之外，從方術、養生、神仙之術方面也可以找到《老子》成書於戰國的啟示。例如今本《老子》：

> 蓋聞善攝生者，陸行不遇兕虎，入軍不被甲兵。兕無所投其角，虎無所用其爪，兵無所容其刃。(五十章)
>
> 含德之厚，比於赤子。毒蟲不螫，猛獸不據，攫鳥不搏。骨弱筋柔而握固。(五十五章)

以上所引兩段，除文句略有不同外，亦見於竹簡及帛書《老子》。可見到了戰國中期，這種濫觴於古代巫術、方技、新興的養生、神仙之術的概念和修煉已經形成了雛形的"避兵術"了。《漢書・藝文志》兵書著述列於"權謀"、"形勢"之後的"陰陽"類中最後的一書《辟兵威勝方》就是明證。班固綜結："(兵)陰陽者，順時而發，推刑德，隨鬥擊，因五勝(行)，假鬼神而為助者也。"《孫子兵法》在最後第十三篇"用間"中強調："故明君賢將，所以動而勝人，成功於眾者，先知也。先知者，不可取於鬼神，……必取於人。"這又是孫武的著述遠早於戰國、秦、漢"兵陰陽家"及其同期相關著述的另一明證。

除了直接從《孫子》、《老子》兩書的文句、術語及不時涉及的制度、稱謂等探索孰先孰後之外，更有效的辦法是《孫》、《老》的有些概念和理論，分別與早期儒家的"仁義"和墨家的"尚同"、"尚賢"等中心思想作一扼要的比較。孔子倫理、社會、政治思想的核心是"仁"，"仁"幾乎包括所有的"道德"如禮、義、忠、信、恕、恭、寬、敏、惠、直、孝等，是一切內在道德動力的總匯。《老子》對仁、義、智、聖、孝、慈都加以攻擊，並痛斥"禮"為"忠信之薄而亂之首"。針對墨子的"尚賢"，《老子》大倡"不尚賢，使民不爭。"雖然郭店楚簡及馬王堆帛書《老子》詞句與今本有同亦有小異，但只是程度上的分別，基本上對孔、墨都表示強烈的反對。反命題必然後於命題才出現是思想史研究上的鐵律，《老子》之相對之"晚"是不爭之論。

至於我國古代辯證法思維的源頭深藏在《周易》之中。《易》雖原係卜筮之書，但內中蘊藏着豐富的哲理。六十四卦"乾坤居首，其餘六十二卦兩兩比鄰，不反則對，全是按此規律排列(金景芳，《周易講座》，吉林大學出版社，1987，頁5)。這部至晚成於殷周之際的卜筮專書中暗藏着矛盾對立，而又互相依存，互相轉化的辯證關係有待後世名卿哲士去闡析。《左傳》中雖從春秋早期即有以"德刑"、"剛柔"等對立概念應用於人事之例，但大規模辯證詞組及其充分利用則始自與孔子同時的孫武，後百餘年始出現於《老子》。《孫》、《老》辯證傳承之例不勝枚舉，不妨從朱熹最尖銳而不失中肯的觀察入手。《朱子語類 · 老氏》開卷語：

> 康節(邵雍，1011-70)嘗言老氏得《易》之體，孟子得《易》之用，非也。老子自有老子之體用，孟子自有孟子之體用。"將欲取之，必固與之"，此老子之體用也。存心養性，充廣其四端，此孟子之體用也。

朱熹所引兩句《老子》出於今本三十六章：

> 將欲歙之，必固張之；將欲弱之，必固強之；將欲廢之，必固興之；將欲取之，必固與之。

《老子》這段最為後世認為"兵書"的名句，試與《孫子兵法》作一比較：

> 兵者，詭道也。故能，而示之不能；用，而示之不用；近，而示之遠；遠，而示之近；利而誘之，亂而取之，實而備之，強而避之，怒而撓之，卑而驕之，佚而勞之，親而離之，攻其無備，出其不意。此兵家之勝，不可見傳也。("計篇")
>
> 故善動敵者，形之，敵必從之；予之，敵必取之。("勢篇")

前者衍生於《孫子》論兵指要，實至明顯；但其應用範疇自軍事擴展提升到政治及人生哲學則是《老子》的貢獻；所以洞察力極強的朱熹獨獨以最能代表兵家精髓的名句作為《老子》之體用——這是何等權威的思想核酸遺傳“基因”的鑒定！

另一顯示《孫》、《老》思想特殊親緣關係的是出自行為主義的愚民政策。當代學人中，尹振環先生在其十八年心血結晶的《帛書老子釋析》(貴州人民出版社，1998，頁170)，特別提出愚民主張不見於《尚書》之“虞夏書”、“商書”、“周書”以及《左傳》、《國語》等史籍，而獨見於《老子》。案：人類史上最先以“行為主義”心理學原則整兵治國者是《孫子》，柔化和緣飾《孫子》坦白冷酷愚民語句最微妙、最成功的是《老子》。

《孫子》開卷的“計篇”：“道者，令民與上同意也，故可以與之生，可以與之死，而不畏危。”全書一再發揮平時愛護獎勵士卒的必要，用當代心理學術語詮釋，就是要繼續不斷地用“積極強化 (positive reinforcement)”的手法養成士卒以身許國、視死如歸的習性。“地形篇”：“視卒如嬰兒，故可與之赴深谿；視卒如愛子，故可與之俱死。“九地篇”有更系統的討論：

> 將軍之事，靜以幽，正以治。能愚士卒之耳目，使之無知；易其事，革其謀，使人無識；易其居，迂其途，使人不得慮。帥與之期，如登高而去其梯；帥與之深入諸侯之地而發其機，焚舟破釜，若驅群羊，驅而往，驅而來，莫知所之。聚三軍之眾，投之於險，以謂將軍之事也。

正如《老子》將《孫子》專用於兵事的“奇正”之論提升擴大到全部“治國用兵”，《老子》把《孫子》愚兵的理論和實踐提升擴大到愚民。如：

> 是以聖人之治，虛其心，實其腹，弱其志，強其骨，常使民無知無欲。(三章)
>
> 古之善為道者，非以明民，將以愚之。民之難治，以其智多。故以智治國，國之賊；不以智治國，國之福。知此二者亦稽式也。常知稽式，是謂玄德。玄德深矣，遠

> 矣，與物反矣，然後乃至大順。(六十五章)

誠然，《論語・泰伯篇》孔子也說過類似的話："民可使由之，不可使知之。"法家如商鞅，相傳亦曾對秦孝公講過："民不可與慮始，而可與樂成。"即使現代西方民主國家的統治階層依然有必要用種種方法麻醉人民，使人民不去深刻分析政治意識與現實之間的差異。不過在愚民理論上，《孫》、《老》親緣關係之所以特別明顯，是因為他們都出自置道德是非於不顧(amoral)，非常徹底的行為主義觀點。這點上《孫》、《老》如仍有不同的話，那是因為前者語言坦率無隱，有如對心理學實驗室白鼠群而發，而後者同樣冷酷的心腸卻是用清靜、無為、"玄德"等清高的哲學語言來表達。西漢末嚴遵(君平)在所著《道德真經指歸》中一語道破《老子》"民之難治，以其智多"之故："萬民知主之所務，天下何以安？""萬物不知天地之所以，故可以存。萬民不知主之所務，故可安。四肢九竅不諭心之所導，故可全。"(《道藏》本，語句較所用其他版本更為生動；引自尹振環，《帛書老子釋析》，頁170)只有像嚴遵這樣睿哲遁世，賣卜為生，註《老》為樂，閱世極深，居心淳善之人才能講出古今中外治術中所不敢明講的話，而且能以十分流暢的文筆，表面上謳歌《老子》歸真返樸、"乃至大順"的意境，實際上對行為主義政治實踐的殘忍無情一再予以揭穿：

> ……廢棄智巧，玄德淳樸。獨知獨慮，不見所欲。因民之心，塞民耳目。不食五味，不服五色。主如天地，民如草木。……

"主如天地，民如草木"與《孫子》御士卒"若驅群羊"豈不有異曲同工之妙？！千餘年來，自晚唐王真、北宋蘇轍、明清之際的王夫之，以迄二十世紀的章太炎和毛澤東都認為《老子》是部兵書。這個看法雖有失平衡，但大有力地說明《老子》一書確實露出體用及思辨方法上與《孫子兵法》的特殊親緣關係。

*　　　　*　　　　*

《孫子》成書年代之早，老子其人其書年代之晚，《孫》、《老》辯證思維翻案性的傳承三篇全部原文，已由中央研究院近代史研究所印成該所演講集的專冊：《有關《孫子》·《老子》的三篇考證》。惟因第三篇宣讀於該所主辦的首屆蕭公權紀念講座，所以在專冊中列為首篇。照邏輯程序言，本章本節的次序是合理的。

至於筆者業已籌撰，有待完成的工作，將於以下"卷後語"中作扼要的陳述。

【卷後語】

雖然本書定名為《讀史閱世六十年》，事實上從童年聽父親講《左傳》起至今已將近八十年了。這樣漫長的讀史經驗在此"卷後語"中值得綜結之處甚多，茲擇其要略陳如下：

(一) 我誕生時父親 (同治庚午1870年秋生) 已經四十八歲了 (中國算法) 。年齡差距如此之大，他對我的童少年教育只能做折衷的決策。學校教育科目既遠較傳統啟蒙教育新而且廣，他無法也不應硬使幼童課餘另做《四書》全部背誦的工作。他只能在我課餘精心選擇片段經史 (尤其是《左傳》故事與《禮記》若干篇章的故事與制度) 作穿梭式的講解和"討論"。他似乎很懂兒童心理，嚴督之下不時誇獎我的"悟性"，這對我逐步培植讀書的自信心是非常有幫助的。

(二) 我十七歲第二次才考進清華，實現了童少年第一個志願。本書"上篇"第七章曾以誇大的語氣講出，如果今生到過天堂的話，那天堂只可能是1934-37年間的清華。當時歷史系主任蔣廷黻先生認為治史必須兼重社會科學；在歷史的領域內，主張先讀西洋史，採取西方史學方法和觀點的長處，然後再分析綜合中國歷史上有意義的課題。當時國內各大學中只有清華才是歷史與社科兼重，歷史之內西方史與中國史並重，中國史內考據與綜合並重。蔣先生這種高瞻遠矚，不急於求功的政策，實際上非常符合我個人必須採用的"功利"取向，因為親老家衰，自九歲即了解留學考試已經代替了傳統科舉，成為最主要的晉身之階。我從劉崇鋐師打下歐洲近代史的基礎，雷海宗師的宏觀中國通史，陳寅恪師的隋唐史專題(另有課外的清史談話)，馮友蘭師的常識、邏輯和幽默都對我大有啟迪之功。我最獲益的是在那優美的物質和精神環境之中，培養出治史向“大”處進軍的宏願，而這宏願要到美國之後才能逐步實現。

(三)哥倫比亞的英史訓練對我治學有樞紐性的重要。重要的並不全是知識和眼界的擴展，而是沉浸於史料之海的初度經驗與感受。姑以中、美第一流大學圖書設備而論，七・七戰前清華西文書籍的收藏在國內首屈一指，但全部不過十幾萬冊。先就外交檔案而言，蔣廷黻先生雖主張把第一次歐戰前德國秘密外交檔案《*Die Grosse Politik*》陳列在西文閱覽室的公開架子上，可是歷史悠久而又最基本的英國議會辯論、議會經常逐年發表的非秘密外交文件，即俗稱的《藍皮書》，卻一本也沒有。反觀哥大書庫之中，百數十年的英國議會辯論、議會逐年的種種檔冊和報告，放滿了一架又一架，排列成一行又一行，更不要提倫敦、利物浦等都市、各地方政府擺如長龍的檔冊了；非官方各式各樣的史料和書籍專刊更是多到瀏覽不完。初入哥大書庫即深深感到作為華籍學人，切切不可再輕易地順口誇張中國史籍浩如煙海了。本書第十四章偏重敍述我哥大英史博士論文所引的主要史料，用意正是在此，更在以實例說明“原始”資料究竟可以“原始”到甚麼程度。

自1952年夏在哥大搜集乾隆年間兩淮鹽商史料起，特別是次年夏天開始，在國會圖書館新樓第八層書庫遍翻三千多種中國方志及其他大量典籍之後，我才充分感覺到在史料淵海中自由游弋之樂和捕獲之豐。最初兩部有關明清人口及明清社會階層間流動的研究，出版迄今已逾四十年而仍屹然被公認為標準著作，就是因為我在上世紀五六十年代在哥大、國會、哈燕、芝大圖書館(中國善本膠片最全，並與普林斯敦合購日本珍藏明代史料膠片)等處所做史料方面的基本功確較一般學人認真。

“實錄”必須講實話。我如果1940年考取第五屆清華留美庚款，二戰後回國執教，恐怕很難做出現在累積的研究成果。政治和學風固然有影響，更基本的是國內大學圖書設備(包括中國史籍)無法與美國第一流漢學圖書館比擬。北京圖書館，現改稱國家圖書館，善本及一般中文收藏當然最為豐富，但不准學人進入書庫自由翻檢。

更有利於大規模研究的是當時所有各種期刊，甚至創刊百年以上的，卷卷都擺在架上任人自由翻閱。近一二十年來因書庫空間有限，很多圖書館都把陳年多卷的期刊存放他處(哈燕社早已採此政策；加州大學系統內舊期刊一律存放在regional libraries)。

這種措施不但大大減低研究者的便利，並且勢必剝奪了研究者不時無意中遇到的新資料和開闢新思路的機會。當時雖沒有複印和電腦的便利，一切靠手抄，但抄寫之前必須先作一番消化與聯想的工作，積久對我的寫撰和講課都大有裨益。盛年正值大量多樣使用圖書的黃金時代實是今生一大幸事。

(四)也許由於當年學習西史相當認真，我於國史選定研究對象之後往往先默默地作兩種比較：與西方類似課題作一概略的比較，亦即所謂不同文化間(intercultural)的比較；在同一國史課題之內試略作不同時代的，亦即所謂"歷時(diachronic)"的比較。特別是在專攻先秦思想的現階段，這兩種成了習慣的默默比較不時能擴展我的歷史視野，導致新的思路，得出與眾不同的論斷。

(五)半個多世紀以來，個人研究的取向和作風曾有幾度改變。由於不佩服乾嘉考據及上世紀前半歐洲漢學之無補於了解國史重要課題，所以當哥大英史論文完成之前已下決心不走漢學之路，力求打進社會科學的園地。這個志願很快就在一系列有關我國農作物史、明清人口及其相關問題、明清社會階層間流動及其相關制度與意識等方面的論著得到充分的實現。事實上，有關美洲作物傳華的考證，已在植物學史上贏得不算太小的永久地位。出乎意料之外的是，最系統利用社會科學觀點和方法的《明清社會史論》完成若干年後，驀然回首，對某些社會科學觀點方法理論感到失望與懷疑，主要是由於其中不少著作，不能滿足歷史學家所堅持的最低必要數量和種型的堅實史料，以致理論華而不實，易趨空誕。

於是自六十年代末開始，個人研究的興趣轉入中國農業的起源；得到中國農業是土生土長，並未受西南亞兩河流域影響結論之後，立即決心把研究對象擴展到中國文化的獨立土生起源。這期間大部分精力都用在自修與考古相關的多種自然科學工具和與初型數字、文字、語言、宗教、思想有關的古今文獻。《東方的搖籃》出版前後十幾年間是我一生"孤軍作戰"最飽受圍攻，也是學術最低產的階段。這期間釣魚台、文革、中美建交等大事件使我不能專心治學；再則研究上搞完像《東方的搖籃》那樣基本性大課題之後，亦頗有茫然不知何所適從之感。屢經泛讀中、西古籍，冥想審思之後，才毅然決然投入歷來論戰不休的先秦思想領域。

我近十年來在先秦思想方面的工作尚無愧"攻堅"兩字，因為研究對象都比較重要，其中還有兩千年來一貫被認為是最棘手，最關鍵的問題。即使這類基本性課題中所澄清的枝節問題，有如太史公司馬遷生年考，本身就是國史上第一等的專題。生平累積的工具和治史經驗，雖有形無形皆有裨於刻下的研究，但我主要賴以攻堅的卻是所有歷史學家自始即必須具有的基本功——考據，現多稱為考證。誠如思想史家李澤厚所說，像老子年代這類困惑歷代學人關鍵問題的解決，就只有待"偏重考證的歷史家的思想史"了。考證的基本原則和方法古今中外皆大致相同，都要靠常識和邏輯。突破性的考證有時固然要看研究者的洞察力和悟性與擴展考證視野的能力，但最根本的還是平素多維平衡思考的習慣。上世紀二三十年代《古史辨》高潮中，老子年代始終是先秦思想史上最大的"障礙"，主要是因為有些"大師級"的學人們思考之單軌與見解之偏頗。我近年對先秦思想諸作之新解是否今後能為學術界廣泛接受雖尚不可知，至少《孫》《老》翻案文章的結論"是通過文字、專詞、語義、稱謂、制度、思想內涵，以及命題與反命題先後順序等多維考證得出來的"。個人生平不同階段的主要著述真正的骨幹，幾乎無一不是對大量多樣史料的嚴肅考證與綜合。在這個意義之下，我一生馳騁古今，從未曾一日不攜帶"漢學"的"護身符"。

（六）有待完成的工作

如果我不是過分自信的話，近年論著之中已作了兩項先秦思想史上基本性的翻案。較令人注意的是最近一篇證明《老子》辯證思維源於《孫子兵法》。事實上，更基本的翻案是證明《孫子兵法》成書於公元前512年吳王闔廬召見之前。此年孔子四十歲，故《孫子》成書早於《論語》至少半個世紀，實為我國現存最早的私家著述。這項考證最大的翻案意義是《孫子兵法》的作者孫武，不但是人類史上最早最徹底的行為主義者，而且通過墨子"道德化"的改裝、提升和廣泛應用，對戰國期間的政治思想及制度都具有深遠的影響。《孫》、《墨》關係是兩千多年來思想史上從未經人察覺的大關鍵，即使在此卷後語中亦必須摘要考銓。

《孫子．計篇》開宗明義指出兵事五大原則之首即是"道"，而"道者，令民與上同意也。"此語乍讀之下似乎不足為奇，但是在"政出名門"的春秋晚期，貴族和平民各階層間流動升降日益加劇之際，"令民與上同意"不僅為了強兵，更必然會引伸為建立一元化政治機體的前提。更啟人沉思的是，當我們初讀《孫子》論兵之道之句時，除了從政治思想及實踐上立即聯想到"統一"、"一元化"這類概念，同時更充滿好奇：語義上"同"是通過甚麼方法才聯繫上，甚至轉化為"一"的呢？

先秦諸子中，《墨子．尚同》篇最早也最明白逐步表達這個極重要的語義轉化。首先，我們不妨試從語義上恢復"尚（上）同"篇名的全義與原義。如果補上必須有的賓詞、介詞和動詞，全句就恰恰是“令民與上同意”。換言之，《墨子·尚同》的篇名就是《孫子》論兵旨要最忠實巧妙的簡化。“尚同”有上中下三篇，中篇中已出現“一同天下”的語句，此句中“同”和“一”都成了同義的使動格，於是“一同天下”就等於“一天下而且同天下”，語義上也就可以完全釋為把整個天下“一以同之”。如此，兩個同義及物動詞連用就更收到強調全句語氣的效果。“尚同·中”已一再有“一同天下之義”的語句。“尚同·下”更進而推論“治天下之國，若治一家；使天下之民，若使一夫。……聖王皆尚同為政，故天下治”。這種自語義轉化到理論範疇的擴大，在先秦思想發展史上具有以下極重要的意義：

(1) 墨子 (約前480-前400) 約生於孔子、孫子之歿，深深了解金字塔式制度的崩潰和一元化政治機制的建立的必然趨勢，於是提出自己的“尚同”與“尚賢”的理論系統。“尚同”是他的“政原論”，全篇開始：“古者民始生，未有刑政之時，蓋其語，人異義。是以一人則一義，二人則二義，十人則十義。其人茲眾，其所謂義亦茲眾，是以人是其義，以非人之義，故交相非也。是以內者父子兄弟作怨惡，離散不能相和合。天下之百姓皆以水火毒藥相虧害，互有餘力，不能以相勞。腐朽餘財不以相分，隱匿良道不以相教，天下之亂，若禽獸然。”所以這種無政府狀態下社會的人民必須自下而上，層層地服從里、鄉、上級官長、三公，以至天子的意志和命令。這就是“一同天下之義”。天子一定是賢明的，因為他是最高神“天”參照人民的意願而選派到人間的最高統治者。但這決不是盧梭 (Jean Jacques Rousseau，1712-78)《社約論》式的政原論，因為人民既無知，也從未曾被徵詢過他們的意見，所以根本談不到天和天子與人民間的“契約”關係。最後分析起來，這種政制是一人專制，意識上是墨子一人專制。歷史演變的結果是秦始皇一人的專制。

(2) 墨子學說的更大意義是將《孫子》極其接近“行為主義”科

學那種完全不考慮道德價值的理論體系，全部加以倫理化，甚至宗教化。案：《孫子》開卷的"計篇"即指出："道者，令民與上同意也，故可以與之死，可以與之生，而不畏危。""九地篇"中表現出最為徹底的行為主義原則："將軍之事，靜以幽，正以治，能愚士卒之耳目，使之無知。……焚舟破釜，若驅群羊，驅而往，驅而來，莫知所之。聚三軍之眾，投之於險，此謂將軍之事也。"案：墨子也是行為主義者，但所主張的是發揮行為主義的積極強化作用。《墨子．尚賢上》："……故古者聖王為政，列德而尚賢，雖在農與工肆之人，有能則舉之，高予之爵，重予之祿，任之以事，斷予之令。曰：爵位不高，則民弗敬，蓄祿不厚，則民不信，政令不斷，則民不畏。舉三者授之賢者，非為賢賜也，欲其事之成。故當是時，以德就列，以勞殿賞，量功而分祿，故官無常貴，而民無終賤。"

墨子的行為主義與道德牢不可分，因為墨子所提倡的基本道德之一是利己利人的"兼愛"，本人就是不惜摩頂放踵以救世為己任者。在他理論系統中，天子類似古之聖王，必須"明天鬼之所欲，而避天鬼之所憎，以求興天下之利，除天下之害，是以率天下之萬民齋戒沐浴，潔為酒醴粢盛，以祭祀天鬼"。如此，墨子的理想天下全部籠罩於倫理道德之中，即使最高的環節偶有梗阻，還有宗教的制裁。

這樣一來，墨子對行將開始爭鳴的"百家"形成一種"威脅"，因為百家理論雖各有其特色，其共同核心都是班固在《漢書．藝文志》裏指出的"君人南面術"，而"君人南面術"講求統治人民最有效的辦法本可不擇手段的。墨子把全部治術都倫理宗教化，逼得百家的理論主張都不得不披上道德、仁政、清靜、無為、心性及其他形上的外衣。另一方面，墨子逼使未來的哲人、辯士、說客（商鞅是唯一例外）都不敢冒天下之大不韙，公開言說《孫子》理性思維最縝密、最重實際功效，但完全置道德價值於不顧的"行為主義科學”。連“極慘礉少恩”集法家大成的韓非都要以《老子》為緣飾，即係明證。

歷史實踐證明戰國百家爭鳴最後的成功者是一貫應用消極強化，亦即嚴刑峻法的行為主義學派。這學派的淵源尚有待詳考，而以孫武、商鞅這兩位“兵法家”及集法家大成的韓非為軸心。這個軸心的形成、發展及其對秦漢以降兩千年政治制度、政治文化和深層政治意識的影響當另有專文討論。

* * *

台灣中央研究院秘書組最近發出數理、生物、人文三組院士專長的調查表。寄給我的一份有關專頁最上端本應是空白的地方特別加印了幾年前我自己填寫的專長：“中國社會、經濟、文化、思想及農業史；宏觀史論。”十分觸目，令我小吃一驚，因為列出這麼多的“專長”必會使不知我者以我太不謙遜，極少數真知我者了解我的用心在勸示後起學人治史範疇不可過於專狹。事實上，除了以上自列的“專長”之外，我對制度史也曾做過不少有用的工作，例如帝制晚期的賦役制度(內中“明初魚鱗圖冊編製考實”可能是生平利用史料最徹底、考證最精細、翻案性最強的論文之一)，明清科舉制度中的明初生員額數及選拔，明代五種貢生的源起等細節問題；更不必提近年因考證司馬談、遷先世，司馬遷生年，董仲舒、孔安國等大儒生平要事的繫年，而不得不深入細鑽西漢官制等等，都是大課題考證中必要的組成部分，不敢自詡制度史也是專長之一。

在全書結束之前，我之所以提出“專長”的問題，正是因為幾十年來念念不忘當代盛行的一種說法：唯有思想史才能畫龍點睛。上述的“專長”都屬於龍身的若干部分。而當代大多數思想史家所關心的，往往僅是對古人哲學觀念的現代詮釋，甚或“出脱”及“美化”，置兩千年政治制度、經濟、社會、深層意識的“阻力”於不顧。所以我長期內心總有一個默默的疑問：“不畫龍身，龍睛何從點起？”因此，我深信研究歷代思想家不可忽略的是：衡量他們哲學觀念和理想與當世及後代政治和社會實踐方面的差距。只有具安全感，並終身踐履其學術及道德原則的超特級人物朱熹才能私下坦誠招出：“千五百年之間，……堯、舜、三王、周公、孔子所傳之道，未嘗一日得行於天地之間也。”這正是朱熹對聖賢理論與長期歷史實踐存在相當嚴重差距的銳敏而又深刻的體會，也正是我今後尚須對傳統中國文化中“宗法基因”繼續深索的原因。

當然，時間精力許可的話，我也決不會忘記繼續闡發華夏人本主義文化的特殊優點及其現實意義的任務。

2003年七月十五日，南加州